# 세계평화개념사

008
IPUS 평화인문학 총서
서울대학교
통일평화연구원

# 세계평화개념사

## 인류의 평화, 그 거대담론의 역사

이찬수 · 김혜경 · 강성우 · 김 선 · 류경희 · 김 준
서보혁 · 김병로 · 이원삼 · 박구병 · 김광수

인간사랑

차례

## 제3부

# 간행사

평화는 소극적으로 표현하면 '폭력이 없는 상태'이다. '싸움이나 전쟁 같은 물리적 폭력은 물론 구조적이고 문화적인 폭력도 없는 상태'라고 적극적으로 풀어 말할 수 있다. 그러나 이것은 일종의 희망과 기대를 반영한 사전적인 정의일 뿐, 인류가 이러한 평화를 실제로 경험해본 적은 없다. 도리어 전쟁은 끊이지 않았고 다양한 폭력에 노출되어왔다.

그렇다면 인류가 경험해온 평화는 무엇이었을까? 인류는 평화를 어떻게 인식하고 추구해왔을까? 서울대학교 통일평화연구원이 발간한 '평화인문학 총서' 여덟 번째 책, 『세계평화개념사』에서 열한 명의 연구자가 이러한 근본적인 물음에 대해 천착해보았다.

이 책에서는 전 세계 10개국 및 지역에서 평화란 무엇이었고, 인류는 평화를 어떤 의미로 사용하고 실천해왔는지, 역사적 흐름에 따라 그 양상을 정리하고 인식의 변화 과정을 추적했다. 한 마디로 평화 개념의 역사를 정리한 책이다.

정리하고 보니 거의 모든 곳에서 '힘에 의한 평화'를 추구했다는 사실이 드러난다. 이론적으로는 '전쟁이 없는 상태'를 상상하면서도 현실에서는 정의의 이름으로 전쟁을 벌이고 정당화하기도 했다. 힘에 의한 자기 유지와 확장을 추구하다가 그 힘들끼리 충돌하기도 했다. 어찌 보면 이것 역시 평화의 역사라고 할 수 있다.

그러면서도 더 중요한 점은 인류가 전쟁을 예방하려 했을 뿐만 아니라, 폭력이 없는 상태에 대한 상상을 포기한 적도 없다는 사실이다. 힘에 의한 평화가 주류였던 시절에도 공존과 상생을 추구하던 이들은 늘 있었고, 곳곳에서 생명의 조화와 존중을 위해 다각도로 노력했다. 인류가 서로를 죽이지 않고 모두가 조화롭게 살아가는 모습, 그런 의미에서의 평화와 그 가능성을 포기하지 않았다는 사실은 자명한 듯 단순하지만 희망적인 발견이다.

그동안 서울대학교 통일평화연구원에서 통일과 평화 관련 연구서를 다양하게 만들어왔는데, 이 책은 평화에 관한 인류의 생각의 역사를 정리하려는 시도라는 점에서 한층 뜻깊다. 『세계평화개념사』를 기획하고 출판을 위해 노고를 기울인 이찬수 교수를 포함한 모든 필자와 관계자분들께 감사의 마음을 전한다.

서울대학교 통일평화연구원장

임경훈

서문

# 인류의 평화, 그 거대담론의 역사

이찬수

## 평화를 원하거든 전쟁을 준비하라?

4세기 로마 제국의 작가 베게티우스(Publius Flavius Vegetius Renatus)는 로마군의 쇄신을 위해 저술한 『군사론』(De Re Militari)에서 이렇게 말했다: “그러므로 평화를 원하는 이, 전쟁을 준비하게 하라.”(Igitur qui desiderat pacem, praeparet bellum). 이 말이 점차 금언처럼 되면서 “평화를 원하거든 전쟁을 준비하라.”(Si vis pacem, para bellum)는 문장으로 알려지게 되었다.

실제로 인류의 역사는 거의 전쟁사라 해도 과언이 아니다. 전쟁까지는 가지 않더라도 갈등과 충돌과 분쟁의 연속인 것은 분명하다. 이런 갈등, 충돌, 전쟁이 노골적인 욕망의 표현이기만 했다면, 역사를 해명하고 교정하는 일이 그리 어렵지는 않았을 것이다. 정작 난제는 전쟁도 평화의 이름으로 벌어지고 살육마저 정당한 행위로 여겨져 온 역사가 지금까지도 본질적으로 달라지지 않았다는 데 있다. 『전쟁과 평화』(톨스토이)라는 책 제목처럼, 평화가 전쟁의 반대라면 평화는 차라리 쉬운 문제이겠지만, 인류사에서 평화는 전쟁과 병렬적이거나 대립적이기만 한 것이 아니었다. 전쟁도 적절한 이념으로 뒷받침되었고, 평화 혹은 정의의 이름으로 정당화되었다. 평화'와' 전쟁이 아니라 평화'로서의' 전쟁, 정의'로서의' 전쟁이라는 말이 여전히 통용되고 있는 것이다. 인류사에서 전쟁은 오랫동안 평화의 이름으로 벌어졌다. 일부는 여전히 그렇다.

실제로 오늘날 평화라는 말은 여느 때보다 많이 통용되지만 세상은 여전히 평화롭지 않다. 평화마저 자기에게 유리하게 작동시키기 위한 자기중심적 태도들이 서로 충돌하기 때문이다. 나에게 유리해야 평화라고 생각하다보니, 평화의 이름으로 내세운 것은 사실상 '나'였다. 그런데 '나'에게만 유리한 것이 과연 있기나 한 것일까. 그것은 반드시 '너'에게 불리한 어떤 것으로 작용하고, 나와 너 사이에 긴장과 갈등을 낳는 근거가 된다. 평화도 나에게 유리하게 만들어가려는 자기중심성이 평화라는 이름의 갈등을 지속시켜온 것이다. '평화라는 이름의 갈등사'라고나 할까.

그렇다면 도대체 평화란 무엇인가. 이 책은 이러한 질문에 대해 인류는 평화를 어떻게 상상하고 실천해왔는가 하는 재질문을 던지며 열 명의 연구자가 나름의 답을 찾아본 결과이다.

## '평화개념사'라는 말

이 책에서는 전 세계 열 개 나라 혹은 지역에서 길게는 몇 천 년, 짧게는 몇 백 년에 걸쳐 평화라는 것을 어떻게 상상하고 구현하려 해왔는지, 평화를 다른 언어로 바꾸면 어떻게 되겠는지, 이른바 평화개념과 형성의 역사를 정리하고 있다. 설령 '평화'라는 말은 쓰지 않았다고 해도 평화에 해당하는 가치와 지향이 없었던 적은 없다. 그것이 무엇이었는지, 평화 혹은 평화에 해당하는 언어로 무엇을 지향했는지, 그 내용과 양상을 한 자리에서 볼 수 있도록 정리해본 책이다. 모두 열 개 나라 혹은 문화권, 즉 이탈리아·영국·인도, 중국·일본·한국(남한)·북한, 이슬람·과테말라·남아프리카공화국의 평화사상 및 운동의 선구자들이 주장하며 펼쳐온 평화란 무엇이었으며, 그 개념은 어떤 변화의 역사를 거쳐 왔는지 살펴본 일종의 '평화개념사'라고 할 수 있다.

'개념사'는 엄밀히 말하면 '사상사'와는 다르다. 개념사에서 말하는 '언어'는 단순히 역사적 사건을 해설하는 수단이기만 한 것이 아니라, 역사를 구성하는 내용이기도 하다. '평화개념사'에서는 평화 또는 그에 상응하는 가치를 상상하고 구현하려 애쓰던 이들이 품었던 열망과 기대, 세계 해석 방식 등을 언어화하고 나면, 그 언어가 그 자체로 역사의 내용이라는 사실을 중시한다. 이 책은 세계가 어떤 이상과 열망을 지향하며 움직여왔는지를 보여주는 언어와 개념의 역사서라고도 할 수 있다. 현실은 갈등과 충돌, 분쟁과 전쟁의 연속이나 다름없었지만, 그 와중에도 갈등을 멈추고 인간을 두루 살리기 위한 투쟁적 운동을 전개해온 이들도 적지 않았다. 이러한 노력을 정리하고 평화의 이름으로 구체화하기 위한 열 명 필자의 연구를 이 한 권에 담았다.

## 앞당겨 보는 요지

이 책의 요지는 다음과 같다.

1장, 이탈리아. 이탈리아에서의 평화는 단계별로 보면 다음과 같은 역사를 지닌다. 첫째, 강력한 힘으로 주변 지역과 이민족을 점령한 뒤 큰 전쟁 없이 지내던 제국의 평화(pax romana). 둘째, 분열 시대에 꿈꾸었던 질서 혹은 정의(Giustizia)로서의 평화. 셋째, 근대 이후 혼란과 테러, 폭력적 무질서 속에서 꿈꾸었던 정치, 경제, 사회, 문화적 평등성과 인류 공영으로서의 평화. 그리고 가톨릭교회의 영향 하에 형성된 범지구적 문제에 대한 인문학적인 삶의 기술로서의 평화(l'Arte della Pace). 단순히 힘과 전쟁의 대척점으로서보다는, 서민의 일상이 무너지지 않고 절대 빈곤이 사라지는, 사회적 약자라면 바랄만한 어떤 상태가 최근 이탈리아 평화개념의 근간이라고도 할 수 있다.

2장, 영국. 브리튼 섬에서 여러 민족들이 전쟁으로 저마다의 세력을 확장해 나가다가 기독교를 통해서 이른바 '거룩한 전쟁' 혹은 '정의로운 전쟁' 개념을 알게 되었고, 이를 통해 신적 질서의 유지를 위한 전쟁을 악에 대한 선의 승리로 정당화해온 역사를 지닌다. 17세기 이후로는 세계를 대상으로 식민지를 건설하면서 이른바 '팍스 브리타니카(Pax Britanica)' 개념이 등장했다. 그 과정에도 정의 혹은 질서를 위한 전쟁이라는 논리는 계속되었다. 그러면서도 퀘이커와 같은 평화주의적 기독교 세계관에 영향을 받으며, 반전(反戰) 혹은 물리력에 대한 무저항(non−resistance) 개념도 발전되어 나왔고, 평화절대주의자(pacifist) 혹은 평화개혁주의자(pacificist)와 같은 언어 논쟁도 생길 만큼 반전 운동 혹은 평화주의적 태도가 힘을 받기도 했다.

3장, 인도. 인도의 평화론은 개인적 해탈로서의 평화와 사회적 다르마(질서)로서의 평화로 나뉜다. 후자에도 두 차원이 있다. 광의의 차원에서 사회적 질서는 인류가 추구해온 최상의 복지나 질서 유지 등 도덕적 가치와 관련되지만, 협의의 차원에서는 카스트제도가 지배해온 인도 사회, 특히 상층카스트의 권익을 보호하는 질서체계를 중시하는 경향이 있다. 인도에서의 광의의 평화는 보편적, 관용적 성격을 보이지만, 협의의 평화는 인습적, 배타적 성격을 보인다. 상황에 따라 전쟁도 불사하는 '힘에 의한 평화'와 '철저한 비폭력'이라는 보편주의적 평화개념이 공존했고, 현재적 질서 유지를 근간으로 하는 자기 집단 중심적 평화와 복지에 방점을 두는 보편주의적 평화가 공존해왔다.

4장, 중국. 이 장에서는 평화, 좀 더 중국적 언어인 '화평(和平)'을 유교적 사유 체계인 대일통(大一統) 및 대동(大同) 사상과 연결지어 논하고 있다. 중국의 고전 『춘추』(春秋)에 기원을 두고 있는 '대일통'이라는 표현이 명(明)에서 청(淸)으로 이어지는 변환기에 다양한 민족들을 포괄하려는 정치적 의도를 가지고 활용되었다. 다양성의 통일에 방점을 두고서 평화를 이해했다는 뜻이다. 그러다가 청 제국의 몰락 이후에는 진화론적 세계관의 정점인 '대동'이라는 이상 세계를 꿈꾸기도 했고, 유럽 열강의 침략주의를 몸소 경험하면서는 중국적 이상인 대동사회도 민족주의적 자세를 견지하고서야 이룰 수 있다는 생각을 키웠다. 중화 민족주의가 중국적 평화로 나아가는 단계라는 것이다.

5장, 일본. 일본은 메이지 시대에 이와쿠라 사절단의 구미 순방 보고서를 참조하며 '대국주의'의 길을 걸었다. 그러면서 제국주의적 침략과 청일전쟁, 러일전쟁, 중일전쟁, 그리고 태평양전쟁과 같은 각종 전쟁으로 이어갔다. 침략과 전쟁이 끊이지 않던 일본에서 평화를 구현하려 노력한 이들은 대체로 반전(反戰) 혹은 비전(非戰), 반군국주의를 외쳤고, 원폭 공격을 받아 패전하고 국내에서 원전이 활발해진 이후에는 반핵 혹은 비핵화로 요약될 수 있는 평화론을 내세웠다. 패전의 대가로 제정된 헌법의 제9조('전쟁포기'와 '전력불보유')를 지키는 운동을 포함해 일본에서의 평화는 반전, 반군국주의, 비핵화로 개념화된다는 사실을 16세기부터 20세기에 걸친 일본사의 흐름을 따라 정리하고 있다.

6장, 한국(남한). 여기서는 통일과 통합의 추구를 한국적 평화개념의 특징으로 소개하고 있다. 좀 더 구체적으로 말하면, 반전, 비폭력, 평등, 민주주의, 관용 등이 한국적 평화개념의 근간이되, 이러한 개념들은 결국 분단 한반도의 통일과 통합으로 수렴된다는 것이다. 이때의 통일은 좁은 의미에서는 분단된 민족의 정치적 재결합이기도 하지만, 사상적 차원에서는 여기에 머물지 않고 반전, 평등, 민주주의 등 전술한 가치들의 구체화라는 좀 더 심층적 차원으로 이어진다는 사실을 천 년 이상에 걸친 한국 주요 사상가들의 주요 세계관을 짚으며 정리하고 있다.

7장, 북한. 이 책에서는 분단 이후 북한에서 전개된 평화개념을 별도의 장으로 다루었다. 북한도 사전에서는 평화를 '전쟁, 폭력, 분쟁, 갈등이 없는 화목한 상태'라는 식으로 정의하고 있지만, 이것은 사실상 이상적 상태일 뿐, 이러한 상태를 지키거나 만들기 위해서는 결국 힘이 필요하다는 현실주의적 입장을 강력하게 표방하고 있다. 특히 북한에서의 평화는 개인적인 것이 아니라 사회적 혹은 집단주의적인 것이어서, 만일 사회주의적 이념이 도전을 받으면 전쟁도 불사한다는 입장을 견지하고 있다. 먼저 공격하겠다는 뜻이라기보다는, 군사력으로 스스로를 지키겠다는, 한 마디로 '자위(自衛)로서의 평화'가 북한의 평화론을 집약한 언어라는 것이다. "우리의 총창 우에 평화가 있다"는 북한의 가요 제목은 이것을 잘 보여준다.

8장, 이슬람. 이슬람 문화권 중에서도 중동 지역은 국가적 독특성보다는 종교적 보편성이 더 두드러진다. 이슬람은 개인의 내적 믿음도 법(샤리아)으로 규범화하면서, 정치, 경제, 사회, 문화 전반을 포함하는 일관된 생활양식이다. 인간의 선한 본성에 기반한 일관된 생활양식이 이슬람을 통해 세계적으로 두루 구체화된다면, 그것이 이슬람식 '적극적 평화'의 상태이다. 다소 소극적으로 규정하면, 전쟁의 위협과 공포, 압제와 부정, 빈곤과 불의로부터 자유로운 상태가 이슬람식 평화이기도 하다. 전쟁의 원인을 제거해 궁극적으로는 인류가 전쟁으로부터 해방된 상태라고도 할 수 있다. 만일 그 과정에 이슬람 신앙이 위협을 받는데도 달리 방법이 없을 경우는 전쟁도 정당화될 수 있다는 것이 이슬람의 현실주의적 평화개념의 근간이다.

9장, 과테말라. 과테말라는 독재 군부와 저항 세력 사이에 장기 내전을 치르다가 1996년에 들어서 정부, 과테말라혁명연합, 일부 시민사회단체가 주체가 되어 과테말라 평화 협정을 체결했다. 그 과정에 구조적인 갈등의 원인과 성격에 대한 분석, 그에 입각한 정책의 수립, 시민사회의 참여를 통한 효과적인 해법의 모색 등을 결합시켜 더 안전한 사회를 만들고자 했다.

과테말라의 평화는 지속적인 탈군사화와 빈곤의 해소를 위한 공공 안전 전략, 참여 민주주의를 뒷받침하는 방법과 제도의 구축, 공평한 자원 분배, 원주민의 권리에 대한 지지와 승인 등 사회 전체의 구조적 변화를 도모하는 과정이었던 셈이다. 과테말라에서도 공정하고 정당하며 빈곤의 염려가 없는 상태라는, 일반적인 의미에서의 '적극적 평화'를 꿈꾸었다고 할 수 있다.

10장, 남아프리카공화국. 남아공에서는 오랫동안 소수의 백인 지배 세력이 다수의 흑인을 비롯한 유색인종 피지배 세력들을 착취하면서 고통을 정당화하는 구조적 틀을 유지해왔다. 그러다가 1994년 이후 인종이나 민족적 집단 간의 화합과 공존을 국가적 과제로 여기게 되었고, 문화적, 인종적 다양성을 존중하면서 하나의 국가 및 국민의식을 형성하기 위한 노력을 기울였다. 인종의 동등한 권리를 확보하고 갈등을 화해로 전환하며 다양성의 공존을 추구하기 위한 지혜와 실천이 남아공 평화론의 근간이 되었다. 그 과정에 아프리카의 전통적 가치인 '우분투'(ubuntu)가 남아공 전체의 이익을 위한 가치체계로 긴요하게 작용했다.

### "평화를 원하거든 평화를 준비하라"

좀 더 부연해야 할 것은 열 편 글의 순서이다. 이탈리아, 영국, 인도를 제1부로 묶으면서 이탈리아를 맨 앞에 배치한 것은 단순히 유럽을 우선시하려는 오리엔탈리즘적 태도에 근거한 것이 아니다. 그것은 글에서 다루고 있는 역사의 길이에 따른 배치이다. 이 글이 이른바 '로마의 평화'라는 이천여 년 전의 상황에서부터 시작하고 있을뿐더러, 로마의 문화, 사상, 철학이 전 세계에 끼친 영향이 적지 않다는 점에서 이탈리아를 앞세웠다. 그런 뒤 넓은 의미에서 로마의 영향으로 자유롭지 못한 기독교 문화권 영국을 다음 장으로 이어가고, 영국의 지배를 받으며 영국과의 관련성이 커진 인도를 세 번째로 다루게 되었다.

제2부에서는 중국, 일본, 한국, 북한 등 동아시아의 평화개념을 다루었다. 중국은 물론 한국과 일본적 평화개념의 뿌리도 깊지만, 사상 및 문화적 영향력, 평화라는 언어의 사용 정도와 범위 등을 고려하면서 글을 배치했다. 그리고 이슬람 문화권과 중미(과테말라), 아프리카(남아공) 평화개념의 역사를 제3부로 이어갔다.

정리하고 보니, 거의 모든 나라와 지역에서 평화 및 그에 해당하는 가치가 전개되어온 양상은 과히 다르지 않다는 사실이 드러난다. 정도의 차이는 있지만, 전술한 베게티우스의 표현을 빌리면, "평화를 원하거든 전쟁을 준비하라"는 오랜 생각에서 자유로운 나라는 거의 없었다. 대부분 현실에서는 '힘에 의한 평화'를 추구했거나, 힘에 의존하는 방식으로 그러한 생각에 편승하기도 했다. 그러면서도 그것이 전부는 아니라는 사실도 버리지는 않았다. 평화는 결국 공존과 상생(相生)이자, 인류에게 두루 적용되어야 할 보편적 가치라는 사실을 원천적으로 배제한 곳은 없었다. 인류는 힘에 의한 지배를 꿈꾸면서도 그러한 지배와 억압을 넘어서는 이상 상태를 놓치지 않았다. "평화를 원하거든 전쟁을 준비하라"는 주장을 과거의 것으로 돌리고, "평화를 원하거든 평화를 준비하라"(Si vis pacem, para pacem)는 새로운 금언을 두루 퍼뜨려야 하리라는 데에 대부분 동의하고 있었다. 단순한 사실이지만 이것을 확인한 것은 반가운 일이다. 평화를 그저 '전쟁이 없는 상태'라는 '소극적' 규정에서 더 나아가, 정치·경제·사회·문화 전반에 폭력이 줄어들거나 사라진 '적극적' 상태까지 꿈꾸어온 것이 지구적 평화론의 근간이라고 할 수 있다.

## 기획, 집필, 편집을 마치며

이 책을 만들기 위해 그동안 세 차례에 걸쳐 필자 워크숍을 진행했다. 어떤 개인이나 집단의 평화 사상을 정리하는 데 머물지 말고, 평화 혹은 평화에 해당하는 내용을 인류가 어떻게 상상해왔는지 상상과 구체화의 역사를 정리하자는 원칙을 공유했다. 고대나 중세의 역사도 다루되, 가능한 근현대의 평화개념에 초점을 두자는 원칙도 세웠다. 글은 가능한 쉽게 쓰자고도 했다. 그럼에도 불구하고 나라와 지역의 상황에 따라, 그리고 연구자의 관심사에 따라 다루는 시대와 내용 및 시각에 다소 차이가 있을 수밖에 없었다. 무엇보다 '평화개념사' 연구라는 흔치 않은 과제를 수행하는 일이었던 만큼, 모든 글이 같은 난이도로 일관되게 집필되었다고 할 수도 없다. 이 책의 한계라면 한계일 것이다.

무엇보다 독일, 프랑스, 러시아, 미국 등 주요 국가들의 평화개념에 대한 연구가 빠졌다. 당초에는 이들 네 국가를 포함해 모두 14개 지역과 나라의 평화개념의 역사를 정리해보려고 했었으나, 필자의 사정 등으로 집필이 여의치 않았다. 퍽 아쉬운 일이다. 향후 이들 네 국가는 물론 동남아시아, 중앙아시아, 북아프리카, 남미 지역이 포함된 『세계평화개념사II』의 출현을 기대해본다. 완전하다고 할 수는 없지만, 이 정도의 책도 국내는 물론 해외에도 아직 없는 것으로 보인다. 한 권의 책으로 변신해 눈앞에 등장할 순간을 생각하니, 지난 노력이 새삼 뿌듯하다. 한반도가 세계평화의 발신지가 되는 날을 고대한다.

# 제1부

# 1장 이탈리아 팍스(Pax), 정의(Giustizia), 아르테(Arte): 이탈리아 평화개념의 역사

김혜경

## I. 들어가는 말

이탈리아의 평화개념은 장대한 역사를 가지고 있다. 로마의 건국과 함께 왕정→공화정→제정시대를 거치면서 축적된 고대세계의 경험을 토대로 중세, 근-현대사에 이르는 길고도 깊은 참된 평화 형성의 과정이 있다.

로마시대 평화의 개념이 가장 먼저 등장한 것은 기원전 1세기 초 카이사르 시대로 거슬러 올라간다. 「필립포스 왕 공격 연설」[1](II, 44, 113)에서 '평화'를 '조용한 자유'로 정의(定意)한 것이다. 카이사르에 따르면 자유(와 안전)은 평화에 더해지는 특권이었다. 그의 정의는 플라톤과 아리스토텔레스의 평화개념을 뛰어넘는 것으로서, 로마적인 시각에 의해 형성되었지만, 정치적인 의미에서는 "평화를 원한다면 전쟁을 준비하라!(si vis pacem para bellum!)"는 격언이 보다 지배적이었다.

로마의 역사가 타키투스(Publius Cornelius Tacitus, 55/58~117/120)는 로마제국의 평화(pax romana) 개념이 가장 엄격하던 시대에 살았다. 제국 내에서 어떠한 분쟁도 없는 상태를 가리키는 것이었기 때문이다. 제국의 변방들에서는 호전적인 민족들의 도전이 빈번했고, 제국은 군사력을 동원하여 그들을 무력화시켰다. 이제 평화의 조건은 카이사르가 정의한 것과는 동떨어진 것이 되었고, 안전을 구실로 식민 지배를 강화하는 것이고 제국에 도전하는 피지배 민족들의 자유를 박탈하는 것이 되었다. 타키투스의『농업생활(Vita di Agricola)』에는 이런 상황을 의미하는 유명한 말이 있다.

> "제국이라는 거짓된 이름으로 훔치고, 강탈하고, 도살한다. 그리고 그 황폐해진 곳을 평화라고 부른다."

로마의 정복을 반대하던 앵글로 색슨의 한 장수 칼가스(Calgax)가 로마와의 격전을 앞두고 자신의 군단들을 돌아보며 한 말을 인용한 것이다.

강한 군사력을 바탕으로 제국시대의 서막을 연 아우구스투스도 집권 초기에 로마의 전통 신들에게 평화가 오래 지속되기를 기원하며 '평화의

---

1 웅변가 데모스테네스(Demosthenes)가 마케도니아(Macedonia)의 왕 필립(Philip) 2세를 그리스의 적으로 공격한 12가지의 연설.

제단(Ara Pacis Augustae)'을 지어 바쳤다. 이것은 로마제국에서 말하는 평화, 곧 '팍스 로마나(pax romana)'가 무엇을 의미하는지, 그것이 어떤 흐름 속에서 형성되었는지를 보여주는 단초가 된다.

일찌감치 방대한 제국을 형성했고, 망사처럼 연결된 거대한 식민지를 통치한 경험이 있었기에 이탈리아의 평화개념은 그만큼 큰 스펙트럼을 지닌다고 할 수 있다. 제국의 힘을 기반으로 팍스(혹은 파치스)의 개념이 중세 봉건주의 시대와 근-현대를 거치면서 내부의 적(敵)과 싸우면서 '정의'의 문제로 발전하였다. 그것을 '조용한 평화전쟁'으로 정의하기도 했다. 20~21세기에 들어와 범지구적인 문제에 직면하여 인문학적인 삶의 방식과 연계하여 '평화의 기술'로서 '아르테'를 말하기에 이르렀다. 이제 평화는 단순히 전쟁의 대척점에서 논의되는 것이 아니라, 범지구적인 문제, 인류 공영의 문제에 대한 해결 방식으로 논의되고 있는 것이다.

본고는 이탈리아의 평화개념과 관련하여 몇 개의 키워드를 중심으로 역사 사회학적 측면에서 그 발전과정을 살펴보고, 이를 통해 정치적, 경제적 불평등의 구조를 극복하고 이미 세계화된 사회와 문화 속에서 현대적 의미의 평화를 어떻게 실현할 수 있을지에 대해 고민해 보고자 한다.

## Ⅱ. 제국의 평화: Ara Pacis Augustae에서 Pax Romana까지

스페인과 갈리아 등지에서 임무를 마치고 무사히 로마로 돌아오니, 원로원에서 내 귀환을 기념하여 캄포 마르치오에 (내 이름을 딴) 아우구스투스의 평화의 제단을 짓기로 결정했다. 거기에는 행정관, 사제, 베스타 신전의 처녀 제관들이 일 년에 한 번씩 [평화의 여신에게] 제사를 드리는 장면이 새겨졌다.[2]

아우구스투스 옥타비아누스(Gaius Iulius Caesar Octavianus Augustus, 비문에는 CIVLIVSCFCAESARIIIVIRRPC, BC 63~AD 14) 황제가 스페인과 갈리아 지방에서 3년여 간 지역을 평정하고 귀환하자 원로원에서 자신의 공로를 기리기 위해 지어 바친 제단을 두고 한 말이다.

그러나 실제로 '평화의 제단'(Ara Pacis)이라고 부르는 이 제단은 기원전 13년 7월 4일, 원로원에서 3년간 스페인과 갈리아 남부 지역을 평정하고 귀환하는 아우구스투스 황제의 입성에 맞추어 '평화의 여신'께 제사를 드리는 제단을 만들기로 결정했고, 완공되던 기원전 9년 아우구스투스 황제의 뜻에 따라 옛 플라미니아 가(街) 입구에 있는 캄포 마르치오를 향해 세

2 *Res Gestae Divi Augusti*, 12–2 in Monumentum Ancyranum.

웠다. 지금은 테베레 강변 아우구스투스 황제의 영묘 옆으로 옮겨져 있다.

캄포 마르치오는 전쟁에서 승리한 장수가 제국의 수도로 들어오는 길목이고, 여기에서부터 장수는 군권(軍權, imperium militiae)을 내려놓고 민권(民權, imperium domi)으로 성내(城內)로 입성해야 한다. 그곳은 도시의 경계이자 로마제국의 정치와 사법, 종교의 중심지인 공회당(Roman Forum)에서 가까운 '로마길'이 시작되는 상징적인 지점이기 때문이다. 한 마디로 장수가 황제와 원로원에 도전하지 않는다는 것을 의미하는 것이다. 공회당에서 1.5km가량 떨어져 있다.

제단은 또한 아우구스투스 황제 시절, 예술의 형태를 이해하는 열쇠가 되는 기념물이자 팍스 로마나(Pax Romana)가 어떤 결과로 만들어졌는지를 알 수 있는 중요한 단서가 된다. 전통적인 로마식 예술에 그리스 고전 예술과 헬레니즘이 접목된 것으로 그리스인 장인의 공방에서 제작된 것으로 추정된다.[3] 동시에 팍스 로마나는 제국의 패권주의가 극에 달하던 시절, 로마제국의 입장에서 그들이 바라던 이상적인 현실, 곧 지중해의 '내 바다(Mare Nostrum)'화가 순조롭게 이루어지고 타민족들이 제국에 순명함으로써 얻는 평화와 안정을 의미한다.

따라서 제단이 갖는 의미는 아우구스투스 황제 시절의 많은 예술 혹은 문학 작품들이 그렇듯이, 그의 권력의 정당성과 함께 로마의 세계통치

3 평화의 제단은 사각형의 대리석으로 가로 11.65m, 세로 10.62m, 높이 3.68m 크기다. 제단으로 오르는 문은 앞뒤 양쪽에 하나씩 있고, 정면에는 아홉 개의 계단을 통해 내부로 들어갈 수 있게 했다. 안으로 들어서면 중앙에 제사를 드리는 제단이 있고, 그 주변에는 사방으로 대리석 벽면에 조각장식이 섬세하게 되어 있다. 내·외부에 조각된 상(像)들은 이야기의 전개에 따라 다양한 형태의 크기와 두께로 표현되어 있다. Plinio, *Naturalis Historia* XXXVI, 102.

가 식민지역에 대한 로마 문명의 혜택을 의미하는 동시에 아우구스투스 황제와 팍스(평화의 여신)를 연결시킴으로써 그의 패권주의를 정당화하는 것이었다. 제국시대를 연 황제의 권력에 정당성을 확보하여 로마라는 이름의 '제국의 성립'에 당위성을 제공했던 것이다.

또한 제단을 통해 당시에는 잘 알려지지 않았던 로마의 역사를 세계사와 연결시키기도 했다. 아우구스투스 황제의 권력은 역사적인 대의를 잇는 것임을 선전하기 위해 황제 자신을 로마건국 신화의 아버지 율루스의 후손이라고 강조한 것이다. 베르길리우스가 쓴『아에네아스』는 이것을 정당화하는 수단으로 작용하였다. 제단에 조각된 황제의 친 손자들인 가이우스와 루시우스 카이사르가 젊은 트로이 사람처럼 옷을 입고 있는 것은 이 때문이다.[4] 트로이의 마지막 황족의 계보를 잇는다는 것을 의미하기 위해서인 것이다. 동시에 어떻게 하면 로마의 승리를 사투르노 신이 통치하던 황금시대와 결합할 것인지도 조명하고 있다.[5] 다시 말해서 제1삼두정치의 실패와 함께 죽음을 맞이한 카이사르의 뒤를 이은 옥타비아누스가 제2삼두정치를 통해 실권을 장악한 현실을 정당화하기 위한 목적인 것이다. '존엄한 자'라는 뜻의 '아우구스투스' 칭호를 원로원에서 부여했다는 것을

---

4 로마의 조상이 되는 아이네아스는 트로이의 황족으로 트로이가 멸망하던 때에 불타는 성을 뒤로 하고 피난길에 오른 트로이 시민들과 함께 빠져나와 지중해를 떠돌다가 신탁에 의해 로마를 건국하기 때문이다. 베르길리우스가 쓴『아에네아스』는 이 내용을 담고 있다. 즉, 베르길리우스는 아우구스투스 황제에게 용비어천가를 지어 바친 셈이다.

5 Giovanna Crespo, *Richard Meier, il Museo dell'Ara Pacis* (Milano: Electa, 2007); Federico Del Prete, *Ara Pacis* (Roma: Punctum, 2006); Orietta Rossini, *Ara Pacis* (Milano: Electa, 2006).

선전하려는 의도이기도 했다.

로마제국의 수많은 유적들 가운데 이 제단이 가장 먼저 잊힌 유적 중 하나가 되고, 또 테베레 강에서 멀지 않은 곳에 세워진 까닭에 물과 습기, 심지어 모래까지 덮쳐 사방이 훼손되기 시작했다는 것은 당시 정권을 통해 내세웠던 '평화'에 대한 개념이 식민지 국가의 민중들의 삶까지는 굳이 돌아보지 않더라도 로마의 시민들이 바라던 삶의 현실과도 얼마나 동떨어진 것이었는지 알 수 있다. 이후 다른 유적지에서 출토된 제단을 입증하는 사료들과 일부 동전에 새겨진 제단의 모습 덕분에 어렵지 않게 복구될 수 있었다.

로마제국의 평화 시기(Pax Romana) 혹은 아우구스투스의 팍스도 같은 맥락에서 이해될 수 있다. 아우구스투스 황제에 의해 시작된 로마제국 내의 긴 평화 시기를 일컫는 별도의 용어로 사용되어 '팍스 아우구스테아(Pax Augustea)'라고도 부른다. 이 말은 로마의 세계지배와 법치가 당시 로마와 경쟁하던 이민족의 수장들이 서로 분쟁함에 따라 고통을 겪고 있던 지역들을 로마가 나서서 평정했다는 것을 뜻하는 용어로 사용했다.

그 시기, 로마는 이웃 국가들과 부족들, 특히 게르마늄 부족들과 파르티아(Partia)를 상대로 수많은 전쟁을 치르고 있었다. 다만 로마가 기원전 1세기의 끊이지 않던 잔인한 전쟁이나 중대한 내전 같은 것을 겪지 않았고, 이전 세기에 있었던 세 차례의 포에니 전쟁과 같은 심각한 외부의 침범을 겪지 않았던 '상대적 평온'의 시대를 의미했다. 앞서 언급했듯이 아우구스투스는 기원전 9년에 로마에 영예로운 팍스 신상을 세우라고 명한 바 있다.[6] 팍스 로마나는 통상 아우구스투스가 기원전 1세기의 심각한 로마 내전의 종전을 선언한 기원전 29년부터 마르쿠스 아우렐리우스 황제가 사망하던 서기 180년까지를 말한다.

그러므로 '평화의 제단'과 '팍스 로마나'는 로마제국의 힘과 법을 이용한 강제적인 팍스를 의미하며, 제국의 세계 지배를 정당화하는 것으로 이해되었다. 어디까지나 제국의 입장에서 만들어진 용어였다. 결국 고대 로마의 평화는 제국의 시민이 갖는 권리와 의무를 반항하지 않고 받아들이느냐 그렇지 않느냐의 문제였던 것이다. 방대한 제국을 건설하고, 그것을 통치하기 위한 실용주의적인 사고방식을 내세워 피지배 계층에 '복종'을 강요하고 제국의 통치에 정당성을 부여함으로써 오는 상대적인 평화를 의미했다고 볼 수 있다.

## Ⅲ. 정의를 향한 도전들: 이념의 탄생과 평화 전쟁

서로마 제국의 몰락 이후, 이탈리아는 오랜 분열의 역사 속에서 지속적인 외세의 침입과 지배하에 있었다. 역사적인 관점에서 보면 이전 시대와 역전현상이 벌어진 것이다. 세계를 지배하던 입장에서 바뀌어 이제는 야만족들에 의한 지배(476~800년), 봉건제도(800~1000년), 자치 도시(Comune, 11~13세기), 시뇨리아(Signoria)와 군주정(Principato, 14~15세기)으로 오랜 혼란기를 맞이한 것이다.

---

6 Cassio Dione, *Storia romana*, Vol.V: Libri 52~56[본고 인용 LIV, 35.2.], 1998 in 9 voll., Milano, BUR, 1995~2018.

중세 1000년으로 이야기하는 이 시기는 지속적인 혼란과 비참한 상황, 때로 경제적이고 문화적인 측면에서 향상된 면모를 보이기도 했으나 정치적인 혼란으로 인해 이탈리아 반도의 위상은 계속해서 초라함을 면치 못했다. 이런 상황은 15세기 말부터 시작된 지리상의 발견과 자본주의의 태동기에도 계속되었다. 오랜 분열의 역사는 지역주의의 팽배와 지방자치의 활성화라는 이중적인 사회상황을 야기했고, 훗날 통일 이탈리아의 사상적 통합과 국가주의 혹은 민족주의에 큰 지장을 주었다.

이런 역사적인 과정에서 평화개념과 연관하여 하나의 변곡점이 되는 것은 리소르지멘토(risorgimento)로 불리는 이탈리아 통일운동, 곧 민족부흥운동이라고 할 수 있다. 보다 확장된 의미의 평화개념으로 '정의'를 향한 여정이 시작되었기 때문이다.

## 1. 국가주의와 세계주의 사이에서

나폴레옹의 유럽 지배가 끝나고, 그로 인한 '보수 vs 진보'의 격랑이 물러간 후, 개최된 비엔나 회의(The Congress of Vienna, 1814~1815)는 이탈리아 통일에 하나의 중대한 계기가 되었다. 거기에서 처음으로 이탈리아 통일이 거론되었고, 본격적인 이탈리아의 통일운동이 범국민적 차원에서 시작되었기 때문이다.[7]

주세페 가리발디(Giuseppe Garibaldi, 1807~1882)에 의한 이탈리아 왕국의

7 김시홍, 『이탈리아 사회연구 입문』(서울: 명지출판사, 1995), p. 36.

통일과 빅토리오 에마누엘레 2세(Vittorio Emanuele II, 1820~1878)가 통일 이탈리아의 초대 국왕으로의 등극은 대다수 국민들의 입장에서 볼 때 쉽게 받아 들 수 있는 일은 아니었다. 오랜 지역적인 분권주의로 인해 '이탈리아'라는 국가 정체성은 매우 낯설었고, 따라서 국민들의 반응은 차가웠다. 당시 군중들은 이탈리아라는 '국가'의 필요성을 크게 느끼지 못했고, 그만큼 의미도 찾지 못했다. 그들로부터 국가에 대한 충성과 복종을 기대하기란 참으로 어려운 일이었다. 당시의 지식인들과 정치 사상가들은 이점에 대해 매우 고심했다. 이탈리아 왕국에 대한 충성의 부재를 통해 당시 정치 지도자들의 역량도 평가받을 수밖에 없었다.

결국 그들은 과거 로마의 문명을 기반으로 인문주의와 르네상스가 어떻게 세계주의가 될 수 있었는지를 설파했고, 그 같은 민족적인 정체성을 모색해야 한다고 주장했다. 중세 야만족의 지배에서부터 봉건주의와 자치도시, 시뇨리아와 군주국가를 지나면서 억압된 민중의 재능과 저력을 해방시켜 새롭고 자유로운 제도와 질서를 수용할 것을 종용했다. 이런 배경에는 19세기 이전까지 통일 이탈리아가 주장한 바, 어떠한 정치적 이념이나 실체가 존재하지 않았을 뿐더러 로마제국의 멸망과 함께 반도의 운명이 혼돈과 분열의 역사로 점철되었기 때문이다. 시민, 정부, 제도가 총체적으로 혼란스런 시기가 너무도 오랫동안 이어진 결과였다. 그렇다고 해서 이 시기 동안에 '이탈리아'에 대한 사상이 전혀 존재하지 않았던 것도 아니었다. 라티니(Brunetto Latini, 1220~1294)와 페트라르카(Francesco Petrarca, 1304~1374), 마치니(Giuseppe Mazzini, 1805~1872)와 같은 시대를 초월한 일부 사상가들이 그런 혼돈의 시대에 등장하여 '이탈리아'에 대한 사상을 부르짖기도 했다. 그러나 어디까지나 이들에게만 국한된 것이었지 그 이상도 그 이하도 아니었다. 그나마 이들이 당시 대중의 설득력을 얻을 수 있었던 것은 그 자신들이 추방자 혹은 망명자의 신세였기 때문이다. 13세기 피렌체 출신의 브루네토 라티니가 이탈리아를 프랑스보다 훨씬 좋은 나라로 정의한 것은 그가 오랜 기간 프랑스에 망명 중이었고, 프란체스코 페트라르카가 이탈리아에 대한 강한 애정을 느꼈던 것도 그가 아비뇽에 머물고 있었기 때문이며, 주세페 마치니가 런던의 교외에서 30여 년 간 이탈리아 통일에 헌신할 수 있었던 것도 역시 망명 중이었기 때문이라는 것이다.[8]

분열과 혼동의 사례는 모든 방면에서 넘쳐나고 있었다. 단테(Dante Alighieri, 1265~1321)는 당시 이탈리아에 존재하는 수천 개가 넘는 속어에 불평을 토로했고, 통치권을 둘러싼 정치적인 논쟁과 다툼, 끝없이 전개된 공국들 간의 전쟁과 도시국가들의 침입 등은 '이탈리아'를 이성적으로 받아들이는 데 커다란 장애가 되었다. '로마'라는 용어와 그 역사적 실체가 갖는 세계주의 사상과는 전혀 다른 것이었다. 일각에서 대두된 "우리는 스페인과 포르투갈 사람들이 신세계를 발견했다는 말을 듣는다. 그러나 그들에게 항로를 가르쳐준 사람은 바로 우리 이탈리아인들이다"[9]라고 말한 것과는 달리, 이탈리아 반도의 역사에 관한 명백하고 통일된 주제와 사상적 실체의 부재는 오랜 분열의 역사만큼 크게 작용하고 있었다.[10]

---

8 Christopher Duggan 저, 김정하 역, 『미완의 통일 이탈리아사』(서울: 개마고원, 2001), pp. 11~15.

9 마태오 반델로(Matteo Bandello)가 쓴 콜롬보(Cristoforo Colombo)와 베스푸치(Amerigo Vespucci)와 같은 탐험가들의 업적을 노래한 『아침에서 저녁까지(From morning to night)』에 수록된 내용이다. 위의 책, pp. 15~16.

10 위의 책, pp. 15~16.

르네상스시기에 이탈리아의 역사서를 쓴 프란체스코 귀차르디니(Francesco Guicciardini, 1483~1540)를 끝으로, 이후 역사서를 집필하던 유행은 17세기에 이르러 퇴조를 거듭했고, 아무도 그와 유사한 책을 쓰려고 조차 하지 않았다. 로마제국 이후 이탈리아 반도의 역사는 모든 이로부터 외면받았다고 하겠다. 중세 이후 민족적인 정서와 일맥상통하던 이탈리아의 문화적 우월감이 사라진 탓도 컸다. 이탈리아 반도는 이제 더 이상 어떤 것도 특별하지 않았다.

그러나 18세기 초부터 시작된 계몽주의 지식인 운동은 새로운 변화를 불러일으키는 계기가 되었다. 이탈리아의 여러 자치정부들이 유럽의 여러 국가들에 비해 뒤처졌다는 생각을 하면서 이탈리아를 하나의 통일체로 바라보기 시작한 것이다. 계몽주의 사상가들은 이탈리아 반도와 사상을 조명하기보다는 세계주의 운동을 지향했고, 이탈리아의 정체성을 확립하기보다는 반도에서 무정부주의와 특권을 철폐함으로써 당시 떠오르고 있던 유럽의 다른 나라들과 어깨를 나란히 하는 데 주력했다. 그러나 프랑스 혁명과 낭만적 민족주의의 탄생은 이런 세계주의마저 허물어트리고 말았다.

나폴레옹의 몰락 이후 이탈리아는 프랑스와 영국처럼 확실한 독립 '국가'라는 이름과 더불어 새롭고 진보적인 국가공동체라는 이름을 확보하기에 이르렀다.[11] 민족부흥운동(risorgimento)과 함께 시작된 주세페 가리발디와 빅토리오 에마누엘레 2세에 의한 이탈리아 '통일'은 이런 과정을 통해 이룩한 결실이었다. 이 시기 '평화'는 분열과 혼란의 민족적·국가적 정체성

11 위의 책, pp. 16~17.

의 부재 속에서 통합된 정신을 지향하는 것이었고, 자력으로 반도에서 권력을 차지하고 있는 외세를 몰아내는 것이었으며, '이탈리아'라는 국가를 올바로 세우는 일이었다.

## 2. 무솔리니의 등장과 전쟁, 그리고 이념주의

이탈리아의 통일과 함께 시작된 사회, 경제적인 불안정은 국가에 대한 환멸과 불신으로 이어졌다. 그리고 그 여파는 1920~30년대에 이르러 반(反)파시스트의 이념들, 곧 '파시즘(fascim)의 실패'를 통해 확고한 국가주의가 등장하여 제대로 자리를 잡는 계기가 되었다. 알렉산드로 만초니(Alessandro Manzoni, 1785~1873)가 중세를 두고 "최초의 민족주의가 나타난 것은 영광의 시대가 아니라 폭력과 분열의 시대였다"고 말한 것을 연상케 할 정도였다.

리소르지멘토 이후 20세기 초, 이탈리아는 급진적인 공화파가 정권을 잡은 것이 아니라, 온건적인 세력이 정권을 잡고 각종 산업정책과 국민통합의 길을 모색하였다. 그러나 1917년, 러시아혁명에 고무된 공격적인 민족주의가 발흥하면서 총체적인 파업이 연일 계속되는 가운데 통치불능의 붉은 두 해(Biennio rosso, 1919~1920)를 맞이하기에 이르렀다. 당시 졸리티가 주도하던 자유주의 국가는 실권의 위기에 처하고, 스스로를 파시(fasci)라고 부르는 소규모의 집단이 무솔리니(Benito Mussolini, 1883~1945)의 지도력과 결집하여 검은 두 해(Biennio nero, 1921~1922)를 불러오면서 때로는 사회질서를 바로잡기도 하고, 또 때로는 도시정부에 소속된 사회주의자들을 축출하면서 무력시위도 거침없이 해 나갔다. 1922년의 총파업(Sciopero Generale)은 파시스트들로 하여금 로마로의 행진(la Marcia su Roma)을 가능케 했고, 그해 10월 28일 왕(Vittorio Emmanuele III)은 무솔리니에게 정부를 구성할 것을 요청하였다.

이후 무솔리니는 알바니아에 독재 정부를 세우고, 1912년부터 지배력을 상실하고 있던 리비아에 대한 지배를 재개하였다. 로마제국의 영광을 되찾겠다는 명분으로 지중해를 마레 노스트룸(Mare Nostrum, '우리 바다'라는 뜻)로 만드는 것은 무솔리니의 오랜 숙원이었다. 그는 지중해 제패를 위해 그리스 레로스 섬에 해군 기지를 구축하고, 그곳을 거점으로 추진한 1925년의 로카모 조약과 1933년의 4강 협정은 그를 유능한 '정치가'로 만들었다.[12]

1929년, 47세의 무솔리니는 커다란 걸림돌이었던 바티칸 시국과 라테란 조약을 맺고 국경 문제를 해결하며 반공주의로 많은 가톨릭 신자들의 지지를 받았지만, 같은 해 교황 비오 11세가 무솔리니의 파시즘이 교회법에 어긋난다는 교서를 반포함으로써 파시즘과 대립하였다. 1930년대 무솔리니는 기업들의 국유화를 추진하여 은행을 포함한 이탈리아 내 기업의 4분의 3을 국유화하는 데 성공하였다. 외교 역시 스트레사 전선(the Stresa Front) 계획에 따라 서방 국가들과 공조하여 독일을 견제하였다. 그러나 제2차 이탈리아 vs 에티오피아 전쟁을 일으켜 에티오피아를 침략하면서 그간의 외교관계를 뒤엎고 독일의 편에 섰다. 1935년 10월, 팽창주의

12 박보균, 《중앙일보》 [현장 속으로] 2차 대전 종전 70년, 무솔리니를 추적하다, 2015.05.23; 〈https://news.joins.com/article/17867244〉.

를 표방한 이탈리아 파시즘은 에티오피아를 침략하였다. '아비시니아'(Abissinia, 에티오피아의 라틴어 이름)에 대한 이탈리아 군대의 침공은 이탈리아의 승리로 끝났다. 에티오피아 제국의 하일레 셀라시에 1세(Haile Selassie I, 1892~1975, 재위 1930~1974: 에티오피아 제국의 마지막) 황제는 영국으로 망명하였다. 이탈리아 군은 에티오피아의 수도 아디스아바바를 점령하고 에티오피아를 이탈리아령 동아프리카로 개칭하였다. 이로써 유럽의 열강들이 앞 다투어 아프리카에 식민지를 건설하던 이른바 아프리카 분할이 완료되었다(아래 〈그림 1–1〉). 참조[13] 이 시기 세계 각지에서 일어난 반식민지 독립 운동에 이탈리아의 침략 행위는 크게 비난을 받았다. 특히 전쟁 과정에서 무솔리니의 지시에 의해 이탈리아가 사용한 머스터드가스, 포스겐과 같은 독가스는 대표적인 반인륜적 무기 사용으로 지목되었다.

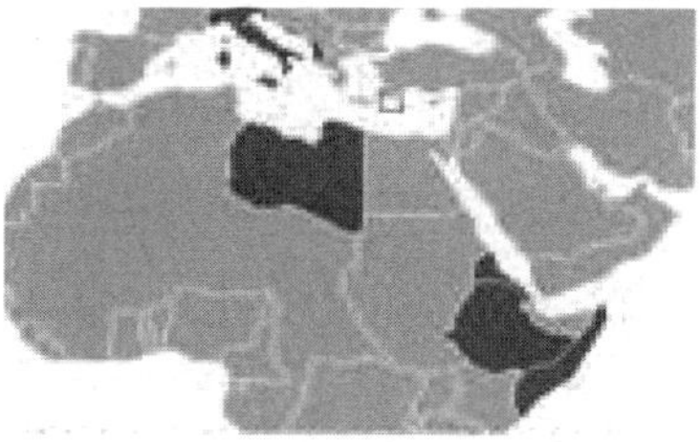

〈그림 1-1〉 1940년 이탈리아 제국의 영토

당시 무솔리니는 '정부 수반이자 파시즘의 두체이며 제국의 설립자이신 불세출의 베니토 무솔리니'라는 칭호로 중세의 '두체'가 되살아나고 스

13 공구리, "전쟁과 역사, 서양편(112): 제2차 세계대전 지중해 전역 이탈리아의 참전과 지중해로의 전쟁 확대," 2015.03.15. https://winlee96.blog.me/220300457789.

스로 제국의 제일 원수 계급을 제정함으로써 국왕 비토리오 에마누엘레 3세와 동급을 자처하였다. 그리고 이탈리아 군의 통수권을 행사하였다. 1936년 7월 21일, 무솔리니는 공군 전투비행단 선발대를 스페인으로 파견하여 스페인 내전에 개입하는 한편, 1936년부터 1939년까지 프랑스를 지원하기도 하였다. 그 결과 이탈리아와 프랑스, 영국의 관계는 회복될 수 없을 정도로 악화되었고 무솔리니는 아돌프 히틀러와 동맹을 맺으며 제2차 세계대전에 주역으로 참가하기에 이르렀다.[14]

이렇게 무솔리니에 의한 파시스트 정권이 국제적인 이단아가 되어가는 동안 내부적으로도 민족의 정체성을 주입시키기 위해, 또 국민을 결속시킬 명분을 만들기 위해 유례를 찾아볼 수 없을 정도로 국가권력을 동원하였다. 선동, 교육, 전쟁은 강령을 실현하기 위한 주된 수단들이었다. '두체 숭배', 수사학적인 애국심, 행진, 제복, 영화, 축구 등은 사상과 토론의 결핍에 대해 국가가 국민에게 준 하찮은 보상들이었다.[15] 그러면서 고대 로마를 도덕적, 정치적 가치들의 역사적인 저장소로 격상시켰다. 그럼에도 불구하고 나치즘과의 잘못된 동맹과 반(反)유대주의와 같은 명백한 반자연법적인 행위로 스스로 체제에 대한 신뢰를 무너뜨렸고, 제2차 세계대전의 참패와 더불어 파시스트 정권은 몰락하고 말았다. 거기에는 물론 반(反)파스트, 즉 이탈리아 레지스탕스(Resistenza)의 활동이 중요한 기폭제가

14 I. Wallerstein, *The Capitalist World-Economy* (New York: Cambridge Univ. Press 1979), p.77; D. Chirot, *Social Change in the Twentieth Century* (New York: Harcourt Brace Jovanovich, 1977), pp. 98~101.

15 Christopher Duggan, 『미완의 통일 이탈리아사』, p. 326.

되었음은 말할 나위가 없다.[16]

제2차 세계대전이 지속되는 가운데 파시스트 군은 징병 의무를 피하려는 청년들을 겁주고 레지스탕스 부대의 양성을 막기 위해 일정 수의 사람을 살해해도 된다는 지령을 모든 지역에 내렸고, 도처에서 국가권력으로부터 희생되는 시민들의 수가 늘어갔다. 모든 독재 권력이 그렇듯이 파시스트 정부의 공포정치의 일환이었다. 그들에게 폭력은 시민들을 억압하는 수단이었고, 비극적인 권력을 강화하는 도구가 되었다. 폭력적인 이런 정치권력의 행태 앞에서 시민들의 도덕의식이 일깨워졌고, 보편적 가치들을 지키기 위해 분연히 일어서는 계기가 되었다.

이탈리아 레지스탕스의 서막은 이렇게 파시즘의 등장과 함께 시작되어 제2차 세계 대전 말엽인 1943~1945년 독일의 나치 점령군과 이탈리아 사회공화국의 파시스트 동맹을 상대로 힘겨운 투쟁을 하였다. '이탈리아 레지스탕스'는 당시에 싸운 저항운동 단체들을 총칭하는 의미로 사용되었다. 미국을 중심으로 한 연합군이 이탈리아 남부에 도착한 이후 레지스탕스는 북부의 독일군을 몰아내며 많은 피를 흘렸다. 지금도 이탈리아 공화국은 공공연하게 레지스탕스의 투쟁 덕분에 세워졌다고 말하곤 한다. 레지스탕스는 히틀러-무솔리니의 독재 정부로부터 카시빌레(Cassibile, 1943.09) 휴전 협정이 체결될 때까지 연합군에 협력한 이탈리아 민간인들이 세운 단체들이었다. 이탈리아 파르티잔(Partigiano) 또는 이탈리아 독립군으로 알려진 이들 부대는 연합군과 공동으로 나치-파시즘 정부에 맞섰고, 그것을 이탈리아 해방 전쟁이라고 불렀다.

16 위의 책, p. 21.

이후 반파시즘은 이탈리아 공산주의, 사회주의, 아나키즘의 여러 분파는 물론 공화주의와 자유주의, 자유사회주의, 사회자유주의, 기독교 민주주의, 기독교 사회주의, 군주주의, 사회민주주의 등 다양한 이념과 정치노선이 자리를 잡는 데 큰 역할을 하였다.[17]

그러므로 무솔리니의 등장과 '파시즘 vs 반파시즘'이 충돌하는 가운데 이탈리아의 이념주의는 최고조에 달했고, 그 과정에서 '평화'는 제국주의적이고 독재적인 정권에 굴복하는 것이 아니라, 인간의 보편적 가치를 회복하는 수단으로서 올바른 일을 선택하여 정의를 바로 세우는 데 있는 것으로 이해하였다.

## 3. 국가테러와 마피아

제2차 세계대전 이후 1946년에 실시된 국민투표에서 왕정을 누르고 공화정이 승리함에 따라 공화국이 성립되고 절대다수의 지지를 얻어 기민당(기독교민주당)이 정권을 장악하였다. 그러나 기민당 내의 다양한 분파와 정치적 견해가 달라 생기는 갈등과 중도의 소수당(자유당, 공화당, 사민당 등)과의 연정이 불가피한 정치적 특성으로 인해 정권이 무너지는 일이 비일비재하였다. 잦은 내각의 위기와 불안정성, 정치적인 테러활동과 조직적인 폭력은 평화에 대한 폭넓은 생각을 하게 만드는 계기가 되었다.

---

17 Associazione Nazionale Partigiani d'Italia, *La Resistenza Italiana*, 16 Giugno 2016., http://www.anpi.it/storia/120/la−resistenza−italiana.

우익의 테러가 국가기관 내부에서 발생한 것이라면 좌익의 테러는 공산당의 우경화 경향에 대한 급진주의자들의 대응으로 볼 수 있다. 게다가 19세기 이후 봉건적 사회로부터 자본주의적 체계로의 이행과정에서 발생한 변이물로 간주되는 마피아도 이탈리아가 극복해야 할 또 다른 문제였다. 이 세 부류에 대해 좀 더 살펴보자.

먼저 이탈리아의 우익테러는 정치지도자들에 의한 국가 전복세력과는 달리, 어떤 철학이나 조직을 배경으로 해서가 아니라 사회 부적응자들에 의한 경우가 대부분이었다. 인종주의, 엘리트주의, 민주주의에 대한 모욕, 반공주의 등으로 포장되어 좌익의 등장에 대응한다는 명문을 활용하였다. 극단적인 경우는 민주주의 체제를 전복할 만큼 공포를 조성하고 권위주의 혹은 파시스트 체제로 전환하기 위한 긴장의 전략(strategia di tensione)을 활용하였다.

1960년대 중반에서 1974년까지 우익의 테러는 최고조에 달했고, 1974년 이후 좌익테러가 급증하면서 우익은 상대적으로 잠잠해졌다. 당시 우익테러의 주요 집단으로는 Avanguardia Nazionale, Ordine Nuovo, Ordine Nero, La Terra Posizione, Nuclei Armati Rivoluzionari(NAR) 등이 있었다.

1980년 8월에 일어난 볼로냐 역의 폭탄테러는 85명의 사망자와 200여 명의 부상자를 낸 대표적인 우익의 백색테러로 알려졌다. 맹목적이고 무차별적이며, 불특정다수를 향한 중대한 사건으로 인식되었다. 그들의 행동은 파괴와 살인 그 자체가 목적이었고, 그런 폭력적인 행동이 정치 상황과 연관되어 있다는 아무런 증거조차 찾을 수가 없었다. 사실 60년대 중도좌파의 연정에서 좌익에 대한 심판으로 테러가 행해졌다고 하나, 1975년 이후 공산당의 세력이 확대되고 역사적 타협에 의한 좌익의 입지가 강화되었을 때 우익테러가 별다른 대응을 보여주지 못했다는 차원에서 그들의 주장을 그대로 우익으로 간주할 수 있느냐는 논리까지 대두되었다.

파시스트 폭력은 좌익의 슬로건에서 알 수 있듯이, 국가의, 국가에 의한 테러였다. 내무부와 정보기관이 우익테러를 보호해주거나 직접 가담하기도 했고, 언론에서는 고위직의 정치권과 경찰이 볼로냐의 폰타나 광장에서 폭탄테러를 장려하고 계획했으며, 나중에는 뒤를 봐주었다는 설이 난무했다. 공권력은 이 사건을 좌익의 소행으로 추정하고 무정부주의자들을 체포하기도 했다. 그러나 1970년대에 일어난 각종 테러사건들을 통해 드러났듯이 경찰은 우익테러에 대해 적극적으로 조사하지도 체포하지도 않았다. 여론의 악화로 1987년에서야 정보기관의 고위관리들을 교체했고, 볼로냐 테러가 정보기관과 연루되었다는 사실이 P2의 조사과정에서 드러났다. 1980년대에 들어와서도 이탈리아의 경찰은 극우적 테러에 적극적인 대처를 하는 것으로 보였다. 그러나 테러리스트들의 행태는 언제나 안개 속에 가려져 있었고, 그들의 테러는 테러가 아니라 정부와 정보기관이 계속해서 미스터리로 남겨둠으로써 사회·정치적인 불안감을 조성하는 단초가 되었다.[18]

둘째, 이탈리아의 좌익테러는 1969년 9월, 일부 가톨릭신자와 공산주의자들이 레나토 쿠르초(Renato Curcio, 1941~ )와 마르게리타 카골(Margherita Cagol, 1945~1975)을 중심으로 밀라노에서 대도시정치집단(Collettiva Politica Metropolitana)을 결성하는 데서부터 출발하였다. 이들은 노동자들의 권리를 위해 투쟁하고 이를 공장에서 실현하도록 한다는 목표를 세우고 행동

18 김시홍, 『이탈리아 사회연구 입문』, pp. 245~246.

에 들어갔다. 1970년 7월, 집단은 좌익노동자(Proletaria Sinistra)라고 개명한 뒤 무장 투쟁을 위해 구체적인 계획을 세웠다. 그로부터 1년여 뒤 '붉은 여단(Brigate Rosse)'이 탄생하였다. 처음에는 별다른 행동을 보이지 않았으나, 1972년 이후 각종 납치 활동으로 본격적인 행동을 시작하였다. 1974년 경찰에 잡히고 이듬해에 마르게리타 카골이 총격으로 사망하였으나 붉은 여단은 이를 계기로 다시는 무기 없이는 행동하지 않겠다는 다짐을 했고, 이후에는 더욱 광폭한 행보를 하였다.

1977년 쿠르초의 재판을 담당한 법관이 피살되고, 이를 언급한 언론인이 암살되며, 기민당의 대표 정치인이자 여러 차례 중도좌파 연정에서 수상을 역임한 바 있는 알도 모로(Aldo Romeo Luigi Moro, 1916~1978)가 납치 및 살해되는 등 좌익테러는 날로 담대해졌다. 그들이 저지른 살인통계를 보면 1976년 2명, 1978년 16명, 1979년 24명, 1980년에는 29명으로 집계되었다. 이 시기에 좌익테러 집단이라고 자처하던 단체도 100개가 넘었다.

그러나 1981년 나토부사령관 제임스 도지에르(James Lee Dozier, 1931~ )가 붉은 여단에 납치되는 것을 계기로 좌익테러는 쇠퇴하기 시작하였다. 그들에게 총은 수단이었고, 공격 대상은 기업가, 기자, 변호사, 정치인, 경찰 및 판사 등이었다. 그들이 분석하여 내놓은 국가적인 각종 위기는 전적으로 잘못된 것이었다. 당시 이탈리아 사회는 경제적 붕괴의 단계에 있지 않았고, 부르조아 사회는 분열되지 않았으며, 노동자 계급은 봉기를 생각하지도 않았다. 따라서 극단적인 폭력행위의 연속은 자신들만을 고립시키는 계기가 되었다. 이에 이탈리아 정부차원에서 좌익테러리스트들의 소탕작전이 시작되었고, 그들 역시 혁명의 불가피성에 대한 신념이 깨진 이상 내부적인 붕괴는 시간문제였다. 1980년대 중반에 이르러 좌익에 의한 폭

력은 더 이상 사회적 위협이 될 수 없었던 것도 이런 이유 때문이었다.[19]

셋째, 우익·좌익 테러집단이 정치적인 성격을 띠고 있다면, 마피아(mafia)는 경제적인 성격을 띤 조직폭력 집단이라고 할 수 있다. 현대사회의 갈등 문제가 경제자원에 대한 분배의 불평등에서부터 시작된 것이라면, 이탈리아의 경우 그 기원을 마피아의 존재에서부터 찾아볼 수 있을 것이다.

원래 마피아는 시칠리아 사람들이 타민족의 끊임없는 침입과 지배, 착취에 시달리는 가운데 그런 외세의 노략질에 대항하기 위해 만든 가족 친지 중심의 소박한 공동체였다고 한다. 그것이 오늘날과 같은 범죄조직으로 면모를 갖추게 된 것은 19세기 초, 국가 정체성의 혼란기를 틈타 경찰과 동조하여 일상적인 범죄를 처리하고 스스로 주민들의 보호자로 자처하면서부터였다. 법과 질서를 유지한다는 명분으로 농촌 지역의 사회적 연결망 속으로 깊이 뿌리를 내렸다가 파시즘 정부 하에서 도미(渡美)하여 제2차 세계대전 중 미군의 이탈리아 남부 진출과 함께 귀환하였다. 이후 농촌에서 도시로 근거지를 옮겨 토지투기 및 건설사업, 무역과 상업 전 분야에 걸쳐 협박, 갈취, 리베이트 등으로 부(富)를 축적하여 세계적인 수준의 경제력을 갖춘 조직으로 변모하였다. 그들은 시칠리아 섬을 본거지로 도매농업 시장의 통제, 상업회사의 보호유지, 공공사업의 입찰조작, 건설사업에서 리베이트 챙기기, 이자율 조작, 운동경기 운영, 사창사업, 담배 보석 및 무기 매매, 몸값 흥정을 위한 납치에서부터 마약거래 및 불법무기 밀매에까지 관여하지 않는 것이 없었다. 그들의 활동은 이탈리아 지역사회에서 중소기업의 발전을 저해하고 고갈시켰다.

---

19 위의 책, pp. 248~249.

마피아에게 살인은 권위를 유지하고 내분을 가라앉히기 위한 최후의 수단이었다. 그들은 수동적인 적에게는 별 관심이 없으나 협조를 거부하거나 자신들의 사업에 방해가 되는 기업인이나 공무원, 기자, 노동조합원, 정치인, 경찰, 법관 등에게는 가혹하게 대응하였다.[20] 현재 이탈리아 안팎에서 활동하고 있는 마피아는 크게 4개의 조직으로 알려져 있다. 영화 《대부》로 유명한 La Cosa Nostra(LCN)(코사 노스트라), 나폴리에 근거지를 둔 Camorra(카모라), 칼라브리아에 본거지를 둔 Ndrangheta(은드란게타 또는 드란게타), 풀리아 지방에 본거지를 둔 Sacra corona unita(사크라 코로나 우니타)가 그것이다.[21]

지금까지 살펴본 바, 로마제국의 멸망 이후 이탈리아는 통일의 과정에서 드러난 것처럼 지역주의를 극복하고 국가 정체성의 확립과 민족성 고취라는 또 다른 난제에 직면하였다. 이를 명분으로 무솔리니 정부가 추진한 식민지 정책과 전쟁은 더 큰 아픔이 되었고, 국가정체성과 민족성 고취는 그에 대항한 반파시즘에 의해 확립되는 역설적인 결과를 가져왔다. 곧이어 새로운 정부수립과 함께 시작된 각종 테러와 조직 폭력과의 또 다른 투쟁은 전쟁 이후 이탈리아가 해결해야 할 또 하나의 과제였다.

계속된 혼란과 테러, 폭력이라는 국가적·사회적 상황 속에서 이탈리아의 각 계층과 지역민들은 '평화'에 대한 보다 확장된 생각을 하게 되었다.

---

20 G. Pallotta, *Dizionario della politica italiana* (Roma: Newton Comton Editori, 1985), pp. 281~284.

21 Wikipedia, *Mafia*, modificata il 12 set 2018., https://it.wikipedia.org/wiki/Mafia

외부의 적에 대항한다는 명분으로 난무하던 식민지의 부정적인 관행을 극복하고 정상적인 사회분위기를 조성하자는 쪽으로 방향이 전환된 것이다. 각종 테러가 활개를 치고 마피아가 존속할 수 있었던 것은 타인의 불행에 눈을 감고 자신만 보려는 문화에서 비롯되었다는 인식이 고개를 들었다. 이에 맞물려 제2차 바티칸공의회가 개최되었고, 공의회의 결과를 실천하려는 의지와 더불어 라틴아메리카에서 들어온 해방신학을 토대로 정의의 구축이 시급한 과제로 떠올랐다.[22] 종교적 심성에 호소하며 함께 잘 사는 사회를 건설하자는 일종의 도덕적 사회운동도 확산되었다. 이런 움직임은 70년대 이후 20세기 말까지 계속해서 이어졌다.[23]

---

22 김시홍,『이탈리아 사회연구 입문』, p. 254.

23 이런 형태의 사회운동은 1992년 2월17일 밀라노 검찰청의 젊은 검사 안토니오 디 피에트로(Antonio di Pietro, 1950)가 사회당의 관리 마르코 키에사(Marco Chiesa)를 700만 리라(약 425만원) 뇌물수수 혐의로 체포하며 막이 오른 '마니 풀리테'(Mani Pulite, '깨끗한 손'이라는 뜻)에까지 이어졌다. 당시 이탈리아 사회를 근본적으로 뒤흔든 대대적인 부패와의 전쟁이었다. 약 2년 동안 4,500여 명의 내로라하는 정·재계 인사가 기소되고, 그중 1,200명이 유죄 판결을 받았다. 당시 국회의원의 절반이 기소되는 폭풍 속에 부패의 온상이었던 기민당, 사회당이 몰락하고 이탈리아 제1공화국이 막을 내린 일대 변혁이었다. 이로써 이탈리아의 정치 지형이 급변하고, 부패에 대한 사회적 자각이 일깨워졌다. 그럼에도 불구하고, 이탈리아의 마니아 풀리테는 성공했다는 평가를 받고 있지 못하다. 26년이 지난 지금도 국제투명성 기구가 매년 발표하는 부패지수에서 이탈리아는 여전히 유럽 최하위권을 맴돌고 있는 것이다. '거대한 악'의 상징이 되었던 기민당과 사회당은 해체 되었지만 부패의 조역자들 중 상당수가 여전히 정치권 언저리에 머물러 있고, 그들 중에는 마피아와 같은 범죄조직에 연루된 이들도 적지 않다고 보고 있다. 2017년 마니 풀리테 25주년을 맞이하여 AFP 통신과 인터뷰를 한 현재 유럽의회 의원이 된 디 피에트로는 다음과 같이 말한 바 있다. "우리는 병의 원인이 되는 바이러스는 찾아냈지만 환자격리와 항체 개발이라는 후속조치가 이루어지지 않았다." 여전히 이탈리아는 부정부패와의 전쟁이 진행 중이고, 마피아는 존재하고 있는 것이다. 현윤경, "伊 '마니 풀리테' 25주년… "끝나지 않은 부패와의 전쟁"," 2017.02.17. (2018.08.30. 검색). http://www.yonhapnews.co.kr/bulletin/2017/02/17/020000000

## Ⅳ. 삶의 기술로서 평화(l'Arte della Pace)

이탈리아의 평화개념에서 중요하게 다루어져야 할 사항으로 가톨릭교회와의 관계 속에서 형성된 종교적 측면이 있다. 로마제국의 몰락 이후 교황이 주도해 온 세속국가의 권력과 반(反)성직자주의(anticlericalismo) 세력들에 의한 이탈리아 통일의 주도권 싸움, 그로 인해 해결의 기미가 보이지 않던 '로마의 문제(la questione romana)'[24]와 라테라노 협정(i Patti Lateranensi)[25], 교회의 정치적 이념이라 할 수 있는 사회교리(Dottrina sociale della Chiesa)[26]를 통한 사회정치적 행동에 대한 지침의 지속적인 표명은 이탈리

---

0AKR20170217007100109.HTML

24 교황 비오 9세(Pope Pius IX, 1846~1878)가 자신을 '바티칸의 포로'(il prigioniero del Vaticano)라고 규정하며 세속국가인 입헌군주제하의 이탈리아와 모든 관계를 단절하는 입장을 취하고, 가톨릭신자들로 하여금 세속국가의 정치에 참여하지 말라는 윤리적 권고를 함으로써 이탈리아와 교회 간 적대감이 최고조에 달했던 사건을 총칭한다. G. Alberigo, *Il Cristianesimo in Italia*(Roma: Laterza, 1989), pp. 100~102; 김시홍,『이탈리아 사회연구 입문』, p. 233.

25 1929년 2월 11일 로마의 라테라노 궁에서 조인된 교황청과 이탈리아 왕국 사이의 조약과 각종 협의 및 협약들을 통칭한다. 1870년 이탈리아에 의해 교황령이 모두 장악된 이래 '로마의 문제'로 표현된 악화된 두 나라의 관계를 최종 회복한 협정이라고 할 수 있다. 제1차 세계대전의 종료와 함께 1922년 비오 11세 교황이 먼저 '로마의 문제'를 해결하려는 의사를 표명했고, 당시 파시즘체제의 지도자였던 무솔리니 역시 그에 응하는 입장을 취하면서 시작되었다. 이후 두 나라 사이에서 진행된 수차에 걸린 회합을 결과 1929년에 역사적인 협정을 체결하기에 이르렀다. 조약(il Trattato)은 전문과 27개 항목으로 구성되었고, 종교협약(il Concordato)은 전문 외에 45개 항목으로 구성되었다. 여기에 재정적 타결(la Convenzione Finanziaria)이 별도로 명시되었다. 김시홍, 앞의 책, pp. 233~235.

26 십계명을 비롯하여 성경에서도 사회 교리에 해당하는 내용들을 찾을 수 있지만, 본격적인 사회 교리는 산업혁명 이후, 비인간적인 환경에서 고통 받는 노동자들의

아에 커다란 영향을 미쳤다.

1960년 바티칸의 공식기관지 오세르바토레 로마노지에 실린 가톨릭교회의 정치권에 대한 입장은 4가지였다. ① 교회는 신자를 이념적으로, 실천적으로 인도해야 한다는 것, ② 교회는 정치적으로 중립일 수 없다는 것, ③ 교회는 신자와 비신자 간의 정치적 협력이 허락될 수 있는지에 대해 판단해야 한다는 것, ④ 교회는 신자들이 마르크스주의자와 협력하지 않도록 해야 한다는 것이다.[27] 이것은 좌파에 대한 전쟁을 선포하고 근대문화를 비난하는 태도와 같은 맥락에 있는 것으로 받아들여졌다. 당시 교회는 공산주의자, 유물론자, 반가톨릭 교리주의자들을 단죄했다.

---

권리와 노동의 의미, 국가의 역할 등을 주요 내용으로 하여 교황 레오 13세가 1891년에 반포한 회칙 「새로운 사태(Rerum novarum)」에서부터 시작된다고 할 수 있다. 〈노동헌장〉이라고도 불리는 이 회칙은 노동자의 "인권"을 다루고 있지만 이후 여성인권과 많은 사회적 약자들의 인권으로 확대되면서 세계인권선언문을 이끌어 냈고, 60년대 냉전시대에는 전쟁, 분쟁, 대략학살이 빈곤, 기아, 질병 등과 분리할 수 없는 문제라며 "인간발전"을 부르짖으며 각종 평화운동을 일으키는 동력이 되었다. 그리고 교황 요한 바오로 2세에 이르러 교회가 어느 편에 서야 하는지를 분명하게 천명한 "가난한 이를 위한 우선적 선택"과 세계화와 죽음의 문화 확산에 직면하여 "공동선"을 부르짖음으로써 대사회에 대한 교회의 존재론적인 입장을 천명해 왔다. 지금까지 발표한 20여 편이 넘는 각종 사회교리서들은 이렇게 주어진 시대의 문제에 대해 세계인과 더불어 고민하고 성찰하는 가운데 복음에 맞는 판단기준과 행동지침을 제시해 온 것이라고 볼 수 있다. 교회의 사회사상을 함축하며 선진 여러 나라의 사회법 제정, 노동 관계법과 관련 제도에 큰 영향을 주었고 현대인들의 사회의식과 시민의식을 고취시키는데도 크게 기여하였다. 1891년 레오 13세의 「새로운 사태」 이후, 1931년 비오 11세의 「사십주년」, 1961년과 1963년 요한 23세의 「어머니와 교사」 및 「지상의 평화」, 1967년 바오로 6세의 「민족들의 발전」, 요한 바오로 2세의 「노동하는 인간」(1981), 「사회적 관심」(1987), 「백주년」(1991) 등이 있고, 2006년과 2007년 베네딕토 16세의 「하느님은 사랑이십니다」와 「희망으로 구원된 우리」, 2009년 「진리안의 사랑」이 있고, 최근에도 프란치스코 교황의 「찬미받으소서」(2015) 등이 있다.

27 김시홍, 『이탈리아 사회연구 입문』, p. 238.

그러나 교황 요한 23세가 즉위하면서 이전의 보수적인 성향의 교황 비오 12세와는 달리 교회의 성격과 역할에 대한 심도 있는 재평가를 하고자 했다. 그의 짧은 임기(1958~1963)는 현대세계에서 교회의 역할을 결정짓는 커다란 하나의 분수령이었다. 그는 시대에 뒤떨어진 교리는 평신도와 성직자 모두의 도전을 받게 된다는 사실을 인식하고 새로운 움직임으로서 제2차 바티칸공의회를 개최하였다. 부패의 온상으로 전락한 이탈리아 기독교민주당(기민당)과 거리를 두는 한편 더 보편적이고 정신적인 가치를 지향하고 목자로서의 임무에 전념할 것을 촉구했다. 동시에 사회적, 교리적 문제에 있어서 자유주의적 새로운 접근 방식을 채택했다.[28] 국제적인 차원에서도 이전과는 다른 입장을 취했다. 동유럽으로의 진출, 마르크스주의자를 포함한 비가톨릭교도에 대한 관심, 자본주의에 대한 새로운 관계 정립이 그것이다.

그래서인지 요한 23세가 1961년에 발표한 회칙 「어머니와 교사」는 교회가 자본주의에 대해 지지를 보내는 것 같은 인상을 주었고, 1963년에 나온 「지상의 평화」는 공산주의와의 대화 가능성을 열어 놓는 터닝 포인트가 되었다. 거짓된 이데올로기(공산주의와 마르크스주의)와 정치적 운동(실제적 공산주의 운동)을 구분하려 한 것으로 보인다.[29]

이렇듯이 이탈리아와 바티칸의 관계, 가톨릭교회의 쇄신 여정은 이탈리아의 평화개념사에 적지 않은 영향을 미쳤다. 평화를 구축하는 것이 '하느님의 선물이자 인간의 책무'로 이해되고 그것이 하나의 과제로 20세기

28 Christopher Duggan, 『미완의 통일 이탈리아사』, pp. 375~376.
29 김시홍, 『이탈리아 사회연구 입문』, pp. 232~243 참조.

말에서 21세기로 이어졌기 때문이다. 인간의 양심에 생명과 이웃을 존중하라는 법을 새기신 분이 하느님이라는 사실은 평화가 하느님으로부터 오는 선물임을 입증한다고 보았다. 따라서

– 하느님은 인간을 평화로 부르고 인간의 권리를 보장해 주기에 정의와 존중과 연대를 기반으로 한 사람들의 공존을 원한다는 것,

– 평화는 다른 사람을 존엄하게 대하고 형제애를 실천하는 가운데 실현되는 인간 노력의 열매라는 것,

– 진정한 평화란 단순히 전쟁의 부재만을 가리키는 것도 아니고 적대세력들 간의 일시적인 균형 유지로 전락될 수 있는 것도 아니라는 것,

– 진정한 평화는 하느님께서 당신의 창조에 부여하고자 했던 질서 그 자체에 존재하는 것이라는 것,

– 따라서 평화는 인간과 세상에 대한 진리와 밀접하게 연계되어 있다는 것,

– 결론적으로, 평화는 인간의 기본 권리이기에 인간 선익에 대한 보호 없이, 인간들 사이의 자유로운 소통 없이, 개인과 민족의 존엄성에 대한 존중 없이, 특히 지칠 줄 모르는 정의추구와 수호 없이는 쟁취될 수 없는 것이라는 것이다.[30] 한 마디로 평화는 '질서의 여유로움'이요, '정의의 결과'이며, '사랑의 효과'라고 했다.[31]

이것을 다시 정리하면, 평화는 ① 정의와 존중과 연대의 기술이며, ②

---

30 이탈리아 군종교구 저, 이경상 역, 『정의와 평화의 봉사자–제1차 이탈리아 군종교구 시노드』(서울: 가톨릭대학교출판부, 2009), pp. 220~223.

31 위의 책, p. 224.

인간존엄과 형제애를 실천하기 위한 노력이고, ③ 분쟁이 없는 상태만이 아니라 질서가 유지되는 것이고, ④ 인간과 세상에 대한 진리와 결부된 사항이며, ⑤ 기본권, 소통 등과도 연계된 문제라는 것이다. 오늘날 이탈리아인들에게서 표현되는 다양한 형태의 삶의 기술이자 평화를 실천하려는 삶의 자세들이라고 할 수 있다.

다원주의 시대를 살아가고 있는 현대 이탈리아는 제2차 세계대전 이후 독일만큼은 아니지만 극우 민족주의와 파시즘 체제 하에서 자행되었던 아픈 과거사를 갖고 있는 만큼, 일찍이 비이탈리아 민족에 대한 차별 정책은 국가의 기본법 안에서 배제되었다. 여기에는 오랜 역사의 과정에서 그들이 체험한 것처럼 지역적인 특징으로 인해 국가정체성과 민족주의가 약하고 서로 간 이질성이 강한 다민족 국가로 성장해 온 이유도 작용한다고 하겠다. 따라서 지역 간의 차이를 존중하는 문화가 이탈리아 사회의 주요한 특징의 하나로 발전되어 온 것이다.[32] 이런 경험이 어우러져 인간에 대한 기본적인 예의와 존중, 사람 사이의 소통과 연대 방식이 다양하게 형성되어 왔다. 체계적인 조직문화에 비해 개별성과 다양성을 존중하며 '서로 다름'이 함께 하는 공존의 기술로 자리를 잡은 것이다. 그렇다고 해서 공교육 체계 안에서 다민족 혹은 다인종을 위한 교육적인 배려가 제도적으로 보장되어 있는 것도 아니다. 그러나 사회 복지 정책이나 노동 정책 등에서 외국인라고해서 특별히 배제되거나 기본권을 무시하는 일은 없고, 내

32 김종법, "이탈리아 사회통합정책과 극우정당,"『다문화사회연구』 제8권 1호(2015), p. 71.

국인과의 일반적인 차이를 표방하지도 않는다.[33]

한편 오늘날의 세계무대에서 정치와 경제의 문제는 '공동선 지향'과 '분배의 문제'로 귀결된다. 두 가지 범주 모두에서 중요하게 작동되는 원리는 '정의'의 문제일 것이다. 이탈리아는 이 두 가지 영역에서 존재하는 두 가지 문제를 탁월한 방식으로 풀어나갔는데, 그 한 사례를 볼로냐에서 추진한 협동조합을 들 수 있을 것이다.

에밀리아로마냐 주의 중심도시 볼로냐는 1237년 봉건주의를 지탱하고 있던 농노제를 가장 먼저 폐지했던 도시다. 제2차 세계대전 때는 파시즘에 저항하는 레지스탕스의 거점이 되었고, 전쟁 이후에는 이탈리아 공산당의 지지기반이 되었다. 현재 볼로냐 시는 유럽연합에서 소득이 가장 높은 5개 지역에 속한다. 이탈리아에서도 1인당 소득이 가장 높고(4만 달러가량으로 국가 평균의 거의 2배 수준), 실업률이 가장 낮으며(3.1%), 여성고용률(60.5%)이 이탈리아 평균보다 10% 가량 높다. 여기에는 볼로냐 시민들의 삶에 크게 영향을 미치고 있는 협동조합이 있기 때문이다. 1950년대까지 가난했던 볼로냐는 현재 시민 10명 중 7명이 협동조합의 조합원이라고 할 정도로 협동조합이 깊이 뿌리를 내리고 있는 도시다. 볼로냐에는 400개가 넘는 협동조합이 있고, 에밀리아로마냐 주의 총 생산수입의 3분의 1을 차지하고 있다.

볼로냐의 협동조합이 위력을 발휘한 것은 2008년 미국발 경제위기와 2012년 그리스발 경제위기 때였다. 볼로냐에서 비교적 큰 기업에 속하는 협동조합의 직원들은 해고라는 것을 모른다. 협동조합들의 협동조합이라

33 위의 논문, p. 96.

고 할 수 있는 레가코프(Lega Coop)는 단위별 협동조합이 파산하거나 어려워질 때 '조합의 기금'을 운영하여 실업자를 다른 협동조합에 취직시켜 주거나 기업에 보조금을 주어 회생 절차를 밟게 한다.

볼로냐에는 소비자 협동조합뿐 아니라 생산자 협동조합까지 종류가 다양하다. 감자와 양파 생산자 조합인 코메타, 낙농협동조합 그란라테가 세워 현재 이탈리아 우유시장 점유율 1위, 요구르트 점유율 2위를 자랑하고 있는 낙농기업 르라나롤로, 연극협동조합 바라카, 인쇄 홍보물 협동조합 키친코프, 택시협동조합, 와인협동조합 등 그 수를 헤아릴 수가 없다.[34] 주택도 협동조합을 통해서 구입한다. 주택협동조합인 '콥안살로니(Coop Ansaloni)'는 은행에서 대출을 받아 공장 노동자와 가난한 서민들이 집을 구입할 수 있도록 지원한다. 그 결과 볼로냐 주민의 85%가 주택을 소유하고, 부동산 가격도 안정적으로 유지된다. 협동조합을 통해서도 주택을 구입할 수 없는 조합원은 10년간 임대료를 내면서 거주한다. 그리고 나중에 집을 살 때는 임대료까지 주택가격에 포함하여 저렴하게 구입할 수 있다. 다시 말해서 볼로냐의 협동조합은 이윤을 남기는 것이 목적이 아니라 조합원의 윤택한 삶과 일자리 제공이 목적인 것이다.[35]

---

34 '카라박 프로젝트(KARABAK Projec)'는 2014년 볼로냐의 협동조합들이 힘을 모아 진행한 협동 프로젝트로 사회적 경제적 협동조합 운영의 우수사례로 손꼽힌 대표적인 경우다. 볼로냐 시에서 부지와 운영비를 부담하고, 어린이집 건설비용은 건설협동조합, 보육협동조합은 이를 운영하고, 급식협동조합이 급식을 제공하는 것이다. 이 프로젝트를 통해 볼로냐 시는 보육시설을 확충했고 조합원들은 양질의 양육서비스를 받으며 일자리까지 생기는 것이다. *Pedagogia, psicologia, sostegno, innovazione,* 〈*karabak*〉, Bambini in Emilia Romagna, supplemento marzo 2014. https://www.societadolce.it/pubblicazioni/karabak/(2018.09.09. 검색).

35 한정아,《공유경제신문》"[협동조합②] 강한 지역연계 '이탈리아 볼로냐'," 『공유경

또 다른 평화의 키워드로 질서가 있다. 조화로도 이해된다. 도덕적이고 법적인 기존의 질서가 깨지는 폭력적인 상황을 수없이 경험해 온 이탈리아인들은 날마다 자신의 윤리적인 태도를 강요받고 있다고 생각한다. 혼란과 무질서를 경험한 이들에게 질서는 곧 '평화'다. 이것은 질서를 강조하고 내적인 조화를 주요 내용으로 하는 헬라어 '에이레네(ειρηνη, eirene)'를 그리스도교의 '평화'개념으로 수용한 근간이 된다. 실제로 고대 그리스에는 '에우노미아(Eunomia, 질서)', 정의의 여신 '디케(Dike, 정의)', 평화의 여신 '에이레네(Eirene, 평화)'가 있었다. 모두 질서정연한 자연의 힘을 의인화한 존재들로, 이들은 올림포스에서 제우스를 도와 계절의 변화를 관장했었다. 하지만 집단 안에서 올바른 질서를 유지하기란 쉬운 일이 아니다. 집단 구성원들 간의 권리와 의무가 균형 있게 유지될 때 가능해지기 때문이다. 그것을 조화라고 한다. 이 말은 "집단 구성원들 사이에서 법적 평등의 조건이 가능해지려면 모든 사람의 권리가 공평하게 인정되어져야 한다."[36]는 뜻이기도 하다. 그러려면 '빠른' 사람을 기준으로가 아니라, '느린' 사람을 기준으로 해야 한다. 건강한 사람보다는 사회적응성에 취약한 사람을 먼저 배려해야 한다. 노인과 장애자에 대한 배려가 우선시되어야 하는 이유기도 하다. 이것은 또한 인권의 문제이기도 하지만 환경의 문제로 바라봐야 한다. 현대 문명이 추구하는 '빠름의 문화'와는 달리 이탈리아가 '느림의 철학'을 생활 곳곳에서 실천하고 있는 이유이기도 하다.

---

제』, 2018.01.04., 〈http://www.seconomy.kr/view.php?ud=201712192336279915ed56eecda_2〉.

36 Enciclopedie on line, *Ordinamento*, (2018.09.02. 검색). http://www.treccani.it/enciclopedia/ordinamento/.

'인간과 세상에 대한 진리와 결부된 사항'으로 '평화'를 보게 되면 '양심', 곧 신법 혹은 자연법에 기초한 보편적 인권문제와 가치의 실현에 도달하게 된다. 스콜라 철학의 완성자로 불리는 토마스 아퀴나스(Thomas Aquinas, 1224/5~1274)는 '양심이 진리'라고 했다. 그가 『진리론』에서 사용하고 있는 두 가지 용어 'synderesis'와 'conscientia'는 전자는 모든 인간이 선천적으로 지니고 있는 도덕 판단의 제일원리로서, 단순히 선악을 판단하는 능력뿐 아니라, 선천적으로 선(善)을 지향하고 선을 행하도록 부추기는 내적인 힘이라고 했다. 그리고 그것을 '양심'으로 번역했다. 반면에 후자는 '양심'의 빛을 수용하여 구체적인 현실 안에서 이를 적용하는 능력을 말하는 것으로 '도덕적인 의식'이라고 했다. '도덕적인 의식'은 적용 과정에서 도덕적인 것과 무관한 추론 능력, 반드시 알아야 할 법적지식들 외 여느 학문적인 결과들 그 자체를 의미하기도 하고, 이 모든 것을 고려한 '종합적인 판단능력'으로 고려되기도 한다. 따라서 이런 역할을 하는 주체는 '양심'이 아니라 '도덕적 의식'이라는 것이다.[37] 결국 '인간과 세상에 대한 진리'의 문제는 개인 혹은 집단의 양심과 도덕적 의식의 문제라는 것이다.

그러므로 참 평화는 인간의 내면에서 작용하는 양심과 도덕적 의식을 기반으로 정의, 존중, 연대, 형제애, 질서, 소통 등 윤리적이고 의식적인 각종 행위들을 포괄한다고 하겠다.

37 이명곤, "토마스 아퀴나스의 양심과 도덕적 의식에 대한 고찰," 『인간연구』 25호 (2013), p. 99.

## V. 나가는 말

"정치적 차별은 필연적으로 사회적 차별을 가져온다."[38]는 말이 있다. 정치와 사회의 혼란기를 오랫동안 경험한 이탈리아는 그런 점에서 '평화'에 대한 의미가 경험의 수치만큼 확장되어 나갔다고 볼 수 있다. 단순히 전쟁과 불화가 없는 상태에 머물지 않고, "불평등한 사회 구조와 제도가 없는 상태"와 "구조적 폭력이 없는 상태"(요한 갈퉁)를 포괄하며, 이로써 서민들의 일상이 헝클어지지 않아야 하는 것이다. 나아가 주변에 절대 빈곤이 존재하지 않는 것이고, 어디서든 나눔이 실천되어야 한다.

본래 의미로 전쟁이나 분쟁의 대척점에 있던 팍스(혹은 파치스)에서 정의의 문제에 대해 깊이 고민하게 했던 정치적 경제적 착취와 폭력, 그리고 이런 폭력들을 정당화하는 기제로서 문화적 폭력이 사회복지의 분야로 확장된 것이다. 약자 혹은 가난한 사람이 말하는 평화가 진정한 평화라고 보기 때문이다. 권력자의 편에서 바라본 평화는 이미 고대 로마의 식민지 개척 시기에나 찾아볼 수 있다.

그런 점에서 이탈리아인이 생각하는 참 평화에 대한 생각이 그대로 드러난 것이 제2차 세계대전 시 로마를 '무방비 도시(Città Aperta)'로 선포한 것이다. 이탈리아가 연합군과 독일군에게 동시에 선포한 것으로 인명 피해를 최소화하고 인류의 방대한 문화유적을 지켜냈다. 이것은 이탈리아가 긴 세월 동안 역사적 경험을 통해 얻은 '평화'에 대한 인식을 확고히 했기

38 장 자크 루소 저, 홍지화 역, 『인간 불평등 기원론』(서울: 부북스, 2013), p. 119.

때문일 것이다.[39] 국가건 개인이건 혹은 공동체건 '무장하지 않는 것'은 평화로 가는 가장 근본적인 지름길이다.

겁이 많은 사람이 전쟁이나 투쟁을 말한다. 사람이건 자연이건 그 앞에서 사랑을 이야기하고 소통을 말하는 사람이야말로 용기 있는 사람이고, 용기 있는 사람은 무장하지 않는다. 무장하지 않기에 싸우지 않는다. 곧 '평화'의 사람인 것이다.

---

39 제2차 세계대전 시에 무방비 도시로 선포되었던 곳은 로마 외에도 다음과 같은 도시들이다.
– 브뤼셀(1940): 벨기에가 독일군에게 선언
– 파리(1940): 프랑스가 독일군에게 선언
– 베오그라드(1941): 유고슬라비아가 독일군에게 선언
– 마닐라(1942): 미군이 일본군에 대해 선언
– 로마(1943): 이탈리아군이 연합군 및 독일군에 대해 선언
– 아테네(1944): 그리스를 점령하고 있던 독일군이 연합군에 대해 선언
나무위키, [무방비도시], https://namu.wiki/w/ 방비도시.

## 참고문헌


### 1. 국문 단행본

김시홍.『이탈리아 사회연구 입문』. 서울: 명지출판사, 1995.

이탈리아 군종교구 지음, 이경상 옮김.『정의와 평화의 봉사자–제1차 이탈리아 군종교구 시노드』. 서울: 가톨릭대학교출판부, 2009.

장자크 루소 지음, 홍지화 옮김.『인간 불평등 기원론』. 서울: 부북스, 2013.

Duggan, Christopher 지음, 김정하 옮김.『미완의 통일 이탈리아사』. 서울: 개마고원, 2001.

### 2. 국문 논문

김종법. "이탈리아 사회통합정책과 극우정당."『다문화사회연구』 제8권, 1호(2015).

이명곤. "토마스 아퀴나스의 양심과 도덕적 의식에 대한 고찰."『인간연구』 제25호(2013).

### 3. 영문 단행본

Chirot, D. *Social Change in the Twentieth Century.* New York: Harcourt Brace Jovanovich, 1977.

Wallerstein, I. *The Capitalist World-Economy.* New York: Cambridge Univ. Press, 1979.

### 4. 인터넷 자료

박보균. [출처: 중앙일보] [현장 속으로] 2차 대전 종전 70년, 무솔리니를 추적하다, 2015.05.23.; https://news.joins.com/article/17867244.

공구리.「전쟁과 역사, 서양편(112): 제2차 세계대전 지중해 전역 이탈리아의 참전과 지중해로의 전쟁 확대」, 2015.03.15.; https://winlee96.blog.

me/220300457789.

Associazione Nazionale Partigiani d'Italia, *La Resistenza Italiana*, 16 Giugno 2016; http://www.anpi.it/storia/120/la−resistenza−italiana.

Wikipedia, *Mafia*, modificata il 12 set 2018., https://it.wikipedia.org/wiki/Mafia.

현윤경. 「伊 '마니 풀리테' 25주년… "끝나지 않은 부패와의 전쟁"」, 2017.02.17; http://www.yonhapnews.co.kr/bulletin/2017/02/17/0200000000AKR20170217007100109.HTML

Enciclopedie on line, *Ordinamento*, (2018.09.02. 검색)

http://www.treccani.it/enciclopedia/ordinamento/

나무위키, [무방비도시], https://namu.wiki/w/무방비도시

*Pedagogia, psicologia, sostegno, innovazione,* 〈*karabak*〉, Bambini in Emilia Romagna, supplemento marzo 2014. https://www.societadolce.it/pubblicazioni/karabak/

한정아, [공유경제신문] "[협동조합②] 강한 지역연계 '이탈리아 볼로냐'," 『공유경제』, 2018.01.04., 〈http://www.seconomy.kr/view.php?ud=201712192336279915ed56eecda_2〉

Treccani.it(Vocabolario Treccani on line), *Pace*, Istituto dell'Enciclopedia Italiana, 2011.

Treccani.it(Vocabolario Treccani on line), *Enciclopedia delle scienze sociali*, "Pace".

5. 기타

Alberigo, G. *Il Cristianesimo in Italia.* Roma: Laterza, 1989.

Cassio Dione, *Storia romana,* 9 voll., Milano, BUR, 1995−2018. *Vol. I: Libri 36-38, 1995; Vol. II: Libri 39-43, 1995; Vol. III: Libri 44-47, 1996; Vol. IV: Libri 48-51, 1996; Vol. V: Libri 52-56, 1998; Vol. VI: Libri 57-63, 1998; Vol. VII: Libri 64-67, 2000; Vol. VIII: Libri 68-73; Vol.*

*IX: Libri 74-80, 2018.* 본고에서 인용한 부분은 *LIV,* 35.2.

Crespo, Giovanna. *Richard Meier, il Museo dell'Ara Pacis.* Milano: Electa, 2007.

Enciclopedia dell'Arte Antica, *Eirene*, 1960.

Pallotta, G. *Dizionario della politica italiana.* Roma: Newton Comton Editori, 1985.

Plinio, *Naturalis Historia* XXXVI,102.

Prete, Federico Del. *Ara Pacis.* Roma: Punctum, 2006.

*Res Gestae Divi Augusti* 12–2 in Monumentum Ancyranum.

Rossini, Orietta. *Ara Pacis.* Milano: Electa, 2006.

Salvatore, Andrea. *Il pacifismo.* Roma: Carocci, 2010.

# 2장 영국 평화, 끝없는 전쟁 속에서 피어나다: 영국 평화개념의 탄생과 진화

강성우 · 김선

## Ⅰ. 서론

유럽에서 평화의 의미를 규정하는 대표적인 용어는 팍스 로마나(Pax Romana, 로마의 평화)로 대변되는 힘의 원리에 의한 평화였다. 곧, 전쟁에 의한 평화였다. 여기에서 라틴어 팍스(pax)는 평온(tranquillitas)과 조화(concordia)와 함께 사용되는 용어로 질서가 있는 평온의 상태와 전쟁이 없는 상태를 뜻한다. 유럽에서 로마의 패권이 끝나고, 등장한 새로운 평화질서의 패권이 바로 팍스 브리타니카(*Pax Britanica*, 영국의 평화)이다. 흥미로운 것은 영국에 의한 팍스(pax)는 유럽대륙이 아닌 다른 대륙에 폭넓게 걸쳐 있었다는 것이다. 영국은 초기에 브리튼 섬에 정착한 다양한 민족들이 서로 전쟁을 통해 자신의 세력을 확장해 나갔고, 국가성립 과정에서 기독교를 수용하였으며, 빅토리아시대가 시작되는 17세기부터는 강력한 해상력을 바탕으로 해외로 국가 세력을 확장하면서 제국으로 성장하게 된다. 영국은 "세계 지표의 1/4과 총인구의 1/5인 5억 명을 가진" 전 세계적인 패권국으로 자리매김하게 되었고, 기독교와 제국이라는 요소가 국민국가(nation-state) 형성에 중요한 역할을 했다. 또한 유럽 대륙과 물리적인 거리를 가진 섬나라라는 안보전략상의 이점과 자유주의(Liberalism)가 상대적으로 일찍 정착되어 다양한 주장들이 허용되는 정치문화는 영국이 평화운동의 요람으로 인식되는 배경이 되었다.[1]

하지만 역사의 소용돌이 속에서 영국이 가진 유토피아적 낙관론은 제1, 2차 세계대전으로 무참히 좌절된다. 이처럼 영국 역사에서 끊임없이 계속되는 전쟁과 그에 대한 반성은 새로운 평화논의를 가능하게 했다. 또한 영국의 평화논의에서 평화운동이 비단 침략적인 공격에 대한 혐오뿐 아니라 현실주의자(realists)들의 진언과 같았던 "평화를 원하면 전쟁을 준비하라(*si vis pacem, para bellum*, if you wish peace, prepare for war)"는 경구를 바탕에

---

1 Martin Ceadel, "A Legitimate Peace Movement: The Case of Britain, 1918~1945," in Peter Brock and Thomas P. Socknat, eds., *Challenge to Mars: Essays on Pacifism from 1918 to 1945*. (Toronto: University of Toronto Press, 1999).; Martin Ceadel, "The peace movement: overview of a British brand leader," *International Affairs*, vol. 90, no. 2(2014), pp. 351~365.

두고 있다.[2] 그래서 영국 역사 속에서 전쟁은 유용하기도 하고 피할 수도 없으며 정당화될 수 있는 행위로 받아들이기도 했으나, 이에 대한 반성 또한 행해졌다. 이 과정에서 다양한 평화의 논의가 이루어졌고, 체계화 되었다. 그래서 끝이 보이지 않는 전쟁과 반성 그 가운데 평화를 "전쟁이 없는 상태"로 규정한 것이 아니라 요한 갈퉁이 정의한 대로 "불평등한 사회적 구조와 제도가 없는 상태"이며, "구조적 폭력이 없는 상태"에까지 나아가야 한다고 생각하게 되는 동력이 되었다.[3] 영국에서 진정한 평화개념에 접근하는 과정은 전쟁과 제국, 평화가 공존하는 상태였고, 정의나 전쟁을 통한 평화라는 명목으로 수많은 전쟁을 경험했다. 이에 영국의 평화의 개념 논의의 근간은 "전쟁이 평화가 될 수 있고 평화로운 전쟁"(War can be peace, and peaceful war)이라는 이름으로 무력 수단이 정당화되는 역설 속에서 탄생했다고 할 수 있다.[4]

이에 대한 논의를 위해서는 영국의 역사 속에서 평화론에 관한 논문과 다양한 저작들을 바탕으로 할 수밖에 없다. 영미권에서는 영국의 평화와 관련된 다양한 연구가 역사의 영역 뿐 아니라 철학과 문학 등에서 학제간 연구가 이루어지고 있고, 상당한 연구결과가 축적되기도 했다. 한국에서도 영국의 평화론에 대한 개별적인 연구들은 존재하지만 영국의 평화

2 Avrech Berkman, "Pacifism in England, 1914–1939" (Ph.D dissertation, Yale University, 1967), p. 5.

3 J. Galtung, "Editorial," *Journal of Peace Research*, vol. 1, no. 1 (1964), p. 14.

4 T. Hippler and M. Vec, "Peace as a Polemic Concept: Writing the History of Peace in Nineteenth Century Europe" in Thomas Hippler and Milos Vec, eds., *Paradoxes of Peace in Nineteenth Century Europe* (Oxford: Oxford University Press, 2015), p. 3.

론을 전체적으로 파악할 수 있을만한 연구는 없었다. 이에 영국의 평화론에 대해 부분이 아닌 전체로서 파악하는 연구가 필요하다고 하겠다. 이에 본고는 기존의 영미권에서 출간된 연구들을 바탕으로 영국에서 평화논의를 통시적(通時的)으로 그 기원에서부터 제2차 세계대전까지 고찰하고, 그 흐름을 전체로서 조망하려고 한다.

## Ⅱ. 평화논의의 기원- 기독교적인 배경

기원전 1세기 이후 영국의 브리튼 섬에 정착한 인종들은 켈트인으로부터 시작해서 로마인, 앵글인, 주트인, 색슨인, 데인인, 노르웨이인, 노르만인 그리고 프랑스인 등 다양한 종족들이었다. 그들의 문화 속에 평화의 흔적을 찾는 것은 영국에서 평화개념의 시발점(始發点)이다. 고대 영국의 조상이자 침략자였던 켈트족(Celtic tribes)의 문화에서는 "공공의 평화"에 대한 흔적만 있을 뿐 평화주의를 구체적으로 언급한 내용을 찾아볼 수 없다. 이와 같은 경향은 앵글로색슨 문화에서도 동일하게 나타난다. 물론 앵글로 색슨 문화에는 구전 전통이 강하기 때문에 문서로 확인할 수 없는 부분도 있을 수 있겠으나 기본적으로 평화에 대한 자세한 논의나 현실적인 열망을 담아낸 기록은 거의 존재하지 않는다고 할 수 있다. 이와 같은 맥락에서 전쟁에 대한 태도는 귀족적인 가치관과 정교한 미학으로 기사도에 대한 숭배와 함께 자라났다.[5] 다시 말하면 영국을 구성하는 민족들의 문화전통에서는 평화개념을 발견할 수 없다. 그래서 영국의 평화개념의 논의는 기독교적인 전통에서부터 시작해야 한다.

영국은 히브리-기독교 전통(Judeo-Christian tradition)에 따라서 전쟁을 부정적으로 인식하기보다는 악에 대한 승리로서 선을 위한 수단이 될 수 있다고 생각하였으며, 전쟁은 무질서한 사회에 질서를 회복하기 위한 방편이자 잘못된 것을 바로잡기 위한 방안으로 받아들여졌기 때문에 기본적으로 전쟁은 긍정적으로 인식되었다. 물론 초기 기독교적 전통에는 반군사주의적 시각도 존재했으나, 기독교에서 전쟁을 보는 시각은 기본적으로 인간의 본성이 악하기 때문에 신이 성서에서 드러낸 이 땅에서의 평화를 성취하지 못하다고 전제한다. 그리고 원죄를 가진 인간은 전쟁과 같은 폭력적 전쟁이 불가피하지만 전쟁에서 기독교의 자비와 형제애가 드러난다는 시각을 가진다. 이와 더불어 가장 지배적인 종교관은 섭리주의(Providentialism)로 전쟁을 하나님이 주신 징벌의 하나로 여기기도 했다.

기독교적인 배경에서 논의되는 평화의 개념은 역설적으로 전쟁에서 찾을 수 있는데, 바로 거룩한 전쟁(holy war)과 정의로운 전쟁(just war)이라고 할 수 있다. 대표적인 거룩한 전쟁은 십자군전쟁(Crusade, 1095-1291)으로 "신을 위해 이교도들과 이슬람교도(사라센)에 대항해 싸워야 한다"는 논리였다. 전장에서의 살인이나 전쟁의 정당성에 대한 도덕적 불안을 잠재우고, 전쟁 실행에 대한 교황의 명령에 정당성을 부여하기 위한 것이다. 특별히 교황 그레고리오 7세(Gregory VII)는 하나님의 적에 대항한 무력적인 전쟁을 영적 전쟁으로 수용하여 그리스도의 전쟁(militia Christi)이라는 의미

5 R. S. White, *Pacifism and English Literature: Minstrels of Peace* (New York: Palgrave macmillan, 2008), pp. 85~89.

를 덧씌워 전쟁에 참여하는 기독교인 전사에게 의미를 부여했다. 그 이후 11세기에서 17세기의 십자군이나 거룩한 전쟁은 일반적으로 정의로운 전쟁이라는 논리적인 정당성의 기반 위에서 실행된다.[6] 정의로운 전쟁론(just war theory)의 근간을 만든 사람은 아우구스티누스(Augustinus)라고 할 수 있다. 그는 일시적으로 이 땅에서 살고 있는 도덕적으로 타락한 인간에 대한 구원의 계획의 하나로 전쟁을 수용했고, 이는 기독교 세계관의 바탕이 되는 창조, 타락, 구속, 부활에 기초하고 있다.[7] 그는 천상의 평화(heavenly peace)와 지상의 평화(earthly peace)를 구분하였고, 지상의 평화는 존재하지 않고 천상의 평화만이 진정한 평화(*pax autem nostra proprina*)라고 믿었다. 지상의 평화는 질서(order)의 형태로 나타나는데, 질서를 위한 전쟁을 악에 대한 선의 승리로 표현했다.

아우구스티누스적인 영적인 평화론(spiritual peace)은 중세에 기독교 신학자들에 의해 구체화되었고, 14세기 말까지 계속된 논의 가운데 있었다. 정의로운 전쟁 논의에서 평화를 위한 전쟁을 옹호했고, 이는 주체의 긍정적인 동기에 기반한 것이라는 사실을 강조한다. 이에 대한 기독교적 토대는 하나님은 정의로운 전쟁을 정의로운 편에 있는 우리를 위하여 싸우시는 분이라는 것이다.[8] 아우구스티누스의 시각은 중세에 기독교인들의 전쟁 참여를 정당화하는 기제로 작용했다. 이러한 논의를 구체화한 것은 정

6 B. Lowe, *Imagining Peace: A History of Early English Pacifist Ideas, 1340-1560* (University Park, Pa.: Penn State University Press, 1997), p. 74; Christopher Tyerman, *The Crusades* (New York and London: Sterling, 2007), pp. 79~110.

7 J. Mattox, *Saint Augustine and the Theory of Just War* (London and New York: Continuum, 2006). pp. 121~122.

8 신명기 1:30; 여호수아 10:13, 23:10.

의로운 전쟁에 대한 논의이다. 이는 정당성을 갖춘 정의로운 전쟁은 전쟁 개시의 정당성(*jus ad bellum*)이라는 측면을 중시한 이론과 전쟁 과정의 정당성(*jus in bello*)을 중시한 측면에서의 이론으로, 두 가지 해석으로 구체화되었다. 특별히 거룩한 전쟁으로 여겼던 십자군의 경험은 전쟁을 하는 목적 뿐 아니라 전쟁과 관련된 행위를 재점검하는 바탕이 되었다.[9] 이것을 체계화 시킨 인물은 토마스 아퀴나스(Thomas Aquinas, 1224~1274)로, 정의로운 전쟁에 대한 법적이고 도덕적인 이론을 만들었다. 그는 정의로운 전쟁이 되기 위해서는 다음의 세 가지 조건에 합당해야 한다고 주장했다. 첫째, 전쟁은 주권이 허락하는 범위에서 진행되어야 한다. 둘째, 전쟁 개시를 위한 정당한 이유가 있어야 한다. 셋째, 교전은 전쟁의 결과로 선을 확산하고 악을 피하는 목적에서 수행되어야 한다는 것이다. 이뿐만 아니라 교회는 단순히 이교도에 대항한 전쟁에 모두 참여하는 것이 아니라 정의로운 목적에, 적절한 권위를 가지고 정당한 목적을 가질 때에만 참여해야 한다는 논리가 만들어졌다.[10] 이러한 정의로운 전쟁에 대한 개념은 영국 평화 논의에서 계속적으로 다루어지는 주제이자 논쟁의 중심에 있다고 할 수 있고, 정의로운 전쟁의 전통은 전통적인 무력과 외교적인 방법으로 전쟁을 피하는 방식과 격렬한 반무력주의적 감정으로 평화의 새로운 도구를 삼는 방식으로 변화되었다.

---

9 Lowe, *Imagining Peace*, pp. 13~42.

10 Martin Ceadel, *Pacifism in Britain, 1914-1945: The Defining of A Faith* (Oxford: Clarendon Press, 1980), p. 19; Lowe, *Imagining Peace*, pp. 32~33.

## III. 평화개념 논의의 시작- 백년전쟁과 르네상스

프랑스와 잉글랜드 간에 전개된 120여 년에 걸쳐 지속된 백년전쟁(the Hundred Years' War, 1337~1453)은 정의로운 전쟁의 개념을 바꾼 결정적인 변화의 시기라고 할 수 있다. 이 전쟁은 도덕과 일상생활과 관련된 것으로 국가중심의 비판이 법적이고, 논리적인 논의를 가능하게 하는 촉매제가 되었다. 특별히 영국학자들은 백년전쟁 중에 쓰인 문학작품 속에서 사람들에게 전쟁의 개념과 사회에 끼치는 영향은 물론 전쟁이 야기하는 변화에 대한 인식이 생기기 시작했다는 것에 주목했다.[11] 먼저 백년전쟁 중에 가장 대중들의 반발을 일으킨 부분은 전쟁 시작과 함께 정부의 부채를 메우기 위해 시작되었던 새로운 형태의 세금과 가장 관련이 깊었고, 끝이 보이지 않는 전쟁은 교회와 성직자는 물론 시민들과 그들의 생계까지 위협하고 파괴하는 것이라는 비판이 나오기 시작한다.[12] 1380년대 영국 문학에서 평화는 공공연한 주제였을 정도로 변화가 감지되었고, 기사 작위와 관련된 주제나 성공적이지 못한 전쟁, 정의로운 전쟁에 대한 타협 등도 주제로 등장하기 시작했다.[13] 그리고 그 당시에 첨단무기로 불리는 대포나 소형화기의 발명은 기사도의 이상과 전쟁의 실상의 괴리를 적실하게 보여주었고, 평화의 수호자로 여겨졌던 기사 계급이 급속도로 몰락하는 반면 전

11 Christopher Allmand, *The Hundred Years War: England and France at War c.1300c.1450* (Cambridge: Cambridge University Press, 1988), p. 151.

12 Lowe, *Imagining Peace,* pp. 80~87.

13 White, *Pacifism and English Literature*, p. 91, 93.

쟁의 참혹함과 잔인성이 심화되면서 전쟁에 대한 회의는 깊어졌다.[14]

르네상스 시대(Renaissance)에 영국의 평화논의는 단순하게 전쟁의 부재나 전쟁에 대한 반대가 아닌 전쟁에 대한 이유에 의문을 제기하거나 평화를 상상하고 열망하는 데에서 찾을 수 있다. 이에 대한 중요한 사상적인 바탕에는 전통적인 기독교적인 정의로운 전쟁의 개념에 대한 반성이 있었다. 대표적으로 인본주의자(humanist)인 에라스무스(Desiderius Erasmus)는 전쟁을 단순히 정치적인 정책의 영역에서의 인간의 행동의 일부로 생각했고, 영적인 전쟁이라는 것에 동의하지 않았다. 그는 기독교계에서 주장하는 정의로운 전쟁의 이론에서 신성불가침의 영역이라고 생각했던 국왕이 무력 사용을 정당화했던 수사(rhetorics)까지도 비판하는 것을 두려워하지 않았다. 에라스무스는 다른 인본주의자들과 마찬가지로 정의로운 전쟁이라는 수사가 무의미하다는 것은 자명하며, 이는 단지 조롱거리에 불과하다고 단정했다. 그리고 전쟁은 반기독교적인 행위이며, 교회의 정의로운 전쟁 전통은 기독교의 법과 모순되는 시민법의 일부를 수용한 결과로 보았다[15].

그리고 30년 전쟁(Thirty Years War, 1618~1648)으로 알려져 있는 유럽 대륙에서 벌어진 전쟁은 유럽에 있는 국가들이 상호간에 독립적으로 또한 공존하는 것에 대한 인식을 가지게 되는 바탕이 되었다. 그리고 30년 전쟁의 결과로 베스트팔렌 조약(Treaty of Westphalia, 1648)의 시기에 힘의 균형의 유지(the maintenance of the balance of power)를 평화로 여겼다. 그로티우스

14 Lowe, *Imagining Peace,* p. 55.

15 ibid., pp. 166~167.

(Hugo Grotius, 1583~1645)와 푸펜도르프(Samuel von Pufendorf, 1632~1694)와 같은 근대 초기 사상가들은 정의로운 전쟁의 개념에 국제법적인 논리를 결합하여 근대 국가와 국가주권의 법적 수용에 대한 논의를 발전시켰다. 영국도 이와 같은 유럽의 사상을 수용했다.[16]

## Ⅳ. 퀘이커(Quakers)와 기독교복음주의 계열

영국의 평화개념의 발달에서 중요하게 논의되어야 하는 부분은 퀘이커(Quakers)의 등장과 합리적인 기독교인(rational Christians)들로 대표되는 복음주의자들(Evangelicals)에 의한 사회개혁운동과 노예무역의 폐지에서 찾을 수 있다.

먼저 평화운동의 시작에는 친우회(親友會, Society of Friends)로도 알려진 퀘이커들이 모든 전쟁에 반대했던 여론을 형성했다는 것이 매우 중요하다. 그들의 끈질긴 열망이 없었으면 평화협회와 평화회의는 불가능했을 것이다. 그럼에도 퀘이커의 평화논의는 특정 종교의 것으로 치부될 뿐 상대적으로 잘 알려지지 않았다. 퀘이커는 1642년에 반발한 시민전쟁이라고 불리는 영국의 내전(Civil War)과 올리버 크롬웰(Oliver Cromwell), 찰스 2세

16 Michael Howard, *The Invention of Peace and the Reinvention of War* (Surry: Profile Books, 2001), p. 24.

(King Charles II)의 왕정복고가 일어나는 시기에 출현했다고 본다.[17] 퀘이커들은 평화주의 사상의 시작은 퀘이커교의 창시자인 조지 폭스(George Fox, 1624~1691)가 영국 내전에서 "나는 모든 전쟁의 현장을 몰아내는 생명과 권능의 미덕으로 살고 있다."고 고백하며 군대의 장교직(captaincy)을 거절했던 1651년에 시작되었다는 주장과 크롬웰이 물러나고 영국 찰스 2세가 왕정복고 후에 의회를 소집하여 의회활동에 간섭하지 않겠다고 선언한 1661년에 혁명적인 소망의 결과로 평화론이 구체화되었다는 주장이 있다. 퀘이커들의 모임이 창설된 이후에 그들은 성경에 근거하여 "퀘이커 평화증언(Quaker peace testimony)"으로 알려진 "퀘이커라고 불리는 무해하고 결백한 하나님의 사람들의 선언(A Declaration from the harmless and innocent people of God, called Quakers)"을 1650년대에 발표했다. 이는 "모든 사람이 성령의 빛과 하나님의 지혜를 받을 수 있기 때문에 모든 사람을 형제와 자매로 대하여야 한다고" 주장하는 퀘이커교도의 믿음과도 관련이 깊다. 이를 구체화시킨 인물은 로버트 바크레이(Robert Barclay, 1648~1690)이다. 그는 구교와 신교(칼빈)의 신학에 정통한 인물로,『진정한 기독교인의 신성을 위한 변증』(*Apology for the True Christian Divinity*)(1676)에서 "그리스도인들이 악에 대적하거나 전쟁에 나가 싸우는 것은 어느 경우라도 합당(unlawful)하지 않다"고 천명하면서 구체화되었다. 이러한 사상적인 기반과 조직은 19세기 초 평화협회(Peace Society) 혹은 "영구한 세계적인 평화 진흥을 위한 협회(The British Society for the Promotion of Permanent and Universal Peace)"

17 M. Baldwin Weddle, *Walking in the Way of Peace: Quaker Pacifism in the Seventeenth Century* (New York: Oxford University Press, 2001), p. 5.

의 바탕이 되었다.[18] 비록 모든 영국인들이 친우회로서 절대적으로 그 신념에 동참하지는 않았지만, 일반적으로 퀘이커이즘은 주로 평화주의의 대명사가 되었다. 이들의 초기 활동은 도덕적인 동인(動因)의 역할을 하게 되었다. 다시 말하면 정부의 정책을 변경하는 것보다 사람들의 마음을 변화시키기 위한 노력을 기울였다고 할 수 있다.

한편 프랑스 혁명과 나폴레옹 전쟁 가운데 영국에서 발전한 자유주의적 국제주의(liberal internationalism)는 이 전쟁에 참여를 반대하는 바탕이 되었고 그들의 근본정신은 '합리적인 기독교(rational Christianity)'였다. 곧, 이는 전쟁 참여 뿐 아니라 편견과 미신, 전제정치를 반대하는 사상이었다. 소위 합리적 기독교는 전쟁은 사회적, 정치적 제도에 영향을 주는 도덕적 불완전함의 산물일 뿐만 아니라 섭리적 형벌이자 인도(instruction)나 이러한 일정 이상의 악이 국가에 축적되면 전쟁과 같은 위협을 가지고 온다는 신성한 정부의 개념과 관련이 있다. 죄를 범하여 징계를 받아야 하는 '범죄한 국가(guilty nation)'의 개념은 그들 사회의 폭넓은 비판이 드러나는 것을 허락하고 그들이 생각할 때 이상적인 사회와 정치적인 개혁을 가능하게 하는 것이다.[19] 이 시기에 그들은 지속적으로 귀족적 실정과 민족주의의 편협함, 국제정치의 부도덕성을 비판했다.[20] 그래서 기독교인들이 개혁

18 Peter Brock, *Pacifism in Europe to 1914* (New Jersey: Princeton University Press, 1972), p. 259, 267, 272; 조동준, "전쟁이 없는 세상을 어떻게 만들까," 전우택 편, 『평화에 대한 기독교적 성찰』(서울: 홍성사, 2016), p. 271.

19 J. E. Cookson, *The Friends of Peace: Anti-War Liberalism in England 1793-1815* (New York: Cambridge University Press, 1982), p. 7.

20 Casper Sylvest, *British Liberal Internationalism, 1880-1930: Making Progress?* (Manchester and New York: Manchester University Press, 2009), p. 35.

가로 높고 공격하기 어려운 종교적, 도덕적 위치에 자리하게 했다. 그리고 윌리엄 윌버포스(William Wilberforce, 1759~1833)로 대변되는 영국 복음주의자들의 노력에 의해 노예무역 폐지가 진행되었고, 다른 국가들도 그렇게 해야 한다고 믿었다. 윌리엄 윌버포스의 노력은 나폴레옹 전쟁 이후에 유럽의 평화협정의 근간이 되는 결과를 가져오기도 했다. 하지만 영국 빅토리아시대 사회 개혁가였던 윌리엄 윌버포스도 다른 대다수의 기독교인들과 마찬가지로 대영제국을 세상에 "선을 위한 힘(a force for good)"으로 규정하였고 평화의 관리자(custodian of peace)라는 생각에서 벗어나지는 못했다.[21]

## V. 숙명론(fatalism)에서 평화와 전쟁은 선택(The Peace-or-War Debate)의 문제

근대초기 유럽에서 거의 대부분의 사람들이 전쟁을 일반적으로 삶의 일부로 생각했고, 심지어는 필요불가결한 것으로 여겼다. 하지만 1730년대와 1790년대를 거치면서 영국에서 일어난 평화운동의 등장은 국제관계에 새로운 인식을 가지고 왔고, 전쟁을 숙명(fatalism)이라고 생각하는 인식에서 평화와 전쟁은 선택의 문제라는 일대 전환을 가지고 왔다고 할 수 있

21 Ali Parchami, *Hegemonic Peace and Empire: The Pax Romana, Britannica, and Americana* (London and New York: Routledge, 2009), p. 110.

다. 정치, 사회 경제적인 삶에서 계몽주의와 복음주의 기독교, 물질적 개선과 국제적인 구조의 변화는 평화의 전쟁을 선택의 문제로 보는 사상적 근간이 되었다. 대부분의 평화주의자들은 자신의 평화주의적 신념이 기독교라는 종교적인 믿음에서 왔다고 하지만 그들 중 다수는 소위 절대적인 평화론을 주장하지 않는 유사평화론자(quasi-pacifists)들이었다. 영국 사회가 자유와 민주주의를 폭넓게 수용하는 과정에서 평화운동이 발달했고, 평화논의의 구조도 다변화되면서 다양한 의견을 가진 이들이 협력을 하는 형태로 발전하였다고 할 수 있다.[22]

18세기 후반에서 19세기 초까지 평화주의자를 뜻하는 Pacifist라는 용어는 거의 사용되지 않았고, 방어주의를 뜻하는 defencism 또한 새로운 용어였다. 군국주의를 뜻하는 militarism도 1860년까지 사용되지 않은 용어였다. 대신에 무저항자(non-resister)라는 용어가 상용되었다. 하지만 무저항(non-resistance)이라는 용어가 평화주의를 정확히 담아낼 수 없었다. 특별히 무저항이라는 용어를 17세기 영국의 정치적인 신조처럼 여겼던, "신권(神權)에 의한 왕의 통치에 대해 저항하는 자들은 신(God)에 대항한 죄악"이라며 정부에 대한 시민의 복종으로 의미가 사용되었기 때문에 그 의미에 오해가 많았다. 하지만 초기 평화주의자들은 무저항이라는 용어를 의미 그대로 사용했다. 예컨대 1819년 평화협회는 "전적으로 비합법적인 전쟁의 원리를 널리 알리기 위해 우리는 정부의 합법적인 명령에 절대

22 Martin Ceadel, *Semi-Detached Idealists: The British Peace Movement and International Relations, 1854-1945* (Oxford and New York: Oxford University Press, 2000), pp. 12~13.

적으로 저항하지 않는(non−resistance) 방식을 사용할 것이다."라고 선언한 바 있다. 이에 대한 전적인 합의가 되지 않은 상태에서 "전적인 평화원리(ultra peace principle)"의 의미로 무저항주의가 사용되기도 했다.[23] 영국의 무저항주의는 미국에도 영향을 주어, 뉴잉글랜드 무저항 공동체(the New England Non−Resistance Society)의 일원으로 "뉴잉글랜드 무저항 공동체를 위한 원리 선언(Declaration of Principles for the New England Non−Resistance Society)"을 발표했던 윌리엄 로이드 개리슨(William Lloyd Garrison)도 기독교적 '무저항'과 전쟁 및 무력 사용에 적극적 반대를 명백하게 표명했다. 기독교적인 무저항은 "선으로 악을 이길 수 있기 때문에 어떤 경우에도 적에 대한 징벌보다 용서"를 우선시해야 한다는 것을 원칙으로 하고 이는 양심적인 평화론(conscientious pacifism)과도 연결된다.[24]

평화 논의에서 새로운 용어의 출현은 평화와 전쟁의 논의를 구체화시켰다. 전쟁은 현실주의(realism)적인 선택으로 여겨졌고, 평화는 이상주의(idealism)적인 선택으로 생각되면서 전쟁과 평화를 지지하는 다양한 유형의 모습이 나타났다. 19세기 말을 거쳐 평화에 관해 상반된 견해를 가진 사람들을 두 부류로 나눌 수 있는데, 한 부류는 전쟁주의자(현실주의자)들이고 다른 부류는 평화주의자(이상주의자)들이다. 전쟁주의자들은 militarists, crusaders, defencists로 구분할 수 있고, 이들은 서로 다른 이유를 제

23 Martin Ceadel, *The Origins of War Prevention: The British Peace Movement and International Relations, 1730-1854* (Oxford and New York: Oxford University Press, 1996), p. 29.

24 Iain Atack, *Nonviolence in Political Theory* (Edinburgh: Edinburgh University Press, 2012), p. 166.

시하지만 전쟁은 불가피한 것이라고 여긴다. 반면 평화주의자를 뜻하는 pacifist라는 용어는 1901년에 처음 소개된 것으로 이후에 pacifists와 pacificists로 구분되었고, pacifists는 절대적인 평화주의자로, pacificists는 평화 개혁주의자로 나뉘어 영국에서의 평화운동(Peace Movement)을 이끄는 바탕이 된다.[25]

〈표 2-1〉 영국에서 평화-전쟁 논의에서 유형 분류

| | 공격/강제 | 방어/합법 | 전쟁/양심 |
|---|---|---|---|
| 현실주의자(전쟁) Realism | 무력militarists | 방어defencists | 염세적 평화론 pessimistic/ pacificists |
| 이상주의자(평화) Idealism | 십자군crusaders | 평화론pacifists | 협력적/긍정적 평화론 cooperative/positive pacificists |

출처: Ceadel, *The Origins of War Prevention* p. 56.

평화주의의 개념은 전쟁을 최후의 수단으로 여기는 pacificist와 무력 사용 자체를 무조건적으로 반대하는 pacifist로 구분하고 있다. 또한 이들을 평화개혁주의자(reformist)와 평화절대주의자(absolutist)로 분류하기도 하는데 평화절대주의를 pacifism 혹은 old pacificism로 분류하면서 무조건적 전쟁 반대주의로 분류하고 평화개혁주의를 pacificism 혹은 new pacificism으로 분류한다. 평화절대주의자는 양심적 병역 거부자(conscientious objector)들이기도 했으며 자신들과 같은 사람들이 사회에 영향을 주기에 충분한 동인을 만드는 임계지수(critical mass)에 도달하면 전쟁은 자연히

25 Ceadel, *Semi-Detached Idealists,* p. 151.

사라질 것으로 믿는 사람들이었다. 반면에 평화개혁주의자는 전쟁이 종식되기 전까지 공격이나 폭력적인 목적 외에 자국 혹은 자국민들을 보호하기 위한 무력의 사용은 정당하다고 믿었고, 대신 전쟁의 근원이 되는 다른 정치적 요소들을 제거하거나 개혁하는 데 힘썼다.[26]

특별히 프랑스혁명(1789~1794)에 이은 나폴레옹 전쟁(The Napoleonic Wars, 1803~1815)은 유럽에서 평화논의에 불을 지폈고, 영국은 평화정착을 위한 외교·군사적인 영향력을 발휘했다. 하지만 전쟁 중에도 영국은 제국의 통로이자 전략적인 무역로(貿易路)였던 해양권을 확보하는 데 더욱 관심을 기울였다.[27] 나폴레옹 전쟁 이후에 유럽의 다수의 국가가 빈회의(Congress of Vienna)를 통해 안정을 찾을 수 있었고, 그 결과로 유럽의 평화가 찾아 온 듯 했다. 이는 영국인들에게 정부가 원한다면 전쟁을 피할 수 있다는 낙관주의적 신념을 강화시켰고, 이는 영국이 보불전쟁(Franco–German conflict, 1870~1871)에 중립(neutrality)을 지키면서 국제관계에서 영국이 유화정책과 평화적인 변화의 입장에 서는 것이 가능하다는 사실을 증명했다. 또한 제1차 세계대전 이후 간전기(間戰期)에 정책적인 바탕이 되기도 했다. 아울러 주류 기독교인(퀘이커주의자가 아닌)들 사이에서 기독교인이라고 고백하는 모든 사람들이 모든 전쟁을 거부해야 한다는 논의를 낳기도 했다.[28]

---

26 Martin Ceadel, "The peace movement: overview of a British brand leader," *International Affairs*, vol. 90, no. 2(2014), pp. 351~365.

27 John Lowe, *Britain and Foreign Affairs, 1815-1885: Europe and Overseas* (London and New York: Routledge, 1998), p. 18.

28 Ceadel, *Semi-Detached Idealists*, p. 167; Ceadel, *International Affairs*, p. 352, 353.

또한 평화론자들과 퀘이커를 중심으로 한 1816년에 결성된 평화협회(Peace Society)를 탄생시켰다. 초기의 평화협회는 특정 종교의 종파에 매이지 않고, 보편적(ecumenical)인 입장을 취하기 위해 노력했고, 이를 위해 공리주의적(Utilitarianism)인 입장에서 반전을 주장한 내용들도 수용했다. 그 결과 1931년에는 1,500여명의 회원들(절반정도는 퀘이커 교도)을 가진 조직으로 성장했다. 이 협회의 활동 초기에는 정치적이지 않았고, 신중했으며, 권위를 존중하는 방식으로 기독교 신학이 가르치는 평화의 메시지를 확장하는 방식으로 이루어졌다.

영국에서 기독교와 상업, 산업의 발달은 진보적인 운동을 가능하게 했고, 이는 개인들의 양심과 정치발언의 자유, 민영기업, 자유로운 국제무역을 진흥했으며 평화운동에 도움이 되었다. 기독교적인 평화론이 대중적으로 보편화되고 있는 가운데, 1846년에 곡물법(Corn Laws)의 폐지와 함께 평화주의는 새로운 국면에 접어들게 된다. 리처드 콥던(Richard Cobben)은 자유무역주의에 의한 상업이 만능해결책(grand panacea)이라는 주장과 함께 전쟁에 가담하는 정부에게 불개입(non-intervention)으로 평화와 번영을 이룰 수 있다고 설파하였고, 이와 같은 주장이 설득력을 얻고 있었다. 이는 또한 세계 평화대회(Universal Peace Congress)를 개최하는 원동력이 되었다. 1차 세계대회에는 1843년에 런던에서 개최되었고, 324명의 대표단(영국 대표: 292명; 미국 대표: 26명; 유럽 대표: 6명)이 참석했다. 그리고 5년 후인 1848년에 파리에서 개최된 2차 세계대회에서는 840여명의 대표단(영국 대표: 670; 프랑스 대표: 100; 벨기에 대표: 12; 미국 대표 20; 기타: 38)이 참석하고 1,500여명의 참석자가 있었던 대규모의 대회가 되었다.[29]

하지만 영국은 '제국(Empire)'이라는 바탕에서 전쟁과 평화의 문제를 다루어야 하는 딜레마에 봉착하게 된다. 팍스 브리타니카의 성립은 오랜 내부적 다툼에 있는 지역에 정의와 질서, 평화의 지배를 성립하기 위함이고 남아프리카에서 행해졌던 보어전쟁(Boer War)과 같은 전쟁은 광대한 제국의 이익을 위해서는 필요악(necessary evil)으로 여겼다. 그리고 제국의 주변부에서 행해지는 전쟁은 자위권과 이타주의적인 목적에서 행해졌다고 인식했다. 토마스 벅스턴 경은 "영국은 신의 총애를 받아 인류에 축복을 내리는 역할"을 하고 있다고 전제하고 불쌍하고 무지한 1,000개의 식민지에 "교육과 농업, 상업, 산업과 부(wealth)" 뿐만 아니라 "평화"를 가져다주었다고 믿었다.[30] 이러한 논리를 바탕으로 했을 때 영국은 제국의 주변부에서 전면 전쟁의 위기에 직면할 가능성이 있어, 영국은 적극적으로 개입해야 했다. 하지만 실제로는 영국의 정책은 무력의 사용을 자제하는 방향으로 정책을 폈고, 다른 강대국과의 대결 국면에서 무력의 사용을 최후의 수단으로 보았다.[31]

그럼에도 불구하고 영국은 영국제국의 가장 중요한 자산인 식민지 지역으로 접근하는 러시아의 동진에 대한 문제에 봉착했고, 이는 크림전쟁(Crimean War, 1853~1856)으로 귀결되었다. 크림전쟁은 강대국협력체제가 깨지면서 국가 간의 전쟁을 불사할 수 있게 했다는 점에서 빈체제(Vienna system or Vienna Settlement)의 실질적인 붕괴를 의미하게 되었다. 빈체제 하에 있었던 1815년부터 1854년까지 강대국들은 평화를 유지하고 있었고,

---

29 Paul Laity, *The British Peace Movement, 1870-1914* (Oxford and New York: Oxford University Press, 2001), pp. 13~14.

30 Parcharni, *Hegemonic Peace and Empire*, p. 110.

31 ibid., pp. 142~145.

영국에게 희망봉과 실론, 헬리골란드, 말타, 모리셔스, 세인트 루시아, 트리니다드섬, 토바고 등 이미 점유하고 있었던 경제, 안보적 거점으로의 영토 확장을 가능하게 했다. 이 시기에 국제적인 평화의 운동도 무르익고 있었고, 리처드 콥던(Richard Cobden, 1804~1865)이 주장했던 자유무역을 통한 평화 유지가 설득력을 얻고 있었다. 이 당시 영국의 외교정책의 근간은 자유무역을 통한 경제적인 이익을 확장하는 것 뿐 아니라 평화를 유지하는 수단이라는 시각 때문이었다. 하지만 크림전쟁은 개혁당과 군비축소를 주장했던 콥던(Cobden)과 같은 이들을 소외시켜버렸고, 평화운동이 와해되는 결과를 낳았다. 그 당시 총리였던 팔머스톤(Palmerston)은 영국본토가 아닌 식민지에 위협을 가하는 침략자인 러시아에 대항하여 자유를 대표하는 도덕적 투쟁으로 크림전쟁을 설정했고, 이와 같은 주장에 따라 전쟁에 참여할 수밖에 없었다. 일부에서는 자유의 수호를 위해 영국 십자군이 폴란드와 헝가리, 이탈리아까지 진격해야 한다는 주장을 펴기도 했다.[32] 결과적으로 유럽은 다시금 전쟁의 소용돌이 속에 놓이게 되었고, 1843년부터 1853년까지 영국에서 국제평화대회를 개최하던 콥던(Cobden)을 대표로 하는 국제평화대회(Congress of Nations for International Peace Movement)도 무산되었다. 이러한 변화로 평화 운동은 실패한 것처럼 보였다. 하지만 콥던의 유산은 남아 자유무역주의를 바탕으로 한 중재를 통한 국제분쟁의 해결과 군비감축 등의 원리를 가진 콥던주의(Cobdenism)이라는 평화운동의 바탕이 되었다.

32 Ceadel, *The Origins of War Prevention,* p. 93

## Ⅵ. 제1, 2차 세계대전과 평화주의

제1차 세계대전까지 영국에서의 평화론은 퀘이커교도들처럼 엄격하게 교리로서 모든 전쟁을 부인하거나 국제법이나 세계평화를 열망하는 개개인들의 것이었고, 터무니없는 무기로 풍차로 달려드는 순진한 돈키호테와 같은 모습이었다. 그들은 소수였지만 전쟁이 발발하기 이전까지는 평화론자로서의 위치를 고수하기도 했다. 하지만 개전(開戰)과 함께 대부분의 사람들은 이 전쟁이 민주주의를 보전하고 스스로를 보호할 수 없는 국가를 보호하며 미래의 전쟁을 끝내고 평화를 확고하게 하는 전쟁이라는 논리가 설득을 얻었다. 평화론자들 중에서도 전쟁을 거부하는 이들도 있었지만 승리를 위해 영국을 도울 필요를 느낀다는 이들이 대부분이었다. 그리고 평화개혁주의자들 중 일부는 영국이 제1차 세계대전에 참전하는 것을 군국주의를 타파하고 국제주의를 부흥하는 중요한 방법이라고 생각하였고, 이는 G. H. Wells의 "전쟁을 종식시킬 전쟁(the war that will end war)"이라는 유명한 경구(警句)가 압축하고 있는 것처럼 표현되기도 했다.[33]

이와 같은 논의 가운데 기존 평화사상들이 해결하지 못하는 국제주의와 경제적인 관점에서 평화 사상을 주도했던 인물은 바로 노먼 에인젤(Norman Angell, 1872~1967)이다. 그는 1910년에 발간한 『거대한 환상(*The Great Illusion*)』에서 20세기 초 제국주의자들 사이에서 옹호되었던 전쟁의 경제적 이득을 거대한 환상(the great illusion)이라며 전면 반박하고, 특히

33 Avrech, *Pacifism in England, 1914-1939*, pp. 18~19.

경제·재정적으로 상호의존성이 높은 국가들 사이에서의 무력충돌은 패자(敗者)뿐 아니라 승자(勝者)에게도 막대한 비용과 손실을 입힌다는 사실을 실증적인 자료를 들어 주장했다.[34] 이 책은 3년 사이에 2백만 부 이상이 판매되면서 영국 대중뿐만 아니라 북미 지역의 대중에게 사상적 영향력을 행사하게 되었는데, 그의 평화사상의 핵심은 "정복전쟁의 경제적 불합리성"으로 요약할 수 있다. 그의 평화 사상은 종전의 평화사상 및 운동과 종종 대비되어 묘사된다. 그는 평화의 당위성 논의에서 개인의 양심 혹은 도덕성 및 종교성에 의지했던 패러다임을 국가 간의 경제적 이익 즉 실리의 관점에서 해석하는 새로운 시도를 했기 때문이다. 이런 평화에 대한 실리주의적 접근은 전통주의적 평화운동가 및 사상가들에게 많은 비판을 받기도 했다. 하지만 노먼 에인젤의 사상은 19세기 중반 이후부터 발전되었던 콥던이즘(Cobdenism), 즉 "각국의 산업발전을 지체시키고, 많은 경제적, 인적 손실을 초래시킴으로써 국력약화의 원인이 되는 전쟁을 지양함으로써 유럽 각 국가 간의 '점진적인 군비감축'을 시도하고 궁극적으로는 상호무장해제를 실천함으로써 세계평화를 구축하고자"했던 자유주의적 국제주의(liberal internationalism)를 평화사상으로 연결시킨 발로(發露)라고 볼 수 있다.[35]

20세기 초엽 인류가 경험한 최초의 대규모 전쟁인 제1차 세계대전 이후

34 Howard Weinroth, "Norman Angell and the Great Illusion: An Episode in Pre-1914 Pacifism," *The Historical Journal,* vol. 17, no. 3 (1974), pp. 551~574.

35 이내주, "영국의 평화운동과 노먼 에인절의 평화사상, 1900-1920," 『군사』 제92권 (2014), p. 13; 최현미, "리처드 콥던(Richard Cobden)과 19세기 국제평화운동과의 관계," 『대구사학』 제72권 (2003), p. 363.

에, 유럽에서 민주적인 개혁의 결과로 형성된 베르사유 협정(Treaty of Versailles, 1919)은 상징적으로 독일과 연합군 사이에 전쟁을 끝낸 평화협정이었고 국제연맹(League of Nation)은 이 협정에서 중요한 역할을 감당했다. 제1차 세계대전의 충격은 영국민들로 하여금 국제관계를 변화시킬 수 있는 근본적인 필요에 공감했고, 이는 1915년 결성된 국제연맹협회(LNS, League of Nations Society)를 탄생시킨다. 또한 파리평화회의(Paris Peace Conference)에서 중요한 역할을 감당한 영국은 국제기구를 통한 평화의 유지에 대한 필요성에 공감하게 되었다. 국제 연맹과 같은 국제적인 단체를 통한 평화의 유지라는 명제의 철학적인 배경은 17–18세기에 윌리엄 펜(William Penn)과 임마누엘 칸트(Emmanuel Kant)와 같은 사상가들이 제안한 영구적인 평화(perpetual peace)의 개념에서 온 것이다. 또한 제1차 세계대전 시기에 독일에 대항했던 연합국들의 자유국가연맹기구(League of Free Nations Association)가 1918년에 형성되면서 국제연맹협회를 보조하는 역할을 하게 되었다. 결국 이 두 조직은 1918년에 통합되면서 국제연맹협회(LNU, League of Nations Union)가 만들어졌다. 영국인들과 세계는 제1차 세계대전을 거치면서 국제연맹을 통한 평화를 유럽과 세계에 정착시키는 것을 추구하였고, 이를 통해 세계평화를 위협하는 요소를 제거하고 평화가 달성될 수 있을 것이라 믿었다. 하지만 이념적으로 국제연맹협회는 평화절대주의pacifist보다는 평화개혁주의pacificist의 위치에 있었고, 국제협력이 전쟁을 방지하는 최선의 방법이라는 것을 믿지만 국제법에 의거하여 무력적인 개입도 필요하다는 입장을 고수하고 있었다.[36]

또한 대부분의 영국 사람들은 제1차 세계대전의 참혹한 실상과 경험으로 무조건적인 평화에 대한 열망을 드러냈다. 영국 문학계는 반전(反戰)·

염전(厭戰) 서적이 압도적으로 많아지고 일반 대중들에게 폭넓게 읽혀졌다. 이러한 배경에 힘입어 평화운동은 군비감축을 지속적으로 정부에 요구하는 데까지 나아갔다. 또한 평화에 대한 열망은 국제연맹협회에 의해 자발적으로 시행된 평화투표(Peace Ballot)를 통해 구체적으로 드러난다. 투표 인구의 대략 40%가량 되는 천이백만여 명(11,640,006명)이 참여한 투표에서 투표의 결과는 87% 영국인들이 무조건적인 평화를 원하고 국제연맹에 머물러야 한다고 투표한 것으로 나타났다. 하지만 절대적 평화주의자들의 숫자는 여전히 소수였고, 전쟁에 참여한 모든 이들이 절대적 평화주의자가 되지도 않았다. 또한 투표의 결과는 영국 대중들이 평화주의를 수용한 증거라는 오해도 있지만, 영국정부가 안보정책을 수립하는 과정에서 투표의 결과에 반하는 정책을 세우면서 투표를 선동에 의한 것으로 공개적으로 비판하면서 투표의 의미가 퇴색되어버렸다.[37]

하지만 영국에서의 평화논의는 이와 같은 절망 속에서도 계속되고 있었고, 1934년에 평화서약연합(PPU, Peace Pledge Union)이 딕 쉐퍼드(Dick Sheppard)에 의해 설립되면서 평화운동은 새로운 전기를 맞게 되었다. 평화서약연합은 비폭력 저항을 전쟁 방지를 위한 최고의 방안으로 여겼고 이를 낙관했다. 실제로 비폭력에 대한 관심은 경제제재나 수동적 저항의 전략이 형성되는 것에 호소하는 방법과 같은 고통을 수반하지 않는 정책

---

36 Helen McCarthy, *The British people and the League of Nations: Democracy, citizenship and internationalism, c. 1918-45 (*Manchester and New York: Manchester University Press, 2011), pp. 2~3.

37 D. Adelaid Livingstone, *The Peace Ballot* (London: V. Gollancz Ltd, 1935), p. 113; Cecelia Lynch, *Beyond Appeasement: Interpreting Interwar Peace Movements in World Politics* (Ithaca: Cornell University Press, 1999), pp. 113~115.

의 실패에 기인한다. 이를 위해 다양한 사상가들의 평화 이론이 수용되었는데, 가장 대표적으로 인도의 간디의 비폭력주의를 수용한 미국의 사상가 리처드 그래그(Richard Gregg)의 이론이 가장 폭넓게 받아들여졌다. 그래그의 저서인 『비폭력의 힘』(*Power of Nonviolence*)(1935)은 평화론자들의 경전처럼 받아들여졌고, 평화론을 주장함에 있어 비폭력주의의 방법을 기초로 했다. 하지만 비폭력주의는 일시적인 유행으로 지나가버렸고, 전쟁을 멈추는 데 실질적이기보다는 상상에 그쳤으며 그것을 실행에 옮길 수 있는 방안이 불명확했다.[38]

한편 또 다른 전쟁의 기운이 일어나기 시작했다. 영국민들이 평화를 유지하기 위해 존재하기를 원했던 국제연맹의 운명은 오래가지 않았다. 1930년대에는 일본 제국과 나치 독일이 1933년에 탈퇴하였고, 이탈리아 왕국도 1937년에 탈퇴하면서 국제연맹체의 붕괴를 실감하였다. 뿐만 아니라 스페인전쟁(Spanish Civil War, 1936–1939)으로 유럽에 전운이 감도는 가운데 1938년 9월 30일 독일 뮌헨에서 영국, 프랑스, 독일, 이탈리아가 참여한 뮌헨협정(Munich Settlement)은 영국의 평화론자들 사이에서 약소국의 희생을 통해 얻은 부끄러운 평화라는 인식이 있었고, 영국은 선과 악의 대결에 대한 대안이 아닌 하나의 악과 다른 악과의 사이에서 대안을 찾아야 하는 딜레마에 봉착하게 된다. 또한 커져가는 히틀러의 영향에 대한 영국과 프랑스의 유화정책은 제2차 세계대전 이전의 혼란(ante–bellum anarchy) 속으로 다시 빠져 들어가는 것을 막지 못했다. 또한 제2차 세계대전은 독일 뿐 아니라 이탈리아(지중해, 중동)와 일본(만주와 동남아시아, 동인도)

38 Ceadel, *Pacifism in Britain, 1914-1945,* pp. 249~255.

이 자국의 이익을 위해 영토와 무역의 거점을 확장하는 과정에서 발생하였기 때문에 전 세계에 걸쳐 경제, 안보적 식민지와 무역거점을 가졌던 제국이었던 영국의 이익과 충돌할 수밖에 없는 상황이었다. 결과적으로 영국은 제1차 세계대전 이후에 국내의 경제, 사회적인 상황과 국제 관계 속에서 평화를 원했고, 군비감축을 추진하였지만, 영국 제국의 근본적인 이익을 보호하기 위해 전 지구적인 전쟁에 참여할 수밖에 없는 상황에 놓이게 되었다.

또한 전쟁 상황에서 대부분의 평화론자들도 절대적인 평화라는 기존의 입장을 고수할 수 없었고, 평화교섭(negotiated peace) 운동으로 입장을 선회했다. 평화서약연합(PPU)도 징집에 대해서 개입하는 것을 주저했고, 1940년에 "우리가 싸우기를 거절하면 전쟁은 멈춘다. 당신은 어떻게 하겠는가?(War will cease when men refuse to fight. What are you going to do about it?)"라는 도발적인 포스터를 게재하기도 했지만, 이것이 법령(Defence Regulation 39A)에 위배된다고 고소를 당하자 곧바로 철회하면서 전쟁 중인 현 상황에서 적절하지 못했다고 시인하기도 했다.

평화서약연합의 홍보에도 불구하고 제1차 세계대전 중에 평화운동을 했던 선구자들보다 정당하고 지속적인 평화를 위한 정치적 요청을 드러내지 못했다는 무력감을 느꼈고, 나치(Nazi)의 유대인 말살 수용소가 알려진 이후에는 평화론에 대한 회의(懷疑)가 지배적이 되었다. 결과적으로 전쟁 막바지에는 평화주의는 정치적 영향력을 통한 실질적인 변화에 대한 희망을 잃었고, 새로운 사회의 중심을 형성하는 데 실패했다고 느꼈다. 대신에 평화주의자들은 구호활동과 같은 활동에 참여했고, 활동가들은 사회적인 존경을 얻기도 했다. 하지만 전쟁을 지지하는 사람들이 제기하는

그들의 입장에 대한 의문에 대해서는 무기력할 수밖에 없었다.[39]

## Ⅶ. 결론

영국의 평화논의는 다양한 민족들이 브리톤 섬에 정착하는 과정에서 끊임없이 투쟁하고 자기 정체성을 찾아가는 과정에서 수용한 기독교적인 전통 가운데 탄생했고, 유럽의 사상적 변화와 국제적인 전쟁과도(Lynch, 1999: 112) 영향을 주고받으며 형성되었으며, '제국'으로 성장해나가는 과정에서 유럽의 다른 강대국들과의 경쟁 가운데에서도 지속적으로 논의되었다. 다시 말하면, 영국에서 전쟁과 평화의 논의는 전쟁이 평화를 위한 도구가 될 수 있고 평화를 위해서는 전쟁을 정당화하는 역설 속에서 탄생했다고 할 수 있다. 평화를 위한 전쟁이라는 논리에 기독교의 정의로운 전쟁론은 사상적인 바탕이 되었다. 물론 정의로운 전쟁의 논리가 비판받기도 했지만, 다양한 형태로 진화하여 전쟁이 발발할 때 영국의 결정에 지대한 영향을 주는 여전히 유효한 사상으로 자리매김하고 있다. 그리고 제국이라는 맥락에서 전쟁과 평화를 인식하였기 때문에 제국을 확장하는 과정에서 혹은 제국의 일부에서 이루어지는 전쟁에 대해서는 정의를 위한 혹은 질서를 위한 것이라는 논리가 세워졌고, 제국을 정당화하는 논리가 되어주기도 했다. 하지만 영국에서 평화를 해치는 전쟁으로 규정된 것은 대부

39 Ceadel, *Pacifism in Britain, 1914-1945*, pp. 294~310.

분 다른 유럽 강대국들과의 전쟁을 지칭하는 용어였다. 다시 말하면, 영국의 평화논의는 기독교적인 배경에서 전쟁과 평화를 동전의 양면처럼 동일선상에서 논의하는 것이 특징이고, 다른 유럽 강대국들과의 관계 속에서 파악하는 유럽중심(Euro-centric)주의에 매몰되어 있었다.

영국의 평화논의에서 제3세계는 정복의 대상이거나 계도 혹은 제국의 일부라는 오리엔탈리즘적인 제한된 사고에 머물렀고, 전(全) 인류보편의 평화논의에는 한계를 가졌다. 이러한 영국의 평화논의에서 우리에게 시사하는 바는, 남북한 통일과 평화논의에서 적극적 평화에 대한 논의를 바탕으로 한 보편주의 통일론에 대한 필요성 인식이라고 할 수 있다. 요한 갈퉁의 평화의 개념을 다시 불러온다면, "불평등한 사회적 구조와 제도가 없는 상태"와 "구조적 폭력이 없는 상태"로 나아가기 위해 통일과 평화의 근거와 방향, 내용 및 방법에 대한 대안을 제시할 뿐만 아니라, 한반도의 통일을 단순히 정치, 경제적 체제 통합뿐만 아니라 사회적, 문화적 화합을 지향하는 다면적인 접근을 해야 하고 남북통일과 사회 통합의 과정에서 "국내적, 국제적 차원에 존재하는 정치적 억압과 경제적 착취와 같은 구조적 폭력, 그리고 이 폭력을 정당화하는 기제로서 문화적 폭력"을 제거하는 것을 목표로 삼아야 통일과 평화의 과제에 보편타당한 정당성을 확보할 수 있다고 한 것처럼 한 차원 높은 통일과 평화의 길로 가야 할 것이다. 다시 말하면 우리는 통일담론과 평화담론의 논의에서 남북의 통일이 동아시아나 한반도라는 지역에 국한된 "민족사적 과제"가 아닌 "21세기 세계평화를 구축하는 문명사적 차원에서"에서 논의되어야 하는 인류 보편가치에 기반을 둔 "세계사적 사건"의 일부로 사고하게 하는 과제를 가지

고 있다고 하겠다.[40]

40 구갑우,『비판적 평화 연구 와 한반도』(서울: 후마니타스, 2007), p. 162.

## 참고문헌


### 1. 국문 단행본

구갑우.『비판적 평화 연구와 한반도』. 서울: 후마니타스, 2007.

조동준. "전쟁이 없는 세상을 어떻게 만들까." 전우택 (편),『평화에 대한 기독교적 성찰』. 서울: 홍성사, 2016, pp. 263~286.

### 2. 국문 논문

이내주. "영국의 평화운동과 노먼 에인절의 평화사상, 1900–1920."『군사』 제92권(2014), pp. 1~29.

최현미. "리처드 콥던(Richard Cobden)과 19세기 국제평화운동과의 관계."『대구사학』 제72권(2003), pp. 349~389.

### 3. 영문 단행본

Allmand, Christopher. *The Hundred Years War: England and France at War c.1300c.1450.* Cambridge: Cambridge University Press, 1988.

Atack, Iain. *Nonviolence in Political Theory.* Edinburgh: Edinburgh University Press, 2012.

Avrech, Berkman. *Pacifism in England, 1914-1939.* Doctoral Dissertation, Yale University, 1967.

Brock, Peter. *Pacifism in Europe to 1914.* New Jersey: Princeton University Press, 1972.

Ceadel, Martin. *Pacifism in Britain, 1914-1945: The Defining of A Faith.* Oxford: Clarendon Press, 1980.

Ceadel, Martin. *The Origins of War Prevention: The British Peace Movement and International Relations, 1730-1854.* Oxford and New York: Oxford University Press, 1996.

Ceadel, Martin. *Semi-Detached Idealists: The British Peace Movement and International Relations, 1854-1945.* Oxford and New York: Oxford University Press, 2000.

Cookson, J. E. *The Friends of Peace: Anti-War Liberalism in England 1793-1815.* New York: Cambridge University Press, 1982.

Hippler, Thomas. and Vec, Milos. "Peace as a Polemic Concept: Writing the History of Peace in Nineteenth Century Europe" in Thomas Hippler and Milos Vec eds. *Paradoxes of Peace in Nineteenth Century Europe.* Oxford: Oxford University Press, 2015.

Howard, Michael. *The Invention of Peace and the Reinvention of War.* Surry: Profile Books, 2001.

Kennedy, Thomas. *British Quakerism, 1860-1920: The Transformation of a Religious Community.* Oxford: Oxford University Press, 2001.

Kershaw, Paul. E. *Peaceful Kings: Peace, Power, and the Early Medieval Political Imagination.* Oxford and New York: Oxford University Press, 2011.

Laity, Paul. *The British Peace Movement, 1870-1914.* Oxford and New York: Oxford University Press, 2001.

Livingstone, D. Adelaid. *The Peace Ballot*, London: V. Gollancz Ltd, 1935.

Lowe, Ben. *Imagining Peace: A History of Early English Pacifist Ideas, 1340-1560.* University Park, Pa.: Penn State University Press, 1997.

Lowe, John. *Britain and Foreign Affairs, 1815-1885: Europe and Overseas.* London and New York: Routledge, 1998.

Lynch, Cecelia. *Beyond Appeasement: Interpreting Interwar Peace Movements in World Politics.* Ithaca: Cornell University Press, 1999.

Mattox, M. John. *Saint Augustine and the Theory of Just War.* London and New York: Continuum, 2006.

McCarthy, Helen. *The British people and the League of Nations: Democracy, cit-*

*izenship and internationalism, c. 1918-45*. Manchester and New York: Manchester University Press, 2011.

Parchami, Ali. *Hegemonic Peace and Empire: The Pax Romana, Britannica, and Americana*. London and New York: Routledge, 2009.

Sylvest, Casper. *British Liberal Internationalism, 1880-1930: Making Progress?* Manchester and New York: Manchester University Press, 2009.

Taylor, A. J. P. *The trouble makers: dissent over foreign policy, 17921939*. London: Hamish Hamilton, 1957.

Tyerman, Christopher. *The Crusades*. New York and London: Sterling, 2007.

Weddle, M. Baldwin. *Walking in the Way of Peace: Quaker Pacifism in the Seventeenth Century*. New York: Oxford University Press, 2001.

White, R. S. *Pacifism and English Literature: Minstrels of Peace.* New York: Palgrave macmillan, 2008.

4. 영문 논문

Ceadel, Martin. "The peace movement: overview of a British brand leader," *International Affairs*, vol. 90, no. 2(2014), pp. 351~365.

Galtung, Johan. "Editorial," *Journal of Peace Research*, vol. 1, no. 1 (1964), pp. 1~4.

Weinroth, Howard. "Norman Angell and the Great Illusion: An Episode in Pre–1914 Pacifism," *The Historical Journal,* vol. 17, no. 3 (1974), pp. 551~574.

# 3장 인도 '최상의 집단질서유지와 복지'를 추구하다: 인도의 집단적 차원의 평화개념*

류경희

## Ⅰ. 인도 평화개념의 두 유형: 개인적 차원의 내적 평화와 집단적 차원의 외적 평화

인도에서 평화개념이 전개된 과정을 살펴보는 작업은 간단한 일이 아니다. 긴 역사에 걸쳐 나타난 다양한 평화사상과 운동을 다 다루기 어렵

* 이번 장의 각주는 편의상 이 책의 다른 장과는 조금 달리 일부 이해를 위한 보완설명과 인터넷자료 인용 각주를 제외하면 대부분 본문 인용부분에 괄호를 넣어 저자와 출판년도, 인용 페이지를 표시하고 인용자료의 구체정보는 참고문헌에서 확인할 수 있도록 했다. 인도어 표기는 대부분 인도어발음에 가깝게 표기했고 우리에게 이미 익숙해 있는 일부 단어만 기존표기를 따랐다.

거니와 축적된 평화연구도 의외로 적기 때문이다. 잘 알려져 있다시피 인도는 평화와 관련한 풍부한 유산을 지니고 있다. 인도에서 발생한 인간의 내적 평화를 추구해온 종교들(힌두교, 불교, 자이나교), 이들 종교가 제시해온 평화와 비폭력의 긴 전통 그리고 마하트마 간디(Mahatma Gandhi)의 비폭력 평화운동 등이 대표적 예다. 하지만 학문적인 차원에서는 평화연구의 실질적 업적이 적고 평화주제를 다루는 학과나 센터도 많지 않은 편이다(Kumar(a) 1968:forward; Tint 2007:27). 이런 점을 고려하여 인도 내 평화연구가 다뤄온 평화개념이 아니라 인도인들이 여러 시대에 걸쳐 추구해온 평화의 의미, 그중에서도 집단적 차원의 평화의미를 중심으로 다루려고 한다.

평화학 분야에서 인도의 평화개념은 흔히 내적 평화인 '마음의 평정' 즉 개인의 '조화롭고 평정한 마음의 상태'로서의 평화로 분류되곤 한다.[1] 하지만 인도 전통은 이 같은 개인적 차원의 평화와 함께 집단적 차원의 사회정치적이고 도덕적인 평화도 강력히 추구해 왔다. 특정 지역이나 시대의 평화는 그 지역이나 시대가 추구하는 최고 가치나 최대 당면문제와 관련되는 경우가 많다. 인도의 전통적 평화개념도 인도 사회와 문화가 추구해온 양대 가치인 다르마(dharma) 곧 자연과 사회의 질서체계 유지와 목샤(moksha) 곧 해탈과 밀접히 관련된다. 이 두 가치는 인도 전통을 지탱해온 양대 기둥이자 인도 사회와 문화를 들여다보는 구조적 창으로 인도의 평

1 예를 들어 이시다는 여러 고대 문명의 평화개념을 비교하면서 인도의 평화개념을 샨띠(shanti) 즉 마음의 평정으로 규정하고 평화를 폭력의 부재로 정의한 갈퉁은 개인의 마음의 평정을 강조하는 내면지향적 평화개념으로 분류한다(Matsuo, 15~16, 20).

화개념 이해에도 적용이 가능하다.

인도에서 발생한 주요 종교와 철학이 최고 가치로 추구해온 것은 모든 속박상태에서 완전히 해방되는 해탈이다. 이 해탈 추구 전통이 지향해온 평화는 해탈의 경지에 이른 상태로, '마음이 절대적으로 조화롭고 평정한 상태'를 의미한다. '평화'에 가장 근접한 인도 말은 고요함, 평온함, 지극한 기쁨과 행복 등을 뜻하는 샨띠(shanti)다. 이 샨띠는 힌두 종교와 철학에서 '마음의 평정함' 또는 '마음의 평화로움'을 의미하며 해탈 개념인 목샤의 핵심 의미이기도 하다. 불교의 해탈 개념인 니르바나(nirvana, 열반)도 인간을 속박하는 모든 욕망의 불꽃이 꺼진 내적 평정상태를 의미한다.

일반적으로 평화가 좁게는 전쟁이나 폭력이 없는 상태, 넓게는 전쟁과 폭력 뿐 아니라 질병, 빈곤, 억압 등이 없는 상태를 의미한다고 볼 때 샨띠는 이런 물리적, 경제적, 신체적인 외적 조건의 영향을 받지 않는 마음상태로 보다 근원적 평화를 의미한다. 인도 전통은 외적 평화는 일시적 평화일 뿐이며 개인의 내적 평화를 이루었을 때 영구적 평화가 가능하다 고 보고 있다. 이 내적 평화에 이르기 위해 외부세계를 대하는 개인의 초연한 자세가 요구되고 이를 위해 자기수행과정이 필요해진다. 따라서 해탈추구 전통은 평화상태를 달성하는 방법으로 세속의 모든 집착과 욕망을 버리는 삶의 방식인 산냐사(sannyasa)를 제시해 왔다. 인도 전통에서 중요한 의미를 갖는 아힌사(ahimsa) 즉 비폭력은 이 산냐사 윤리 중 하나다. 따라서 해탈로서의 평화개념은 모든 외적 평화의 저변에 놓여 있는 내적 평화로 개인의 내면적, 영적 차원을 중시하는 종교적, 철학적, 실존적 차원의 개념이라 할 수 있다.

이와 달리 다르마로서의 평화개념은 집단적이고 정치사회적이며 도덕적인 차원의 평화로 넓게는 세계와 자연, 좁게는 인도사회의 질서체계가 온전하게 보존 유지되는 상태를 의미한다. 즉 '질서유지상태로서의 평화'다. 인도는 이질적인 종족, 언어, 종교 등 다양한 사회문화 요소들로 이루어진 다원문화와 사회전통을 유지해왔다. 따라서 이들 다양한 요소들을 통합하는 문제에 관심을 기울이고 통합의 이념과 제도를 만들어내는 데 지속적인 노력을 기울여 왔다. 인도 전통의 이념과 사상 그리고 문화 전반에 걸쳐 영향을 준 관점은 일원론적(통합적)이고 보편주의적이며 관용적인 관점이다. 일원론적 관점은 현상계의 다양성과 이질성을 본질의 차원에서는 동일하다고 보는 관점으로, 이것이 보편주의와 다원주의 그리고 관용주의 전통이 성장할 수 있게 해주었다. 이는 현실세계를 구성하고 있는 상반되는 요소들이 서로 충돌하거나 대립하지 않고 공존할 수 있게 하는 통합과 중도의 관점으로 이 전통적 관점은 인도의 사회정치사상인 다르마 사상에서도 발견된다.

집단적 차원에서 볼 때 평화는 인류가 추구해온 최상의 복지와 질서를 유지하는 것과 관련되는 도덕적 가치라 할 수 있다. 인도문화에서 이 가치는 다르마로 나타난다. 다르마는 여러 의미를 지니고 또 시대에 따라 의미가 변하기도 했지만 가장 근간이 되는 의미는 세계와 인간 삶을 지배하고 지탱하는 질서다(그리고 그 질서를 보존 유지하기 위한 의무도 의미한다). 따라서 다르마는 모든 생명체가 지키고 따라야 할 자연법칙이자 도덕법칙으로 인식되어 여러 제도와 규율들로 구체화되어 왔다. 이 다르마를 중시하는 전통에서의 평화개념은 자연과 사회의 질서체계가 최상으로 유지되는 상태라 할 수 있다. 따라서 집단적 차원의 평화문제가 그 집단의 안정적 질서 유지와 보존 그리고 복지와 밀접히 맞물려 있다.

인도 평화개념을 구성하는 이 두 흐름은 평화의 의미가 다른 만큼 평화개념과 관련하여 중요하게 논의되는 폭력에 대해서도 다소 다른 입장을 취한다. 해탈 추구 전통이 폭력을 반평화적인 것으로 보아 절대적 비폭력을 지향하는 데 비해 다르마 추구 전통 중 일부는 다르마의 보존을 위해 필요한 경우 폭력을 인정하기도 한다. 그러나 이 경우의 폭력은 '정의로운 폭력'으로 제시되는 폭력이다. 인도의 평화개념은 시대에 따라 변화해 왔지만 그 저변에는 이 두 평화개념의 영향이 자리 잡고 있다. 이 가운데 다르마로서의 평화개념에 초점을 맞추어 인도에서 집단적 차원의 평화개념이 전개된 과정을 특히 근, 현대를 중심으로 살펴보기로 한다.

## Ⅱ. 고대인도의 평화개념

### 1. 베다시대 '집단질서유지로서의 평화'와 평화의 필요조건으로서의 '정의로운 전쟁'

인도의 가장 초기 평화개념을 파악할 수 있는 시대는 베다시대이다. 기원전 15세기경 아리아족이 인도로 들어와 수세기에 걸쳐 정착해간 시대로 이 무렵 아리아인들이 집성한『베다(Veda)』문헌의 이름을 따 베다시대로 부른다.『베다』의 가장 초기 문헌인『리그베다(Rig Veda)』에 세계와 인간의 삶을 지배하는 자연법칙이자 도덕법칙인 리따(Rita)가 나타나고 이것이 뒤에 다르마로 불리게 된다. 이 시대에 다르마는 세계와 사회가 균형과 조화를 이루며 유지 보존되도록 하는 질서체계이자 이 질서체계의 보존과 유지를 위해 각 구성원에게 요구되는 의무를 지칭했다. 당시 아리아인들은 부족단위의 촌락생활을 했는데 부족국가의 왕의 의무는 다르마를 보호하고 지키는 것, 다시 말해 사회질서를 유지하고 국민의 생명과 재산을 보호하며 유사시 전쟁을 수행하는 것이었다. 따라서 최고선인 다르마의 보존을 위해 불가피한 폭력이 정당한 것으로 허용되고 비폭력은 그다지 긍정적으로 평가되지 않았다. 빤데는『리그베다』에서 평화주의나 반전론으로서의 비폭력은 덕이 아니라 기피해야 할 부당함이거나 타인에게 해를 끼치는 것이 된다고 지적한다(Pande, 1990:128~129). 이 '정당한 폭력' 개념은 이후 '정의로운 전쟁(dharma—yuddha)' 개념으로 이어졌다.

후기 베다시대(기원전 1000~600년)에『베다』의 일부인『우빠니샤드(Upanishad)』에서 완전한 자유로서의 해탈이 최고의 가치이자 목표로 제시되기 시작했다. 이것이 내면적 차원의 평화인 해탈로서의 평화개념이다. 이 평화의 상태는 '모든 욕망과 제약에서 해방되어 고통이 전혀 존재하지 않는, 지극한 기쁨의 상태'로 영원한 평화의 상태라 할 수 있다. 해탈로서의 평화는 도덕적 가치인 다르마까지도 넘어서는 것으로 해탈을 달성하는 데 도덕성은 부차적 의미만을 갖는다. 즉 초기 베다시대에는 자연과 사회의 질서체계인 다르마를 잘 유지 보존하는 상태가 평화상태를 함축했다면 후기 베다시대에 이르러 이러한 현실세계의 질서체계마저도 뛰어넘는 초도덕적 평화상태를 추구하게 된 것이라 할 수 있다. 기원전 6세기에 등장한 불교와 자이나교 역시 이러한 해탈로서의 평화개념을 제시했다. 따라서 힌두교, 자이나교, 불교의 해탈 전통이 추구해온 평화는 '어떤 제약에서도 절대적으로 자유로운 경지'로 요약할 수 있다. 더 나아가 궁극적으로는 이 세상의 존재로 다시 태어나지 않는 '윤회에서 자유로워진 상태'를 의미했다.

후기 베다시대에도 현실사회나 국가적 차원에서는 다르마가 여전히 중시되었다. 평화를 가능하게 하는 안정적 질서유지를 위해 국가를 통치하는 왕의 다르마인 라자 다르마(raja dharma)가 국가의 에토스로 강조되었다. 라자 다르마의 규정에 따르면 왕의 의무는 국민의 안녕과 복지를 자신의 선으로 여기며 지혜롭고 정당하게 행동하는 것이었다. 전쟁은 가능한 피해야 하나 필요시 용감하고 정의롭게 싸워야 하며 전쟁시에도 속임수를 쓰거나 치명적인 패배를 당한 적에게 힘을 사용하는 것이 금지되었다(Pande, 1990:148~150).

하지만 기원전 6~5세기에 지배계급인 끄샤뜨리아 계급의 지위가 강화되면서 국가는 도덕(라자다르마)보다 힘과 부를 중시하게 되고 이 목표를 달성하기 위해 정치적 파워를 수단으로 사용했다. 인도의 전쟁서사시 『마하바라따(Mahabharata)』는 이 정치적 파워의 정당화를 잘 보여준다. 왕위계승을 놓고 싸운 전쟁에서 승리한 빤다브가문의 맏형 유디슈티라가 참혹한 전쟁의 결과로 왕위를 계승하는 것에 회의를 느껴 왕위계승을 포기하려 하자 집안의 어른들이 '삶, 자산, 자유, 덕이 모두 안전한 사회질서를 필요로 하며 정치적 권위만이 이 안전을 보장해주므로 적절하게 잘 사용되는 정치력은 백성을 보호하고 다르마와 같다'며 그를 설득한다(Pande, 1990:153~55). 이 서사시의 일부인 『바가바드기따(Bagavadgita)』에서도 주인공인 아르주나가 '백성의 생명과 재산을 지키는 신성한 목적을 위한 덕과 의무로서의 폭력(sadhu-himsa)은 일종의 비폭력이라 주장한다(Datta, 2008:284에서 재인용). 즉 정의 수호를 위한 전쟁을 불가피한 폭력으로 인정한다. 이처럼 다르마 중시 전통은 전쟁을 정의로운 전쟁과 정의롭지 못한 전쟁으로 구분하여 다르마를 수호하기 위한 전쟁을 '정의로운 전쟁'으로 규정하고 평화를 위한 필요조건 중 하나로 제시했다.

## 2. 마우리아제국 아쇼카왕의 평화정책과 이후 시기의 평화

고대 인도에서 평화와 관련하여 가장 중요한 인물은 인도 최초의 통일 제국인 마우리아제국의 3대 왕 아쇼카(Ashoka)다. 기원전 273년경 왕위를 계승한 아쇼카는 인도의 대부분 지역을 통일한 상태에서 전 인도를 통일하려는 야망을 가지고 있었다. 그는 기원전 272년 칼링가 정복에 나서 승리를 거두었지만 엄청난 유혈전투 과정에서 전쟁의 참상을 목도하고 물리력을 통한 정복에 회의를 느끼게 되었다. 이후 그는 불교로 귀의하여 인도는 물론 세계평화에 기여할 수 있는 평화정책을 펼쳤다. 아쇼카 평화정책의 핵심 이념은 불교의 다르마에 토대를 둔다. 그의 다르마 개념은 도덕규범으로 사회적 덕행을 강조했는데 특히 불교의 비폭력 불살생교리가 중시되었다. 아쇼카는 이러한 다르마를 제국의 통치이념으로 삼았고 더 나아가 세계가 이 이념에 근거하여 지배되기를 희망했다.

아쇼카에게 평화는 '생명이 있는 모든 존재가 안정과 마음의 평화 그리고 기쁨을 맛보는 것'이었다. 그는 붓다의 가르침과 불교를 물리적 방법이 아닌 마음에 호소하는 방법을 통해 전파하려 했다(네루, 1981:103). 아쇼카의 한 비문에 따르면 그는 '유일하게 진정한 정복은 다르마에 비추어 사람의 마음을 정복하는 것'이라 여겼다(Walker, 1968:82). 즉 군주는 물리적 힘이 아니라 도덕적 설득으로 백성의 마음을 움직여야 하며 군주의 영광은 영토의 크기가 아니라 국민이 도덕을 중시하며 안정된 삶을 영위할 수 있는 터전을 만들어 주는 것이라 믿었다. 이러한 믿음을 근거로 전쟁을 피하고 불교의 비폭력윤리에 근거하는 평화정책을 펼쳐나갔다(조길태, 1994:105). 그의 이런 다르마 정책은 광대한 제국의 상이한 국민들을 힘이 아닌 도덕적 가치로 통합하기 위해 채택된 것으로 인도가 세계 여러 나라와 평화와 선린 관계를 맺기 위한 도구였다. 그의 다르마 정책은 성공적으로 수행되어 광대한 제국이었음에도 평화가 유지되었다(조길태, 1994:108~109). 빤데는 아쇼카가 실천하려 했던 도덕적 정복의 이상은 인류가 윤리적 국가와 국제관계를 이루기 위해 애써온 힘겨운 투쟁의 강한 흔적이라 평가한다(Pande, 1990:285).

그러나 아쇼카의 평화이념과 정책은 그의 사후 약화되고 반세기가 지나 마우리아제국 역시 멸망했다. 여기서 주목되는 대목은 그의 평화정책이 역설적이게도 멸망의 여러 원인 중 하나로 분석된다는 점이다. 즉 이전의 호전정책이 불살생(아힌사)을 강조하는 다르마 정책으로 전환되면서 전쟁을 피하다 보니 제국의 통치기반과 전쟁의 기술과 전투력이 약화되어서 내부반란과 외적침입에 무력했다는 것이다(조길태, 1994:116). 평화를 이루려는 인간의 시도와 노력이 현실에서 그 결실을 맺기가 얼마나 어려운가를 보여주는 대목이다. 이 점은 뒤에 나오는 간디에서도 발견된다.

마우리아제국이 멸망하고 이후 300년간 인도는 여러 국가들로 분열되었다. 이 정치적 분열상태를 강력한 통일제국으로 바꾼 왕조가 4세기(320년)에 등장한 굽타 왕조다. 굽타시대는 문화적인 면에서 힌두 르네상스 시기로 평가되나 5세기 중엽부터 외족의 침입위험이 커지면서 평화가 유지되는 시기에 창조된 문화가 위협을 받았다. 동세기 말엽 왕위계승을 놓고 투쟁이 일고 훈족이 침입하면서 위대한 시대가 쇠퇴했다. 굽타 이후 시대에 일부 강력한 왕이 등장하기도 했지만 이전의 안정과 평화를 회복하지는 못했다(Pande, 1990:255).

브론크호스트는 마우리아 이후 지성사의 두 흐름을 힌두 브라만 사상가와 불교 사상가로 나누고 이들이 평화의 이상을 달리 다뤘다고 지적한다. 즉 불교도들이 전쟁을 포함해 모든 형태의 폭력에 반대했다면 브라만 사상가들은 이 문제에 실용적으로 접근했다는 것이다. 이는 힌두 문헌들에 뚜렷이 나타나는데 대표적 문헌인 『아르타 샤스뜨라(Artha Sastra)』(국가학책)가 관심을 기울이는 평화는 왕국 간, 왕국 내 평화로 평화 그 자체가 목적이라기보다는 권력 유지와 브라만계급이 특권을 누리는 사회질서체계(다르마)를 유지하기 위한 수단으로서의 평화라고 지적한다. 또한 그는 『마누법전(Manu Smriti)』과 『바가바드기따』 등 주요 문헌들에 반영된 정치사상이 다르마의 유지를 위한 전쟁을 정당화하고 의무로 규정했다는 점에서 전쟁에 반대하는 평화를 적극적으로 추구했다고 볼 수는 없으며 고대 인도사회의 상층계급들이 원한 평화는 그들에게 우호적인 조건(상태)의 평화였다고 분석한다(Bronkhorst, 2016:69~72). 그의 이런 분석은 다르마 추구 전통의 긍정적, 부정적 측면 가운데 부정적 측면에 초점이 맞춰져 있다.

결론적으로 고대 인도에서 개인적이고 실존적 차원에서는 어떠한 제약도 존재하지 않는 완전히 자유로운 상태 또는 어떠한 상태에서도 마음의 평정함을 유지하는 마음의 상태로서의 평화를 추구했다면, 집단적이고 사회 정치적 측면에서는 넓게는 우주와 자연의 질서체계, 좁게는 인도사회의 질서체계이자 그 규범인 '다르마가 유지 보존되는 상태'로서의 평화가 추구되었다고 할 수 있다. 따라서 국가의 임무는 다르마에 합치하는 정책을 통해 공공의 선과 행복을 증진하는 것이었다.

## III. 중세의 평화개념

### 아크바르: 국가 내 이질적 집단의 통합과 공존으로서의 평화

인도는 굽타제국이 쇠퇴한 이후 11세기까지 외부침입 없이 평화를 유지했다. 하지만 11세기 초부터 인도를 공격하던 무슬림 세력이 16세기 인도에 무굴제국을 건설하면서 인도는 무슬림지배 아래 들어갔다. 유일신을 신봉하는 소수 무슬림이 다신교 신봉자인 다수 힌두를 지배하는 상황은 양 집단 간 갈등을 불러왔다. 이와 같은 상황 속에서 현실적이고 국가적인 차원에서 추구되는 평화는 양 집단이 갈등과 충돌 없이 공존하는 것이었다. 이러한 평화를 구현하려 시도했던 인물이 무굴제국의 아크바르(Akbar) 대제다.

초기에 무슬림들은 이슬람의 순수성을 유지하며 신앙을 전파하려 했다. 하지만 인도인들에게 미치는 힌두교의 영향력이 너무 강해 그들을 이슬람으로 개종시키기 어렵게 되자 이슬람 신앙과 관행을 인도 상황에 맞게 수정하는 길을 택했다. 그 첫 변화가 힌두교도들에게도 일정한 지위를 주어 무슬림 국가의 보호 아래 두는 것이었다. 다만 무슬림들이 다신신앙과 우상숭배를 배척하는 강력한 유일신 신봉자인 만큼 자기신앙의 순수성을 지키기 위해 주거지 분리 등 분리정책을 채택했다. 하지만 점차 여러 영역에서 힌두의 영향이 나타나고 사회접촉 특히 무슬림 지배계층과 힌두 여성과의 혼합결혼을 통해 더 중요한 힌두 영향이 이루어졌다. 힌두를 무슬림집단에 흡수하고 지배하기 위한 정책의 하나였던 혼합결혼은 무슬림 인구 증가에 기여했지만 힌두 관습과 관행이 도입되고 이어지는 무슬림 세대에 깊은 영향을 미치는 결과도 가져왔다(Titus, 2005:156~160). 아크바르가 그 대표적 예다.

아크바르는 제국의 기반을 확고히 쌓은 군주로 대외적으로는 지속적인 정복전쟁을 통하여 영토를 확장해 나갔지만 대내적으로는 힌두와 화해하지 않고는 제국의 유지와 평화가 보장되기 어렵다고 인식하고 인도 전체 국민의 복지와 단합을 통한 국민국가의 수립을 추구했다(조길태, 1994:202~204). 아크바르는 인도의 종교와 사회를 구성하고 있는 힌두교와 이슬람, 힌두교도와 무슬림을 결합시키는 것을 주요 정책 중 하나로 삼았다(Titus, 2005:162). 그는 종교적 차이를 넘어서는 공통의 국민성을 창출하기 위해 힌두에 대해 화해와 관용의 정치를 펼쳤다. 이런 그의 관용적 태도와 정책은 힌두의 지지를 받았고 이러한 화해를 기반으로 인도의 통일을 추구했다(Titus, 2005).

아크바르의 평화정책과 관련하여 특히 언급할 점은 종교가 분리요인이 되고 있는 때에 펼친 종교 관용정책이다. 아크바르는 이슬람 율법학자(울라마)들이 힌두교도들에 대한 박해를 촉구했지만 오히려 힌두교도들의 가치와 사상에 깊은 인상을 받아 자신의 제국에 있는 모든 신앙인들을 공평히 다스리고자 했다. 이런 과정에서 아크바르는 점차 편협한 이슬람율법학자들과 멀어졌다. 그는 성실한 힌두가 적합한 보상을 받아야 하고 적재적소에 사람을 써야한다는 생각으로 그의 궁정에 주요직 절반 정도를 힌두로 채웠다. 또 학식 있는 힌두들과 당대의 저명한 힌두 성자들과도 교류하고 자신의 힌두 아내들과 하렘의 다른 힌두 여성들이 그들의 종교 관행과 의례를 할 수 있게 허용했다. 이 외에도 조로아스터교도, 시크교도, 유대교도와 기독교도들을 초대하거나 그들과의 교류를 통해 타 종교와 그들 공동체에 대한 이해를 높여 나갔다(Srinivasachari, 2003:248~250). 더 나아가 여러 종교의 좋은 점을 종합한 새로운 종교 즉 힌두 경전과 이슬람의 쿠란 그리고 기독교의 복음서를 부분적으로 원용·종합한 종교를 통해 인도를 통합된 국민국가로 만들려 시도했다(조길태, 1994:241~45).

이처럼 아크바르는 이슬람 율법에 종속되지 않는 정책을 펼쳐 국민을 종교를 근거로 차별하지 않았고 여러 문제에서 비무슬림들의 정서와 전통을 존중하려 했다. 이점에서 아크바르는 보편적 평화를 추구하며 모든 인간 조건과 종교를 단일한 호의적 눈으로 바라본 인물로 평가된다(Shujaat, 2004:205~206). 아크바르의 이러한 관용적 평화정책은 인도인들로 하여금 무슬림 통치와 화해하게 했다. 여기서 나타나는 아크바르의 평화개념은 '국가 내 이질적 집단의 통합과 공존으로서의 평화'라 할 수 있다.

아크바르에 이어 자항기르와 사자한 그리고 아우랑지브가 차례로 왕위를 계승했다. 아우랑지브는 이슬람국가의 부흥을 추구하며 아크바르의 대 힌두 화해정책을 버리고 이교도 탄압정책을 펼쳤다. 아우랑지브는 힌두 종교행사를 불법화하고 힌두교, 불교, 자이나교의 사원과 상들을 파괴했다(조길태, 1994:210). 그의 통치기간 후반에 데칸의 힌두 세력인 마라타족과 전쟁을 치르느라 무굴제국의 재정이 고갈되었고 마라타족의 영웅인 쉬바지가 무굴제국에 대항하여 1674년 독립 힌두왕국을 건립하고 인도의 독립과 힌두교의 해방을 추구했다(조길태, 1994:215). 아우랑지브 사후 무굴 제국은 쇠퇴해갔다.

결국 무슬림 지배 시기에 평화유지의 관건은 지배자와 피지배자의 관계이자 종교와 종족이 다른 두 집단이 공존할 수 있는 방안을 찾는 문제였다. 아크바르가 대 힌두 관용정책을 통해 공존할 수 있는 여건을 조성한 반면 아우랑지브는 그 반대 정책 즉 이슬람 근본주의적 입장에서 대 힌두 탄압정책을 통해 평화상태를 깨고 폭압적 분열의 길로 나아갔다.

## IV. 근·현대 평화개념

인도사에서 근, 현대 즉 영국의 식민지배와 독립 그리고 이후 현재에 이르는 시기는 평화문제가 가장 중요한 현안으로 떠오른 시기다. 특히 독립을 전후한 시기 이후, 정치, 사회, 종교 영역에서 통합적이고 관용적인 전통 관점이 약화되고 분리주의적이고 배타적인 관점이 강화되면서 이념과 이해를 달리 하는 집단 사이에 심각한 유혈폭동사태가 발생해 왔다. 그 결과 국내 평화가 깨지고 사회통합이 위협받는 상황이 지속되어 왔다. 인도는 대외적으로도 분리 독립한 파키스탄과 몇 차례 전쟁을 했고 중국과도 국경문제로 전쟁을 치르는 등 내외적으로 안전과 안보가 위협받는 상황에 직면해 왔다. 이 시기 평화와 관련하여 중요한 운동이나 인물은 19세기 종교사회 개혁운동, 인도의 독립과 세계평화의 실현을 위해 비폭력운동을 전개한 마하트마 간디, 신생국 인도의 초대 총리로 비동맹 외교정책과 운동을 펼친 네루(Nehru) 그리고 20세기 초 이후 부상한 힌두 근본주의운동 등이다.

## 1. 19세기 종교–사회 개혁운동: 폐습제거를 통한 '발전사회구현'으로서의 평화

인도의 근대는 정치, 사회, 경제적으로 큰 격변의 시기였다. 18세기 중엽 무굴제국이 쇠퇴하고 영국이 1757년 벵골토후군과 벌인 플라시전투에서 승리하면서 인도는 영국의 식민지배 아래 놓이게 되었다. 근대성과 기독교로 무장한 영국의 식민지배는 인도인들의 삶에 중요한 변화를 가져왔다. 이와 함께 인도인들의 종교, 사회적 관행들이 서구 합리주의와 기독교의 관점에서 비합리적이고 야만적인 것으로 비판받았다. 이러한 비판은 서구 사상에 영향을 받은 인도인들 사이에서도 나왔다. 기존 가치와 질서가 도전받고 와해되는 이러한 상황은 19세기에 여러 형태의 개혁운동이 등장하는 배경이 되었다. 이 가운데 가장 중요한 운동이 인도사회의 재건을 위해 인도사회와 종교의 여러 폐습적 관행을 개혁하려 한 19세기 종교–사회 개혁운동들이다. 이들은 진보–개혁적 노선의 브라흐모 사마즈(Brahmo Samaj)와 보수–부활주의 노선의 아리아 사마즈(Arya Samaj)와 라마끄리슈나 미션(Ramakrishna Mission)으로, 서구의 영향에 진보와 보수로 나뉘어 반응했지만 본질적으로 모두 개혁을 지향했다. 이들 운동은 전통 종교와 사회관습의 부정적인 측면들을 개혁하고 전통을 재해석하는 방법을 통해 새로운 상황에 대응하려 했다.

19세기 첫 종교–사회 개혁운동인 브라흐모 사마즈는 '근대 인도의 아버지'로 불리는 람모헌 로이(Rammohun Roy)가 이끈 운동으로 기독교와 서구의 합리주의를 긍정적으로 받아들인 진보적 성격의 운동이다. 람모헌 로이는 서구식 교육을 받은 자유주의 사상가로 힌두사회의 폐해를 개혁하여 인도사회를 근대적 합리성에 부합하는 사회로 변모시키려 했다. 이어 등장한 아리아 사마즈와 라마끄리슈나 미션은 보수적 성격의 힌두 부활주의운동으로 과거의 고유한 사상과 제도들을 새로운 상황에 맞게 재해석하여 인도 종교와 사회를 재건하려 했다. 이 두 운동은 인도 민족주의운동이 등장하는 데 큰 역할을 했다. 특히 아리아 사마즈는 외세와 그 영향에 저항적으로 대응한 운동으로 이 운동의 창시자인 다야난드 사라스와띠(Dayanand Saraswati)의 사상과 노선이 이후 힌두 민족주의와 힌두 근본주의운동에 중요한 영향을 미쳤다.

이들 운동을 주도했던 인물들이 평화개념을 명시적으로 언급하진 않았다. 하지만 그들이 추구했던 목표와 그 달성방법 등을 통해 그 안에 담긴 평화개념을 어느 정도 유추할 수 있다. 이들 운동의 주도자들이 공히 추구했던 가치는 서구의 영향이라는 새로운 강력한 도전에 직면하여 인도의 종교–사회 개혁을 통해 인도사회의 발전을 이루는 것이었다. 이를 위한 개혁의 대상도 안팎으로 비난의 대상이 되고 있던, 다신신앙과 우상숭배, 카스트제도, 여성 및 불가촉민 관련 악습 등 종교 및 사회적 관습이었다. 따라서 이들 운동에 함축된 평화의 의미는 '종교와 사회의 폐습이 제거된 발전된 사회의 구현'이었다고 볼 수 있다. 하지만 진보적 개혁론자들이 전통을 탈피하여 서구의 합리성과 근대성을 지향했다면 부활주의자들은 문제점의 개선을 통한 전통의 회복을 지향했다. 즉 발전된 사회의 재건이라는 목표는 같았다 하더라도 그 실현방법이나 재건의 방향은 상이했다고 볼 수 있다.

## 2. 간디: 비폭력을 통한 '모두의 복지실현'으로서의 평화

인도가 영국의 식민지배를 받는 변화와 갈등의 시기에 인도 평화개념의 정립과 평화의 실천 그리고 내외적 영향 면에서 가장 중요한 역할을 한 인물은 마하트마 간디다. 간디는 비폭력운동을 통해 인도의 자유독립과 인류의 해방을 추구한 민족주의자이자 평화주의자였다. 이 시기에 집단적 차원에서 인도인들이 추구한 평화는 식민지배에서 해방되는 민족의 자유였다. 당시 독립을 추구하는 민족주의운동은 노선상의 차이로 강온 양파로 갈려있었다. 강경파는 자주적이고 빠른 독립을 목표로 삼고 독립을 위해 필요하다면 폭력과 같은 물리적 힘의 사용도 인정했다. 강경파의 지도자인 띨락(Tilak)은 식민지배자에 대한 투쟁은 정의로운 투쟁으로 이를 위한 폭력은 정당하다 여겼다. 이런 강경파의 노선이 반영된 운동이 힌두 민족주의운동이다. 반면에 온건파는 인도사회의 개혁과 발전을 통한 점진적 독립을 추구해서 영국 식민지배가 이에 도움이 되는 측면이 있다고 보고 일정 정도 식민정부에 협조적이었다. 온건파에 속했던 간디는 철저한 비폭력주의에 근거하는 평화적 독립운동을 전개시켰다. 간디는 자신의 비폭력사상과 운동을 정치영역이나 인도에 국한하지 않고 삶의 전 영역과 인류 전체를 포괄하는 폭넓은 것으로 제시하려 했다.

### 1) 간디 평화사상의 토대, 비폭력: 평화에 이르는 길

간디의 평화사상은 그 토대를 진리 실현에 대한 확신과 모든 형태의 폭력을 철저히 금하는 비폭력 개념에 두고 있다. 간디는 '사땨(satya)' 곧 '진리'에 대한 확고한 신념을 가지고 있었다. 그가 '신의 다른 이름'이라고도 부른 이 진리는 우주와 삶의 법칙인 다르마로서의 '정의로움'을 의미한다. 그리고 이 정의로움을 실현하는 방법으로 제시한 것이 비폭력이다. 간디는 비폭력을 통한 진리 실현이 자신이 삶의 목표로 삼는 자아실현이자 힌두교도들이 삶의 궁극적 목표로 추구하는 해탈을 달성하는 것이라고 주장했다. 여기서 간디는 인도 전통이 추구해온 양대 가치인 다르마와 목샤를 하나로 일치시키고 개인적 차원의 평화개념을 집단적 차원의 평화개념과 연결하고 있다. 간디는 비폭력을 삶의 법칙으로 인식하여 삶의 모든 영역에서 비폭력이 실현되어야 하고 실현될 수 있다고 확신했다. 따라서 정치뿐 아니라 사회, 경제, 종교, 교육, 문화 등 삶의 모든 분야에 비폭력 원리를 적용하여 정의로움을 실현하려 했다.

현실 삶에서 완전한 비폭력을 실현할 수 있다는 그의 믿음은 인간이 신성을 지닌 선한 존재라고 보는 그의 인간 이해에서 비롯된다. 이는 힌두사상의 영향을 받은 것으로 힌두 사상에 따르면 세계는 완전하고 영원한 근원실재(Brahman 또는 신)의 전개물로 인간도 영혼(순수자아 또는 순수의식)의 형태로 신성을 지닌다. 인간은 영혼과 몸(신체, 마음, 지성)의 결합체로 몸이 개별성을 구성하고 온갖 한계에 속박되어 있는 일시적 요소라면 영혼은 모든 한계를 초월해 완전성을 지니는 보편적이고 영원한 요소다. 인간이 속박된 상태(고(苦)의 상태)에 놓이게 되는 원인은 몸이 개별자의식 즉 에고의식의 토대이기 때문이다. 따라서 에고의식을 없애 모든 존재가 본질적으로 신성을 지닌 하나라고 깨닫게 되면 속박에서 해방되는 해탈에 이른다는 것이다.

간디는 개별자가 지닌 에고의식이 폭력과 연관되기 때문에 개별존재들로 구성된 경험세계에서는 폭력이 존재할 수밖에 없다고 보았다. 따라서 비폭력을 개별자 요소를 뛰어 넘어 보편적 경지로 나아가는 길로 제시했다. 즉 인간이 자기 안의 신성을 실현하는 것은 개별적 차원에서 보편적 경지로 나아가는 것이며 이는 자기중심성을 버리고 모든 존재를 사랑할 때만이 가능하다 보았고 그에게 이 사랑이 바로 비폭력이었다. 간디는 비폭력이 수동적이고 나약한 힘이나 무저항으로 오해되는 것을 우려했다. 그는 비폭력은 비겁함을 극복하고 언제라도 희생할 준비를 해야 하며 스스로 고통을 감수해야 하므로 폭력보다도 훨씬 많은 용기가 필요한 능동적이고 적극적인 힘이자 강력한 저항의 무기임을 역설했다(간디, 1997: 150~151).

간디는 비폭력이 세상을 지탱하는 보편법칙이므로 개인뿐 아니라 사회나 국가와 같은 공동체 차원에서도 실천될 수 있다고 믿었다. 그가 정치영역에 비폭력 원리를 적용하려 한 것도 이런 확신에서였다. 간디는 국가조직이나 정치권력이 존재하지 않는 국가형태를 이상적 국가로 생각했다. 하지만 이런 형태의 국가가 현실화되기는 어렵다고 인식하고 통제를 최소화하는 정부를 추구했다(간디, 1997:165).

### 2) 비폭력의 목표인 사르보다야로서의 평화와 비폭력의 실천방법인 사따그라하

간디의 비폭력 개념과 관련지어볼 때 평화를 단순히 '폭력이 존재하지 않는 상태'로 정의할 수도 있다. 하지만 간디에게 있어 평화의 진정한 의미는 공동체 전체 구성원의 복지가 실현된 상태로 이는 그의 사르보다야

(sarvodaya) 개념으로 나타난다. 간디는 진리가 실현된 이상적인 평화상태를, '모두의 복지'를 뜻하는 사르보다야가 실현된 상태 즉 '이 세상 모든 존재의 복지가 이루어진 상태'로 보았다. 간디는 모든 인간 활동의 목적은 개인의 이익이나 즐거움이 아니라 공동체 전체의 질서를 유지, 발전시키고 구성원 모두의 복지를 실현하는 데 있다고 믿었다. 간디에게 공동체는 가깝게는 인도인들, 멀게는 세계인들과 모든 생명체를 포괄하는 의미였다. 사르보다야는 이러한 그의 신념을 반영한 개념으로 다르마를 중시하는 힌두 전통을 계승하고 있다. 힌두 사상은 우주와 사회가 동일한 법칙(다르마)에 의해 지배되는 유기체로 그 구성원들이 상호의존적 관계를 맺고 있다고 인식해왔다. 간디 역시 이 사상을 공유하고 있었고 사회의 모든 구성원들이 평등한 권리와 의무를 지닌다고 믿었다. 간디가 꿈꾸는 평화로운 이상사회는 비폭력의 실천을 통해 모든 존재가 평등한 복지를 누리는 사회였다. 따라서 간디는 인도의 해방과 복지만이 아니라 전 인류의 해방과 복지를 추구했고 공동체의 복지를 위해 개인의 자기희생이 필요하다는 점을 강조했다.

간디는 전 공동체의 복지 즉 평화를 실현하기 위한 비폭력의 구체적 실천방법으로 사따그라하(satyagraha)를 제시했다. 사따그라하는 어떤 순간에도 진리를 확고히 잡고 진리편에 서는 것으로 어떤 형태의 폭력도 용납하지 않는다. 모두의 복지를 실현하기 위해 부당한 착취와 억압에 맞서는 것은 정의(진리)를 위한 정당한 투쟁이지만 어디까지나 비폭력적 방법을 통해 이루어져야 한다는 것이다. 간디는 어떤 경우에도 목적과 수단이 똑같이 정당해야 한다고 주장했다. 그는 사따그라하를, 정의나 진리에 반하는 태도와 행동을 보이는 이의 마음에 작용해 그것을 바꾸게 하는 정신적, 도덕적, 영적 힘으로 보았다. 따라서 간디는 적이나 반대자에게 그리고 자신이 불리한 상황에서도 진리의 자리에 서서 판단하고 행동해야 한다고 주장했다(류경희, 2016). 이처럼 간디에게 비폭력의 구체적 방법으로서의 사땨그라하는 진리 또는 평화를 달성하는 윤리적 수단이자 전쟁을 포함한 모든 형태의 충돌을 해결하는 도덕적 대안이었다.

따라서 간디에게 진정한 평화주의자는 사땨그라하의 실천자인 사땨그라히(satyagrahi)다. 사땨그라히는 '신과 인간의 선함을 믿고 대의를 위해 죽음을 두려워하지 않으며 늘 자신을 희생할 준비가 되어 있는, 생각, 말, 행동으로 비폭력 원칙을 지키는 사람'이다(간디, 1997:202~205). 그는 부정의에 저항하는 동안에도 자신의 적을 존중하며 자기고통을 통해 상대방 스스로 자신의 나쁜 의지와 행동을 깨닫게 하여 회심시키려 한다. 간디는 사땨그라하가 삶의 보편원리로서의 비폭력을 구체적으로 실천하는 방법이므로 누구나 비폭력을 실천할 수 있고 삶의 모든 영역에서 사용할 수 있다고 확신했다. 하지만 평화문제에 대한 간디식 접근의 핵심을 충돌해결로 보고 있는 까우쉬끄(Kaushik)는 서구의 대표적 평화연구자들이(Johan Galtung과 Kenneth Boulding 같은) 간디 찬양자였지만 서구의 평화연구가 간디와는 아주 다른 길을 밟아온 이유를 간디식의 비폭력 평화실천인 사땨그라하가 그 실천자에게 상당한 희생을 요구하기 때문이라 추정한다.[2]

간디는 비폭력 저항운동인 사땨그라하운동을 비협조, 시민불복종, 단식, 보이코트 등 다양한 형태를 통해 전개시켰다. 그의 사땨그라하운동은

2 Anupama, Kaushik, "Peace Approach: From Gandhi to Galtung and Beyond," https://www.mkgandhi.org/articles/peace_approach.htm.

그가 첫 변호사 일을 했던 남아프리카에서 시작되어 인도로 돌아온 후 본격적으로 전개되었다. 처음에는 영국 식민통치 아래 고통 받는 농민과 노동자들을 위한 지역투쟁으로 시작하여 점차 인도인들의 자유와 독립을 쟁취하기 위한 전국적 규모의 대영 비협조, 시민불복종운동으로 전개되었다.

간디의 투쟁은 독립을 전후한 시기에는 '폭력성' 자체에 대한 저항으로 이어졌다. 독립을 바로 앞둔 시점에서 인도 내 무슬림 지도자들의 파키스탄으로의 분리 독립 요구는 철저하게 비타협적이고 폭력적으로 전개되었다. 그 결과 힌두와 무슬림 양 집단 사이에 상호 보복적 폭력이 난무하는 참혹한 유혈폭동사태가 이어졌다. 간디는 이러한 폭동상황을 진정시키고 통합된 인도를 세우기 위해 목숨을 건 단식을 하고 여러 달에 걸쳐 피해지역을 순례하는 등 온갖 노력을 기울였다. 하지만 결국 인도는 인도와 파키스탄으로 분리 독립되었다. 인도와 파키스탄 양국에서 힌두와 무슬림의 집단적 대이동이 이루어지는 과정에서도 잔인한 살상행위들이 행해져 수많은 사람들이 목숨을 잃었다. 이처럼 극도로 고통스러운 상황 속에서도 간디는 폭력에 저항하고 비폭력을 주장하며 힌두와 무슬림 양 집단 사이의 갈등과 폭력을 진정시키는 데 헌신했다(류경희, 2016). 분리 독립 후에도 간디는 인도와 파키스탄 양측에 공평한 입장에서 당면한 문제들을 해결하려 애를 썼다. 그러나 간디의 이러한 노력도 인도 내 양 집단 간 유혈폭동을 진정시키지 못했고 간디는 오히려 힌두 극우주의자에 의해 암살되었다. 그의 비극적인 죽음과 이후 인도사회에서 반복되어온 힌두-무슬림 간 갈등과 유혈사태는 그가 추구했던 비폭력주의의 현실적 한계를 보여준다(류경희, 2016).

3) 간디의 접근: 평화를 향한 도덕적 이상주의

간디는 세계가 하나의 질서(법칙)에 의해 움직이고 그 구성원이 상호의존적 관계에 놓여 있다는 인식 아래 비폭력을 통해 구성원 모두의 복지가 실현되는 사회를 평화가 실현된 이상사회로 보았다. 이러한 간디의 평화사상은 힌두 전통의 다르마 사상을 계승하고 있고 그의 비폭력사상 역시 인도 전통사상에 뿌리를 둔다. 하지만 간디의 중요성은 그가 제시하고 실천한 보편적주의적 평화이상과 평화를 달성하는 방법으로서의 비폭력 개념 그리고 그 실제적 적용방법에서 발견된다. 간디는 비폭력에 새로운 차원을 부여했고 무엇보다 비폭력운동을 대중적 차원의 운동으로 확대 전개시켰다. 닷따는 간디가 고대 아쇼카왕의 비폭력 이상을 계승하고 더 나아가 대중들이 이 이상을 정치적 투쟁에서 실천하도록 이끌었다는 점에서 그를 아쇼카의 이상을 훨씬 더 진전시킨 인물로 평가한다(Datta, 2008:285). 죠셉도 평화문제에 대한 간디의 기여로 그가 평화와 비폭력의 의미를 혁명적으로 바꾸고 그것을 대중적 규모로 사용할 수 있다는 것을 실천적으로 보여준 점을 들고 있다(Joseph, 2010).

평화문제에 대한 간디의 접근은 보편주의적이고 종합적이며 도덕적이다. 그는 인간의 삶은 총체적이며 동일한 도덕률에 의해 지배된다는 인식 아래 개인과 집단의 도덕성을 구분하지 않고 사적, 공적, 국제적 영역 모두에서 같은 도덕률이 적용되어야 한다고 보았다. 이 도덕률이 바로 비폭력이다. 그가 철저한 비폭력노선을 따라 독립투쟁을 전개한 것도 이런 확신에 근거한 것이다. 그는 인도의 독립은 진리와 비폭력을 통해 달성될 수 있고 그렇게 달성되었을 때 진정한 독립이 될 수 있을 거라 믿었다. 끄리빨라니도 간디가 인도뿐 아니라 인류의 선을 위해 인도의 자유를 원했고 필요시 개인이 국가를 위해 희생해야 하듯이 한 국가도 인류를 위해 희생할 준비가 되어 있어야 한다고 믿었다는 점에서 간디의 민족(또는 국가)의 자유 개념은 역사상 여느 독립투쟁가의 개념과는 다르다고 평가한다. 그는 간디가 선한 대의를 위해 희생하는 인도는 결코 사라지지 않을 것이며 혹 물리적 소멸이 온다 해도 인류를 위한 봉사란 점에서 환영할만하다 여겼다고 지적하며 핵파괴 가능성이 커진 오늘날 아마도 간디는 인도의 비핵화를 조언할 것이라고 언급한다(Kripalani, 1967). 결국 모두의 복지실현으로서의 보편적 평화를 비폭력이라는 철저한 도덕적 방법을 통해 달성하려 했다는 점에서 간디의 평화개념은 도덕적 이상주의에 기반한 개념이라 할 수 있다.

## 3. 독립 이후 인도의 평화개념

독립 이후 시기는 인도가 내부적으로는 힌두–무슬림 간 폭동사태와 분리주의 운동, 외부적으로는 주변국(파키스탄과 중국)과의 갈등과 전쟁을 겪으면서 평화가 심각하게 위협받아 온 시기다. 이 시기의 평화개념을 내외부적으로 나누어 살펴볼 수 있다.

### 1) 네루의 비동맹 외교정책과 세계평화

독립 후 인도가 추구해온 대외적 평화는 인도가 설계하고 주도해온 비동맹 외교정책에서 찾아볼 수 있다. 이 정책은 인도의 정치외교적 차원의 평화개념을 보여준다. 1946년 8월 인도는 인도와 파키스탄으로 분리 독립하여 파키스탄에는 이슬람국가가, 인도에는 세속적 성격의 자유민주주의 국가가 건립되었다. 독립운동을 주도했던 지도자들은 독립 후 국가발전을 이루기 위해서는 평화상태를 유지하는 것이 필수적이라 판단하고 국내적으로는 사회 모든 구성원의 이해를 보호하기 위해 세속민주주의국가를 건립하고 카스트 없는 평등사회를 추구했고 대외적으로는 비동맹정책을 통해 세계평화와 안전을 증진코자 했다.

독립 이전부터 인도정치를 주도해온 인도국민회의당의 외교정책 기조는 1920년대 중반 이후 네루에 의해 수립되었다. 1920년대 후반과 1930년대 인도 외교정책의 핵심 기조는 제국주의 전쟁을 포함하여 어떤 전쟁에도 참여하지 않는다는 것이었다. 본격적인 외교정책은 1945년 제2차 세계대전 종전과 함께 새롭게 전개된 국제질서 아래 형성되었다. 제국주의 세력이 약화되고 인도를 포함한 아시아와 아프리카에서 식민주의가 붕괴되면서 많은 독립국이 탄생했다. 이들 신생국들의 경제발전과 국가건설에 평화와 군비축소가 핵심적인 상황에서 냉전체제가 시작되고 있었다. 인도의 초대 총리인 네루는 당시 미소 양대 강국을 중심으로 세계가 두 파워 블록(bloc)으로 나뉘어 대립하는 냉전체제 아래에서, 어느 블록에도 속하지 않으면서 국제문제에서 독자적으로 입장을 결정하고 국제분쟁을 비폭력과 국제협력을 통해 해결하려는 비동맹노선을 택했다. 그리고 이 노선을 비동맹운동으로 확대시켜 인도의 국가 이익은 물론 아시아, 아프리카의 신생국 및 개도국의 이익 보호를 추구했다. 비동맹운동은 탈식민화(반식민주의), 발전, 데탕트, 군비철폐를 추구했다. 탈식민화되려면 신생국들의 사회–경제적 발전이 이루어져야 하는데 이런 발전은 데탕트나 양대 강국의 이해 아래 평화로운 상태여야 가능하므로 데탕트가 군비철폐로 이끌어 평화를 가져올 것으로 여겼다. 따라서 비동맹의 핵심요소는 세계평화, 반식민주의, 평화와 자유지역 확대를 위해 국제문제에 적극적으로 개입해 투쟁하는 것이었다.

인도는 비동맹정책에 따라 대외관계나 국제문제에서 미소가 주도하는 양 진영 중 어느 한 편에 서지 않고 사안에 따라 독자적으로 정책과 입장을 결정했다. 또 전쟁이 불가피하긴 하나 피할 수 있다는 확신에서 전쟁이나 충돌로 이끌 어떤 동맹이나 서약에도 관여하지 않는 입장을 견지했다. 예를 들어 군비축소, 인종차별, 제국주의와 같은 이슈에서는 공산주의 블록에 동조했지만 북한의 도발로 인한 한국전쟁 문제에서는 공산진영을 비판했다. 동시에 한국에서의 미국의 군사적 모험주의에도 반대함으로써 인도는 한국전쟁에서 조정자 역할을 했다. 이처럼 비동맹은 심각한 충돌상황에서 세계평화의 가능성을 밝히는 역할을 했다.[3]

네루가 비동맹을 처음 제안하고 운동으로 전개시키긴 했지만 그 뿌리는 인도 전통에 있다. 인도의 전 총리 라오는 네루 자신이 비동맹정책이 인도의 과거 사유와 정신적 관점 그리고 인도 심성에 고유한 정책이라고 언급한 점을 지적하면서 보다 직접적으로는 인도 자유투쟁 지도자들의 이상이 영향을 미쳤다고 보고 있다.[4] 하지만 네루가 비동맹 원리를 국제관계에 적용하면서 새로운 차원을 덧붙였다고 평가한다(Rao, 2009). 네루의 비동맹 정책은 지배, 침략, 팽창주의, 폭력, 힘의 정치에 대항하는 인도의

---

3 M. Aggrawal, "Jawaharlal Nehru's Foreign Policy," http://www.historydiscussion.net/history-of-india/jawaharlal-nehrus-foreign-policy/682.

4 즉 인도 외교정책 형성에서 기본 서약의 역할을 한 것은 민족주의 지도자들의 아시아 아프리카에서의 영국의 식민전쟁 비판, 1897년 국민회의의 평화외교정책 주

가치들 즉 평화, 비폭력과 선린에 입각한 분쟁의 평화적 해결이 시험대에 오른 시기에 등장하여[5] 이들 가치에 입각한 평화 지향적 외교정책으로 확립되었다. 결국 비동맹의 기본이념도 다양성에 대한 관용 그리고 비폭력과 모두의 복지를 추구해온 인도 전통의 배경과 관련된다고 볼 수 있다.

### 2) 세계평화운동으로서의 비동맹운동의 성과와 한계

인도는 비동맹의 주요 설계자이자 주도국 중 하나로 그 성장에 적극적 역할을 해왔다. 외교는 기본적으로 자국의 이익을 추구하는 영역이다. 그런 만큼 네루도 인도의 이해에 따라 행동할 것이란 점을 분명히 했다. 하지만 인도 전통의 보편주의를 배경으로 갖는 네루는 국가이익을 보편주의적 관점에서 접근했다. 네루에게 국가이익은 편협한 자기중심적 개념이 아니라 다른 국가의 이익과 배치하지 않는 개념이었다. 1948년, 그는 '자기 국가만의 이익을 생각하는 근시안적 견해와 다른 나라의 이익도 고려하는 장기적 안목의 관점이 있는데 전쟁이 일어나면 모두가 고통을 받으므로 평화에 대한 관심이 보다 중요하다. 긴 안목으로 자기이익을 추구해나가는 것 자체가 다른 나라와의 협동과 선린 정책을 요구한다. 편협한 국가정책이 일시적으로는 유리하게 보일 수 있지만 궁극적 선을 놓쳐 인도의 선을 위협할 것이므로 인도의 이익을 세계평화를 보존할 수 있도록 세계

---

창과 같은 자유투쟁 기간동안 입안된 광범위한 변수들이고 이런 정서가 후에 네루에게서 발견된다는 것이다(Rao, 2009).

5 "Nehru's foreign policy–Policy of Non–alignment," *AIDCSC*, November 16 (2016). http://www.indiancommunities.org/2016/11/16/nehrus–foreign–policy–policy–of–non–alignment.

협동과 세계평화의 맥락에서 추구해야 한다'고 제안했다(Rao, 2009). 그는 국가 간 이해가 반드시 충돌한다고 보지 않았고 국가 간 이해를 화해시키려 했다. 이런 관점에서 비동맹의 주요 원리인 국가 간 이익의 상호관계(the mutuality of the interests of nations) 개념이 나올 수 있었다. 특정국가의 국가이익의 핵심요소는 영토보존과 국가주권의 유지인데 네루는 국가방위는 국가산업과 자립경제 없이는 불가능하다는 인식 아래 빠른 경제성장을 추진해 나갔다. 즉 무력증강보다는 발전적 성장을 강조했다(Rao, 2009).

비동맹운동은 냉전이 최고조에 이른 시기에 세계평화를 위한 국제적 투쟁을 적극적으로 시작하여 많은 신생독립국들이 이 운동에 참여한 결과 세계가 심각하게 양극화하는 것을 막았다. 또한 식민주의의 종식과 제국주의 해체를 위한 노력은 탈식민지화에 기여했고 인종차별주의를 종식시키는 데도 기여한 바가 있다. 또한 유엔의 세계평화유지 노력을 지지하고 수적 우위를 바탕으로 유엔총회의 결정에 상당한 영향력을 행사해 왔다.[6] 라오 전 총리는 네루의 비전과 지혜에서 나온 비동맹정책과 운동이 인도의 국가이익을 보호하는 수단이자 동시에 국제관계를 민주화하려는 진정한 시도였다고 평가하면서 이 운동이 세계 최대의 평화운동으로 기술되어 왔다고 지적한다(Rao, 2009). 아그라왈도 인도의 비동맹정책을, 국제관계에서 각국이 다른 나라를 방해하지 않으면서 자국의 이익을 추구하는 방식을 통해 세계평화를 추구하는 테크닉이라 규정한다. 그리고 비동맹운동이 식민주의와 냉전으로 국제관계의 양극화가 성장하는 상황에서 (아시아·아프리카) 여러 지역 국민들의 해방을 위해 투쟁함으로써 세계

---

6 "Non−alignment Movement," op. cit.

평화 증진에 결정적 역할을 해 왔다고 평가한다.[7]

인도가 비동맹 정책으로 신생독립국 사이에서 상당한 국제적 지위를 누리고 유엔이나 비동맹운동 같은 다자간 조직에서 주도적 역할을 했지만 이 이미지를 실추시키는 몇몇 사건들로 비판을 받기도 했다. 1971년 소련연방과 평화, 우호, 협력 조약을 체결한 것이나 1970~80년대 남아시아 주변 소국들의 내정에 관여한 사례 등은 비동맹국으로서의 인도 이미지를 실추시키고 일부 관측자들로 하여금 비동맹이 실제로는 남아시아권 이외 나라들과의 관계에만 적용된다는 점에 주목하게 했다.[8] 라가반은 네루가 비동맹 블록을 만들어내고 주도하는 데 큰 역할을 했지만 네루에 대한 학계의 평가는 상반된다고 지적한다. 즉 대다수 학자들은 네루의 외교정책이 인도 고유의 이상주의를 표현한 것이라고 보는 반면에 수정주의자들(revisionists)은 실제 네루의 정책은 그가 타자에게 분쟁을 평화적으로 해결하도록 촉구한 충고와는 모순된다고 지적하며 캐쉬미르와 중국에 대한 네루의 정책을 완고하고 도전적이라고 비난한다는 것이다(Raghavan, 2010:1~2).

또 세계의 정치상황이 변화하면서 비동맹 회원국들의 상호이해가 충돌한 것도 비동맹운동의 한계를 보여준다. 회원국들이 비동맹정책의 일반적 특징을 공유하기는 했지만 미소 양진영에 대한 회원국 간 입장에 차이가 있었고 강대국의 행동이 개도국의 정책과 직접적 관련이 있어서 비동맹운동이 기능하는데 큰 부담을 주었다. 또한 인도의 핵무기 개발도 이 운동

7 Aggrawal, op. cit.

8 "India and the Non-Aligned Movemen." From Wikipedia, the free encyclopedia.

을 냉소의 대상이 되게 했다.[9]

비동맹운동이 냉전과 세계양극화의 대안이었던 만큼 1990년대 초 소련과 동구 공산권이 몰락하면서 냉전이 종식되자 비동맹운동의 적합성에 대한 의문이 제기되었다. 하지만 비동맹운동은 그 방향을 정치투쟁에서 경제투쟁으로 전환하여 개발국가(북)와 개발도상국가(남) 간 경제력 차이로 인한 갈등을 풀기 위한 개도국 간 협력체 역할을 해오고 있다. 아그라왈은 오늘날 경제 제국주의가 영토상 제국주의를 대체하고 있으며 선진국과 개도국 간 큰 갭이 세계 불안정의 원인이라 지적하면서 새로운 형태의 제국주의에 대응하기 위해 비동맹운동의 목표가 경제적 필요에 맞도록 변화할 것이라 예측한다.[10]

#### 3) 힌두 근본주의의 등장과 현 인도사회의 국내평화 문제

현재 인도의 내부 평화를 위협하는 주요인은 다인종, 다언어, 다종교로 구성된 인도문화와 사회의 다양성에서 비롯되는 분리주의운동과 힌두 근본주의운동 그리고 카스트 간 갈등으로 인한 유혈폭력사태 등이다. 앞서도 언급했지만 인도는 다인종, 다종교 사회임에도 보편주의적이고 통합적이며 관용적인 관점과 태도가 오랜 전통으로 자리 잡고 있었다. 하지만 독립을 전후한 시기 이후 분리주의적이고 배타적인 경향이 강화되면서 인도사회는 다양한 형태의 갈등과 충돌을 경험해오고 있다. 특히 독립 직전 소수집단인 무슬림들이 독립 후 힌두국가가 들어설 것을 우려해 분열적

9 "Non-alignment Movement," op. cit.

10 Aggrawal, op. cit.

방향으로 나아갔고 그 결과 극심한 유혈충돌 과정을 거쳐 인도와 파키스탄으로 분리 독립하였다. 이후 양국 관계는 몇 차례 전쟁을 치르고 상호 핵무기를 경쟁적으로 개발하는 등 대립관계로 전개되어 왔다. 또 인도에 남아 있는 소수 무슬림과 다수 힌두 사이에 지속적으로 발생해온 유혈충돌사태는 인도사회의 가장 큰 난제 중 하나다.

이처럼 인도의 소수파 문제는 인종적 소수파보다는 주로 종교적 소수파 문제로 특히 소수 무슬림과 다수 힌두 사이의 갈등과 충돌이 문제의 핵심이 되어왔다. 따라서 민족의 자유와 독립민주국가의 건설을 중심과제로 삼았던 인도국민회의는 인도처럼 광대하고 다양성을 지닌 나라에서 다수파 주도의 민주주의는 바람직하지 않으며 인도의 다양성을 살릴 수 있는 형태가 필요하다 판단했다(네루, 1981:302~303). 그 결과 인도에는 네루를 중심으로 하는 온건파의 주도 아래 세속민주국가가 건립되었던 것이다. 이후 인도정치가 온건파의 이념에 따라 주도되면서 강경파 민족주의 노선을 계승한 힌두 민족주의 세력의 불만이 노출되었다. 이들 세력은 힌두–무슬림 간 잔혹한 유혈충돌을 거쳐 인도와 무슬림국가인 파키스탄으로 분리 독립되었으면서도 새로운 인도가 종교 간 평등정책이라는 명목하에 다수 힌두의 이익을 침해하고 있다고 주장했다. 그들은 힌두 이념에 근거하는 힌두국가의 건립을 목표로 힌두 근본주의운동을 전개했다. 이들이 인도의 현대 정치지형을 바꾸어 놓은 힌두–무슬림 간 대 폭동사태인 1991년 아요디아사태를 계기로 그 정치적 세력을 확대하면서 인도사회에서 힌두와 무슬림 극단세력들이 주도하는 양 집단 간 유혈충돌사건이 지속적으로 발생해왔다. 이 상호 배타적이고 적대적인 경향의 증대는 인도사회의 질서와 통합을 해치는 핵심문제가 되고 있다.

힌두 근본주의집단은 전통 다르마의 가치체계가 도전받는 새로운 상황 속에서 기존의 다르마 가치체계를 배타적이고 편협하게 해석하여 주장함으로써 힌두-무슬림 간 갈등과 충돌을 증대시켜왔다. 이 갈등은 다원주의와 세속주의 대 종교민족주의(힌두 근본주의)의 대립으로도 나타난다. 이는 사회를 통합, 유지, 발전시킬 수 있는 국가와 사회의 이념 및 질서체계를 어떻게 설정할지에 대한 갈등이며 이러한 갈등의 해결이 인도사회의 평화유지에 관건이라 할 수 있다.

## V. 인도 평화개념의 특성

지금까지 인도에서 집단적 차원의 평화개념이 전개된 과정을 살펴보았다. 인도의 경우, 시대를 관통해 지속되어온 집단적 차원의 평화는 '집단의 질서체계가 유지 보존되는 상태'로 나타난다. 구체적으로는 '다르마의 보존' 즉 '자연과 사회질서체계'의 보존으로서의 평화다. 이 평화개념이 추구하는 최고 가치는 전 공동체의 최상의 안전과 복지로 공동체의 모든 구성원들이 잘 정비된 질서체계 아래에서 최상의 복지를 누리는 것이다. 이러한 평화개념은 고대 인도의 라자다르마에서 현대 간디의 비폭력과 사르보다야 개념 그리고 네루의 비동맹 정책에 이르기까지 발견된다.

이렇게 인도사회가 추구해온 집단적 평화의 핵심의미가 같다 하더라도 집단의 실제 범위와 평화를 달성하는 구체적 방법에서는 차이가 나타난다. 집단(공동체)의 범위규정 문제는 평화영역 설정과 관련되는데 다르마는 넓게는 우주와 자연 좁게는 특정 사회의 질서체계를 의미한다. 따라서 광의로서의 다르마는 세계평화나 모든 생명체와의 공존을 추구하는 보편적 평화를 지향하는 데 비해[11] 협의의 다르마는 특정사회의 질서체계를 의미해서 실질적으로는 카스트제도가 지배해온 인도사회나 그중에서도 상층 카스트의 권익이 보호되는 질서체계의 보존이 평화의 의미로 도출되기도 했다. 보편적 평화 추구는 고대 아쇼카왕의 평화정책과 현대 간디의 평화사상과 운동에서 두드러지게 나타나고 이 유산이 네루의 비동맹정책에서도 발견된다. 협의의 평화는 고대 베다시기와 근현대의 종교-사회 개혁운동, 힌두 민족주의와 근본주의운동에서 두드러지고 평화의 범위가 인도사회나 인도사회 내 특정집단에 국한되는 경향을 보인다. 또한 보편적 평화가 관용적 성격을 갖는데 반해 협의의 평화는 때론 배타적 성격을 띠기도 한다.

다르마 중시 전통은 집단의 질서유지와 복지를 정의로 규정하는데 이 정의를 실현하고 수호하는 방법 다시 말해 평화를 달성하는 방법에서도 두 가지 흐름이 나타난다. 하나는 '정의로운 전쟁' 개념에서 나타나듯이 정의의 수호와 실현을 위해 제한적이긴 하나 폭력을 정당화하는 흐름이다. 고대 베다 시기에 집단적 차원의 평화는 공동체의 질서체계인 다르마가 보존 유지되는 상태를 의미했고 이 같은 평화를 위한 전쟁은 '정의로운 전쟁'으로 정당화되었다. 즉 집단적 차원의 평화를 유지하거나 확보하기

11 이와 관련해 인도의 세계화와 다문화주의 관점이 평화에 기여해왔다고 보는 꾸마르는 인도는 세계인이 하나라는 개념을 가지고 반복해 전 세계 모두의 평화를 추구해 왔으며 평화에 대한 광범위한 인도 관점은 보편적 평화를 성찰해왔다고 지적한다(Kumar(b), 2014).

위한 물리력의 사용을 불가피한 것으로 인식하고 정당화시켰다. 이 관념은 띨락에게서 알 수 있듯이 힌두 민족주의노선의 핵심 원리 중 하나이기도 했고 오늘날, 평화는 힘(군사력)의 확보를 통해서만이 가능하다는 논리와도 맥을 같이 한다.

다른 하나는 아쇼카나 간디와 같이 목표와 수단 모두의 정당성을 강조하며 철저한 비폭력을 강조하는 흐름이다. 평화와 관련하여 모두 다르마를 중시했던 아쇼카와 간디에게서 발견되는 공통점은 도덕적 이상주의에 기반한 보편적 평화의 추구다. 아쇼카는 불교의 다르마보다 구체적으로는 비살생교리를 강조했고 간디는 힌두 전통의 다르마 사상에 근거하여 자연과 삶을 지배하는 보편 도덕법칙으로서의 정의로움인 다르마를 강조했다. 아쇼카가 불교의 가르침을 전파하는 방법을 통해 세계평화의 이상을 추구했다면 간디는 정의 실현의 구체적 방법인 비폭력의 실천을 삶의 전 영역과 일반 대중들에게까지 확대함으로써 보편적 평화를 실현하려 했다. 안타깝게도 이 두 이상주의자의 비전이 온전히 현실화되지는 못했다. 하지만 그 영향력은 적지 않아서 독립 후 네루의 비동맹노선에도 그 영향이 반영되어 있다. 이 두 흐름이 보여주는 또 다른 특징은 전자가 질서유지에 방점을 두며 경우에 따라 자기집단 중심적 평화를 추구한다면 후자는 복지에 방점을 두며 보편주의적 평화를 지향한다는 점이다.

## 참고문헌


### 1. 국문 단행본

J. 네루 지음, 김종철 옮김. 『인도의 발견』. 서울: 한길사, 1981.

M. 간디. 『위대한 영혼의 스승이 보낸 63통의 편지』. 서울: 지식공작소, 1997.

류성민·류경희. 『인생교과서, 간디』. 파주: 21세기북스, 2016.

조길태. 『인도사』. 파주: 민음사, 1994.

### 2. 영문 단행본

Bronkhorst, J. "Thinking about Peace in Ancient India." in Kurt A. Raaflaub, ed. *Peace in the Ancient World: Concepts and Theories,* Chichester, UK; Malden, MA: John Wiley & Sons, 2016.

Datta, D. M. "Some Philosophical Aspects of Indian Political, Legal, and Economic Thoughts." in C. A. Moore, ed. *The Indian Mind.* Delhi: Motilal Banarsidass, 2008(1967).

Joseph, S. K, "Gandhian Approach to Peace and Non—violence." in Siby K. Joseph and Bharat Mahodaya. eds. *Contemporary Perspectives on Peace and Non-violence.* Wardha: Institute of Gandhian Studies, 2010.

Kripalani, J. B. "The Gandhian Approach To World Peace." G. Ramachandran and T. K. Mahadevan, eds. *GANDHI, His Relevance For Our Times.* Delhi: Kapur Printing Press, 1967.

Kumar(a), M. *Current Peace Research and India.* Varanasi: Gandhian Institute of Studies, 1968.

Pande, G. C. *Foundations of Indian Culture.* vol. 2. Delhi: Motilal Banarsidass, 1990(1984).

Raghavan, S. *War and Peace in Modern India,* Palgrave Macmillan, 2010.

Shujaat, M. *Islam and Indian Culture.* New Delhi: Anmol Publications, 2004.

Srinivasachari, C. S. "Akbar's Eclecticism and Parliament of Religions." in Kumar, R. ed. *Eassays on Medival India.* New Delhi: Discovery Publishing House, 2003.

Titus, M. T. *Islam in India and Pakistan*, New Delhi: Manoharal, 2005.

Walker, B. *Hindu World*, vol. 1. London: George Allan and Unwin LTD, 1968.

영문 논문

Rao, P. V. N. "Nehru and Non–alignment." *Mainstream*, vol XLVII no. 24 (May 2009).

Tint, Barbara S. and G. K. Prasad. "Peace Education in India: Academics, Politics, and Peace." *PEACE RESEARCH*, vol. 39, Nos. 1–2 (2007), pp. 23~37.

3. 기타

Aggrawal, M. "Jawaharlal Nehru's Foreign Policy."

www.historydiscussion.net/history–of–india/jawaharlal–nehrus–foreign–policy/682Cached.

Kaushik, A. "Peace Approach: From Gandhi to Galtung and beyond."

https://www.mkgandhi.org/articles/peace_approach.htm.

Kumar(b), R. "Indian View of Globalization, Multiculturalism and Peace–Building in the Twenty–First Century: Prospects and Challenges." 2014.

http://www.gandhitopia.org/profiles/blogs/indian–view–of–globalization–multiculturalism–and–peace–building.

Matsuo, M. "Concept of Peace in Peace Studies: A Short Historical Sketch."

https://home.hiroshima–u.ac.jp/heiwa/Pub/E20/conceptofpeace.pdf.

"Nehru's foreign policy —Policy of Non—alignment." AIDCSC(All India Deprived Community Support Centre), November 16 (2016).

"Non—alignment Movement," *General Knowledge Today*(India's daily E—Magazine of GK & Current Affairs), August 28 (2016).

# 제2부

# 4장 중국 대일통(大一通), 대동(大同) 그리고 화평(和平): 중국 근대 평화사상의 전개

김준

## Ⅰ. 들어가는 말

동아시아 한자문화권에서 "평화"라는 단어는 "화평"("和平")과 더불어 유구한 역사를 가지고 있다. 일찌감치 중국의 춘추전국시대로부터 줄곧 사용되어 온 이 단어는 근대에 이르러 'peace'의 역어로서 일본에 정착하게 된다. 하지만 'peace'가 처음 번역되었을 때에는 "평화"가 아닌 "화평(和平)"이었다. 1864년 미국인 선교사 丁韙良(William M. P. Matin)이 4명의 중국인 조력자와 함께 출판한 번역서『萬國公法』(원저는 Henry Wheaton, *Ele-*

*ments of International Law*, 1836)에서는 'peace'의 역어로 "화평"("和平")이라는 단어를 채택했다.1

국민국가를 기본단위로 하는 서구 중심의 근대 세계 시스템 속에 부득불 편입해야 했던 시절이었던 만큼 당시 유럽 중심의 국제법을 상세히 소개한 이 번역서는 일본에서도 폭발적인 인기를 얻었고 "화평"이라는 단어 또한 국제법상 중요한 개념으로 많이 사용하게 된다. 하지만 한자 단어 "화평"이라는 단어가 지닌 고유한 다의성 때문에 'peace'의 의미를 정확히 전달할 수 없다고 느낀 메이지 정부의 외교관계자들은 1874년 즈음부터 "평화"라는 단어로 'peace'를 표현하기 시작했다. "평화"라는 단어도 원래는 다의성이 충만한 단어였지만, 이때부터는 국제관계에서 전쟁이 없는 상태를 의미하는 'peace'의 역어로서 고착화되기 시작했다.[2]

주지하듯 일본은 19세기 후반부터 동아시아에서 서구의 근대 지식을 가장 빠르게, 그리고 가장 많이 받아들인 국가이다. 이는 근대 일본에서 만들어진 한자 단어가 중국보다도 훨씬 더 많다는 점에서도 쉽게 증명될 수 있다. 심지어 근대 중국의 지식인들이 만들어낸 한자 단어도 결국에는 일본의 한자 단어와의 경쟁 속에서 대부분이 도태되고 말았다.[3]

"평화"의 경우는 달랐다. 20세기 초 중국의 일부 지식인들이 일본을 본

1 魏亞坤, "和製漢語'的形成與發展: 從近代中日詞彙交流史角度分析幕末, 明治時期的翻譯詞"(對外經濟貿易大學 日本語言文學專業 석사학위논문, 2006), pp. 29~52.

2 欒竹民, "中日兩國に於ける『和平』と『平和』について」』," 『國文學攷』 186號(2005), pp. 1~13.

3 일례로 evolution의 역어로 1897년 엄복(嚴復)에 만들어진 한자어 천연(天演)은 20세기 초까지 중국 지식계를 휩쓴 유행어가 되었지만 결국 화제(和製) 한자어로

떠서 "평화"라는 단어를 사용한 적은 있지만[4] 결국에는 "화평"을 대체할 수 없었고 결국 중국에서는 지금도 다의성으로 충만한 "화평"으로 'peace'를 번역하고 있다. 그렇다면 그 원인은 무엇일까?

본고에서는 위와 같은 문제의식을 바탕으로, 근대 중국의 평화관념의 전개과정을 고찰하고 중국의 평화개념 및 그 특징을 그려내고자 한다.

## Ⅱ. 중국 전통적 평화관념의 근대적 전개

16, 17세기에 이르러 동아시아는 획기적인 변화를 맞이하게 되었다. 유럽에서 시작된 대항해 시대의 물결은 동아시아에도 커다란 영향을 끼쳤던 것이다. 특히 서양의 군사기술은 분열, 할거 상태에 있던 일본의 통일을 촉진하였고, 일본은 또한 강대한 군사력을 바탕으로 대륙 진출을 강행했다. 7년에 걸쳐 진행된 "임진왜란"(1592~1598)은 도요토미 히데요시(1537~1598) 세력의 몰락을, 그리고 조선왕조의 피폐와 명왕조의 쇠퇴를 불러왔고 이로써 그들은 동아시아 새로운 지역질서의 패권 경쟁에서 밀리게 되었다.

한편, 중국 동북 지역에서 세력을 꾸준히 확장했던 누르하치(努爾哈赤,

대체되고 만다.

4 일례로 중국 근대 평화사상의 대부 강유위(康有爲)의 대표작『大同書(대동서)』에는 평화라는 단어가 2회 등장한다.

1559~1626)는 1616년에 여진인(女眞人)을 중심으로 하는 금나라(後金)를 세웠다. 1626년 누르하치의 뒤를 이은 홍타이지(皇太極, 1592~1643)는 당시 중국, 나아가서는 동아시아의 전통적인 틀에 결정적인 변화를 불어넣은 중요한 인물이다.

첫째, 국가 민족을 창출했다. 홍타이지는 적극적인 팽창활동을 통해 동북 지역을 통일하고 1635년 10월에는 드디어 여진인, 수오룬(索倫)인, 에벵크(鄂溫克)인, 다우르(達斡爾)인 등을 아우르는 만주(滿洲)라는 민족을 창출한다.[5] 만주 민족은 동아시아 역사에서 처음 창출된 국가 민족이다. 이듬해에는 만주인, 몽골인과 한인의 추대를 받아 국호를 청(淸)으로 고치고 황제로 등극한다. 이때로부터 외교문서를 포함한 청나라의 많은 문서들은 만주어, 몽골어, 티베트어와 한어(漢語)로 동시에 작성된다. 또한 일찌감치 만주인과 몽골인, 한인은 같은 조상이라는 주장으로 몽골인, 한인과의 일체감을 강조했다.[6] 이러한 전통은 그의 후계자들에 의해 전승되고 발전되었다. 1644년 명을 대체한 청은 대외적으로 청을 중국으로, 그리고 자국민을 중국인(華民)으로 표현하기 시작했다.[7] 1907년의 중국의 다민족 다문화의 특징을 감안해 만들어진 단어 "중화민족"의 기원을 여기에서 찾는 것도 무리가 아니다.

둘째, 티베트 불교의 수용이다. 1636년 홍타이지는 불교 사원을 참배하

---

5 "自今以後, 一切人等, 只稱我國滿洲原名. 不得仍前妄稱,"『太宗實錄』, 卷二十五, p. 29.

6 "我滿洲與爾蒙古, 原係一國,"『皇淸開國方略』, 卷十四; "滿漢之人, 均屬一體"『太宗實錄』, 卷六十五, p. 8.

7 黃興濤,『重塑中華: 近代中國的"中華民族"觀念研究』, p.14. 北京: 北京師範大學出版社, 2017.

고 불교 지도자로 변신한다. 불교의 수용을 통해 그는 몽골, 티베트 등 유목 지역의 통일을 이루어냈고 유목민족과의 연합을 통해 명을 대체할 수 있는 기반을 닦았다. 그가 타계한 지 1년도 안되어 청은 명을 멸망시키고 유목 지역에서는 불교를, 농경 지역에서는 유교를 이데올로기로 하는 유불(儒佛) 복합제국으로 거듭난다. 이 신형 제국에서 그의 후계자들은 농경민족의 최고지배자 황제인 동시에 유목민족의 우두머리 칸으로서, 그리고 불교의 최고지도자로서 제국의 유일한 주권자로 군림했다.

그 후 홍타이지의 후계자들도 대대적인 확장정책을 펼쳤는데 그 방향은 중앙아시아였다. 그리고 이러한 과정에서 아시아로 급팽창했던 러시아 제국과 충돌하게 되었는데, 그 결과 양국은 니부추(尼布楚) 조약 등을 체결하고 국경선을 그었다. 동아시아의 첫 국경선은 이렇게 탄생한다. 근대 영토 관념에 기초한 이러한 경험을 바탕으로 강희제에 이르러서는 조선과도 협상을 통해 국경선을 결정짓는다.

강력한 중앙집권과 이데올로기를 통한 농경민족, 그리고 유목민족과의 일체성 확립, 그리고 국경선의 존재는 구미(歐美) 열강들이 청을 하나의 국가로 인정할 수밖에 없는 결정적인 요소가 되었다.

근대적인 주권, 국민, 영토 요소를 모두 한 몸에 지닌 청 제국은 17세기 중엽부터 18세기까지 전성기를 이루었는데 이 태평성세 시대를 구미 일부 학자들은 "Pax Sinica"로 표현한다.[8] "청 治下의 평화"라는 이 표현 속에는 다음과 같은 내용이 포함된다. 첫째, 강력한 중앙집권과 군사력을 바탕으

8 楊昂, "中華太平盛世：清帝國治下的和平 (1683~1799)," 『政治與法律評論』(2010年卷), 2011.

로 동아시아 지역에서 오래 대립했던 유목민족과 농경민족의 화합을 이루고 제국 내의 평화를 오래 유지함으로써 세계에서 가장 강력하고 번영한 다민족 다문화 제국으로 부상했다. 둘째, 대외적으로 물리적 침략보다는 민족과 문명의 동질성을 강조하며 통합의 원리로 삼았다. 또 새로 통합된 지역에 대해서는 그들의 고유한 언어, 문화, 종교를 존중했고 경제적인 수탈을 일삼지도 않았다. 청 제국의 지배자들에게 특히 변방은 수탈의 대상이 아니었다. 외부의 침략을 견제하고 제국의 평화와 번영을 해치지 않는 완충지대로 충분했다.

특히 청이 명을 대체하고 북경이 제국의 중심으로 된 이후에는 유교의 "대일통(大一統)"이 제국을 운영하는 기본적인 이념으로 부상했다. "대일통"은 기원전 2세기에 동중서(董仲舒, 기원전 179~104) 등 공양학자들에 의해 제기된 것으로서 결론부터 이야기하자면 분열보다는 통일이 바람직하다는 사상이다. 통일이 평화를 보장하는 제일 이상적인 상태라고 여겼기 때문이다. 이러한 평화 사상의 탄생 배경은 동아시아 대륙의 환경적 요소와 밀접한 관계가 있다. 주지하듯, 동아시아 대륙은 지형상 서쪽이 높고 동쪽이 낮다. 동, 남은 바다와 연결되어 있고 북쪽에는 시베리아, 북극과 인접하고 있다. 서남쪽에는 세계에서 가장 높은 히말라야산맥과 세계의 지붕으로 불리는 청장고원(青藏高原)이 있다. 이러한 지리 환경의 영향으로 말미암아 동아시아 지역의 기타 지역과의 교류는 오랜 세월 속에서 동아시아 대륙의 서북쪽을 통해 주로 이루어졌다. 그런데 그 서북쪽도 사막이 펼쳐져 있어 군데군데 있는 오아시스를 이용한 인적 왕래는 결코 쉬운 것이 아니었다. 다시 말하자면 오랜 기간 동아시아는 상대적으로 고립된 지역이었다.

그렇다고 동아시아 내부의 지리 환경이 단순한 것은 아니었다. 열대로부터 한대에 이르는 광활한 이 지역은 만리장성을 경계선으로 북쪽으로는 사막과 초원이 펼쳐져 있고 남쪽으로는 장강(長江)을 사이에 두고 황하(黃河) 중하류 평원과 장강 중하류 평원이, 그리고 최남단에는 주강(珠江) 중하류 평원이 펼쳐져 있으며 서남쪽과 서쪽에는 고원과 사막이 펼쳐져 있다. 사람들은 자신이 처한 환경 속에서 유목, 농경, 채렵, 어렵 등 다양한 생산 활동에 종사했다. 또 이 지역 생활에 필요한 자원, 생산품 등의 분포 또한 대단히 불균형적이어서, 많은 것들을 다른 지역에서 가져오지 않으면 안 되었다. 기나긴 경험을 통해 사람들은 전쟁보다는 평화적인 환경 속에서 교환 등을 통해 자신들에게 필요한 물품을 얻는 쪽이 훨씬 더 효과적이고 덜 소모적이라는 인식을 공유하게 되었다. 나아가 하나의 통일된 질서 속에서 합리적인 배분을 통해 자신들이 필요한 기본 물품을 조달받으려는 움직임도 있었는데, 일례로 기원전 2세기에 소금과 철기, 술(酒)의 전매권을 국가가 독점한 사실을 들 수 있다.

분열 상태를 종식하고 통일된 강력한 정권을 지향하는 움직임은 먼저 농업 생산방식을 공유한 지역들에서 시작되었다. 주지하듯, 춘추전국시대는 중국의 농업 생산도구와 기술이 획기적인 발전을 가져온 시대이다. 철기 사용, 관개기술의 발전으로 농업이 비약적으로 발전했고 대규모 경작이 가능해졌다. 농업혁명은 토지제도와 세수(稅收) 제도의 변혁을 가져왔고 기존의 정전제는 위기를 맞게 되었다. 유목민족의 침입으로 수도까지 옮겼던 주(周)왕조는 쇠퇴하기 시작했고 지방의 제후국들은 백성들의 재산을 약탈하고 토지를 수탈하는 전쟁을 벌였다. 느슨한 봉건제에서 새로운 시대의 발전에 걸맞은 강력한 중앙집권제로 이행하는 새로운 역사과정이 시작된 것이다. 하지만 그 과정은 결코 순탄하지 않았다. 진나라가 통일제국으로 부상하기까지 몇 세기 동안 제후국들 사이에는 치열한 전쟁이 끊임없는 전쟁이 발생했고 민생은 도탄에 빠지게 되었다.

따라서 어떻게 하면 전쟁을 막을 수 있는지 하는 것이 당시 사대부(士大夫)들의 주요한 화두로 떠올랐다. 당시 반전(反戰)사상은 크게 두 가지로 나뉜다. 하나는 약소국에 대한 강대국의 침략을 비판하고 현실적인 대책을 강조하는 묵자(墨子, 생년월일 불명)의 비공구수(非攻救守) 사상, 세력균형 원칙을 내세워 전쟁을 억제하려는 종횡가(縱橫家)들의 합종연횡(合縱連橫) 사상 등과 같이 현실 문제를 해결하려는 평화사상이다. 이러한 주장들은 당시 패권국들의 위협을 받고 있었던 약소국들의 환영을 받았다.

다른 하나는 천자의 권위를 높이 세워 제후국 사이의 전쟁을 근원적으로 없애려는 주장이었다. 그 대표적인 인물이 바로 공자(孔子, 기원전 551~479)이다. 공자는 천자의 권위가 약해졌기 때문에 덕치를 기본으로 하는 기존의 질서가 무너졌고 따라서 제후국들이 제멋대로 전쟁을 일으키는 경지에까지 이르렀다고 생각했다. 소위 "천하에 도(道)가 있을 때에는 예(禮), 악(樂), 정벌[에 관한 영(令)]은 천자[만] 할 수 있다. 천하가 무도(無道)하면 예(禮), 악(樂), 정벌[에 관한 (영)]은 제후한테서 나온다"[9]는 것이다. 다시 말하면 정벌이란 본래 천자가 무도한 집단에 대해서 벌이는 행위이고 제후들에게는 어떠한 이유가 있을지라도 전쟁을 일으킬 수 있는 자격이 없다는 것이다. 따라서 봉건질서와 천자의 권위를 회복하는 것이야

9 "天下有道, 禮樂征伐自天子出, 天下無道, 禮樂征伐自天子出"(『論語·季氏』).

말로 평화를 되찾을 수 있는 유일한 길이라고 주장했다.

춘추전국시대에 제기된 다양한 반전, 평화사상은 결국 행동으로 전환되지 못했다. 열국이 병립하고 패권을 다투던 시대에 이러한 주장은 효용성이 떨어졌기 때문이다. 특히 공자의 평화사상은 현실성이 떨어진 공언(空言)으로 취급받았고 사람들의 비웃음을 샀다. 부국강병만이 시대의 전환기에서 살아남을 수 있는 상황에서 많은 제후국들은 변법을 시도했고 결국 법치를 내세운 진(秦)나라의 통일로 중앙집권적 제국의 시대가 막을 열었다.

기원전 221년 진(秦)이라는 통일된 중앙집권제 국가가 탄생한다. 진시황(始皇帝, 기원전 259~210)은 화폐와 문자, 도량형 등을 통일하고 또한 진나라의 통일에 중요한 작용을 했던 법가 사상을 국가 이데올로기로 세웠다. 하지만 아무리 같은 농경 지역이라 할지라도 각 지역의 환경, 언어, 문화가 상이했기 때문에 각 지역의 다양성을 무시하고 단일화된 법체제와 가혹한 형벌로 전국을 다스린다는 것은 당시 낙후한 교통, 통신 등 상황을 감안할 때 역부족이었다. 결국 진나라는 통일 국가가 된 지 15년 만에 멸망했고 기원전 202년 유방(劉邦, 기원전 256~195)이 다시 통일을 달성한다. 한나라는 진나라의 전철을 밟지 않기 위해 도가(道家)의 무위사상(無爲思想)을 국가 이데올로기로 하며 부득이 지방에 상당한 권력을 이양했다. 이 시기 중앙과 지방 간의 관계는 대체로 무난했기에 상대적으로 평화로웠고 이러한 환경 속에서 나라의 경제는 나날이 발전했다. 하지만 북방 유목민족 흉노의 남침을 막기 위해서는 강력한 중앙집권이 필수였다. 유방과 그의 후계자들은 진나라와 달리 50년이라는 시간을 들여 점진적으로 지방 할거 세력을 없애고 한무제(漢武帝, 기원전 156~87) 시기에 드디어 중앙집권적 관료제 제국을 완성했다. 이 제국은 통일적인 법규나 가혹한 형벌과 같은 외부적, 물리적 강제 조치보다는 인간 본연의 윤리 도덕의 중요성을 강조하는 유교를 제국의 이데올로기로 정하고 각 지역, 민족의 다양성을 인정하면서도 통합성을 강조하는 "대일통"을 통치 이념으로 삼았다.

중국인의 전통적인 평화관념을 대변할 수 있는 "대일통"이라는 말은 공양학파의 고전인『춘추공양전』(春秋公羊傳)에서 처음 등장한다.[10] 공자의 저작으로 알려진『춘추』(春秋)를 공자의 미언대의(微言大義)가 담긴 저서로 해석한 이 책은 서한 경제(景帝) 시기에 편찬되었다.

"大一統"을 이해할 때 중요한 것은 "統"이라는 한자의 의미이다. 얽혀진 실타래를 풀려면 실마리를 찾는 것이 중요하다. 실마리를 당시에는 "紀"라고 했다. 그리고 복수의 紀를 묶은 매듭을 "統"이라고 했다. 복수의 실마리를 묶어서 하나로 만들었기에 "一統"이라고도 한다. 즉 대일통이란 일통을 크게 여기고 중시한다는 뜻이다. 통(統), 즉 실마리들의 매듭이라는 뜻을 가진 이 한자는 실보다는 매듭에 중심이 있다. 즉 매듭 아래의 실들에는 길이나 색상, 혹은 두께 심지어 재질이 달라도 그것이 중요한 것이 아니라, 하나의 매듭 속에 있는 것이 중요하다는 것이다. 현실적으로는 제국 내의 다양성을 인정하고, 이상으로서는 하나의 세계(大同世界)를 추구하는 이 사상은 중국의 역사에 거대한 영향을 끼쳤다. 대일통의 관념이 하나의 이데올로기로 형성된 시기는 제국의 틀이 모양새를 갖출 때인 한나라 시

10 "隱公元年,春, 王正月. 元年者何? 君子始年也. 春者何? 歲之始也. 王者孰謂? 謂文王也. 曷先言王而後言正月? 王正月也. 何言乎王正月? 大一統也."("隱公 元年", 『春秋公羊傳』).

기였다. 이 관념의 형성에 제일 중요한 역할을 한 것은 동중서와 사마천(司馬遷, 기원전 145~?)이었는데, 그 내용을 본문과의 관련 속에서 요약한다면 아래와 같다.

첫째, 천자는 하늘의 아들로서 지고의 도덕을 가지고 있다. 따라서 천자는 나라를 세우고 백성을 다스릴 권리가 있다. 이 세상의 모든 의례, 법도, 정벌 등 질서와 관련되는 법령은 천자의 전유물로 제후를 포함한 기타 사람들이 마음대로 정하고 반포하는 것이 아니다. 한편, 백성들을 조화롭고 평화로운 질서 속에서 살게 할 의무가 있는데(仁政, 德治), 물리적인 힘을 가지고(霸道) 백성들을 괴롭혀서는 안 된다. 만일 천자가 무도하면 하늘이 벌을 내려 경고하고(災異說) 그래도 천명을 저버린다면 왕권은 상실되고 백성들의 반란을 불러일으킬 것이며 새로운 천명을 받은 자가 왕이 되어 새로운 왕조를 구축하게 될 것이다. 따라서 왕조 교체(즉 맹자가 말하는 역성혁명)는 덕을 바탕으로 하는 자연과 인간의 자연스러운 섭리의 결과이다. 둘째, 천자는 내외의 구별이 없다(王者無外). 동중서에 의하면 王者의 사랑(仁)은 반드시 천하에 펼쳐져야 한다. "王者의 사랑은 사방의 이적(夷狄)에게까지 펼쳐지고 霸者의 사랑은 제후에게까지 펼쳐지며 (국가를) 안정할 수 있게 하는 사람의 사랑은 본국 내에 펼쳐진다".[11] 여기에서 중요한 것은 사이(四夷)에까지 미치는 인의 보편성이다. 셋째, 유교에서 가장 중시하는 질서개념이다. 동중서에 의하면 자연의 질서의 일부분인 사회의

11 "王者愛及四夷, 霸者愛及諸侯, 安者愛及封內, 危者愛及旁側, 亡者愛及獨身。獨身者, 雖立天子諸侯之位, 一夫之人耳, 無臣民之用矣。如此者, 莫之亡而自亡也。故曰 : 仁者愛人, 不在愛我, 此其法也."(董仲舒,『春秋繁露·仁義法』).

연혁은 무분별한 것이 아니라 흑통(黑統), 백통(白統), 적통(赤統)의 순으로 순환하며(三統說), 사람들은 자기가 속한 統의 천자가 만들어낸 규범에 맞게 살아야 한다. 또한 하휴는 인간 사회 질서의 변화를 쇠란세(衰亂世)에서 승평세(昇平世)로, 다시 태평세(太平世)로 발전하는 과정으로, 천자의 덕치가 국내에서 화하(華夏)로, 다시 사이(四夷)를 포함한 천하에 미치는 과정으로 보았다.[12] 여기에서 유교의 역사관은 공자의 과거지향형에서 동중서의 순환론으로, 다시 현재지향형으로 변화하는 과정을 볼 수 있다. 하지만 여기에 변하지 않은 것이 있으니 그것은 바로 도덕을 질서의 기본적인 섭리로 보고 천자를 정점으로 하는 一統을 지향했다는 것이다. 즉 지상 최고의 도덕을 대표할 수 있는 천자만이 "예(禮), 악(樂), 정벌[에 관한 영(令)]"을 내릴 수 있다는 공자의 말을 빌어 황제를 정점으로 하는 중앙집권의 정당성을 강조했고 또한 인의 보편성을 강조하여 부동한 민족, 문화가 하나의 질서 속에서 공존할 수 있다는 것을 주장했던 것이다. 한대 공양학파의 대일통론은 제국의 존재에 정당성을 부여했고, 역대 왕조 정치인들과 사대부들의 제일 중요한 가치관으로 자리매김했다.

이러한 "대일통"의 정당성을 역사적인 관점에서 부연한 것이 바로 사마천의 『사기』이다. 사마천은 『사기·오제본기(五帝本紀)』에서 다음과 같이 주장했다. 즉 옛날 성군이었던 황제(黃帝)에게는 25명의 아들이 있었는데 그중 14명만 황제의 인정을 받아 각 지역의 지배자로 임명되었다. 그들은 자

12 "於傳聞之世, 見治於衰亂之中, 用心尚粗粗, 故內其國而外諸夏, 先詳內而後治外……於所聞之世, 見治升平, 內諸夏而外夷狄……至所見之世, 著治太平, 夷狄進至於爵, 天下遠近大小若一, 用心尤深而詳." 何休, 『春秋公羊解詁』, 卷一).

신이 지배하는 지방의 명칭을 자기의 姓으로 만들었다. 그리고 황제의 후손들이 하(夏), 상(商), 주(周) 왕조를 건립했다고 한다. 그렇다면 나머지 11명의 운명은 어떠했을까. 그들 중 일부는 야만인(夷狄)들의 지역으로 가서 그들의 왕으로 있으면서 그 지역의 개화에 힘썼다고 한다. 춘추전국시대에 들어오면서 오(吳), 초(楚), 진(秦)나라와 같이 원래는 이적의 나라들이 화하(華夏)라는 문명공동체의 일원으로 편입되는데 사마천은 그 나라의 왕들은 모두 야만 지역에 갔던 황제의 아들들의 후손이라고 기록했다. 다시 말하면 비록 중국과 야만인 지역의 언어, 풍속 등은 다르지만 각 지역의 지배자들은 모두 황제의 후손이라는 것이다. 또한 『사기·공자세가(孔子世家)』에서 사마천은 공자를 왕과 같은 지위에 올려놓고 유교가 인간의 보편적인 가치임을 강조하고 유교의 가치를 지킨다면 누구나 다 중국인이 될 수 있다고 했다.[13]

모든 나라의 지배자들은 혈연적으로 이어져 있다는 점, 그리고 인간으로서의 기본적인 윤리 도덕을 갖춘다면 모두 중국인(문명인)이 될 수 있다는 사마천의 이러한 상상은 제국 통합의 원리로 작용하며 제국 내 부동한 지역의 결속뿐만 아니라 제국의 외연을 확대하는 데 결정적인 역할을 했다. 다민족 다문화적 제국의 특성을 감안하여 고안된 이러한 주장은 특정 민족, 문명(종교)에 연연하지 않고 타자를 관용하고 수용하며 공존과 평화를 중시하는 동아시아 사상적 특성의 기반이 되었다.

"대일통"을 바탕으로 동아시아 대륙은 일찌감치 다민족 다문화가 어울

13 이 부분에 대해서는 司馬遷『史記』의 "五帝本紀", "秦本紀", "孔子世家", "吳太伯世家", "楚世家" 등을 참조할 것.

려 공존하는 국면을 맞이했다. 기원전 2세기에 인도에서 전래한 불교는 별다른 저항 없이 정착했으며 나중에는 동아시아의 종교 문화로 탈바꿈했다. 또 당나라 때에는 이슬람교, 유대교와 조로아스터교가 중국에 전래했으며 특히 이슬람교는 중국 서북 지역 주민들의 토착 종교로 정착했다. 타자의 존재를 인정하고 타자와의 공존을 전제로 하는 "대일통"이라는 이념이 없었다면 불가능한 일이었다.

"대일통"의 최고의 경지는 영속적인 평화 상태를 의미하는 대동사회이다. 대동사회에 이르면 세상의 모든 분쟁은 사라지고 인간을 포함한 우주 만물은 조화 속에서 평화를 만끽한다.

또 현실 속에서 "대일통"은 평화야말로 제국의 통합과 지역 질서를 유지하는 제일 바람직한 수단이라는 인식을 부여했다. "대일통"이란 "덕치(德治)"를 원리로, 이론상 최고의 도덕을 소유한 황제가 예(礼)로 이적(夷狄)을 교화하는 방식을 통해 비로소 성립되는 질서[왕도(王道)]를 의미하는 것이다. 지역 질서의 기본 형식인 조공(朝貢)은 이적(夷狄)이 황제의 덕(德)을 사모하여 자발적으로 귀복(歸服)하는 상징적 행위이지, 결코 힘의 원리[패도(霸道)]에 의해 강박적으로 이루어지는 것이 아니라는 것이다. 또 조공국에 대해서는 내정불간섭이 기본 원칙이었다.

청나라의 황제들도 유교의 체계적인 교육을 받으면서 바로 "대일통"을 제국의 통치 이념으로 삼았고 그들이 주도하는 동아시아의 지역질서에 평화라는 이념을 불어넣었다. 청 제국의 전성기를 구축한 강희제(1654~1722)가 "천하태평(天下太平), 장구치안(長久治安)"을 구가한 것도 이러한 맥락에서 볼 수 있다.[14]

따라서 청 제국이 주도하는 동아시아 국제질서는 여러 가지 면에서 평화적이었다. 특히 1644년 청이 명나라를 멸망시킨 후 청의 대외정책에는 커다란 변화가 일어났다. 제국의 영역을 건드리지 않는 한 대외전쟁을 일으키지 않는다는 점이다. 청의 대외확장 정책은 제국 외의 민족이나 부족이 제국에 편입되기를 원할 때 그들을 받아들이는 형식으로 이루어졌다. 즉 황제의 은덕이 그곳까지 미쳐 그들이 자발적으로 제국에 편입된 것이지 절대로 무력을 포함한 강압적인 수단에 의한 것이 아니라는 것이다. 이렇게 확장된 지역은 다시 제국에 편입되고 제국의 영토 또한 늘어나게 되었다. 더욱 중요한 것은 제국이 그들의 내정에 간섭하지 않는 것을 원칙으로 했고 또한 제국 내의 대규모적인 인구 이동을 원칙적으로 금지했다. 전통적인 이념임에도 불구하고 "대일통"은 여전히 근대적 성격을 띤 제국의 통합원리와 동아시아 지역질서의 기본정신으로 작동하게 된다.

이러한 정책은 식민지 침략과 지배를 통해 그들을 수탈하고 노예화하는 유럽 중심의 식민주의와는 전혀 다른 양상을 보이고 있다. 최근 많은 학자들이 이 시기를 "Pax Sinica"로 규정하고 주목하는 이유도 바로 여기에 있다.

14 楊昂, "中華太平盛世： 淸帝國治下的和平(1683–1799)," 『政治與法律評論』(2010年卷), 2011.

## III. 중국식 평화 질서의 좌절과 유럽식 평화개념의 수용 및 전개

청 제국을 중심으로 하는 동아시아의 근대적 지역 질서는 1840년 아편전쟁을 시작으로 유럽 중심의 근대 세계질서와 본질적으로 충돌한다. 하지만 동아시아의 지역질서가 바로 무너진 것은 아니다. 1895년 청일전쟁이 실패하고 마지막 조공국이었던 조선이 독립을 선포할 때까지 반세기 동안 동아시아에는 이러한 두 가지 질서가 공존하는 현상이 벌어졌다. 따라서 이 시기 중국인의 평화 사상은 주로 어떻게 하면 청 제국과 기존의 동아시아의 질서에 평화를 가져올 것인가를 둘러싸고 전개되었다.

1840년의 아편전쟁은 오랫동안 지속되어 온 제국의 질서와 평화를 위협했다. 하지만 당시 제국의 지배자들에게 영국을 비롯한 유럽인들은 여전히 이적에 불과했다. 당시 이적에 대한 전통적인 방침은 기미(羈縻)였다. 기미란 함풍(咸豊, 1831~1861) 황제의 말을 빌린다면 이적은 무력으로 다루는 것이 아니라 먼저 방법을 대서 농락한 다음 개도(開導)하는 것이다.[15] 하지만 유럽인들은 유난히 탐욕스럽고 음흉스러워 도저히 도리로서는 깨우칠 수 있는 존재가 아니라는 것이 당시 제국의 시각이었다. 이러한 이적에 대해서는 그들이 바람직한 행동을 할 때 이득을 주어 장려하는 인세이도(因勢利導)의 방식도 병용해야 효과적이라는 것이다. 영국에 홍콩을 할

15 『咸豊朝籌辦夷務始末』 卷11(文慶 外 纂輯,『籌辦夷務始末』. 上海: 上海古籍出版社, 2008).

양하고 거액의 돈을 준 것도 도광(道光, 1782~1850) 황제의 말을 빌린다면 전쟁이라는 야만 행위를 그만두고 무역에 전념하겠다는 영국의 태도를 가상히 여겨 상여(賞與)한 것이다.[16] 하지만 유럽에는 영국만 있는 것이 아니었다. 얼마 지나지 않아 유럽의 다른 국가들이 제국에 영국과 똑같은 요구를 제출했을 때 제국은 영국과 동등한 대우를 해주었다. 왜냐하면 이들은 영국처럼 탐욕스러운 존재이기에 대우에 차별이 생기면 다시 문제를 일으킬 수 있기 때문이다. 일시동인(一視同仁)의 원칙으로 황제의 성은을 똑같이 받게 하는 것이 이적을 다스리는 관건이라는 것이다. 기미(羈縻), 인세이도(因勢利導), 일시동인(一視同仁)은 제국이 유럽 국가들을 상대로 평화를 유지하기 위한 첫 대응이었다.

하지만 얼마 지나지 않아 그들의 기대와는 어긋나는 커다란 사건이 발생했다. 청 제국이 태평천국의 난으로 쇠퇴해진 틈을 타 영국, 프랑스 연합군은 1856년 제2차 아편전쟁을 일으켰고 수도 북경까지 공략하여 황실의 정원인 원명원을 불살랐고 1860년 청 정부를 강박하여 북경조약을 체결했다. 러시아 또한 동북 지역에 진출하고 청 정부를 강박하여 많은 영토를 앗아갔다. 이제 청 제국은 더는 동아시아를 호령하고 지역 질서를 규정하는 존재가 아니었다. 이제 청 제국도 동아시아도 유럽 중심의 국제질서 속에 편입되지 않을 수 없게 되었다.

이와 더불어 청은 이제 천하의 중심이 아니라 세상에 존재하는 수많은 나라 중의 하나에 지나지 않으며 따라서 "대일통"이 더는 국제질서와 국내안정을 도모하는 원칙이 될 수 없다는 인식이 생겨나기 시작했다. 그중

16 『道光朝籌辦夷務始末』卷49 (『籌辦夷務始末』).

에서도 유럽 관련 실무에 참여했던 관료와 개항장에서 살고 있었던 지식인들이 먼저 서구 중심의 근대 세계 시스템에 관심을 갖게 된다. 위에서 언급한『만국공법』도 이러한 지적 분위기 속에서 간행되었다.

한편 전례 없는 격변 속에서 어떻게 하면 전쟁과 침략을 방지할 것인지 하는 것이 평화의 이슈로 떠올랐다.

그 가운데 가장 먼저 제기된 대안이 바로 세력균형 주장이었다. 지금은 "열국병립(列國竝立)"의 시대인 만큼 열국들 간에 균형을 이루게끔 하여 누구도 섣불리 전쟁을 일으키지 못하게 하는 것이 중요하다는 것이다. 당시 중국 지식인들 사이에는 영국과 러시아를 세계 2대 강국으로 보고 세력균형 정책으로 전쟁을 방지해야 한다는 인식이 있었는데, 서양의 사정에 밝았고 중국의 실력에 낙관적이었던 왕도(王韜, 1828~1897)는 심지어 중국만이 영국과 러시아 사이에서 균형추의 역할을 할 수 있다는 주장을 펼쳤다.[17]

두 번째로 제기된 대안은 국제법을 제정하여 국제질서를 유지하자는 주장이었다. 예를 들면 초대 주영공사(駐英公使)를 지냈던 곽숭도(郭嵩燾, 1818~1891)는 유럽 각국은 국제법을 만들고 신의를 우선시하고 국제관계에서의 친교(親交)를 중시한다면서 세력균형보다는 보편적인 국제법의 중요성을 강조했다.[18]

더 나아가 병기가 발달하고 인명 피해가 방대해진 지금의 상황에 비추어 볼 때 각국이 회동하여 전쟁하지 않기로[불전(不戰)] 약속하고 군비철

---

17 王韜, "遣使親俄,"『弢園文錄外編』, 上海: 上海古籍出版社, 2002.

18 郭嵩燾,『使西紀程』, 北京: 朝華出版社, 2018.

폐(軍備撤廢)를 실행하는 것이야말로 세계적인 범위에서 영속적인 평화를 실현하자는 주장이 정관응(鄭觀應, 1842~1922) 등에 의해 제기되었다.[19]

이와 같은 평화론은 근대 유럽에서는 흔히 볼 수 있는 주장이었지만, 여기에 찬성하는 중국인들은 극소수였다. 오히려 장지동(張之洞, 1837~1909)과 같은 사람들은 국제법이란 분쟁국 사이에 실력의 차이가 별로 없을 때만이 통하는 법이라고 생각했다. 나아가 자신의 실력이 약한 상황에서 타국에 군비철폐를 요구한다는 것은 웃음거리가 될 뿐이라며, 자신의 힘을 키워야만 국제무대에서의 발언권도 커질 수 있다고 주장했다.[20]

청일전쟁의 패배(1895)와 1898년에 시작된 열강들에 의한 분열의 위기는 근대 유럽 중심의 국제법에 대한 중국인들의 의구심을 증폭시켰다.

그 후 중국인들의 관심은 국가의 분열상태를 종식시키고 항구적인 평화를 추구하는 데 집중되었다. 그 대표적 인물이 바로 강유위(康有爲, 1858~1927)이다. 1895년 청일전쟁이 중국의 실패로 끝나자 그는 제도개혁과 부국강병을 부르짖으며 청말(淸末) 최대의 체제 내 개혁운동을 이끌었다. 1898년 유신변법의 실패로 외국에 망명한 뒤에는 그가 오랫동안 구상해왔던 이상사회론의 구축에 몰두했다. 그의 변법사상과 대동사상은 주로 춘추공양학에서 출발하는 한편, 창의적인 해석으로 춘추공양학의 내용을 풍부하게 하였다. 첫째, 『춘추』의 미언대의에 주목하면서 그것을 단순한 노(魯)나라의 역사로 본 것이 아니라 제도변혁과 사회발전의 진리가 숨겨진 경서로 보았다. 둘째, 하휴(何休, 129~182)의 삼세설을 노나라 역사

19 鄭觀應, "彌兵,"『盛世危言』, 北京: 朝華出版社, 2017.
20 張之洞, "非彌兵,"『勸學篇』, 陳山榜 評注, 吉林出版集團有限公司, 2011.

에서 해방시키고 그것을 인류사회 역사 전반의 발전과정으로 확대시켰다. 셋째, 서구의 진화론을 접목시켜 역사는 거란세(據亂世)에서 승평세(昇平世)로, 다음에 태평세(太平世)로 발전한다는 진보사관을 확립하고 이상사회는 돌이킬 수 없는 과거에 있는 것이 아니라 머지않은 장래에 있다는 대동삼세설을 설파했다. 넷째, 대동세계는 인류사회가 거란세부터 승평세를 거쳐 점진적으로 그리고 자연히 도달하는 것이지 천국이나 천년왕국처럼 불시에 갑자기 강림하는 것이 아니라고 강조했다. 이 논리에 따른다면 거란세에서는 무엇보다도 자기 나라를 잘 다스리는 것[내치국(內治國)]이 가장 현실적이며 합리적이고, 반대로 태평세의 "대소원근약일(大小遠近若一)"의 대동을 지금의 난세에서 희구한다는 것은 어리석은 짓이라고 할 수 있겠다. 이는 무엇보다도 질서를 중시하고 따라서 사물 간의 단절보다는 연관성을 중시하는 유교의 핵심사상인 "화(和)", "중용(中庸)"과 일맥상통한다. 다섯째, 대동사회에서 복수의 국가는 존재하지 않지만, 하나의 공정부(公政府)가 존재한다. 세상의 질서를 잡아주는 존재가 필요하기 때문이다.[21]

1905년을 마지막으로 과거제가 폐지되고 유교 경전 대신 신학(新學)이 학문으로 정착하면서 서구식 언어가 근대 중국인들에게 보급되면서 춘추공양학의 언어로 사회를 논하는 풍조는 곧 사라지게 되었다. 특히 신문화

21 강유위의 대동사상 및 평화사상에 대해서는 하기의 졸고를 참조할 것. "근대 동아시아 유가(儒家) 지식인의 이상향과 공동체 인식: 강유위(康有爲)의 대동사상을 중심으로," 『아세아연구』 169호, 2017; "근대 동아시아 儒家 지식인의 종교 인식과 대동사상: 康有爲의 종교 담론을 중심으로," 『한국학연구』 47호, 2017; 『中國における傳統と近代』, 國立廣島大學大學院國際協力研究科 博士論文, 2006; "康有爲の人種觀," 『現代中國研究』 16號, 2005.

운동을 겪으면서 공자와 유교는 철저히 부정되었다. 하지만 본문에서 집중적으로 다룬 대일통을 포함한 유교의 많은 관념들은 아직까지도 살아 숨 쉬고 있고 중국인들의 사유방식과 행동을 규정한다.

일례로 1919년 베르사유회의에서는 중국이 전승국이었음에도 불구하고 독일의 중국에서의 이권을 중국에 반환하지 않고 일본에 넘겨주게 되자 중국인들의 국제법에 대한 불신은 최고조에 달했다. 중국인들은 국제법으로는 자국의 이익도 평화도 얻을 수 없으며 오로지 자강(自强)만이 중국이 살아남는 유일한 길이라고 확신하게 된다.

이러한 상황 속에서 중국인들은 민족주의의 고양(高揚)만이 나라와 민족의 보전을 위한 유일한 해결책이라고 굳게 믿었다. 그들에게 최대 과제는 애국주의 교육을 통해 유럽식 국민국가를 창출하는 것이었다.

그렇다고 그들이 결코 영구적인 평화 그 자체에 대한 갈망을 버린 것은 아니었다. 20세기 초 반청파들에게 평화는 세계의 모든 나라가 공화제를 실시했을 때에야 실현 가능한 것이었고, 한편 1910년대 중반 신문화운동의 리더들은 제1차 세계대전을 민주주의와 군국주의와의 대결로 파악하고 민주와 과학의 전 세계적인 승리만이 영속적인 평화를 가져올 것이라고 생각했다. 또한 공산주의자들은 제국주의를 타도하고 부르주아를 청산하는 것이야말로 공산주의를 실현하는 필수 조건이라고 생각했다.

이들은 저마다 다른 해법을 제시하는 것 같지만 적어도 두 가지 면에서 공통적인 입장을 갖고 있었다. 먼저 모두 국가의 독립을 전제로 했다는 점에서 민족주의적이라는 것이다. 국가를 해체해야만 대동사회에 도달할 수 있다고 한 강유위도 국가의 해체는 지금이 아닌 미래에 있다고 했다. 하지만 동시에 그들은 모두 영속적인 평화를 갈망했다. 보수적인 민족주의자로 유명한 손문(孫文, 1866~1925)도 그가 타계하기 몇 년 전에 발표한 유명한 민족주의 연설에서 장래에 중국이 독립하여 강대하게 된 후 약소국을 도와 제국주의를 물리치고, 평화로운 세계질서의 실현에 공헌하는 것을 미래 중국의 임무라고 주장했다. 그에 따르면, "우리가 장래에 "치국, 평천하"를 실현하기 위해서는 우선 민족주의와 민족의 지위를 회복할 필요가 있다. 그 다음 고유의 도덕과 평화를 기초로 세계를 통일하고 대동지치(大同之治)를 실현하지 않으면 안 된다. 이것이야말로 전 중국인의 커다란 책임이다."(「民族主義 第6講」).

민족주의와 평화주의는 양립이 가능한 것일까. 국가와 민족의 존망이 제국주의 열강의 위협을 받고 있는 상황에서 민족주의는 무엇보다도 중요한 이데올로기였다. 그들은 모두 민족주의를 장래에 영속적인 평화를 실현하기 위한 하나의 수단과 필수과정으로만 보았다. 결코 평화주의와 대립되는 관념으로 보지는 않았다는 것이다. 자신들이 처한 시대가 거난세(據亂世)라고 인식하고 먼저 자기 나라부터 다스려야 한다(內其國)고 생각하였다. 또한 그것을 궁극적인 평화세계 즉 '대소원근야일(大小遠近若一)'의 대동사회로 향하는 첫걸음이라고 생각하였다. 그렇다면 양자의 양립 그것이야말로 가능한 것이 아닐까.

## Ⅳ. 맺음말

이 논고는 중국 근대 평화 사상의 전개 과정을 "대일통" 관념과의 관련 속에서 개괄적으로 검토한 것이다. 근대 중국인에게 평화란 때로는 수단이면서 과정이었지만 궁극적으로는 목적이었다. 여기에는 중국의 전통적 관념 ”대일통“이 깔려있다. 중국인들에게 있어서 진정한 평화는 항구적이어야 하며, 그러한 이상적인 사회를 대동사회라고 불렀다. 또 그들에게 평화는 도덕, 정의, 조화를 질서라는 의미를 가지고 있다. 또한 정의와 도덕, 질서와 조화라는 의미를 내포하고 있었다. 또 강유위가『대동서』에서 강조하고 있듯이 평화란 결국 개인의 영혼의 자유와 평온함으로 귀의한다. 따라서 필자는 'peace'의 역어로 번역된 "평화(平和)"라는 용어로 중국인이 사용하는 "화평(和平)" 전반 내용을 대체하는 데는 처음부터 무리가 있었다고 생각한다.

강유위의 대동사상의 바탕이 된『禮記』「禮運篇」의 유명한 다음 구절로 이 논문을 맺고자 한다.

> 대도(大道)가 행해져 천하가 공(公)하게 되면 [사람들은] 어진 사람과 능력있는 사람을 등용하고, [또 서로] 신의를 강조하고 화목을 도모하게 될 것이다. 그러므로 사람들은 자기 부모만 부모로 여기지 않고 자기 자식만 자식으로 여기지 않으니, 노인은 편안한 여생을 보내고 젊은이는 [사회에] 이바지할 수 있으며, 어린이는 훌륭하게 자랄 수 있고, 홀아비·과부·고아, 그리고 의지할 데 없거나 병든 사람들도 모두 부양을 받게 된다. 남자에게는 직분이 있고 여자에게는 귀속(歸屬)이 있다. 재물이 쓸모없이 땅에 버려지는 것을 싫어하지만 그것을 개인이 사사로이 가지려고도 하지 않는다. 공(公)에 진력(盡力)하지 않는 것을 싫어하지만, 그 힘을 자신만을 위해 쓰려하지도 않는다. 그러므로 나쁜 꾀는 생길 수 없

으니 도적이나 난적(亂賊)도 생겨나는 일이 없으니 [집집마다] 대문을 닫을 필요가 없게 된다. 이것을 대동이라고 부른다.

## 참고문헌


원문 참조: 『論語』, 『春秋公羊傳』, 『春秋公羊解詁』, 『史記』, 『禮記』, 『淸實錄』, 『皇淸開國方略』.

郭嵩燾. 『使西紀程』. 北京: 朝華出版社, 2018.

黃興濤. 『重塑中華: 近代中國的"中華民族"觀念硏究』. 北京: 北京師範大學出版社, 2017.

金俊. "근대 동아시아 유가(儒家) 지식인의 이상향과 공동체 인식: 강유위(康有爲)의 대동사상을 중심으로." 『아세아연구』 169호, 2017.

金俊. "근대 동아시아 儒家 지식인의 종교인식과 대동사상: 康有爲의 종교 담론을 중심으로." 『한국학연구』 47호, 2017.

金俊. 『中國における傳統と近代』. 國立廣島大學大學院國際協力硏究科 博士論文, 2006.

金俊. "康有爲の人種觀." 『現代中國硏究』 16號, 2005.

康有爲. 『大同書』. 章錫琛/周振甫校點. 北京: 古籍出版社, 1956.

康有爲. 『康有爲全集』(全12冊). 姜義華/張榮華編校. 北京: 中國人民大學出版社, 2007.

孫文. 『孫中山全集』. 北京: 中華書局, 1986.

王韜. 『弢園文錄外編』. 上海: 上海古籍出版社, 2002.

魏亞坤. "'和製漢語'的形成與發展: 從近代中日詞彙交流史角度分析幕末, 明治時期的翻譯詞." 對外經濟貿易大學 日本語言文學專業 석사학위논문, 2006.

文慶 外 纂輯. 『籌辦夷務始末』. 上海: 上海古籍出版社, 2008.

楊昂. "中華太平盛世: 淸帝國治下的和平 (1683-1799)." 『政治與法律評論』 (2010年卷), 2011.

張之洞. "非彌兵." 『勸學篇』. 陳山榜 評注. 吉林出版集團有限公司, 2011.

鄭觀應. 『盛世危言』. 北京: 朝華出版社, 2017.

栾竹民. “中日兩國に於ける『和平』と『平和』について.” 『國文學攷』 186號, 2005.

# 5장 일본 비전(非戰), 반군국주의, 비핵화로서의 평화: 일본 평화개념사의 핵심*

이찬수

## Ⅰ. 들어가는 말: 일본 평화론 대계

일본은 여느 나라보다 '평화'(平和)라는 말을 자주 한다. 1945년 패전 이후 군국주의를 벗어나고 적어도 헌법상으로는 평화주의의 길을 걸으면서 그런 경향이 커졌다. 학계는 기존 천황제에 담긴 수직적 일방주의에서 벗

* 이찬수, "비전, 반군국주의, 비핵화로서의 평화: 일본 평화개념사의 핵심," 『국제이해교육학회』 제13권 제2호(2018)를 일부 수정 보완한 글이다.

어나면서 일본 사회를 좀 더 객관적인 눈으로 보기 시작했다. 메이지 시대 이래 천황제에 기반한 군국주의적 지배가 전쟁을 가져왔다는 반성과 함께 원자탄 피폭이라는 가공할 위력을 직접 체험한 뒤 평화에 대한 상상을 좀 더 본격화하였다.

물론 전쟁 이전에도 평화에 대한 상상이 있었고, 이러한 상상을 담론화하려는 시도도 지속되었다. 이 글의 핵심을 요약하면, 메이지 시대부터 전후에 이르는 일본의 주요 사상가들에게 평화는 '비전(非戰)', '반군국주의(反軍國主義)', '비핵(非核)'으로 대변되는 이상적 가치였다. 전쟁을 통한 군국주의적 팽창과 그로 인한 무력적 살상을 반대하면서 각종 물리적 폭력의 가능성을 줄이거나 없애기 위한 메시지가 일본적 평화 담론의 요지였다. 나아가 일본의 전쟁 책임을 반성적으로 의식하고, 핵무기와 같은 전쟁 병기를 거부하면서, 20세기 후반에는 전쟁포기를 선언한 '헌법9조' 수호 운동 및 반핵으로 확장되어가는 중이라고 요약할 수 있다.

그런데 평화를 비전, 반군국주의, 반핵으로 이해하고 있다는 것은 현실에서는 전쟁, 군국주의, 핵발전 등 그 반대의 흐름이 더 컸다는 뜻이다. 실제로 일본에서는 메이지 시대부터 패전 때까지 78년 동안, 청일전쟁, 러일전쟁, 두 번의 세계대전은 물론 각종 출병이나 사변이라는 명목 하에 이루어지는 교전이 끊이지 않았다. 전쟁기에 군부는 거의 특권적인 지위를 누렸고, 전쟁은 정당화되었으며, 나아가 정의로운 것으로까지 치부되었다. '국가를 위하여'라는 구호 아래 '거국일치'의 목소리가 지배적이었다.

그러한 경향은 패전 이후에도 남아 있어서, 아시아 전역을 지배해가던 과거에 대한 향수가 지금도 보수 우익 세력을 중심으로 꿈틀거리고 있다. 이들은 패전과 함께 제정된 「일본국헌법」(이른바 평화헌법) '제9조'의 '전쟁

포기'[戰爭放棄]와 '전력불보유[戰力不保持]' 규정이 일본의 자위권을 침해한다며 헌법의 개정을 시도하고 있다. 1954년 자위대 창설 이후 고이즈미(小泉純一郎) 정권에서 법제를 정비해 군사국가로의 길을 열고, 아베(安倍晋三) 정권을 지나며 '힘에 의한 평화론'이 득세하고 있다. 아베 정권은 헌법, 특히 제9조를 폐지하는 데 속도를 내고 있다.

물론 과거 지속적인 전쟁의 와중에도 반전의 목소리가 이어졌듯이, 전쟁포기와 전력불보유의 원칙을 고수하며 "헌법9조를 지키는 모임" 같은 시민운동도 활발하게 활동 중이다. '비'전(非戰), '반'군국주의(反軍國主義), '비'핵(非核)에 담긴 부정[非], 반대[反] 등의 언어에서 알 수 있듯이, 일본에서의 평화 담론은 현실화하고 있는 물리적, 특히 군사적 힘의 확대를 경계하고 비판하면서 오늘도 지속되고 있는 중이다. 비록 평화 혹은 그에 해당하는 목소리가 주류였던 적은 없지만, 평화를 향한 선구적인 제안들이 음으로 양으로 사회의 흐름에 방향성을 제시하면서 점차 전쟁과 같은 무력의 부당성을 고발하고 축소시키는 데 공헌해왔다고 할 수 있다.

이 글에서는 이러한 저간의 사정과 상황을 염두에 두고서 일본 내 평화개념의 역사를 정리해보고자 한다. 일본에서는 평화 혹은 그에 해당하는 가치를 누가 어떻게 사용하고 계승해 왔는지 알아보려는 것이다. 평화라는 언어의 내용, 즉 평화개념의 변천사를 고찰하는 것은 언어가 단순히 역사적 사건을 해설하는 수단이기만 한 것이 아니라, 역사적 실재를 구성하는 사실상의 내용이기도 하다는 사실을 전제한다.[1] 평화개념의 역사를 고찰함으로써 평화 또는 그에 상응하는 언어를 구사하던 이들이 추구하던

1 나인호, 『개념사란 무엇인가』(역사비평사, 2011), pp. 13~15.

세계, 품었던 열망, 세계 해석 방식 등을 읽을 수 있다. 동시에 비전, 반군국주의, 반핵에 담긴 반대와 비판의 언어는 전쟁, 군국주의, 핵무기와 같은 폭력적 현실에 대한 정치·사회적인 저항의 표현이기도 하다. 평화개념의 역사를 통해 정치와 사회의 역사를, 궁극적으로는 일본적 정신사의 단면을 알 수 있다는 뜻이다.

이를 위해 일본 평화론의 기념비적 역작인 20권짜리 『日本平和論大系』(日本図書センター, 1993~1994)[2]에 등장하는 평화론 주창자들의 사상에 좀 더 초점을 맞출 것이다. 저명 역사학자인 이에나가 사부로(家永三郎, 1913~2002)가 책임 편집한 이 책에서는 일본에서 평화 내지 평화 관련 메시지를 주창한 주요 인물의 저작이나 작품을 선별해 해설과 함께 소개하고 있다. 이 방대한 저작은 일본에서 평화가 어떻게 상상되었고 주창되었는지, 그 다양한 주장들의 대계를 파악하는 데 큰 도움이 된다. 20권의 세부 목차만 훑어보더라도, 일본의 평화주의자들은 대체로 제국주의, 군국주의, 자본주의, 독재정치 등을 비판하고, 자유, 민권, 사회주의, 기독교 등에 입각한 비전 혹은 반전, 징병거부 등의 목소리를 높였음을 알 수 있다. 나아가 전후에는 헌법(특히 제9조) 수호 운동 및 반핵 혹은 탈핵 등으로 평화의 범주가 구체화 및 세분화하며 확장되어왔다는 사실도 알 수 있다. 특히 사회주의자와 기독교 평화주의자들을 중심으로 천황제 하에서는 평화가 불가능하다며 천황제 폐지를 평화주의의 이름으로 거론하는 사례도 돋보인다.

2 家永三郎 外 編, 『日本平和論大系』(全20巻)(東京: 日本図書センター, 1993~1994).

일본 사회 전체를 놓고 보면, 이러한 입장은 소수였고, 목소리도 상대적으로 작았지만, 울림은 강했고, 무엇보다 지속적이었다. 이런 사실이 일본 평화개념사를 정리하는 이 글의 요지이자 결론이기도 하다. 이러한 사실을 염두에 두고서, 일본적 평화개념의 역사를 정리해보도록 하겠다.

## Ⅱ. 일본 평화론의 씨앗, 메이지 이전

### 1. 「십칠조헌법」

일본적 평화 사상의 기원은 쇼토쿠태자(聖德太子, 574~622)의 「십칠조헌법」(十七條憲法, 604)까지 거슬러 올라간다. 「십칠조헌법」은 불교적 세계관에 입각해 '화'(和)를 강조하며 작성된 일본 최초의 성문헌법이다. 「십칠조헌법」제1조가 "화를 귀하게 여긴다"(以和爲貴)로 되어 있는 데서 알 수 있듯이, '화'는 헌법의 기본 이념이었다.[3] 이때의 '화'는 간단하게 규정하면 멸사봉공(滅私奉公)을 통해 이루어지는 집단주의적 질서이다. 가령 제3조에서는 "군주는 하늘이고 신하는 땅"이라 규정하고, 제15조에서는 "사(私)를 등지고 공(公)을 향하는 것이 신하의 도리"라고 규정하고 있다. 정리하자면, 개인성을 제한하고 공적인 영역을 추구할 때 얻어지는 집단주의적 질서가 '화'이며, 그 정점에 군주(천황)를 둔 법체계인 것이다. 멸사봉

3 憲法研究会 編,『平和思想史』(東京: 法律文化社, 1964), p. 69.

공을 통해 얻어지는 '화'의 정신으로 호족들의 관계를 정당화하고 천황을 정점으로 하는 수직적 질서를 구축하려 했던 셈이다. 이 헌법이 일본 중앙 집권제의 출현을 알린 다이카개신(大化改新, 646)의 정치적 이념이 되었으니,[4] 「십칠조헌법」의 '화'가 7세기 고전 문헌에서 확인할 수 있는 일본 평화론의 원류라고 할 수 있다.

물론 모든 이가 헌법의 규정, 즉 멸사봉공으로서의 '화'를 실천했던 것은 아니다. 계급사회를 전제한 집단 질서로서의 평화는, 마치 동전의 양면처럼, 한편에서는 사회적 안정으로 나타나지만, 다른 한편으로는 개인에 대한 억압으로 나타날 수도 있다. 현실은 전체적으로 후자 쪽에 가까웠다. 이러한 상황에서 위계적 질서와 수직적 신분사회에 기초한 민중에 대한 억압을 비판하면서, 이상적 공산사회에 가까운 내용을 선구적으로 주창한 인물이 있다. 16세기의 안도 쇼에키가 대표적이다. 그리고 17세기 인물인 요코이 쇼난에게서는 현실적 힘을 추구하면서도 전쟁을 거부하던 사례를 볼 수 있다.

## 2. 안도 쇼에키와 요코이 쇼난

일본에서 근대적 의미의 평화의 단초는 도쿠가와 막부 시절의 안도 쇼에키(安藤昌益, 1703~1762)에게서 잘 드러난다. 안도 쇼에키는 일본 민본사상의 선구자였다고 할 수 있다. 그는 무가(武家)계급을 중심으로 하는

4 정형, 『사진 통계와 함께 읽는 일본 일본인 일본문화』(다락원, 2009), p. 81

무력적 신분사회를 비판하고, 농민을 평화의 담지자로 보았다. 무사가 지배하는 무력적 신분사회를 '법세(法世)'로, 신분 차별이 없는 세상을 '자연세(自然世)'로 명명했다. 땀 흘려 생산에 종사하지 않으면서 착취로 먹고 사는 불경탐식(不耕貪食)을 비판하고, 자연의 이치에 따라 스스로 경작하며 사는 '직경(直耕)'을 중시했다. 남녀, 귀천, 빈부는 호성(互性)을 지니기에 한쪽이 다른 한쪽을 차별하고 지배해서는 안 된다고 보았다. 지배계급에 따른 탐욕적 상업 활동이 전쟁을 일으킨다면서, 신분 차별이 없고 탐식이 없으며, 자연세의 직경이 주류가 되는 세상을 꿈꾸었다. 나아가 전쟁과 같은 무력과 군학(軍学)을 비판하고, 계급적 지배체제를 부정하면서 철저한 군비철폐론을 주창했다. 직경의 이념을 근간으로 하는, 이상적 공산사회와 비슷한 공동체를 꿈꾸었다.[5] 모두가 자연의 원리에 따라 살면서 서로 차별하지 않는 상태가 안도 쇼에키의 평화개념이라고 할 수 있다.

안도 쇼에키가 이상적 평화론의 주창자였다면, 그보다 100년 후 인물인 요코이 쇼난(横井小楠, 1809~1869)은 평화 담론에 좀 더 구체성을 입혔다. 메이지 시대 직전의 진보적 정치가였던 요코이는 부국강병론에 입각한 전쟁폐지론을 주장했다. 사상가인 안도가 농업을 중시하고 상업을 비판했지만, 정치가 요코이는 부국의 현실화를 위해 당시 이상 국가들처럼 여겨졌던 영국, 미국, 러시아 등과의 교역을 중시하며 일본의 경제발전을 도모했다. 경제가 발전하려면 사적인 관심에 치중하던 막부(幕府) 혹은 번(藩) 체제를 극복하고, 정치적 차원에서 궁극적으로 여러 번 체제를 통일

5 北島義信, "東アジアにおける平和共同体の建設: 安藤昌益にみられる大同思想とその現代的意義,"『韓國宗教』第42輯(2017), pp. 113~127 참조.

할 필요가 있다고 주장하기도 했다. 당시 도쿠가와 막부가 자신의 이익에 만 골몰한다고 비판하고서, 공공의 정신으로 민중을 위한 정치를 해야 하고, 신의를 바탕으로 교역하며, 번과 민 모두의 이익을 도모해야 한다고 주장했다. 그의 입장을 요약하면 다음과 같다: "천덕(天德)을 따르고 만국의 실정을 알고 국내정치를 충실하게 하고 부국강병의 성과를 올려 외국의 침략을 받지 않도록 해야 한다"[6] 요즘 언어로 하면 '힘에 의한 전쟁 예방'이 그가 말하는 평화인 셈이다. 부국강병을 추구하되, 전쟁은 거부한다는 것이다. 상황에 따라서는 정의의 이름으로 전쟁도 불사하는 입장에 비하면, 힘을 추구하지만 전쟁은 원하지 않는다는 점에서 오늘날 얘기하는 평화에 더 다가섰다고 할 수 있다. 요코이의 사상은 '힘에 의한 평화'의 일본적 원조이되, 전쟁을 하지 않을 조건에 좀 더 관심을 두었다는 점에서 평화학적 의미가 적지 않다.

## III. 메이지 전후의 평화론

### 1. 대국으로의 길–이와쿠라 사절단, 후쿠자와 유키치, 도쿠토미 소호

이들을 지나 메이지 유신(1867~) 이후 제2차 세계대전에 이르기까지 일본의 유력한 사상가들에게서 드러나는 평화론은 '반전(反戰)', '비전(非

6 横井小楠,『国是三論』(講談社, 1986), p. 156.

戰)', '반군국주의', '염전(厭戰)', 그리고 '병역거부' 등의 키워드로 요약할 수 있다. 가장 일반적인 언어로 정리하면, 역시 '반전'이라 할 만하다.[7] 전술했던 『日本平和論大系』(日本図書センター, 1993~1994)의 목차에서도 가장 많이 등장하는 단어들이기도 하다. 물론 당시의 평화개념을 '반전' 관련 키워드로 정리할 수 있다는 말은 현실적으로는 전쟁, 군국주의 등 일본의 대외적 팽창론이 대세를 이루어왔다는 뜻이다. 이러한 대세가 공식화된 시점은 아마도 이와쿠라 도모미(岩倉具視, 1825~1883) 사절단의 보고서일 것이다.

1871년부터 2년간 이와쿠라 도모미(岩倉具視)를 필두로 미국과 유럽 12개국을 순방하고 돌아온 일명 '이와쿠라 사절단'은 당시 프로이센(독일)이 소국에서 대국으로 변모해가는 과정을 보고 들으면서 약육강식이 지배하는 국제적 환경에서 살아가려면 대국의 문명을 수용하고 힘에 의한 군사력을 강화해야 한다고 보았다.[8] 유럽의 소국들에 대해서도 관심을 갖긴 했지만, 이와쿠라 사절단은 기본적으로 일본이 대국주의의 길을 걷도록 공식화시킨 결정적인 계기가 되었다.[9]

이미 1860년에 사절단의 일원으로 미국을 다녀왔던 후쿠자와 유키치(福澤諭吉, 1834~1901)는 '힘이 정의'라는 취지로 일본의 대국주의화 및 대

---

7 우치무라 간조(内村鑑三)의 「비전론」(非戰論) 이래 일본 평화 운동계에서는 '비전'과 '반전'이라는 용어가 함께 쓰였지만, 의미상 차이는 거의 없다. 이 글에서는 좀 더 일상 언어에 가까운 '반전'이라는 용어를 주로 사용하고자 한다.

8 다나카 아끼라, "메이지유신," 다까하시 고하찌로(高橋幸八郎) 외, 『일본근대사론』, 차진석 외 옮김(지식산업사, 1994), pp. 163~164 참조.

9 야가사키 히데노리, 『일본의 평화사상연구: 근대 일본의 대국주의와 소국주의』(선문대학교출판부, 2004), pp. 197~201; 田中彰, 『小国主義』(岩波新書), 1999, pp. 39~41 참조.

외침략 논리를 제공했다. 후쿠자와는 「탈아론」(脫亞論, 1885)에서 "마음으로부터 아시아 동방의 악우(惡友)를 사절"하고 서구식 문명개화를 추구해야 한다고 주장했다. 그 뒤 1894년 실제로 일본이 한반도에서 대륙침략을 위해 청일전쟁을 벌였을 때, 그는 이 전쟁을 "문명"국인 일본과 "야만"국인 청국의 싸움, "진보를 기도하는 자"인 일본과 "진보를 방해하는 자"인 청국의 싸움으로 이해하는 신문(《時事新報》) 사설을 쓴 바 있다.

도쿠토미 소호(德富蘇峰, 1863~1957)는 더 노골적이었다. 그는 청일전쟁이 "3백 년간 수축적이던 일본이 일대 비약을 하여 팽창적 일본이 되는 기회"라고 보았다. 인구도 급격히 증가하고 있으니 부국강병책으로 향후 60년 내에 국토 면적을 두 배 늘려야 한다고 주장했다. 그는 이렇게 말했다: "마땅히 상향해야 할 것은 군 기관의 확장과 함께 생산 기관의 발달을 병행 병진시킬 뿐이다. 강병, 부국은 어느 하나가 결여되어서도 안 된다. 부국을 망각하여 강병에 전념한다는 것은 있을 수 없는 일이다." 다른 곳에서는 이렇게 말했다: "나는 복음이 힘이 아니라 힘이 오히려 복음이라는 것을 알았다. 즉 모든 정리(正理), 공도(公道)를 행하는 것도 힘이다. 모든 부정, 무도(無道)를 파기하는 것도 힘이다. 힘이 없어서는 복음도 그 빛을 잃어버린다는 것을 알아야 한다."[10]

이러한 일본팽창론은 당시 대다수 일본인을 기대와 환호로 몰아넣었다. 1895년 1월에 창간된 《태양》(太陽), 11월에 창간된 《동양경제신보》(東洋経済新報), 1896년 7월에 창간된 《세계의 일본》(世界之日本) 등에서는 일본의 대외적 팽창을 고취시키는 기사를 내보냈고, 도쿠토미가 주재하는

10 이상의 인용은 야가사키 히데노리, 위의 책, pp. 202, 204~205.

《국민신문》(国民新聞)의 발행부수는 1904년 러일전쟁 시기에 한꺼번에 4배 가깝게 신장했다. 일본의 대국주의 혹은 대일본주의에 본격 시동이 걸린 셈이다.

## 2. 자유와 민권으로 대국주의에 저항하다: 나카에 초민과 우에키 에모리

하지만 이러한 주류 현실을 비판적으로 의식하면서 그 반대의 목소리들도 속속 등장했다. 가령 메이지 유신 이후 청일 전쟁 이전 시기(1870~80년대)에는 1873년에 발표된 징병령(徵兵令)에 대한 반대운동이 전국적으로 고조되기도 했다. 징병령을 반대하는 이론 가운데 하나가 나카에 초민과 우에키 에모리 등이 내세운 자유 민권 운동이었다.

### 1) 나카에 초민

나카에 초민(中江兆民, 1847~1901)은 일본의 대표적인 자유민권론자로 알려져 있다. 그는 프랑스 유학 이후 서구식 민주주의에 눈뜨면서 자유와 평등, 주권재민 등의 개념을 체득했다. 한때는 정계 진출을 꿈꾸며 일본의 국가주의적 행동에 참여하기도 하고, 대륙침략을 지원하는 단체를 지원하기도 했다. 그러면서도 국가주의의 확대로 인한 국민의 자유와 평등이 침해받는 모습 때문에 고뇌했다.[11] 그런 뒤 설령 조선의 정치에 개입하더라도 조선이 진보할 수 있도록 도와야 한다는 입장을 가지고 일본과 조선의 우

11 채수도, "戰前 日本의 非戰思想에 관한 一考: 2인의 非戰論者와 平民新聞의 論據

호적 관계를 원했다. 중국과 연대해 침략적 팽창주의를 저지해야 한다고도 주장했다.

무엇보다 나카에는 메이지 정부의 징병제도와 상비군제도를 비판했다. 징병제는 인민에 부담을 주고 빈민을 희생시키며 특정 계층이 무기를 독점해 국가 전체가 위험해질 수 있다는 논리에서였다.[12] 만일 군대가 필요하다면, 왕의 일방 지배를 받는 군대가 아니라, 국민의 주체성에 기초해 국민 스스로가 통제 가능한 토착병(土着兵) 제도여야 한다고 주장했다.[13] "외물(外物, 군사력)은 결코 인간의 근본도리(평화)를 이길 수 없다"면서, 무력이 아니라 학술을 진흥해 강국들이 감히 침범하지 못할 정신문화를 고취해야 한다고 주장했다.[14]

일본의 군대는 아시아의 평화를 위협하며, 아시아의 평화는 일본의 평화와 직결된다는 입장을 견지했다. 나카에 평화론의 기초는 인간평등 사상에 입각해 인간의 자유를 존중하는 데 있었다. 개인의 이익을 위해 타인의 희생을 강요할 수 없듯이, 국가도 자국의 이익을 위해 타국의 희생을 강요할 수 없다고 보았다. 이를 위해 군비를 축소 내지 철폐하고 정신문화에 입각한 인간의 자유와 평등의 구현을 주장했다. 이런 맥락에서 '지구상 만국 일가족(地球上万国一家族)' 사상을 내세웠는데, 일본중심의 대동아공영권과는 다른, 일종의 평화주의적 범아시아주의의 일환이라고 할 수

---

에 대한 분석을 중심으로," 『일본문화연구』 24(2007), p. 223.

12 色川大吉, 『自由民權』, 岩波新書, 1981年, p. 99. 이경주, "평화주의와 일본국헌법 그리고 평화운동," 『일본사상』 제4호(2002), p. 151에서 재인용.

13 松永昌三, 「中江兆民:平和国家の構想」, 小松茂夫 · 田中浩 『日本の国家思想(上)』(東京: 青木書店, 1990), pp. 138~139.

14 中江兆民, 『三醉人経綸問答』(岩波文庫, 1997). 이경주, 위의 글, p. 150에서 재인용.

있다.

2) 우에키 에모리

우에키 에모리(植木技盛, 1857~1892)도 나카에 초민과 비슷한 입장을 견지했다. 그는 인간 최고의 가치를 자유와 평등에 두고서, 주권재민적 민주주의를 추구했다. 주권재민에 반하는 천황제를 비판하면서, 대의정체(代議政体)를 위해 선출된 민선의원이 정치하는 입헌제 국가를 꿈꾸었다. 그는 민주주의적 헌법인 220개 조항의 「東洋大日本国国憲按」(1881)의 작성을 주도했다. 현실적으로는 이토 히로부미(伊藤博文)가 독일의 헌법을 모델로 작성한 천황중심의 내각제 헌법이 반포되고 실시되었지만(1889), 일본의 민주주의와 평화론 담론의 기초를 형성한 것은 우에키의 헌법안이었다고 할 수 있다. 오늘날 일본 헌법사상의 원류이기도 하다.

우에키는 병기(兵器)를 흉기(凶器)로 보고서, 군대와 군비의 무용성을 주장했으며, 민주주의는 결국 '만국공의정부(万国共議政府)'의 건설을 통해 완성될 수 있을 것이라 보았다. 루소의 평화론을 소개하고, 칸트의 평화론을 높게 평가했던 그의 사상적 궤적이 만국공의정부의 건설에 대한 기대로 이어졌다고 할 수 있다.

## Ⅳ. 청일전쟁기와 러일전쟁기의 반전 평화론

### 1. 청일전쟁기와 '일본평화회'

조선에 대한 종주권을 둘러싸고 중국(淸)과 일본이 대립하며 벌인 청일전쟁(日淸戰爭, 1894~1895) 시기에는 기독교인(퀘이커)이었던 시인이자 평론가 기타무라 도코쿠(北村秀谷, 1868~1894), 의사이자 작가였던 가토 가즈하루(加藤万治) 등이 창립한 '日本平和会'(1889.3~1893.5)의 목소리가 돋보였다. '일본평화회'에서는 기관지로 『平和』(1889.3.15.~1893.5.3.)를 발행했는데, 영어 peace가 일본과 한국에서 平和로 알려지게 된 중요한 계기였다.[15] 창간호 간행사에서는 평화를 "세계가 올려다볼 더할 나위 없는 도덕의 문제"[16]로 간주하면서, 기독교인으로 살면서 양심의 충실하다면 평화를 추구하지 않을 수 없다는 입장을 보였다.[17] '일본평화회'는 일본에서 조직적인 평화운동의 시조로 평가되고 있다.[18]

---

15 그 이전에는 미국의 법학자 헨리 휘튼(Henry Wheaton)의 *Elements of International Law(1836)*의 중국어 번역본인 『万國公法』(1864)에서는 peace를 '和平'으로 표현했다. 이와 달리 1868년 일본어 번역본에서는 '平和'라는 말로 번역했다. 다소 광범위하게 사용되던 和平으로는 '전쟁이 없는 상태'를 의미하는 peace의 의미를 분명히 나타내기 힘들었기 때문이다. 당시 한국에서는 '和平'이라는 말을 더 많이 사용하다가–가령 조미수호통상조약(朝美修好通商條約, 1882)에서도 和平이라는 말을 쓰고 있다–, 일본의 영향이 커지면서 平和라는 용어가 더 많이 쓰이게 되었다.

16 家永三郎 外 編, 『日本平和論大系 1』(東京: 日本図書センター, 1993), p. 314.

17 纐纈厚, "日本平和思想の展開と課題–その思想史的系譜と特質をめぐって," 『日本思想』 제17권(2009.12), p. 129에서 인용.

18 『日本平和論大系 1』, p. 424.

기타무라를 계승한 작가 기노시타 나오에(木下尙江, 1869~1937)는 청일전쟁을 메이지 국가의 일방적 근대화 내지 서구화의 산물로 보면서, 전쟁을 부정하고[非戰] 탈군대주의적 민주주의의 길을 추구했다. '군대주의'는 인간을 무시하는 노예적 제도라는 것이었다.[19] 기노시타는 정치적 노력으로 '하느님의 나라'를 지상에 건설한다는 기독교적 세계관을 강력하게 품었다. 기노시타도 마찬가지였지만, '일본평화회'를 이끈 이들은 모두 기독교인들로서, 메이지 시기 일본의 평화사상은 기독교인들의 참여로 부각되었다는 특징이 있다. 그러다가 러일전쟁을 전후하여 평화를 비전(非戰) 혹은 반전(反戰)으로 이해하는 경향이 확대되었다.

## 2. 러일전쟁기의 '비전사상'

일본은 청일전쟁에서 승리한 뒤 조선의 종주권을 빼앗고 타이완과 랴오둥반도를 중국으로부터 얻었다. 하지만 러시아가 프랑스와 독일의 도움을 받아 일본의 대외 정책에 개입하면서(삼국간섭) 일본은 랴오둥반도를 청에 반환하게 되는 등 조선에 대한 지배가 여의치 않자, 1904년 2월 이른바 러일전쟁(日露戰爭, 1904~1905)을 개시했다. 이즈음 일본의 대다수 언론들은 만주에 주둔하던 러시아를 몰아내고 조선과 만주를 모두 확보하겠다는 정가의 분위기를 고스란히 반영하며 '주전론'(主戰論)을 형성해갔다. 당시 "국가를 위해서"라는 들뜬 표어는 주요 언론들의 표제를 장악하기

19 『日本平和論大系 3』, pp. 436~437.

도 했다.

그러자 정부 정책에 반대하며 '반전으로서의 평화'를 요구하는 이들도 많아졌다. 전술했던 기노시타 나오에(木下尚江), 사회주의 운동가 아베 이소오(安部磯雄, 1865~1949),고토쿠 슈스이(幸德秋水, 1871~1911) 등에 의한 비전(非戰) 사상이 발달했고, 반전시(反戰詩)들도 등장했다.[20] 이들은 사회민주당을 결성해 계급제도의 철폐, 세계평화를 염원하는 운동을 펼쳤다. 이토 히로부미(伊藤博文)가 사회민주당을 위험 정당으로 간주해 즉시 해산명령을 내렸지만, 평화운동은 도리어 확장되었다.

그 즈음 고토쿠를 위시하여 사카이 도시히코(堺利彦, 1870~1933), 기독교 사상가 우치무라 간조(內村鑑三, 1861~1930)가 계몽주의 단체인 '리소단(理想団)'을 결성하고 《헤이민신문》(平民新問, 1903.11.15.~1905.1.29)을 창간했다. 비전(非戰)과 군비철폐를 모토로 하는 신문이었다. 러일전쟁은 물론 전쟁 자체를 반대하는 신문의 정신 때문에 러일전쟁이 한창이던 1905년 1월 폐간되었지만, 헤이민신문은 일본에서 '비전(非戰)으로서의 평화론'을 부각시키는 근간이 되었다.

이러한 비전론은 고토쿠와 사카이는 물론 그 뒤에 이시카와 산지로(石川三四郎, 1876~1956), 니시카와 고니로(西川光二郞, 1876~1940) 등이 개입하면서 평등주의, 사회주의, 평화주의와 연결되는 의미 있는 흐름으로 이어졌다. 이들은 비전론(非戰論)과 반전사상을 일관되게 주장했다.

20 일본 반전시에 대해서는 손순옥, 『아우여 죽지 말고 돌아와 주오』(들녘, 2017)에서 역사적 배경과 함께 적절히 소개 및 분석하고 있다.

## 3. 고토쿠 슈스이의 사회주의적 평화론

일본 평화사상사에서는 전술한 고토쿠 슈스이(幸德秋水)를 위시하여 사카이 도시히코(堺利彦), 가타야마 센(片山潛), 이시가와 산시로(石川三四郎) 등의 사회주의자들이 제기한 평화론이 가장 분명했고 실천적이었다. 이들은 일본의 주류 흐름이었던 천황사관(天皇史觀)이나 천황 절대주의(天皇 絶對主義)에 근거한 침략전쟁을 비판했는데, 이 가운데 돋보이는 사람은 고토쿠 슈스이이다.

고토쿠 슈스이의 반전사상은 당시 혁신적 평화개념을 잘 보여준다. 나카에 초민의 『삼취인경륜문답』(三醉人経綸問答)을 읽으며 자유주의와 민주주의 사상을 급진적으로 계승한 고토쿠의 입장은 《헤이민신문》 창간호 게재문에서 잘 드러난다: "우리는 인류를 박애의 길로 이끌 평화주의를 창도한다. 따라서 인종의 구별, 정체의 이동(異同)을 막론하고 세계에서 군비의 철폐와 전쟁의 근절을 기대한다." 여기에 담긴 그의 평화론은 '사회주의적 반전주의'라고 할 수 있다. 고토쿠는 이렇게 말한다: "만일 세계만방에 지주나 자본가 계급이 없고, 무역시장의 경쟁이 없고, 재부(財富)의 생산이 많아지면서도 그 분배가 공평해져서 사람들 각자의 삶이 즐거워진다면 누가 그런데도 군비를 확장하고 누가 그런데도 전쟁을 하려고 하겠는가. 이 비참한 재액죄과(災厄罪過)가 일소되어야 사해동포의 이상이 비로소 실현된다고 할 것이다. 사회주의는 한편에서는 민주주의인 동시에 다른 한편에서는 위대한 세계평화주의를 의미한다."[21]

21 이경주, 위의 글, p. 154에서 재인용.

고토쿠도 처음에는 조선을 탐내는 러시아를 비판하며 러시아가 조선의 분할을 주장한다면 일본은 러시아에 맞서서 싸워야 한다는 입장을 보였다. "환자를 위해 극약(劇藥)이 있는 것이 어쩔 수 없는 것처럼, 불완전한 병적인 사회에 군비와 전쟁이 있는 것은 어쩔 수 없다"[22]는 입장이었다. 그러다가 이토 히로부미(伊藤博文) 내각의 번벌정치가 인민의 자유와 인권을 유린하는 데 반발하면서 새로운 정치를 꿈꾸었고, 그 새로운 정치의 핵심을 비전론(非戰論)에 두었다.[23] 그는 말한다: "우리들은 결코 비전론을 멈추지 않는다. 우리들은 비전론을 위해 어떠한 증오, 어떠한 조소와 조롱을 당해도, 어떠한 공격과 박해를 받아도 결코 우리들의 비전론을 그치지 않을 것이다."[24] 청일전쟁 이후 급속히 확대되던 일본의 경제를 다시 전쟁으로 확장시키려 하다가는 언젠가 미국과도 전쟁하게 될 것이라며 비판적인 경고도 했다.

그는『20세기의 괴물 제국주의』(廿世紀之怪物·帝国主義)에서 제국주의의 두 축을 '애국심'과 '군국주의'로 규정하며 비판했다.[25] 특히 애국심의 본질을 증오, 허과(虛誇), 허영(虛榮)이라는 미신으로 보고서,[26] 애국의 이름으로 그 흐름 밖에 있는 입을 봉쇄하고 타자의 자유를 억압하는 태도를 비판했다. 제국주의의 건설은 절취강도(竊取强盜) 행위라며,[27] 제국주의적 행태를 싸잡아 거부했다. 애국심의 본질은 두터운 동정과 측은지심이어야

22 채수도, 위의 글, p. 227에서 재인용.

23 위의 글, p. 228.

24 《平民新聞》(1904.12.18. 社說) 위의 글, p. 234에서 재인용.

25 『日本平和論大系 2』, pp. 17~50.

26 『日本平和論大系 2』, pp. 18~26.

27 『日本平和論大系 2』, p. 51.

한다고 보았다. 그리고 청일전쟁에서 얻은 배상금으로 군비를 증강하고 대국주의의 길로 나서는 일본을 비판하며 소국주의(小国主義)를 주장하였다. "군국주의가 하루 행해지면 국민의 도덕은 하루 부패한다"면서, 나카에 초민이 강조한 소국주의를 계승했다. 고토쿠에게 평화는 서구 열강이 추구하는 제국주의적 대국주의가 아니라, 비전론(非戰論)에 기반해 이웃 국가와 연대하는 소국주의의 실천이었다.[28] 일본 최초로 마르크스의 공산당선언을 일본어로 번역했던 고토쿠는 천황 암살을 모의했다가 1911년 사형을 당했다.

비슷한 시기 아베 이소오는 "만일 평화가 인도라면, 평화를 세계에 선언하고서 그것을 위해 나라가 망한다 해도 좋지 않겠느냐"(《헤이민신문》, (第一号)[29])고 말한 바 있는데, 국가보다 평화를 내세웠던 아베 이소오도 고토쿠와 비슷한 관점을 공유했다고 할 수 있다. 아베 이소오는 물론이거니와, 확고한 반전사상에 입각한 고토쿠의 군비 철폐 운동, 보편적 인류애에 따른 탈계급 의식, 계급 타파와 공평한 분배 구조의 확립, 사회적 약자 지향적 관점, 자유·평등·박애를 근간으로 하는 《헤이민신문》의 주도적 창간 등은 그의 평화관을 잘 보여준다.

이러한 사회주의자와 함께 일본에서 평화 담론을 부각시킨 다른 한 축은 잠깐 전술했지만 기독교도였다. 그 대표 인물이 우치무라 간조이다. 우치무라를 위시한 기독교의 평화론에 대해 알아보자.

---

28 오가와 하루히사(小川晴久), "平民新聞과 小国主義,"『日本思想』第7號(2004), pp. 257~258 참조.

29 《平民新聞》第1号, "非戰論演説会の記",『日本平和論大系 2』, pp. 88~94.

## 4. 기독교적 평화론

### 1) 우치무라 간조의 비전론(非戰論)

한국에서도 정신적 제자가 많은 우치무라 간조(內村鑑三, 1861~1930)는 기독교 정신에 입각한 대표적인 전쟁폐지론자였다. 처음부터 철저한 전쟁폐지론자였던 것은 아니었다. 그도 청일전쟁을 이른바 의전(義戰)으로 생각하던 때가 있었다. 중국(청)이 조선을 예속화하면서 동양의 진보를 방해하고 있으니 조선의 독립을 위해서라도 청과의 전쟁은 불가피하다고 보기도 했다. "일본과 중국 양국의 관계는 새로운 문명을 대표하는 소국과 구문명을 대표하는 대국의 관계"[30]이니, 소국의 신문명으로 대국의 구문명을 이끌어 인류의 진보를 앞당겨야 한다고 보았다. "일본이 세계에 이익되게 하는 것을 목적으로 하고 평화와 진보와 개명을 제공하는 것을 그 방침으로"[31] 일본이 동서양을 매개하는 역할을 해야 한다는 것이었다.[32]

하지만 청일전쟁이 조선을 중국 종속에서 해방시키기는커녕 도리어 중국의 분할을 촉진하고 일본도 피폐해지는 모습을 보면서, 비전(非戰)주의자로 돌아섰다. 청일전쟁이 의(義)를 위한 전쟁이 아니라 주변국을 무시하고 일본의 사욕을 고취시키는 해적의 전쟁이 되었다는 것이다.

30 內村鑑三, "世界歷史に徵して日支の關係を論ず," 『內村鑑三全集 3』(東京: 岩波書店, 1982). pp. 32~34.

31 藤井松一, "戰爭観と平和観," 古田光 編, 『近代日本社会思想史』(東京:有斐閣, 1968), p. 263.

32 內村鑑三, "日本国の天職," 『內村鑑三全集1』(東京: 岩波書店, 1982), 야가사키 히데노리, 위의 책, p. 212에서 재인용.

> 전승국의 위치에 서자마자, 그 주안이었던 인방(隣邦)의 독립은 고사하고 오히려 신영토 개척, 신시장 확장으로 전 국민의 주의를 빼앗아 단지 전승의 이익만을 충분히 얻으려고 한다... 왜 동포 중국인의 명예를 중요시하지 않는가. 왜 인방 조선국의 유도에 힘쓰지 않는가.[33]

다른 곳에서는 이렇게 말했다: "나는 ... 전쟁절대폐지론자이다. 전쟁은 사람을 죽이는 것이다. 자고로 사람을 죽이는 것은 대죄악이며, 대죄악을 범하고서 개인도 국가도 영원히 이익을 얻을 리 없다."[34] "자기중심적인 사람은 소인이며, 자국중심적인 국민은 가장 퇴보하는 국민이다. 자국의 부강만을 구하고 타국의 이익을 돌보지 않는 국민이 부강을 이룬 것을 역사상 본 적이 없다."[35] 그러면서 국가의 소명은 부국강병으로 인한 침략주의가 아니라, 화합을 통한 공동의 번영에 있다고 주장했다. "절대적 비전주의"야말로 "평화의 복음"이라는 것이다.[36]

### 2) 요시노 사쿠조의 '전쟁 없는 식민지배'

이와 함께 또 한 사람의 기독교인 요시노 사쿠조가 추구했던 평화론의 의미와 한계에 대해서도 볼 필요가 있다. 요시노 사쿠조(吉野作造, 1878~1933)는 우에키 에모리(1857~1892)의 자유민권론과 에비나 단조(海老名彈正, 1856~1937)의 보편주의적 기독교 사상에 영향을 받으며 기독교

33 內村鑑三, "時勢の観察," 『內村鑑三全集3』(東京: 岩波書店, 1982), p. 233.
34 『日本平和論大系 4』, p. 45.
35 鹿野政直, 『近代国家を構想した思想家たち』(東京: 岩波書店, 2005), p. 98.
36 『日本平和論大系 4』, p. 55.

사회주의 운동의 지도자가 되었다. 그는 국민이 필요로 하는 바가 곧 정부의 기본 목표여야 한다면서 '민본주의'를 요구했다. 이를 실현하려면 보통선거권, 민간에 의한 군대의 통솔, 귀족원의 민선기구로의 전환, 사회주의 국가의 점진적 설립 등이 필요하다고 주장했다.

그럼에도 불구하고 일본 국내 정치에 더 관심을 기울이면서 우치무라 간조 등에 비하면 일본의 한국과 중국 침략과 같은 국제적인 문제에는 상대적으로 관심이 적었다. 한국을 일본 중심의 동아시아 질서의 일부로 상상하거나, 중국이 스스로를 지킬 수 있도록 일본이 도와주어야 한다며, 한국 및 중국 지배를 정당화하기도 했다. 요시노의 입장을 긍정적으로 해석하면, 전쟁이 없는 상태로서의 '소극적 평화'에 충실했다고도 할 수 있겠지만,[37] '전쟁 없는 식민지배'라는 안일한 생각에 머물렀다는 것은 그의 평화론의 한계를 잘 보여준다. 그는 분명히 반전주의자였지만, 전쟁만 하지 않는다면 식민지배도 서구적 근대화를 위해서는 가능하다고 보았다는 점에서 한계가 뚜렷하다.

이러한 한계는 일본이 돌이키기 힘들 만큼 강력한 전쟁기로 접어들면서, '반전'의 요구조차 하기 힘든 상황이었다는 뜻이기도 하다. 일본이 1930년대 이른바 '15년 전쟁'으로 돌입하기까지의 상황을 정리하며, 당시의 평화 담론으로 이어가보도록 하자.

37 김경일, "요시노 사쿠조의 평화론에 대한 고찰: 다중적 평화인식에 대한 분석을 중심으로," 『일본문화연구』 제52집(2014), p. 40, p. 43.

### 3) 15년 전쟁기와 반전시의 등장

제1차 세계대전 이후 독일, 러시아, 오스트리아 등 제국주의가 와해되고 해외에서 민주주의적 운동과 사조가 밀려오면서 천황제 중심의 정치에 한계가 드러나기 시작했다. 한국에서의 3·1운동, 중국에서의 5·4운동 등도 일본이 아시아에서 쌓아올린 식민 세력을 불안정하게 만들었다. 러시아 혁명 이후 세계적으로 코민테른이 형성되고, 중국, 한국, 대만, 일본에서 공산주의 운동이 벌어지자, 일본에서는 1925년 치안유지법을 제정하고, 국내 질서를 강경하게 몰고 가면서 일종의 파시즘 분위기가 형성되었다. 배외주의적 흐름이 커지는 가운데 1930년대 들이닥친 세계적 대공황을 해결하기 위해 일본은 다시 전쟁의 길을 선택했다.[38] 일본은 1931년 만주사변을 일으켰고, 1937년에는 중일전쟁이 벌어졌다. 사상가, 문인 등을 포함해 많은 이들이 전쟁을 지지하며 일본의 팽창주의를 응원했다. 그렇게 1930년대 일본에서는 군국주의가 급격히 진행되었다. 1945년 태평양전쟁에서 패전할 때까지 일본은 15년간 전쟁을 이어갔다.

하지만 이러한 흐름에도 불구하고, 아니 그렇기 때문에 도리어 반전(反戰) 운동도 다시 탄력을 받았다. 비록 전쟁 지지 세력이나 분위기에 비해서는 약했지만, 각종 반전 관련 자료들과 기록들이 쓰였고,[39] 다양한 반전시도 등장했다. 일본에서 가장 많은 반전시를 남겼다는 시인 가네코 미쓰하루(金子光晴, 1895~1975)는 '전쟁'이라는 시에서 전쟁을 이렇게 규정했

38 요시미 요시아끼, "일본 파시즘의 성립," 高橋幸八郎 外, 『日本近代史論』(파주: 지식산업사, 1981), pp. 293~296.

39 『日本平和論大系 15』에서 반전(비전) 관련 낙서, 노래가사, 발언, 사건 등을 망라해 이와 관련된 자료들을 소개하고 있다.

다: "전쟁이란 끊임없이 피를 흘리는 것이다. 그 흘린 피가, 헛되이 땅에 스며들고 마는 것이다."[40] 청일전쟁이 끝나던 해에 내어나서 러일전쟁과 중일전쟁, 그리고 두 번의 세계대전 등 격변의 전쟁기에 살았던 가네코의 눈에 전쟁은 사람의 피를 무의미하고 무가치하게 쏟게 하는 것이었다. 전쟁은 인민의 사고를 정지시켜 전쟁 자체를 최고로 여기게 만드는 기계적 획일화이기도 했다. 시는 이렇게 비판적으로 이어진다: "전쟁이 생각하는 바에 의하면, 전쟁보다 이 세상에 훌륭한 것은 없다. 전쟁보다 건전한 행동은 없고, 군대보다 밝은 생활은 없으며, 또 전사보다 더 나은 명예는 없는 것이다. 아들이여 진정 기쁘지 않은가. 너와 나 이 전쟁 통에 태어난 것은. 열아홉의 자식도 오십의 아비도 똑같은 제복을 입고 똑같은 군가를 부르고…"[41]

폭력으로 점철되는 전쟁의 와중에 누군가의 죽음과 부조리한 상처에서 아픔을 느낀 저항 시인들은 많은 반전시를 남겼다. 평화라는 이상적인 언어를 사용할만한 여유가 없던 때였던 만큼, 15년 전쟁 시기 일본 도처에서는 반전/비전, 반군사주의 등의 언어가 평화에 대한 기대를 대신하고 있었다. 이때 '반전'을 넘어 '절대 평화론'으로 이어갔던 이도 있었다. 야나이하라 타다오 같은 이였다.

#### 4) 야나이하라 타다오의 정의론과 절대 평화론

우치무라의 비전론을 계승한 야나이하라 타다오(矢內原忠雄,

40 손순옥, 『아우여 죽지 말고 돌아와 주오』, pp. 127~129에서 인용.

41 위의 책, 같은 쪽.

1893~1961)는 기독교의 복음주의적 전통과 예언자적 전통이 분리되는 것이 아니며, 국가와 개인이 분리되는 것도 아니라고 보고, 반전에 기반한 정의를 외쳤다.[42] 만주사변 이후 연속적 전쟁의 기운을 느끼면서, 군국주의화하는 국가에 비판적으로 적용하는 것이 진정한 신앙이자 애국이라고 보았다. 국민에 대한 국가의 강제력도 정의에 입각할 때에야 타당성을 지닌다고 주장했다. 그에게 "정의는 사람들이 자신의 존엄을 주장하면서 동시에 타자의 존엄을 옹호하는 것, 바꾸어 말하면, 타자의 존엄을 해치지 않는 한도에서 자신의 존엄을 존중하는 것"이었다.[43] "국가가 정의를 지정하는 것이 아니라 정의가 국가를 지도해야 한다"면서, 정의는 국가를 넘어서는 '객관정신'이라고 보았다. 야나이하라는 정의라는 원칙이 발현하는 형식을 평화라고 이해했다.[44]

물론 일본으로 하여금 제국주의 자체를 단박에 포기하게 할 수는 없었지만, 피식민지의 참정권, 자주권, 인권을 존중해야 한다고 줄기차게 주장했다. 같은 기독교인이더라도 니토베 이나조(新渡戸稲造, 1862~1933) 같은 교육 사상가는 식민지를 완전히 본국화하는 동화정책을 당연시하기도 했지만, 야나이하라에게 "동화주의는 식민지에 대하여 완전히 동일한 대우를 부여하는 정책"이었다. 식민지 백성도 본국 국민과 동일한 자격, 신분, 즉 본국에서와 동일한 권리, 보장, 자유를 부여받아야 한다고 주장했다.

42 박은영, "야나이하라 다다오(矢内原忠雄)의 전후 평화론에 대한 일고찰," 『아시아문화연구』 제43집(2017 · 4), p. 136.

43 矢内原忠雄, 「国家の理想」(『中央公論』, 1937.9) 『全集』 18, p. 627.

44 가노 마사나오(鹿野政直) 지음, 김석근 옮김, 『근대 일본사상 길잡이』(서울: 小花, 2010), p. 280.

다시 말해 "법아래 평등"해야 한다는 것이었다. 이것은 정의의 신에 대한 신앙의 발로였다. 하느님 나라는 일본에만 적용되는 것이 아니었기에, 기독교인이 일본의 승리를 위해 기도하는 것 자체도 잘못이었다. 그는 자위나 정의를 위해서는 전쟁도 필요하다는 '상대적 평화론'을 거부했고, 전쟁은 자위를 위해서든 정의를 위해서든 그 자체로 반대한다는 '절대적 평화론'의 입장에 섰다.[45] 상대적 평화론은 자국의 이익을 위한 가면에 지나지 않는다는 것이었다. 나아가 인간의 '자위'(自衛)가 아닌 '신위(神衛)'가 절대적 평화론의 근간이 된다는 입장을 보였다. 그의 평화론은 확실히 기독교적 세계관에 서 있었다. 이런 식으로 기독교는 일본 내 평화주의의 한 축을 담당했다. 또 다른 한 사람이 가가와 토요히코였다.

### 5) 가가와 토요히코의 비폭력주의 노동운동

가가와 토요히코(賀川豊彦, 1888~1960)는 특히 실천적인 면에서 돋보였다. 평생 가난한 노동자, 농민을 위한 사회활동과 협동조합운동, 빈민을 위한 주택과 병원 설립 활동 등을 통해 근대 일본의 인간화에 지대한 공헌을 했다. 1921년 일본 고베시의 인구가 63만 명이던 시절, 3만5천 명의 지역 노동자들을 규합해 비폭력적 대규모 파업을 주도하는 등 노동쟁의에 앞장서기도 했다. "재화를 존경하는 사회를 변화시켜 인간을 존중하는 사회로 환원시켜야 한다"는 취지였다.[46] 가가와는 협동조합운동을 처음으로

45 「平和論と柔和論」(『嘉信』第11卷 第3号, 1948.3), 『全集』 19, p. 341. 박은영, pp. 150~151.

46 로버트 실젠 지음, 서정민·홍이표 옮김, 『가가와 도요히코 평전』(서울: 신앙과 지성사, 2018), p. 159.

조직하고 활성화시켜 세계 최대의 서민복지 생협인 '코프고베'로 키웠으며, 1930년대 미국 협동조합 지도자들에게도 큰 영향을 미쳤다.

이러한 실천의 동력은 기독교 신앙이었다. 로버트 실젠(Robert Schildgen)은 그의 실천의 동력을 "심오한 신비주의"(profound mysticism)라고 규정하면서, 그것을 인간, 창조물, 창조자에 대한 가가와의 비밀스러운 애정과 경의의 표현이었다고 요약했다.[47] 가가와는 계급, 인종, 종교, 국적 등을 차별의 수단으로 삼으면 폭력도 정당화될 뿐만 아니라 증폭된다면서, 인간 평등사상에 기반한 반전, 비폭력, 반군국주의적 입장을 늘 강변했다. 1954년 미국이 태평양에서 핵실험을 했을 때, 그는 여러 경로를 통해 반전을 외치고 반핵 운동을 도모했다.

평화에 대한 그의 관심은 패전 후 성립된 「일본국헌법」, 이른바 '평화헌법' 만큼은 어떤 희생을 치루더라도 준수해야 한다고 강조한 데서 더 잘 드러난다.[48] 전쟁 포기 조항(특히 헌법 9조)이 세계평화의 이정표가 될 것이라면서, 일본이 세계의 정치적 갈등을 중재해야 한다고도 주장했다. 반전평화의 희망을 가지고 세계정부 혹은 세계연방의 수립을 꿈꾸었고, 세계를 '하나의 몸(one body)'으로 만들기 위한 국제적인 경제협동조합운동을 주창하기도 했다.[49] 주요 열강들에 의해 좌우되는 UN에 대해서는 점차 기대를 접으면서도, 새로운 세계연방 혹은 세계정부의 성립에 대한 기대는 늘 주장하고 견지했다.

47 위의 책, p. 12.
48 위의 책, p. 485.
49 위의 책, pp. 470~479 참조.

작가, 설교자, 정치고문, 사회복지사, 행동주의자의 삶을 살았던 가가와는 이미 생전에 세계적으로 유명인사가 되었다.[50] 그 기초에는 평화주의가 있었다. 그는 생애 마지막 십 년 동안 평화의 세계 질서(world order of peace)를 수립하기 위한 운동에 집중했다. 그에게 세계 평화는 신앙의 근간인 사랑을 통해 발현되는 정의의 구체화였다. 생시에 노벨평화상 후보에 두 번이나 올랐던 그는 이런 유언을 남기고 타계했다: "교회를 건강하게 해주세요. 일본을 구원해주세요. 세계에 평화가 오게 해주세요."[51]

그의 평화 지향적 삶에 문제가 없는 것은 아니었다. 그는 한때 기독교인이자 동시에 애국자가 될 수 있다며 천황을 두둔하기도 하고, 일본을 아시아 해방을 위한 영웅이자 서양 제국주의에서 아시아를 지키는 수단으로 간주하기도 했다.[52] 이로 인해 평화주의자들의 구설수에 오르기도 했지만, 기본적으로는 기독교 신앙에 입각한 사회주의적 실천가이자 평화운동가로서의 면모를 잃지 않았던 것으로 보인다. 특히 이론만이 아닌 실천으로 일관된 그의 평화지향적 삶은 돋보인다.

---

50 이미 1930년대 미국에서는 그의 헌신적 사회활동을 대단히 높이 평가하고서, 1939년 가가와, 간디, 슈바이처를 주 내용으로 *Three Trumpets Sound*가 출판된 것은 그 증거이다. Allan A. Hunter, *Three Trumpets Sound: Kagawa, Gandhi, Schweizer*(New York: Association press, 1939). 가가와가 간디 및 슈바이처와 동급으로 평가된 것은 가가와의 인생 자체가 전쟁과 군국주의에 용감하게 저항하는 평화적 삶으로 점철되지만, 무엇보다 비폭력주의에 기반해 빈민 및 농민과 함께 해온 노동운동의 정신과 그 영향 때문이었다. 이러한 사실은 세계적으로 알려져, 전후 노르웨이, 독일 등 유럽에서의 회의, 강연 등에 많은 군중이 몰렸다.

51 로버트 실젠 지음, 서정민·홍이표 옮김, 『가가와 도요히코 평전』, p. 499.

52 위의 책, pp. 342~354; pp. 388~398 참조.

## 5. 전쟁기 일본 평화운동은 실패했는가?

지금껏 본대로 일본에서 평화 담론을 주도해온 두 축은 고토쿠와 같은 사회주의자와 우치무라 같은 기독교인이었다. 이시바시 단잔과 같은 니치렌슈(日蓮宗) 계통의 평화주의자도 있었지만,[53] 규모로는 기독교인이 많았다. 가가와 같은 이는 천황제 자체를 부정하지는 않았지만, 많은 사회주의자나 기독교인들은 군국주의나 국가주의에 근저에 천황제가 있다고 보고서, 최종적으로는 천황제의 해체 없이 평화의 실현은 불가능하다는 사실을 공유했다.[54] 천황제는 오늘날까지도 일본 사회에서 공론화시키기 힘든 주제이다. 일본적 평화의 내면을 속속들이 이야기하기도 쉽지 않다는 뜻이다. 일본에서 평화 담론이 탁 트인 광장으로 나오기 힘든 근본적인 이유에 메이지 시대 이래 강력하게 자리잡아온 천황제가 있다고도 할 수 있다.

이처럼 근대 일본에서 전개된 평화주의에는 분명히 한계도 있다. 다음

---

53 이시바시 단잔(石橋湛山, 1884~1973)은 만주사변 당시 중국인이 동의하거나 공감하지 않는 중국 지배는 결국 세계를 상대로 하는 더 큰 전쟁으로 이어질 것이라며 비판했다. 타자에 대한 인식을 결여한 정부, 특히 군부의 비밀주의를 비판했으며, 군비 확장과 팽창주의적 침략 전쟁은 경제적 차원에서도 옳지 않다고 보았다(『日本平和論大系 6』, pp. 185~191). 과도한 군사비 지출로 국비를 소모하고 전쟁을 정당화시키며, 국제적 신용도를 떨어뜨려 결국은 국민생활을 악화시킬 것이라는 것이었다(『日本平和論大系 6』, pp. 140~152. 鴨武彦 編, 『大日本主義との闘争』(東京: 東洋経済新報社), p. 78). 인권, 자유, 국민주권, 입헌주의, 자유경제 등을 내용으로 하는 민주주의를 추구하던 이시바시는 전후 두 달여 수상을 역임하면서(1956.12~1957.2) 일본의 과거 침략 전쟁을 반성하고, 동아시아 공동의 번영을 위한 지역 협력을 추진하기도 했다. 현실 정치인이 침략 행위에 대한 과오를 반성하는 모습을 보이는 일은 흔치 않은 일이었다.

54 纐纈厚, 위의 글, p. 143.

장에서 좀 더 보겠지만, 천황에게 전쟁의 책임을 묻지 않는, 아니 물을 수 없는 사회 구조는 일본적 평화주의의 근본적 한계를 보여준다고도 할 수 있다. 그와 함께 메이지 이후 패전에 이르기까지 침략과 전쟁으로 점철되던 시절에 많은 이들이 그저 무력하게 군국주의와 전쟁에 동화되던 상황은 일본 평화운동의 한계를 잘 보여준다. 이와 관련하여 고케츠 아츠시(纐纈厚)는 그 한계와 이유를 일본 문화와 연결해 이렇게 분석하고 있다.

> 종교성을 띠고, 사회적 연출이 강하고, 이질성 거부와 동질성을 무조건 편향 지향하는 성향이 강한 일본 사회에서 이러한 현실을 돌파할만한 사상적 에너지, 설득력 있는 평화 사상을 끝까지 만들어 내지 못한 점에서 찾을 수밖에 없다. 일본 사회에서는 개인에 대한 정치적 압력이 매우 강력하고 강력한 만큼 정치적으로 더 소외되는 두려움 때문에 이른바 소외 회피 욕구도 강하며, 그 결과 권력에 의해 위로부터 쉽게 통제 및 관리되는 정신적 상황이 마련되어 있는 것이다. 그래서 많은 일본인들이 군국주의나 국가주의의 통제·관리·동원이라는 범주 속으로 흡수되어 간 것이다.[55]

일본에서 평화 운동이 주류가 될 수 없었던 이유에 대한 무난한 분석이라고 할 수 있다. 일본에서의 평화론을 '현실에서의 대국주의적 팽창 정책'에 대한 '소국주의라는 이상적 대안'으로 대별해 정리한다면,[56] 현실은

55 纐纈厚, 위의 글, pp. 143~144.
56 전술한 야가사키 헤데노리,『일본의 평화사상연구: 근대 일본의 대국주의와 소국

늘 자국중심의 대국지향주의에 따랐다. '이상으로서의 평화주의'와 '실리(實利)로서의 평화주의'라는 말로 구분한다면,[57] 최근까지도 현실에서는 실리 중심의 자기 충족에 머무는 경향이 있다. 고케츠가 비판적으로 분석하고 있듯이, 일본의 평화사상은 오랫동안 "전쟁국가의 특징으로서 과도한 권력의 일원적 집중, 단순한 가치관의 강제, 국민의 권력 감시 시스템의 결여, 종합하건대 민주주의 사상과 운동의 부재 등" 뚜렷한 한계를 보였다는 것이다.[58]

더 비판적으로 분석한다면, 일본 역사는 '대국주의', '실리' 등의 말로는 전부 담을 수 없을 군국주의적 폭력을 보여주기도 했다. 강상중(姜尙中)이 일본의 평화는 늘 군사문화와 공존한다며 규정한 "군사범벅 평화"(軍事まみれの平和), 윤건차(尹健次)가 일본은 다른 나라에 대한 우월의식과 소수자에 대한 차별의식에 대해 둔감하다며 규정한 "고절의 평화"(孤絶の平和)도 일본적 상황을 잘 말해주고 있다.

이러한 흐름과 경향은 전후에도 본질적으로 달라졌다고 할 수는 없다. 그렇다고 해서 일본의 평화 운동이 실패했다거나 좌절로 끝났다고 할 수는 없다. 평화를 향한 적극적 외침은 유사 이래 인류에게 소수자의 몫이었고, 사회의 지속적 주류가 되어 본 적이 거의 없기 때문이다. 그리고 사회의 주류가 '자기중심적 평화주의'(ego-centric pacifism) 또는 '실리로서의 평화주의'에 머물러온 역사는 일본만의 특징도 아니기 때문이다. 소수 소국

---

주의』가 이런 관점에서 일본의 평화사상의 계보를 정리하고 있다.

57 纐纈厚, 위의 글, p. 147의 표현을 따랐다.

58 纐纈厚, 위의 글, pp. 130~131, p. 147.

주의적 평화 이상주의자들이 양적으로는 대국주의적 흐름에 패배하는 모양새이지만, 질적으로는 일본 사회에서 늘 새로운 힘을 잉태하며 평화로 이끄는 동력으로 작동해왔기 때문이다. 이러한 흐름 내지 구도는 전후 일본 사회에도 여전히 적용되고 있는 중이다.

## V. 20세기 중반 이후 평화 연구, 평화개념의 다양화

### 1. 평화헌법의 출현과 한계

패전 후, 특히 히로시마와 나가사키에서 인류 최초의 피폭체험을 했던 일본인에게 평화가 핵군축, 핵무기 및 핵발전소 폐기 등과 연결되어온 것은 자연스럽다. 이러한 핵문제를 포함하면서 오랫동안 지속되어온 근본적인 평화담론의 핵심은 '반전(反戰)'에 있다고 할 수 있다. 전쟁기에는 '비전'이라는 용어가 그 못지않게 사용되었지만, 반전과 의미상의 차이는 크지 않았다. 「일본국헌법」에 '전쟁포기'[戰争放棄], '전력불보유'[戰力不保持], '교전권의 부인' 및 '평화 속에서 생존할 권리' 등이 명시되어 있듯이, 전쟁 포기와 전력 불보유가 일본적 평화실천의 전형적인 핵심으로 간주되어온 것이 그 대표적인 사례다. 그리고 『세계』(世界) 같은 유력 잡지들이 1949년에 "전쟁과 평화에 관한 일본 과학자들의 성명"을 게재하는 등 전쟁과 평화의 문제를 다루었는데, 이것은 평화를 반전 혹은 비전으로 이해하는 당시 식자층의 분위기를 잘 반영해준다. 일본 평화담론의 주류는 갈퉁(Johan

Galtung)이 이야기하는, '물리적 폭력이 없는 상태로서의 소극적 평화'에 가까웠다고 할 수 있다.

물론 헌법의 기본정신이라 할 수 있을 평화주의가 일본의 주체적인 선택만으로 이루어진 것이라고 할 수도 없다. 헌법전문에 명기된 '평화 속에서 생존할 권리'를 위시하여 제9조에 구체적으로 명기된 반전 및 평화주의적 자세는 전범국에 대한 연합군의 징벌적 비군사화정책에 기인하는 것이면서, 천황의 전쟁 책임을 회피하기 위한 일본정부의 제안과 동북아 군사질서를 재형성하려는 맥아더의 정치적 합작품이었다.[59] 전범 재판 역시 일본을 아시아의 새로운 동맹자로 삼으려는 미국의 의도가 반영된 작품이었다는 평가가 크다. 실제로 전쟁 이전 외무대신이었으면서(1913~1931) 친구미 노선을 걸으며 일본의 패권국가화에는 소극적이거나 비판적이었던 시데하라 기주로(幣原喜重郎, 1872~1951)는 도리어 그런 전력 때문에 연합군에게 평화주의자로 비치면서 1945년 10월 수상으로 취임했다. 시데하라가 천황을 상징적 존재로 천명하고 헌법안에 전쟁 포기를 선언하는 내용을 처음으로 제안했고 당시 점령군 사령관 맥아더가 이 안을 적극 평가하면서 「일본국헌법」(1946)이 만들어지게 되었다는 것이다. 그런 점에서 시데하라는 일본의 '비무장 평화국가화'를 추구했다고 할 수 있다.[60] 이것은 패전 후 연합군이 점령해있는 상황에서 일본의 생존을 위한 피치 못할 전략이었다고도 할 수 있다.

다른 한계는 이러한 헌법에 대해 상당수 일본 국민이 지지하면서도, 하

59 纐纈厚, 위의 글, p. 155; 이경주, 위의 글, pp. 159~160 참조.

60 纐纈厚, 위의 글, pp. 145~146.

야시 히로후미(林博史)가 냉철하게 비판하고 있듯이, 개인의 책임을 자각하지 못한 채 헌법9조만 지키면 된다는 식의 추상적 평화주의에 머물러왔다는 것이다. 헌법9조를 개정해 군사력을 강화하려는 보수 세력이나 헌법9조를 옹호하려는 혁신 세력 모두 일본의 전쟁 책임과 식민지 책임에 대해, 특히 개인적 차원에서 정면으로 맞서지 않았다는 점에서는 크게 다르지 않다는 것이다. 전후 일본의 평화주의는 사실상 "책임 없는 평화주의"였다는 것이다.[61]

## 2. 평화개념의 다양화, 평화헌법의 공헌

그럼에도 불구하고 앞에서 본대로 일본의 평화 지향적 흐름은, 비록 주류는 아니었지만, 메이지 시대부터 면면히 때로는 강렬하게 이어져온 것이기도 하다. 기존의 평화주의적 흐름의 연장선에서 전후에는 전쟁을 반대하는 과학자들의 모임인 '평화문제 담화회'(1949)와 그 후속 모임('평화문제 간담회', 1964) 등이 만들어졌다. 그리고 러셀과 아인슈타인 등 서구의 학자들이 핵무기 폐기를 선언한 '과학과 국제정세에 관한 퍼그워시 회의'(1957)를 모델로 '과학자 교토회의'(1962)도 열렸고, 추후에 사회과학자들도 참여해 군비철폐를 주장한 '교토 퍼그워시 회의'(1975)도 개최되었다. 미국과 유럽의 평화 연구에 영향을 받으며 '도쿄 평화연구 그룹'(1964)과 '일본 평화

61 하야시 히로후미 지음, 현대일본사회연구회 옮김, 『일본의 평화주의를 묻는다: 전범재판·헌법9조·동아시아연대』(서울: 논형, 2012), p. 5, pp. 69~76.

연구 간담회'(1966)도 형성되는 등 일본에서 평화에 관한 연구는 아시아에서는 가장 선구적이고 밀도 있게 진행되었다. '일본평화학회'(1973)가 설립되어 기관지 『평화연구』를 발행했으며, 기독교계 대학인 시코쿠학원대학(四国学院大学)에서 최초로 '평화학과'를 설립하는 등(1976) 수십 개의 대학에서 평화학 관련 강좌와 평화 연구소들이 설립되었다. 이런 식으로 평화 관련 연구, 교육, 출판 등이 다양하게 이루어져 왔다.

그런 점에서 이른바 평화헌법이 전후 일본 내 민주주의의 확립에 공헌했던 것은 분명하다. 유럽과 미국의 평화연구 결과를 대폭 수용하면서 평화가 반핵, 군축, '분쟁 규제', '분쟁 해소' 등의 차원으로 세분화했고, 종교계도 평화운동에 적잖게 동참했다. 가령 일본 신불교인 릿쇼코세이카이(立正佼成会)가 주도해 1970년도에 창립한 '세계종교인평화회의'(WCRP)라는 세계 종교 회의체에 '평화'라는 말이 들어가 있고, 평화 관련 많은 자료들을 출판한 데서 알 수 있듯이, 기독교계는 물론 불교계 종단들도 반핵, 군축, 반전 등을 외치기도 했다. 조도신슈[浄土眞宗]와 같은 불교 종단에서는 '반야스쿠니', '반원전' 운동을 벌이기도 했다. 모든 종교계가 한 목소리를 낸 것은 아니지만, 소수의 평화주의자들이 그랬듯이, 일부 종교계의 평화 메시지도 일본 내 평화담론의 확대에 공헌했다. 물론 이것은 기독교계 인사를 중심으로 반전, 반군국주의, 나아가 천황제 반대를 도모하던 역사의 연장이라고 해도 큰 문제는 없을 것 같다.

## 3. 냉전 극복으로서의 평화, 마루야마 마사오의 공존 평화론

이러한 평화 운동은 다른 시각에서 보면 전 세계적 냉전 체제를 강화시키는 데 기여하기도 했다. 가령 전후 일본의 제3차 요시다 내각(吉田內閣, 1949.6~1950.2)은 국제적으로 냉전 체제가 윤곽을 드러내는 상황 속에서 미국과 연계하며 반공주의적 '강화(講和)'를 지향했다. 미군 점령 체제를 끝내고 평화조약을 만들어가는 과정에 한국 전쟁이 발발하자, 중국이나 러시아를 제외한 단독 강화가 미일 간 대세가 되었다. 일본 정부의 반공주의적 평화주의가 미일과 중소를 축으로 하는 냉전 체제를 만드는 데 기여한 것이다.

이러한 현실을 비판하면서, 전후 일본에서 최고의 지성으로 평가받는 마루야마 마사오(丸山眞男, 1914~1996)는 공산주의 계열을 배제하는 단독 강화 움직임에 반대했다. 물론 전체주의적 공산주의도 비판했지만, 공산당이나 사회당도 포섭할 수 있을 때 이제 씨가 뿌려지고 있는 민주주의도 뿌리를 내릴 수 있다고 보았다.[62] 이러한 마루야마의 입장은 단독 강화를 추구하는 보수주의적 정부와 공산 계열 양쪽에서 비판의 대상이 되었지만, 마루야마는 두 세계의 '공존'을 중시했다. 미·소를 중심으로 하는 냉전적 양극체제에 반대하며 아시아는 제3의 길을 가야 한다고도 보았다. 한 가지 입장에서 전체를 지배하려는 태도는 설령 미국식 민주주의라고 해도 전체주의적이기는 마찬가지라고 보았기 때문이다. 두 세계의 공존이 일본이 걸어야 할 길이라는 것이었다.

62 松澤弘陽·植手通有 編『丸山眞男集』第四卷(岩波書店, 1995~1997), p. 333

특히 좌·우 모두 민족주의에 호소하고 있다는 점에서 민주주의는 좌·우익 민족주의를 포섭하는 민주주의여야 하며, 좌(左)보다도 더 좌(左)의 길, 즉 전체주의적 좌의 길을 넘어서는 민주주의적 좌(左)의 길을 걸어야 한다고 보았다.[63] 그에게 평화는 공존의 다른 언어였던 셈이다. 나아가 정부의 친미적 선택이 또 다른 전쟁을 불러일으킬지도 모른다고 비판하며 반전(反戰)의 입장을 견지했다는 점에서 전력불보유와 전쟁포기를 천명한 이른바 '평화헌법'과 같은 맥락에 있었다고도 할 수 있다.

## 4. '종전(終戰)'의 이면, 여전한 '힘에 의한 평화'

여러 차례 전술했지만, 이러한 입장은 소수였다. 주류는 일종의 '힘에 의한 평화'를 지향했다. 기존의 자기중심적 영향력을 국내외적으로 확장시켜갈 때 대중은 박수를 쳤다. 군국주의적 팽창의 본질은 늘 가려졌다. 이처럼 평화 의식이 사회적으로 자리 잡지 못하고 있는 근거의 하나가 '종전'(終戰)이라는 용어다.

'종전'은 일본 주류의 속내를 보여주는 언어다. 일본인에게 익숙한 용어는 '패전(敗戰)'이 아니라 '종전(終戰)'이다. 여기에는 천황제에 기초한 일본무류성(日本無謬性) 같은 정서가 놓여있다. 자신에게 패배를 안긴 미국에 대해서는 종속적이다 싶은 자세를 취하는 데 비해, 자신의 침략으로 인한 피해자에 대해서는 가해자 의식이 크지 않다. 전쟁에서 진 것[敗戰]이 아

---

63 위의 책, pp. 110~113.

니라, 그저 전쟁이 끝났다[終戰]고 생각하는 일본인의 무의식 안에 전쟁의 원인에 대한 반성, 피해자에 대한 사죄의 마음은 상대적으로 적다. 그런 점에서 일본의 평화는 여전히 일본 중심적이다. 이런 사실을 비판적으로 의식하며 젊은 정치학자 시라이 사토시(白井聰)는 "순연한 패전을 종전으로 바꿔 부르는 기만이 전후 일본 체제의 근본을 이룬다고 해도 과언이 아니다"라고 단언한다.[64] 패전 사실을 무의식 속에 은폐하고, 주변국과 우호관계를 유지하는 과정이면 충분하다는 생각은 전전의 권력 구조를 그대로 유지하려는 속내를 잘 보여준다.

이러한 기만은 아베 정권에서 내세우는 '적극적 평화주의'라는 교묘하고 적극적인 말로 나타난다. 이 말은 갈퉁의 '적극적 평화'(positive peace)와 같은 의미가 아니다. 평화학계에서 흔히 쓰는 positive pacifism을 의미하지 않는다. 아베 정권의 '적극적 평화주의'는 영어로는 proactive peace strategy 또는 proactive contribution to peace로 표기한다. 일본이 헌법9조에 명기하고 있는 전력불보유 및 전쟁포기라고 하는 전후 체제를 벗어나, 집단자위권을 전면에 내세우면서 사실상 전쟁할 수 있는 '보통국가'로 가기 위한 전략, 다시 말해 '일본 중심의 평화를 위해 사전적으로 취해지는 전략'을 의미한다.[65] 선제공격마저 가능한, 일종의 '힘에 의한 평화'를 달성하겠다는 것이다. 3·11동일본 대지진으로 인한 후쿠시마 핵발전소 폭파 이후 한편에서는 핵폐기 운동 중심의 평화운동이 더 활발해졌지만, 핵무

64 시라이 사토시 지음, 정선태 외 옮김, 『영속패전론』(이숲, 2017), p. 52.

65 남기정, "일본의 전후 평화주의: 원류와 전개, 그리고 현재," 『역사비평』 106호 (2014.2), p. 101.

기로 '패전'했다는 사실은 공론화되지 않는 현실적 편협함의 연장이라고 도 할 수 있다.

## VI. 나가는 말: '공기'의 창조로서의 평화

문화평론가 야마모토 시치헤이(山本七平, 1921~1991)는 『공기의 연구』(空氣の硏究, 1977)라는 명저를 남긴 적이 있다. 일본인은 '공기'('분위기'보다 강도가 세고 농도가 짙은 말)의 지배를 받는다는 것이 그 요지다. 일본인은 다분히 주변의 분위기에 따라 행동하는 경향이 크다는 것이다. 한 극단적인 사례로 야마모토는 일본 육군의 하급 장교로 태평양전쟁에 참여했다가 느꼈던, 일본 제국주의의 콤플렉스를 든다. 그저 '공기'에 따라 무모하게 미군과 전쟁을 감행하는 제국주의적 태도는 사실 일본의 깊은 콤플렉스의 표현이라는 것이다. 그저 관습대로 움직이다가 극한 상황에서는 자기 보호를 위해 스스로 사고를 정지시키고, 가상의 현실을 만들어 그 가상과 싸우는 군인의 모습이 그 한 사례라는 것이다.[66] 일본은 애당초 미국과 전쟁하는 법을 모른 채 가상의 미국을 현실의 미국으로 여기며 전쟁을 벌였다는 것이다. 이런 모습을 보며 야마모토는 일본이 미국과의 전쟁에서 패한 것이라기보다는, 현실에서 미군에게 결정적인 타격을 받고 허구의 세계

66 야마모토 시치헤이 지음, 최용우 옮김, 『어느 하급 장교가 바라본 일본 제국의 육군』(파주: 글항아리, 2016), p. 126.

가 산산조각나자 그냥 항복해버린 것이라고 말한다. 패할 것이 뻔한데도 싸워야만 할 것 같은 '공기'에 따라 전함을 출전시키고, 별 대책 없이 침몰해버리고 마는 모습에서 일본이 벌인 전쟁의 실체도 사실은 '공기'에 있었다는 사실을 읽어내고 있는 것이다.[67]

그는 제2차 세계대전의 패전국인 독일과 일본이 전쟁 범죄에 대해 취하는 태도가 달랐던 이유도 여기서 찾는다. 일본인은 모든 잘못된 결정의 책임을 '그럴 수밖에 없었다'며 일종의 '공기'에게 맡긴 뒤, 미국이 만들어 놓은 새로운 공기의 명령에 따라 전후에 새로운 삶을 살기 시작했다는 것이다. 그 때는 그럴 수밖에 없었고 지금은 그렇지 않을뿐더러 지금의 자신이 한 것도 아니니 새삼스럽게 패전에 대해 사과를 해야 할 명분도 덜 느낀다는 것이다. 천황이 항복을 선언하는 날 도쿄가 도리어 차분하기도 했다는 것도 이제는 공기가 바뀌었다는 사실을 수용하는 데서 오는 행동이었다는 것이다.

문제는 이러한 공기가 인공적으로 만들어질 수 있다는 것이다.[68] 야마모토는 메이지 유신 이후 첫 번째 대규모 내전이었던 세이난 전쟁(西南戰爭, 1877) 당시 '반란군은 불의하고 잔학한 집단'이지만 '관군은 정의롭고 자애로운 집단'이라는 일종의 프레임으로 관군을 절대화하고 천황을 신격화하면서 '공기의 지배'가 완성되었던 사례를 든다.[69] 일본인은 일종의 프레임 정치에 영향을 많이 받는 셈이라고나 할까.

67 야마모토 시치헤이 지음, 박용민 옮김, 『공기의 연구』(성남: 헤이북스, 2018), pp. 22~29.

68 위의 책, pp. 31~34.

69 위의 책, pp. 59~66.

이 말은 프레임 정치에 저항하고 이른바 공기를 바꾸는 것도 가능하다는 뜻이기도 하다. 일본의 평화주의자들이 희망을 걸었던 것도 이 지점이라고 할 수 있다. 평화주의자들은 기존의 공기에 저항하고 새로운 공기를 형성하려고 했던 이들인 셈이다. 물론 "공기에 저항하는 것은 참으로 대단한 에너지를 소비해야 하는 작업이다."[70] 군국주의적 전쟁에 저항하는 것도 참으로 대단한 에너지를 소비해야 하는 작업이었다. 그럼에도 불구하고 이러한 에너지를 소비하면서 새로운 사회를 만들려고 시도했던 이들이 일본의 평화주의자들이다.

근세 이래 일본에서 평화를 반전, 반군국주의, 비핵화 등으로 규정할 수 있었던 것은 '공기'를 거스르며 '대단한 에너지를 소비'하던 평화주의자들 덕분이라고 할 수 있다. 이들로 인해 일본에서 지난 백수십 년 상상해온 평화는 비전/반전, 반군국주의/반제국주의, 반핵/비핵화라는 사실을 읽어낼 수 있다. '반'(反), '비'(非) 등의 부정 언어는 기존의 공기를 바꾸려는 저항의 언어로서, 평화가 대단한 에너지를 써서 저항할 때 쟁취되는 세계라는 사실을 잘 보여준다. 이러한 저항 때문에 자유, 민주, 정의, 평등 등의 가치가 평화의 이상적 상태로서 확보된다는 사실도 일본의 평화주의자들이 잘 보여준다. 비록 주류라고 할 수는 없지만, 일본에서 전개되어온 평화의 개념이 한낱 관념에 머물지 않고, 역시 평화의 이름으로 벌어지는 정치적 우경화가 도리어 위장된 평화, 사실상 폭력이라는 사실을 폭로하는 역동적 근간인 것이다.

70 위의 책, p. 36.

## 참고문헌


### 1. 국문 단행본

가노 마사나오 지음, 김석근 옮김.『근대 일본사상 길잡이』. 서울: 小花, 2010.

고케츠 아츠시 지음, 박현주 옮김.『부활하는 일본의 군국주의』. 서울: 제이엔씨, 2007.

나인호,『개념사란 무엇인가』. 고양: 역사비평사, 2011.

다까하시 고하찌로 외, 차진석 외 옮김.『일본근대사론』. 파주: 지식산업사, 1994.

로버트 실젠 지음, 서정민·홍이표 옮김.『가가와 도요히코 평전』. 서울: 신앙과지성사, 2018.

손순옥.『아우여 죽지 말고 돌아와 주오』. 파주: 들녘, 2017.

야가사키 히데노리.『일본의 평화사상연구: 근대 일본의 대국주의와 소국주의』. 아산: 선문대학교출판부, 2004.

야마모토 시치헤이 지음, 최용우 옮김.『어느 하급 장교가 바라본 일본 제국의 육군』. 파주: 글항아리, 2016.

야마모토 시치헤이 지음, 박용민 옮김.『공기의 연구: 일본을 조종하는 보이지 않는 힘에 대하여』. 성남: 헤이북스, 2018.

정형.『사진 통계와 함께 읽는 일본 일본인 일본문화』. 서울: 다락원, 2009.

하야시 히로후미 지음, 현대일본사회연구회 옮김.『일본의 평화주의를 묻는다: 전범재판·헌법9조·동아시아연대』. 서울: 논형, 2012.

### 2. 국문 논문

김경일. "요시노 사쿠조의 평화론에 대한 고찰: 다중적 평화인식에 대한 분석을 중심으로."『일본문화연구』 제52집(2014), pp. 31~51.

남기정. "일본의 전후 평화주의: 원류와 전개, 그리고 현재."『역사비평』 106호(2014), pp. 94~134

박은영. “야나이하라 다다오(矢内原忠雄)의 전후 평화론에 대한 일고찰.” 『아시아문화연구』 제43집(2017), pp. 135~160.
오가와 하루히사(小川晴久). “平民新聞과 小國主義.” 『日本思想』 第7號(2004), pp. 247~259.
이경주. “평화주의와 일본국헌법 그리고 평화운동.” 『일본사상』 제4호(2002), pp. 145~169.
채수도. “戰前 日本의 非戰思想에 관한 一考: 2인의 非戰論者와 平民新聞의 論據에 대한 분석을 중심으로.” 『일본문화연구』 vol. 24(2007), pp. 219~239.

3. 영문 단행본

Dietrich, Wolfgang eds. *The Palgrave International Handbook of Peace Studies: A Cultural Perspective*, London: Macmillan, 2011.
Hunter, Allan A.. *Three Trumpets Sound: Kagawa, Gandhi, Schweizer,* New York: Association press, 1939.

4. 기타

家永三郎 外 編. 『日本平和論大系』(全20巻). 東京: 日本図書センター, 1993–1994.
岡本三夫. 『平和学を創る: 構想.歴史.課題』. 廣島: 財団法人広島平和文化センタ, 1993.
內村鑑三. “世界歴史に徵して日支の關係を論ず.” 『內村鑑三全集 3』, 東京: 岩波書店, 1982.
________. “時勢の観察.” 『內村鑑三全集3』. 東京: 岩波書店, 1982.
________. “日本国の天職.” 『內村鑑三全集1』. 東京: 岩波書店, 1982.
鹿野政直. 『近代国家を構想した思想家たち』. 東京: 岩波書店, 2005.
藤井松一. “戰争観と平和観.” 古田光 編, 近代日本社会思想史. 東京:有斐閣,

1968.

色川大吉.『自由民権』. 東京: 岩波新書, 1981.

小林正弥.『非戰の哲学』. 東京: 筑摩書房, 2003.

松永昌三.「中江兆民: 平和国家の構想」, 小松茂夫・田中浩『日本の国家思想(上)』. 東京: 青木書店, 1990.

松澤弘陽・植手通有 編.『丸山眞男集』(第四卷). 東京: 岩波書店, 1995−1997.

__________.『丸山眞男集』(第五卷). 東京: 岩波書店, 1995−1997.

矢内原忠雄.「国家の理想」(『中央公論』, 1937.9)『全集』18.

鴨武彦 編.『大日本主義との闘争』. 東京: 東洋経済新報社, 1996.

田中彰.『小国主義』. 東京: 岩波新書, 1999.

中央学術研究所・社会倫理研究会 編.『共生と平和の生き方を求めて』. 東京: 佼成出版社, 1999.

憲法研究会 編.『平和思想史』. 東京: 法律文化社, 1964.

横井小楠.『国是三論』. 東京: 講談社, 1986.

纐纈厚. "日本平和思想の展開と課題ーその思想史的系譜と特質をめぐって."『日本思想』, 제17권(2009).

北島義信. "東アジアにおける平和共同体の建設: 安藤昌益にみられる大同思想とその現代的意義."『韓國宗敎』, 第42輯(2017).

# 6장 한국 한국인의 평화사상, 그 궤적과 특징*

서보혁

## Ⅰ. 문제제기

어느 언론사나 국제기구가 '오늘날 세계에서 평화가 가장 절실한 곳은 어디인가' 하고 설문조사한다면 독자 여러분은 어느 나라를 꼽을 것인가?

---

* 이 글은 서울대학교 통일평화연구원 HK평화인문학연구단이 2016~18년 네 차례 개최한 '한국인의 평화사상' 학술회의 발표 논문들을 바탕으로 작성한 것이다. 이들 연구결과는 『한국인의 평화사상 Ⅰ·Ⅱ』(인간사랑, 2019)로 출간되었다.

많은 사람들이 이스라엘-팔레스타인과 한반도를 꼽을 것이다. 물론 각자의 시각이나 지식에 따라서 다른 곳을 지목할 수도 있을 것이다. 시리아, 미얀마(버마), 필리핀, 그리고 미국도 거론될만한 국가들이다. 그러나 한반도와 중동이 가장 많이 꼽힐 것으로 예상하는 것은 이곳이 장기분쟁지역이기 때문이다. 2017년 한반도는 1994년과 비슷하게 전쟁 위험이 높았다. 한국전쟁은 아직 완전히 끝나지 않았다. 그런 가운데 2018년 4월 이후 한반도는 평화가 정착될 가능성 때문에 세계적인 관심을 끌고 있다. 북한의 핵실험 및 장거리 미사일 발사 중단과 잇따른 남북, 북미 정상회담 등으로 평화가 먼 미래의 꿈이 아니라, 지금 서서히 만들어지는 것을 체감할 수 있다는 희망이 일어나고 있다. 그러나 2019년 유동적인 한반도 정세를 볼 때 그 희망은 대단히 불안한 상태이다. 여기서 우리는 자연스럽게 자문해본다. 평화가 무엇이냐고. 평화는 전쟁과 갈등의 예외지대인가? 나는 그리고 우리는 평화를 어떻게 꿈꾸어왔느냐고 묻는 것이다.

한국인의 평화사상은 무엇이고 그 특징은 무엇인가? 한국인의 평화사상에는 한국인 고유의 특수성이 있는가, 있다면 그것은 다른 국가 및 민족의 그것과 호환 가능한가? 이런 질문을 염두에 두고 한국인의 평화사상을 찾아가보고자 한다. 이를 위해 아래에서는 먼저, 한국인의 평화사상의 근간을 존재론과 인식론 두 측면에서 살펴보고, 이어서 평화사상의 내용과 그 실현 방법을 선각자들의 지적, 실천적 유산을 통해 찾아보고자 한다. 이를 통해 한국인의 평화사상을 이해하고 자부심을 가질 뿐만 아니라 한반도발 평화를 일구어가는 데 한국인으로서 적극 참여할 마음을 갖게 되기를 기대해본다.

## Ⅱ. 평화사상의 근간

### 1. 존재론

여기서는 한국인의 평화사상이 바탕을 두고 있는 철학적 근간을 존재론과 인식론, 두 측면에서 살펴보고자 한다. 존재론 측면에서 한국인의 평화사상은 전체를 중시하는 입장과 부분(혹은 개체)을 중시하는 입장 중 어느 한 곳에 서있지 않다. 오히려 그 둘이 서로 의존하며 하나를 이루는 현상과 그 관계에 주목하고 있다.

한국사를 빛낸 고승 가운데 한 분인 7세기 신라시대 의상은 원효와 함께 불교의 대중화에 힘썼다. 그의 대표 저술 중 하나인 『화엄일승법계도(華嚴一乘法界圖)』는 80권이 넘는 『화엄경』을 7언(言) 30구(句) 210자(字)로 간명하게 풀이한 일종의 게송(偈頌)이다. 그중 유명한 게송이 "하나가 곧 전체이고 전체가 곧 하나"라는 대목이다. 이는 인간 개개인은 물론 모든 생명체 각각이 우주를 품고 있고 우주는 각 개체들의 조화로운 공존으로 구성 운영됨을 의미한다. 전체와 개체에 관한 의상의 통합적 시각은 시간과 공간, 양 차원에서 이해한다. 공간적 지평에서 볼 때 티끌 하나에 온 우주의 이치가 있다는 말은 온 우주의 이치가 티끌 하나하나에 다 들어 있다는 이야기다. 시간적 지평에서 본다면 찰나의 순간에 영원이 들어 있다고 말할 수 있다. 그래서 의상은 무량원겁즉일념(無量遠劫卽一念)이라고 하며 영원의 시간이 일념의 짧은 시간과 같다고 이야기한 다음, 다시 일념의 짧은 시간이 헤아릴 수조차 없는 무량겁과 같다고 말한다.[2]

한민족의 근대사는 실로 억압과 폭력의 세기에 생존을 추구해나간 피땀으로 점철되었다. 이때 한민족 전체와 민족 구성원 개개인의 구별, 그 선후는 무의미한지도 모른다. 통합적 세계관은 하나의 관념이 아니라 현실적인 의미를 띠고 19세기 이후 한반도 근대에 재연한 것이다. 조선의 쇠망과 한반도를 둘러싼 일본 제국주의 세력의 식민통치가 진행되던 시절 선각자들의 평화사상 역시 통합적 세계관에 근거하였다.

원불교 창시자 소태산의 일원상(一圓相)의 진리는 그가 깨달은 진리를 언어로 표명한 것이다. 원불교의 모든 교의는 이 진리를 근원으로 하고 있다. 일원상의 진리 구조는 근원성, 원융회통성, 원만성 등 세 측면에서 파악할 수 있다. 근원성은 일원상 진리가 우주 만유의 본원이자 깨달음을 얻은 제불 제성의 심인이며, 중생들의 본성이라고 하는 것을 말한다. 원융회통성은 일원상의 진리가 곧 법신불(Dharma-kāyabuddha)로서 세계의 모든 현상이 소통됨을 의미한다. 이러한 세계관은 모든 이원적인 대립을 지양(止揚)한다는 것에 의미가 있다. 원만성은 일원상의 진리가 인간에 의해 구체적으로 드러나는 상태를 원만구족(圓滿具足)과 지공무사(至公無私)로 나타내고 있다. 원만한 사회는 일원상 진리의 교의가 구현된 정토(淨土) 세계이다. 그 최종적인 세계는 미륵정토인 용화회상이다. 이 불국정토는 모든 존재가 완전한 주체로서 자신의 모습을 드러냄과 동시에 모든 존재로부터 존중받고 갈등이 사라진 평화 세계를 말한다.[2]

---

1 전호근, "장일순의 평화사상: 한국 전통불교와의 관련성을 중심으로," 『통일과평화』 8집 2호 (2016), pp. 93~95.

2 원영상, "소태산의 평화사상," 『통일과평화』 8집 2호 (2016), pp. 8~11.

해월 최시형의 사해동포주의 평화사상도 통합적인 존재론을 잘 보여준다. 해월은 모든 사람이 나의 동포(人吾同胞)이고 모든 만물이 나의 동포(物吾同胞)라는 전체의 진리를 깨달음에서 비롯된 것이라고 가르친다. 또 해월은 말한다. "하늘을 공경함은 결단코 빈 공중을 향하여 상제를 공경한다는 것이 아니요, 내 마음을 공경함이 곧 하늘을 공경하는 도를 바르게 아는 길이니"라고.[3]

함석헌의 '씨올 사상'은 민중 개개인의 소중함을 부각시키는데 이는 권위주의, 식민주의, 가부장제가 온존하는 시대를 지켜온 전체론적 세계관에 대한 부정이었다. 모든 씨올 은 전체가 하나의 생명인 까닭에 "역사는 하나"라는 형이상학적 선언에 통합된다. 역사 속의 씨올 은 하나됨의 완성을 향해서 나아가는 존재인 동시에 역사는 바로 그러한 씨올 들이 하나 되기 위해서 노력해가는 과정이다.[4]

이상 살펴본 바와 같이 고대와 근대를 막론하고 한국인의 평화사상을 만들어주는 존재론적 기반은 전체와 부분의 상호의존적 통합이다. 그럴 때 개인 〉 사회 〉 국가 〉 세계 〉 우주에 관한 통합적인 세계관과 우애·협력의 사회관이 생성되는 것이다. 그렇지만 이런 통합적인 존재론이 적절한 인식론과 엮이지 않을 경우 그것은 전체론과 개체론의 양 극단으로 편향될 개연성이 있다. 평화사상의 철학적 기반이 존재론과 인식론으로 구성된 하나의 쌍이어야 하는 이유가 여기에 있다.

---

3 김용휘, "해월 최시형의 공경과 살림의 평화사상," 『통일과평화』 9집 2호 (2017), p. 23.

4 김대식, 『함석헌의 평화론』(서울: 모시는 사람들 2018) 참조.

## 2. 인식론

다음으로 인식론은 세계를 인식하는 태도와 방법에 관한 주의주장을 말하는데, 일반적으로 정신과 물질, 선과 악, 하늘과 땅의 관계를 어떻게 파악하느냐의 문제이다. 한국인의 평화사상을 지지하는 것은 이 둘의 상대적 우위보다는 그 근본을 찾는데 주목한다. 세계의 근본을 인식하는 근본은 인식의 주요 창을 선택하는 것보다 더 중요한 문제이고, 그것은 세계가 어떻게 존재하는가 하는 문제와 동전의 양면을 이룬다.

한국인의 평화사상의 인식론에 있어 원효의 화쟁(和爭)사상은 단연 독보적이다. 원효는 화쟁의 논리를 사물에 비유하여 '파도와 고요한 바다는 둘이 아니다'라고 이야기한다. 이어서 화쟁은 모두 일심(一心)을 근본으로 하지만 그 양상은 여러 가지로 나타날 수 있다고 주장한다. 화쟁사상은 현상적인 평화만을 평화사상으로 포용하고 갈등을 배척하는 것이 아니라, 둘의 긴장과 소통 속에서 참다운 평화를 형성할 수 있다는 구성적 측면에 주목한다. 원효는『대승기신론소』에서 화쟁을 다음과 같이 이야기하고 있다.

> 바람 때문에 고요한 바다에 파도가 일어나지만 파도와 고요한 바다는 둘이 아니다. … 우리의 마음 또한 이와 같아서 불생멸심(不生滅心)이 움직일때 생멸상(生滅相)을 떠나지 않으며 생멸하는 상(相)도 참된 마음이 아님이 없기 때문에 생멸상 또한 마음을 떠나지 않는다.[5]

5 원효, "심생멸문(心生滅門),"『대승기신론소(大乘起信論疏)』; 전호근, "장일순의

동학의 창시자 수운 최제우도 근본적인 차원에서 문제의 원인을 마음에서 찾았다. 수운은 옛 사람들은 하늘을 공경하고 하늘의 이치에 따라 살았는데 지금 사람들은 더 이상 하늘을 공경하지 않고 자기만을 위하는 이기심(各自爲心)에 빠졌다고 보았다. 하늘과 단절되어 자기밖에 모르는 이기심을 위기의 근본 원인이라고 보았던 것이다. 이러한 각자위심이 탐욕을 낳고 교만과 사치를 낳고, 그것이 다른 사람들에 대한 착취와 억압, 차별로 나타난 것이다. 제국주의 세력의 침략이나 세도가의 권세나 수령들의 폭정이나 그 근본원인에서는 마찬가지라고 본 것이다. 근본원인은 하늘과 유리되어 황폐해진 마음이다.[6] 이때 수운은 하늘과 땅을 대립시켜 둘의 상대적 우위를 주장한 것이 아니라, 둘 중 한쪽(땅)이 고립되고 왜곡된 행태를 보인 원인으로서 둘의 끊어짐에 주목한 것이다. 그렇게 볼 때 수운을 비롯한 동학의 경천사상은 본질과 현상, 우주와 인간 사이의 상대적 우위가 아니라 둘의 적절한 관계 즉, 인간이 하늘의 뜻을 깨닫고 받아들이는 자세를 강조하고 있다.

인식론 논쟁의 큰 줄기는 정신과 물질, 근원과 현상의 관계를 둘러싸고 전개되어왔다. 한국인의 평화사상에 깊은 종교적 심성이 흐르고 있는데 우주의 섭리와 그 운행자에 대한 관심이 관념론적 차원에 머무르지 않고, 인간 사회와의 관계로 이어지고 있음을 알 수 있다. 퇴계 이황의 천(天)은 인간과 분리된 이법적(理法的) 천(天)만이 아닌 나와 함께 하는 천(天)이자

평화사상," p. 88에서 재인용.

6 김용휘, "해월 최시형의 공경과 살림의 평화사상," p. 8.

상생하는 천(天)이며 능동하고 자발적인 천(天)이다.[7] 김수환 추기경도 "하느님은 인간을 위해 당신을 비우시고 바치셨습니다. 하느님의 제일의 관심사는 인간"[8]이라고 말했다. 이황과 김수환 모두 다른 시대에, 다른 얼굴로 같은 평화관을 드러냈으니 사해동포주의, 생명평화사상이 그것이다.

이런 철학적인 차원의 논의와 별도로 한국인의 평화사상은 모두 한반도에서 비평화(peacelessness)[9]적인 격변기 상황을 배경으로 하고 있다는 점에도 주목할 필요가 있다. 원효의 화쟁론과 의상의 화엄철학은 신라가 불완전한 통일을 이룬 뒤 고구려, 백제 유민들과 함께 살아야했던 시대에서 탄생한 평화의 철학이다. 퇴계와 율곡 이이의 평화사상은 조선사회의 모순 심화와 왜구의 침략을 배경으로 하고 있다. 분단 이후 반공 권위주의 체제 하에 있던 무위당 장일순의 사유에서도 유사한 맥락을 찾아볼 수 있다. 장일순 또한 독재와 민주로 나뉘어 서로를 적대시하며 싸우던 20세기 후반 한국 사회를 배경으로 구성원들이 증오심을 넘어 평화롭게 공존할 수 있는 조건을 만들기 위해 동일한 고민을 하였다.[10]

어디 이들 만인가. 한반도에서 근대는 고통과 치욕의 시기였으니 평화가 더욱 간절했을 터인데 식민통치와 해방, 분단과 전쟁, 그리고 독재 등 다양한 비평화 상황을 거치는 동안 한국인의 평화사상은 그만큼 풍부해

---

7 김성실, "퇴계 평화사상에 관한 일고찰," 『통일과평화』 10집 1호 (2018), p. 44.

8 김수환, "사랑과 평화(1986. 1. 1)" 『말씀집, 1986년』, p. 2; 박일영, "옹기 김수환 추기경의 평화사상," 『통일과평화』 10집 1호 (2018), p. 177에서 재인용.

9 비평화개념과 한국적 맥락에의 적용에 관해서는 서보혁, "콕스가 휴전선에 간 까닭: 한반도 비평화 구조와 그 작동양식," 『한국과 국제정치』 제28권 제3호 (2012), pp. 31~60.

10 전호근, "장일순의 평화사상," p. 80.

졌다. 해월은 망국의 끝자락에서 세상의 비평화를 갈파하면서 그 뒤에 올 후천개벽을 다음과 같이 생동감 있게 그려냈다.

> 이 세상의 운수는 개벽의 운수라. 천지도 편안치 못하고, 산천초목도 편안치 못하고, 강물의 고기도 편안치 못하고, 나는 새와 기는 짐승도 다 편안치 못하리니, 유독 사람만이 따스하게 입고 배부르게 먹으며 편안하게 도를 구하겠는가. 선천과 후천의 운이 서로 엇갈리어 이치와 기운이 서로 싸우는지라, 만물이 다 싸우니 어찌 사람의 싸움이 없겠는가. 큰 전쟁 뒤에는 반드시 큰 평화가 있는 것이니, 전쟁이란 평화의 근본이니.[11]

독립의 기쁨을 맛보지 못하고 순국한 만해의 평화사상에도 일본 식민통치세력의 폭압을 비롯한 각양의 폭력이 밑거름이 되었다. 그의 청년기는 관군과 동학, 전통과 근대가 갈등하는 경계에 있었다. 또 주변국을 넘나들면서도 신문물과 옛것이 부딪치는 경계를 경험했고, 민주주의와 제국주의가 동전의 양면처럼 붙어 있는 상황을 목격했다. 만해는 제국주의가 내포하고 있는 '중심'의 질서를 비판한다. 강력한 중심주의는 수많은 주변들의 자유를 강탈할 수밖에 없기 때문이다. 같은 맥락에서 근대 제국주의만이 아니라 중화(中華)로 상징되는 봉건적 전통 질서도 비판한다. 또 우리 안의 제국주의, 마음의 제국주의도 염려한다.[12] 일제 강점기에 태어난

11 최시형, "개벽운수," 『해월신사법설』, 330; 김용휘, "해월 최시형의 공경과 살림의 평화사상," p. 13에서 재인용.

12 박재현, "만해 한용운의 평화사상," 『통일과평화』 9집 2호 (2017), p. 36.

장일순이 생태평화사상을 형성하고 삶으로 보여주고 세상을 떠날 때까지 격동의 시대를 산 것도 마찬가지다. 민족의 분단과 한국전쟁, 연이은 독재정권의 집권으로 민주적 가치와 인권이 탄압받는 어둠의 시대를 살았던 것이다. 민주화 운동의 최우선 과제는 필경 독재정권과 맞서 싸우는 일일 수밖에 없기 때문에 불가피하게 투쟁적이고 영웅적인 삶이 요청되는 시대이기도 하다.[13]

그러나 평화사상의 선각자들은 억압과 치욕의 시대를 거치며 그들을 억압한 세력을 단죄하기보다는 대결과 경계를 넘는 시도를 했다. 만해는 일본 제국주의에 저항하면서도 일제만이 아니라 제국주의 이면의 모든 근대에 대한 비판과 성찰을 추구했다. 국가나 사회를 위한 희생이 더 크고, 개인을 위하여 희생한 것이라고 더 작은 것은 아니라는 만해의 통찰에는 제국주의와 결부된 근대성에 대한 비판이 내재하고 있다. 그런 가운데 형성된 만해의 평화사상을 '경계(境界)의 평화사상' 혹은 다원주의적 평화사상이라고 불러도 좋을 것이다.[14] 장일순도 1950년대부터 세상을 떠날 때까지 비폭력 저항을 중심으로 평화운동을 이어갔다. 그는 자신의 호(淸江)를 지은 사연을 민주화 운동을 탄압하던 군부 권위주의 세력을 암시하면서 "나를 핍박하고 욕되게 했던 이들까지도 사랑하자는 뜻에서 '푸른 강'이라고 지은 거"라고 밝힌 바 있다.[15] 나아가 유영모는 인식 주체와 대상

13 전호근, "장일순의 평화사상," p. 101.

14 박재현, "만해 한용운의 평화사상," pp. 36~37.

15 채희승, "무위당 장일순의 서화세계," 『원주얼』 18호 (2013), pp. 282~283; 전호근, "장일순의 평화사상," p. 91에서 재인용.

을 서로 주체로 보는 역동적이고 상호적인 인식론과 존재론을 제시한다.[16]

19세기 이후 민족의 비극은 독립, 자주, 반전평화라는 겨레의 염원으로 전환되어갔다. 그러나 그런 염원이 민족과 한반도로 국한되었다면 보편적인 평화사상으로 승화되지 못했을 것이다. 위 사상가들의 평화사상에도 깃들어 있지만, 다석 유영모의 평화사상은 한국인의 평화사상은 세계와 우주와 맞닿아 있음을 보여준다. 민을 생명과 역사의 창조자적 주체로 파악한 유영모는 인식 주체뿐 아니라 인식 대상의 존엄을 강조한다. 그는 인간과 생명체뿐 아니라 만물, 물체까지도 이성적 인식의 대상으로만 보지 않고 한없는 깊이와 값, 의미와 연관을 지닌 주체로 이해했다.[17] 다석의 생명평화, 우주평화론은 모든 존재에 대한 존중, 그리고 인간들 사이의 서로 주체성 인정에서 흘러나오는 것이다. 그리고 다석이 실천해온 평화사상은 국권상실, 분단과 전쟁, 남북 적대기를 거치면서 각종 비평화를 승화하면서 나온 것이라는 점을 상기해보는 것이다.

이처럼 한국인의 평화사상의 근저에는 타자화와 분리를 초월하는 철학적인 배경, 그리고 암울한 시대에서 각양의 정치폭력을 승화하려는 선각자들의 깊은 깨달음과 눈물 어린 노력이 있었던 것이다. 그러면 다음으로 한국인의 평화사상이 구체적으로 어떤 내용인지 살펴보자.

---

16 서로 주체 개념에 관한 철학적 논의와 남북관계에 적용한 탁월한 연구로 김상봉, 『서로주체성의 이념: 철학의 혁신을 위한 서론』(서울: 길, 2007); 김학노, 『남과 북의 서로 주체적 통합』(서울: 사회평론, 2018).

17 유영모, 『다석강의』(서울: 현암사, 2006), p. 237, 250; 박재순, "다석 유영모의 평화사상," 『통일과평화』 10집 1호 (2018), p. 142에서 재인용.

# III. 평화사상

## 1. 반전·비폭력

한국인의 평화사상 중에서 으뜸은 반전·비폭력이다. 한반도의 지정학적 위치와 관련되는 오랜 외침, 특히 근대 들어 일본의 식민통치와 전쟁을 통한 분단체제의 형성 및 지속으로 반전의식은 그 어느 지역보다 높다. 또 그런 지리적 특성과 시대 변천에 따라 반전평화사상의 내용은 풍부하게 구성된다.

19세기 들어 조선 조정과 외세가 민중을 죽임의 길로 내몰 때 그 대책에 대한 남계천의 물음에 해월의 답은 비폭력이었다. 해월은 "삼재 가운데 전란을 피하는 일이 가장 쉬우니, 적병이 습격하여 와서 인명을 살해할 때에 의기남아로 하여금 적군의 앞에 나아가 그의 원하는 바를 들어주고 평화를 공작하면 가히 면할 것"이라고 말한다.[18] '보국안민(輔國安民)'을 기치로 동학농민운동을 주도한 전봉준은 그가 선포한 동학농민군의 행동강령 4대 명의와 12개조 기율에 생명존중사상을 녹여냈다. 동학농민운동은 반외세 민중평등을 추구했는데, 그 행동강령에는 불살생(不殺生)을 목표로 하고 있었다. 바로 여기에 생명을 소중히 여기는 전봉준의 평화사상이 잘 드러나고 있다. 4대 명의 중 다음 두 개 항이 포함된다. 첫째, 매번 적을

18 최시형, 『해월신사법설』, 385; 김용휘, "해월 최시형의 공경과 살림의 평화사상," p. 15에서 재인용.

상대할 때 우리 동학농민군은 칼에 피를 묻히지 아니하고 이기는 것을 가장 으뜸의 공으로 삼을 것이며, 둘째, 비록 어쩔 수 없이 싸우더라도 사람의 목숨만은 해치지 않는 것을 귀하게 여겨야 할 것이다. 또 12개조 기율에는 다음 사항들이 포함된다. 항복하는 자는 사랑으로 대한다, 곤궁한 자는 구제한다, 따르는 자는 공경하며 복종한다, 굶주린 자는 먹여준다.[19] 이는 전봉준이 이끈 동학농민운동이 적군의 목숨까지 소중히 여기는 보편적 평화사상을 안고 있었음을 말해준다.

한국인의 평화사상에서 모든 형태의 폭력에 반대하는 시각은 일찍이 발달했는데 고대부터 불교의 불살생 사상에 영향을 받은 바 크다. 근대에 들어서는 동서양의 비폭력사상이 도입되면서 한국인의 평화사상이 더 깊어졌다. 함석헌의 비폭력 평화사상 및 운동은 간디, 톨스토이, 기독교, 무정부주의 등 다양한 사조의 평화사상을 체득해 한국 현실에 적용하고 몸으로 보여준 경우이다. 특히, 함석헌은 간디를 통해 인도의 평화사상을 적극 수용했는데, 아힘사(Ahimsa)와 사티아그라하(Satyagraha) 개념에 주목했다. 아힘사는 사랑, 자비, 용서를 포함하는 비폭력을 뜻하고, 사티아그라하는 악행을 저지르는 사람을 강요하거나 처벌하는 게 아니라 설득으로 개심(改心)시키는 데 목적이 있다. 이를 바탕으로 함석헌은 비폭력의 본질이 상대방을 폭력으로 패배시키는 대신 정신력으로 상대방의 마음을 변화시키는 데 있다고 보았다. 나아가 그는 스스로 고난을 감수함으로써 상대방의 마음속에 있는 감정을 불러일으키는 것까지 거론하면서 비폭력의 깊

19 박맹수, "전봉준의 평화사상," 『통일과평화』 9집 1호 (2017), pp. 84~85.

이를 더해주었다.[20]

근대에 들어 한국인의 반전평화사상이 확산된 것은 민족상잔의 한국전쟁을 겪은 후이다. 그러나 냉전 시기 한국인의 평화사상은 절름발이 사상이었다. 남한의 경우 권위주의 정권이 승공 북진통일론을 계속 주장하는 가운데 '평화통일'론이 피어날 여지가 없었다. 오히려 평화통일론은 반체제 이적 행위로 간주되어 정치적 탄압의 대상이 되었다. 이승만 정권에 입각(入閣)했던 조봉암의 평화통일론이 대표적인 예이다. 조봉암의 통일과 평화에 대한 인식에는 한국전쟁과 국제적 냉전 질서에 대한 인식이 직접적으로 영향을 주었다. 특히 한국전쟁으로 직접적이고 파괴적인 폭력을 경험한 이후 조봉암은 단순히 같은 민족이라는 당위성에 기초한 통일이 아니라 반전에 기초한 평화적 통일을 강조했다.[21] 그 대가는 너무나 가혹했다.

대표적인 군축연구자였던 리영희의 평화사상은 반전반핵을 핵심으로 하고 있다. 리영희는 한국전쟁부터 지금까지 한반도에서 전쟁과 사고를 포함해 핵재앙이 일어날 개연성을 우려하면서 그에 무감각한 국민들이 '사무삼과(四無三過)'에 빠져 있다고 질타한 바 있다. 사무는 핵에 대해서 무지하고 무관심하고 무감각하고 무민족적이란 뜻이고, 삼과는 핵에 대해서 인간이성을 과신하고, 기계의 정밀성을 과신하고 또 군사력을 과신한다

20 이재봉, "함석헌의 비폭력사상과 한반도의 비폭력통일," 함석헌학회 기획, 『생각과 실천2』(파주: 한길사, 2012), p. 198; 김대식, "함석헌의 평화사상: 비폭력주의와 협화주의(協和主義)를 중심으로," 『통일과평화』 8집 2호 (2016), p. 50에서 재인용.

21 김태우, "조봉암의 평화사상," 『통일과평화』 9집 1호 (2017), p. 121.

는 말이다.[22] 특히, 리영희는 핵에너지와 핵무기에 대한 '맹목적 신앙심'을 지적하면서 그것은 핵에 관해 무지한 태도와 상관성이 있다고 지적한다. 선생은 한국인들이 핵에 무지하게 된 원인을 민족 내부문제에 대한 군사적 해결, 맹목적인 반공이데올로기, 핵무기의 위험성과 핵전쟁의 종말성에 대한 무지, 군대와 군사력 숭배사상이 지배하는 사회, 미국 사대주의, 외국의 핵기지화의 위험성에 대한 인식 착오 등 5가지를 꼽은 적이 있다.[23] 다른 한편, 리영희는 한반도에서 전쟁이 재발할 우려를 한국전쟁에서 비롯된 북한과 미국의 적대관계에서 찾고 있다. 선생은 미국이 북한에 대해 '풀지 못한 원한'을 6·25전쟁에 승리 없이 비긴 것을 비롯해 9가지로 열거하고 이를 외상후스트레스장애(PTSD) 증후군으로 규정한다. 동시에 북한 측 역시 '조국통일전쟁'을 승리하지 못하고 미국으로부터 핵공격 위협에 노출되어 있는 상태를 '역 PTSD 증후군' 환자와 같다고 말하고 있다. 선생은 그 연장선상에서 북한이 냉전 해체 후 핵개발을 감행했다고 분석하고 양국 간 적대관계 청산과 평화조약 체결을 근본적인 해결책으로 제안하고 있다.[24]

22 서보혁, "리영희의 반전반핵 평화사상," 『통일과평화』 9집 2호 (2017), p. 128.
23 리영희, 『역설의 변증』(파주: 한길사, 2006), pp. 132~135.
24 리영희, 『새는 '좌·우'의 날개로 난다』(파주; 한길사, 2006), pp. 58~80.

## 2. 평등

두 번째로 꼽을 수 있는 한국인의 평화사상은 평등이다. 여기서 말하는 평등은 반차별과 함께 민중 복리도 포함된다. 오랫동안 차별이 제도화된 봉건사회에서 민중의 삶이 억압, 차별, 소외당한 점을 고려할 때 두 측면이 포함됨은 당연해 보인다. 사실 한국인의 평화사상에 평등은 고대 단군의 홍익인간론에서 밝힌 인내천 사상에 근원을 두고 있다. 근대 평등사상은 오랜 신분사회의 폐단을 겪은 후 일어난 보다 현실적인 필요를 바탕으로 하고 있다.

조선 말엽에 등장한 동학사상은 한편으로 반외세 보국, 다른 한편으로는 민생 안민을 기치로 한 생명평화운동으로 발전하였다. 동학을 철학에서 정치로 연결시킨 해월 최시형의 평등사상이 여기에서 빛난다. 해월의 동학사상의 특징은 민중사상이라는 점에 있으며, 모든 생명에 대한 '공경과 살림'을 중시하는 생명사상이자 평화사상이었다. 구체적으로 사인여천(事人如天)과 삼경(三敬)의 사상으로 표현되었으며 '살림'의 실천으로 드러났다. 수운이 시천(侍天), 모심을 강조했다면, 해월은 양천(養天), 살림을 강조했다.[25] 해월의 살림 사상은 민중이 기존 지배계층과 동등한 사회 구성원이고 그들도 인간으로서의 존엄과 생존을 보장하는 것, 곧 평등사상을 바탕으로 하고 있음을 알 수 있다. 전봉준이 1894년 3월 20일 발표한 포고문의 '보국안민'에 동학의 평화사상이 뚜렷하게 나타나 있다. 보국안민

25 최시형, "양천주," 『해월신사법설』, p. 367; 김용휘, "해월 최시형의 공경과 살림의 평화사상," p. 21에서 재인용.

은 바로 부패한 조선왕조 지배체제 아래에서 신음하는 백성들의 생명, 생업, 생활의 안전을 도모하고자 하는 평화사상의 발로 그 자체였다. 전봉준이 포고문에서 "오늘의 이 의로운 깃발을 들어 잘못되어가는 나라를 바로잡고 백성들을 편안하게 만들 것을 죽음으로써 맹세"한다고 밝힌 것은 그의 평화사상이 평등, 민생, 복리에 기초하고 있음을 말해준다.[26]

만해 한용운의 경우에도 평화가 평등을 뜻하는 것이 분명하다. 1919년 3·1독립선언으로 일제에 검거된 만해는 검찰에서 작성한 일종의 진술서 첫머리에 '平和'를 10회 언급하면서 평화는 평등 위에 서 있어야 하고 반드시 자유와 짝해야 한다고 주장했다. 즉 평등과 자유가 서로 팽팽히 균형(相敵)을 이룸으로써 참 평화가 유지된다는 것이다. 달리 말해 당사자가 서로 대등하고 평등하지 못한 위치에서 구현되는 평화는 일시적이거나 거짓 평화일 수밖에 없다는 것이다.[27]

진보적 정치인 조봉암이 노동문제를 비롯한 사회적 평등을 주장하고 정치를 그런 평등을 구현하는 제도적 노력으로 간주한 것도 평등 중심의 평화사상의 한 예이다. 그가 "노동문제에 있어 우리가 최초로 가져야 할 것은 이러한 인간에 대한 차별 없는 세계관"을 언급하면서 "각 개인이 국가생활이나 사회생활에 있어 모든 문제는 일체의 영역에서 아무런 정치적 계급적 권력적 차별이 없는 공동의 자유와 권리를 향유하고 주장할 수 있게 하는" 것을 목표로 강조한 것이 그렇다.[28] 조봉암이 이승만 정권에서 초

26 박맹수, "전봉준의 평화사상," pp. 77~78, 81.

27 박재현, "만해 한용운의 평화사상," pp. 50, 55.

28 조봉암, "노동문제의 이념과 정책,"『대호(大湖)』, 1948년 8월호, pp. 63~64; 김태우, "조봉암의 평화사상," p. 115에서 재인용.

대 농림부 장관을 하면서 토지개혁을 추진한 것은 그의 평등주의적 평화사상을 구현하는 시도였다.

한편, 선각자들이 제시한 평등사상이 한국사회 내에서만 적용되는 것이 아니라 대외적으로 확대한 경우도 있다. 퇴계의 평화는 함께 살아가는 동포라는 인식의 토대 위에서 함께 살아가고자 하는 논의를 왜국에도 적용해 교린(交隣)외교를 제시한다. 퇴계의 그런 평화개념에서 공생과 사해동포주의를 축으로 하는 그의 평화사상이 유래하는 것이다.[29]

## 3. 민주주의

셋째, 한국인의 평화사상에는 민주주의도 포함되는데 이때 민주주의는 서구식 민주주의의 수용에 국한되지 않고, 한국 역사와 문화에 깃들어 있는 민본·민권사상도 흡수하고 있음에 유의할 필요가 있다. 가령, 만해가 그의 문학작품을 통해 담은 인간애와 약자에 대한 애정은 한국인의 정서에 흘러있는 민주주의적 요소라 할 수 있다. 만해가 남긴 시 「님의 침묵」과 소설 「죽음」, 「박명」 등과 같은 작품을 통해 볼 때 그의 사상이 보편적이고 실존적인 인간애에 바탕을 두고 있다는 것을 알 수 있다. 그의 작품 속에는 격동의 세월 속에서 소외되고 불우한 여성들이 주인공으로 등장한다. 만해는 이렇게 약하고 소외된 생명들에 대한 관심과 애정을 전제로 하지 않는 어떤 이념이나 노선도 결국엔 폭력적이 될 수밖에 없음을 역설

29 김성실, "퇴계 평화사상에 관한 일고찰," pp. 33~60 참조.

하고 있다.[30] 만해의 사상에는 전근대와 근대, 전쟁과 평화, 남과 여의 구별이 분명치 않고 대신 약자와 소외된 생명에 대한 편애로서 보편적 사랑을 추구하는 것이다.

한국 민주주의의 상징이라 할 수 있는 김대중의 사상에도 민주주의는 절차적 대의 민주주의로 한정되지 않는다. 김대중의 민주주의 이해는 처음 군사독재 반대 투쟁, 대통령 직선제 개헌에 머물렀지만, 점차 공산주의와 사회주의와 같이 경쟁적인 정치이념을 포괄하는 제도로서, 한 국가에서 뿐만 아니라 전 지구적인 책무를 지는 신념으로서, 인간만이 아니라 자연과 생명에게로 확대되는 사상으로서 나아갔다. 김대중의 민주주의는 궁극적으로 민주주의의 세계화인데, 이를 위해서는 각 국가 내에서 자유와 정의가 실현되고, 나아가 제3세계 민족들도 선진국과 같은 자유와 번영, 정의를 누리도록 하자는 것이었다. 그는 이때 아시아적 민주주의의 포용성이 서구식 민주주의의 한계를 극복하는 데 유용하다고 보았다. 한국 역사와 정치에서 보여준 동학의 인내천 사상, 문민정치의 전통, 과거제도의 개방성, 언론의 자유, 타민족을 침략하지 않은 평화주의, 교육에 대한 열의, 반독재 민주화 투쟁의 교훈 등이 그 예이다.[31] 한국과 아시아 민주주의에 대한 김대중의 자부심은 문화 상대주의론을 활용한 아시아 일부 개발독재정권의 선 건설, 후 민주화론과 구분되는 것으로서,[32] 그의 민주주

30 박재현, "만해 한용운의 평화사상," p. 46.

31 김학재, "김대중의 통일·평화사상," 『통일과평화』 9집 2호 (2017), pp. 67, 69~70.

32 김대중의 보편적 민주주의론과 리관유의 아시아적 가치의 논쟁에 관해서는 Fareed Zakaria, "A Conversation with Lee Kuan Yew," *Foreign Affairs* 73:2 (Mar/Apr 1994), pp. 109~126; Kim Dae Jung, "Is Culture Destiny? The Myth of Asia's Anti-Democratic Values," *Foreign Affairs* 73:6 (Nov/Dec 1994), pp. 189~194 참

의론은 한 국가와 세계가 소통하는 보편성을 띠는 것이다.

음악으로 평화를 발신해온 윤이상의 경우도 억눌린 자들의 자각과 투쟁을 통한 자유와 해방, 곧 민주주의와 인권으로 평화를 그린다. 그의 음악이 발신하는 평화 메시지는 두 가지 측면에서 '정의로운 평화'로 설명될 수 있다. 하나는 〈사선에서〉나 〈밤이여 나뉘어라〉, 〈화염 속의 천사〉 등 그의 음악은 폭력의 희생자를 기억하고 이들의 편에 서는 것이다. 예술로서 희생자를 위로할 뿐만 아니라, 희생자가 기억됨으로써 명예가 회복될 수 있고 억울함을 풀 수 있는 '정당한 사회의 평화'를 추구한다. 다른 하나는 〈나의 땅, 나의 민족이여!〉, 〈광주여 영원히〉에서 말하듯, 윤이상의 작품이 의미하는 평화는 단순히 전쟁이 없는 상태가 아니라, 빼앗은 자가 빼앗김을 당하고 누르는 자가 눌림을 당해야 한다는 의미의 '정의'가 들어 있는 평화이다. 〈광주여 영원히〉는 폭력에 굴복하지 말고 저항의 행진을 계속해야 한다는 암시로 끝난다.[33]

죽산 조봉암이 이끈 분단 이후 최초의 합법 진보정당이었던 진보당은 오늘날 한국정치에서 개혁주의 성향의 정당이 내거는 민주주의 의제를 먼저 부각시켰다. 1956년 11월 10일 열린 진보당 창당대회에서 "한국 민중은 그들 자신의 처절하고 심각한 체험을 통하여 하나의 정치적 사상적 확신", 즉 "사회적 민주주의만이 우리 민족을 자유와 진보와 행복으로 인도할 수 있는 유일한 길"이라는 확신에 도달했다고 주장했다.[34]

---

조.

33 이경분, "윤이상의 음악과 평화사상," 『통일과평화』 9집 2호 (2017), pp. 110~111.

34 김태우, "조봉암의 평화사상," p. 118.

## 4. 관용과 화해

넷째, 관용과 화해이다. 인권과 민주주의는 정의를 동반하거나 정의 구현을 목표로 한다. 그렇지만 내전이 발생해 그 후과로 사회적 갈등으로 이어지는 경우 화해가 요청된다. 내전이 아니더라도 계층, 이념, 종교, 지역 등의 이유로 사회 집단들 사이의 폭력적 갈등이 지속될 경우 관용과 화해를 통해 치유와 통합을 추구할 필요가 있다. 이때 비평화적·반인권적 행위의 규명과 가해집단의 사죄, 그리고 그들에 대한 용서를 통해 고차원의 화합과 승화된 평화를 상상할 수도 있을 것이다. 한국인의 평화사상에도 이런 화해와 관용을 찾아볼 수 있다.

소태산의 평화사상은 중도와 중용, 상생과 조화, 관용과 섭취불사로 살펴볼 수 있다. 중도는 깨달음에서 나온 원만행이며, 중용은 무념과 무착의 경지에서 나타나는 솔성(率性)을 말한다. 사회 현실에서는 민주성과 공공성으로 나타난다. 상생과 조화는 사회적 연기론에 입각해서 없어서는 살 수 없는 절대적인 은혜의 윤리적 관계를 말한다. 이는 구조적 폭력에 대응 가능한 테제라고 할 수 있다. 관용과 섭취불사는 무한절대의 진리 앞에서의 신앙 행위라고 할 수 있다. 즉, 대자대비심에서 발현된 모든 존재를 포섭하는 구제행위이다.[35] 군부 권위주의 시기 민주주의와 인권을 유린한 독재권력을 용서할 것을 주장한 장일순의 경우는 승화된 평화를 사회에 구현하려는 시도이다. 그는 민주화 운동 과정에서 상대를 적대시하고 악으로 규정하면 할수록 문제를 풀기 어렵게 하는 한계가 있다고 지적했다. 독

35 원영상, "소태산의 평화사상," pp. 16~27.

재정권 타도를 민주화 운동의 제1가치로 내세우는 시대의 한 가운데서 적대세력을 용서하고 "더불어, 함께 살아야 한다"고 주장한 것은 화쟁의 현대적 실천이라 할 수 있다.[36] 장일순의 용서와 화해는 그 자신이 겪은 갑작스러운 깨달음의 발로가 아니라, 원효와 의상 등 고대 한국 평화사상의 창조적 구현인 것이다.

화해와 용서를 품은 한국인의 평화사상은 분단 반쪽에 대한 태도를 통해 오늘날까지 이어지고 있다. 북한은 전쟁을 일으키고 다시 전쟁을 할 수도 있는 적대세력이기도 하지만 분단의 아픔을 겪고 있고 통일을 함께 할 동포이기도 하다. 또 북한 주민들은 부족경제(shortage economy)와 고립, 그리고 제재로 인간다운 삶을 영위하지 못하고 있다. 이런 북한을 향해 남한 사람들은 적대감을 버리지 못하면서도 서로 미워하고 싸우고 적대해온 것을 성찰하면서 북한 주민들과 화해하고 포용하는 자세를 취하고자 노력해왔다.[37]

## 5. 통일

다섯째, 한국인의 평화사상으로서 화해, 관용을 북한과 연관지어 생각할 수도 있지만, 독특한 한국의 평화사상으로 통일을 꼽지 않을 수 없다.

---

36 전호근, "장일순의 평화사상," pp. 80~107 참조.

37 한국인의 대북관 변화에 관해서는 서울대학교 통일평화연구원이 출간한 『통일의식조사 2018』 참조.

분단 이후 한국인의 평화사상은 결국 통일문제와 연결되어 있다. 정치적 박해를 당하던 시기 김대중은 군부독재정권이 통일을 빌미로 민주 정치를 짓밟고 있고, 통일 세력을 용공분자로 몰 수 있다는 이유로 통일을 우선시하는 운동에 반대하는 '선 민주, 후 통일' 원칙을 제시한 바 있다.[38] 그는 또 책임 있는 정치인으로 통일론을 연구해 제시했는데, 통일 3원칙(자주, 평화, 민주)에 입각한 3단계 통일론이 그것이다. 그의 통일론 전반에 걸쳐 전쟁 재발 방지, 상호 이해와 신뢰구축, 남북협력과 국제협력의 조화 등 평화주의적 사고가 융해되어 있다. 그가 일관되게 밝혀온 평화공존, 평화교류, 평화통일이야 말로 그의 평화주의적 통일론의 핵심이다.

그러나 김대중의 평화주의적 통일론은 군사주의가 만연한 분단 현실을 극복하지 못하면 하나의 아름다운 구상에 불과하다. 군사화된 한반도를 평화체제로 전환하려는 리영희의 평화군축론이 평화주의적 통일론과 만나야 할 이유가 여기에 있다. 리영희의 눈에 평화통일을 위해 가장 중요한 과제는 휴전체제를 평화체제로 전환하는 일인데, 선생은 그 주요 방안으로 휴전협정을 평화조약으로 대체하는 것을 제시한다. 선생은 "평화조약으로 휴전협정을 대체하지 않는 한 남북은 언제까지나 '전쟁 당사자'적 관계의 제약에서 벗어날 수 없다."고 역설한다.[39]

비폭력 평화주의자 함석헌과 장일순의 사상은 통일을 준비하는 한국인의 자세는 물론 통일국가의 상을 제시해준다. 함석헌의 사상은 통일론(연방제, 중립화)에 중요한 시사점을 던져주고 있다. 그의 핵심 사상은 협화

38 김학재, "김대중의 통일·평화사상," p. 67.

39 리영희, 『역설의 변증』, p. 96.

(協和)철학, 협화사상에 있다. 이는 전체를 위해서 서로 조화하고 공존하려는 감성적 하모니를 일컫는 말이다. 우리사회는 지금 성과사회로 자기를 착취하다 못해 자발적인 폭력으로 심각한 우울증을 겪고 있는 '피로사회'이다. 따라서 함석헌의 비폭력주의를 통해서 더불어 살고 협화하면서 서로 격려하는 비폭력적인 윤리공동체의 실현이 절실히 요구되고 있다.[40] 장일순이 던진 한국사회 내의 치유와 화합이 더 중요하다는 일갈은 통일의 필수조건을 말해준다. 그는 통일운동 인사들에게 "자네들 국민하고도 통일운동을 제대로 못하면서 무얼 북쪽하고 통일운동을 해? 또 나아가서 남한 내부가 지역감정으로 갈가리 찢어져 있고 그 이해관계도 감정적으로 골이 깊은데, 그런 통일운동도 못하면서 뭐 어디하고 통일운동을 해?"[41] 하며 충정어린 비판을 가한다. 무위당은 비판에 그치지 않고 "남북의 통일문제도 생명에 대한 생각을 구축하는 속에서 얘기가 돼야지. 이것을 국민국가의 어떤 힘만 가지고 힘의 조정만 가지고 하려고 해서는 안 돼요."[42] 하며 그 방향을 제시한 바 있다.

이상과 같은 평화사상이 분단정전체제[43] 하에 있는 한반도에서 어떻게 구현될 수 있을까? 이에 대해 필자는 3단계 연속 과정으로서의 평화체제

---

40 김대식, "함석헌의 평화사상," pp. 45~75.

41 무위당사람들, "무위당의 글," 『원주에서 세계의 공동체 정신을 돌아보다』(원주: 무위당사람들, 2015), p. 17; 전호근, "장일순의 평화사상," p. 101에서 재인용.

42 무위당사람들, "무위당의 글," p. 16; 전호근, "장일순의 평화사상," p. 104에서 재인용.

43 분단정전체제는 분단이 전쟁을 통해 확정되었고 그 이후 분단과 정전체제가 상호작용하며 한반도의 비평화구조를 만들어왔음을 부각시키는 개념이다. 자세한 논의는 서보혁·나핵집, 『지속가능한 한반도 평화를 향하여』(서울: 동연, 2016), pp. 21~71.

론을 제시해본다. 그것은 비핵평화체제〉 평화통일〉 통일평화의 과정이다. 2018년 들어 남북미 사이의 일련의 정상회담 이후 비핵평화체제 구축은 평화통일의 전제조건으로 부상하고 있다. 또 평화통일 없이 한반도에서 항구적인 평화체제로서 통일평화는 불가능하다. 통일평화는 통일 이후 한반도 비전이 적극적 평화(positive peace)의 구현임을 말해준다. 한국인의 평화사상에 통일문제가 포함되어 있고, 이점이 한국인의 평화사상이 다른 지역 혹은 민족의 평화사상과 차이 나는 지점이다. 그러나 한반도 분단이 세계사적 문제였듯이 통일 역시 세계사적 문제임이 틀림없다. 통일의 추진 동력이 한민족의 자주성을 기본으로 하되 한민족과 국제사회의 협력에 있고, 그 방향과 내용이 인류사회의 보편가치를 구현하는 것이라는 두 측면에서 그렇다.[44] 이상 살펴본 대로 통일에 관해 한국인들은 평화주의적 시각을 갖고 있고 그 내용은 역사적 사건과 지적 소통을 통해 한국인들의 정신에 들어와 있는 것이다.

## Ⅳ. 평화 전략

그러면 평화사상가들은 평화를 아름다운 내용으로 제시하고 만족했는가? 결코 그렇지 않다. 독자들이 충분히 상상하듯이 한국 평화사상가들

44 보편주의 통일론에 관해서는 서보혁, 『한국 평화학의 탐구』(서울: 박영사, 2019), pp. 321~334.

은 평화운동가들이기도 했다. 때로는 점진적으로 때로는 급진적으로. 다른 한편 개인 차원에서 때로는 조직 차원에서 그들은 평화의 비전을 실현하고자 힘썼고 그 과정에서 목숨을 내놓기도 하였다. 한국의 평화사상가들이 평화를 구현하기 위해 제시한 실천 방침, 곧 평화전략은 무엇인가? 여기서는 크게 네 가지로 묶어 제시하고자 한다.

## 1. 성찰과 비판

첫째는 성찰과 비판이다. 평화를 실천하는 출발점은 보이거나 보이지 않는 비평화를 깨닫고 그 아래서 억압 받는 사람들에 대한 사랑과 공감의식이다. 이어 그런 상태에서 무감각하고 이웃의 고통을 외면한 나를 되돌아보고 비평화구조에 대한 비판의식으로 나아가는 것이다. 그런 후에 평화를 만들어갈 구체적인 대안을 만들어갈 수 있다.

해월은 도와 덕은 사람을 살리는 기틀이라고 하면서 따르는 사람들에게 때에 도달하면 수도를 지극한 정성으로 함이 옳다고 가르쳤다. 수운은 동학의 도, 천도(天道)를 말한다. 천도는 우주의 운행원리이자 생명의 원리이다. 수운은 이를 '무위이화(無爲而化)'라고 풀이한 바 있다. 해월은 이 무위이화를 "사람이 만물과 더불어 천도와 천리에 순응하는 우주만유의 참된 모습"[45]이라고 풀이하였다. 무위이화를 동학 평화사상의 핵이라고 한다면 그 출발이자 관건은 바로 천도를 깨닫는 것이 아니겠는가. 이와 반대

45 최시형, "기타,"『해월신사법설』, p. 421; 김용휘, p. 13에서 재인용.

로 1980년대 후반 한국교회가 분단을 초래하고 동포를 적대시 한 것을 인정하고 고백한 것[46]은 공감, 공존, 공영의 통일을 준비하는 훌륭한 울림이 되었다.

깨달음과 함께 비판의식은 평화전략의 또 다른 출발점이다. 거짓이 진실이라고, 폭력이 평화인 양 행세하는 상황이 지속될 때 그것을 깨뜨릴 수 있는 힘은 비판의식이다. 리영희 선생은 기회 있을 때마다 "글을 쓰는 나의 유일한 목적은 '진실'을 추구하는 오직 그것에서 시작하고 그것에서 그친다."고 강조하면서 그 과정에서 우상에 도전하는 고통을 무릅써야 인간의 행복과 사회의 진보가 가능하다고 역설했다. 선생이 평화와 통일을 추구하며 광적인 극우·반공주의라는 허구의식에 도전한 것은 우연이 아니었다. 선생은 또 맹목적이고 감정적인 애국심도 대표적인 허구의식으로 지목하고, 베트남 전쟁 관련 미국 행정부의 잇따른 거짓에 대한 *New York Times*, *Washington Post*의 비판 기사를 언급하면서 한국 언론의 자유와 지식인의 책무를 강조했으니 그것이 비판의식이었다.[47]

## 2. 제도 개혁

두 번째로 꼽을 수 있는 평화전략은 역시 제도 개혁이다. 평화를 조성

46 1988년 2월 29일 서울 연동교회에서 열린 한국기독교교회협의회(NCCK) 총회에서 채택된 '민족의 통일과 평화에 관한 한국기독교회 선언'에 담긴 내용을 말한다.

47 서보혁, "리영희의 반전반핵 평화사상," p. 149.

하고, 평화적 방법으로 민의 삶에 유용한 방향으로 사회 구조를 개혁할 대안을 제시하지 못한다면 평화사상은 공염불로 치부 받을 것이다. 지정학적 특성과 상대적으로 약한 나라의 제일 생존책은 사대교린이었다. 분단정전체제 하에서 한국이 한미동맹관계를 바탕으로 안보를 추구하는 것도 마찬가지이다. 북한은 냉전 해체 후 그런 여건이 사라졌기 때문에 미국과의 관계개선과 핵무장 사이에서 생존을 추구했던 것이다. 그러나 힘으로써 생존을 구하고 평화를 달성하기는 근본적인 한계가 있을 뿐만 아니라 현실적으로도 불안정하다.

리영희 선생은 한반도에서 전쟁 위기를 제거하고 잠정적인 정전협정을 확고하고 영구적인 평화조약으로 대치함으로써 새로운 평화질서를 구축하는 노력이 절실하다고 주장해왔다. 그것만이 한반도가 다시 동북아시아의 핵전쟁의 방아쇠 역할을 하지 않고, 더 나아가 동북아시아의 평화를 통해서 세계의 평화를 유도하는 길이라고 확신했기 때문이다.[48] 그가 보기에 독일과 달리, 반도의 남북 사이에는 베를린 문제와 같은 어려운 문제도, 제3국과 관련된 국경선 분쟁도 없는 훨씬 단순한 조건이다. 선생은 소련도 중국도 북한에 군대와 군사기지를 두지 않고 있으므로 평화조약 체결에서 불이익을 받을 것이 없는데, 단지 평화조약 체제가 될 때 불이익을 보게 될 나라는 미국이라고 말한다.[49] 선생은 미국이 평화조약에 응해 휴전체제를 평화체제로 전환하는 방법으로 북미간 적대관계 청산과 남북관계 발전의 선순환을 제시해왔다.

48 리영희, 『80년대 국제정세와 한반도』(파주: 2006, 한길사), p. 131.

49 리영희, 『역설의 변증』, pp. 93~94.

좀 더 거슬러 올라가면 죽산의 경제개혁도 유용한 평화전략이다. 승공북진통일이 국시이던 시기 조봉암은 헌법상의 경제 조항의 제정에 관여했고, 농지개혁의 현실화를 위해서도 노력했다. 이는 사회경제적 차별을 극복하고 제도 개혁으로 평화를 구현하려 한 전형적인 사례이다. 조봉암은 국회에서 농지개혁의 의의를 언급하며 "소작제도를 없애고 우리나라의 봉건적인 사회조직을 근대적인 자본주의 제도로 발전시키기 위한 노력"[50]이라고 했다. 그의 토지개혁정책은 경자유전(耕者有田)의 원칙을 구현한 것으로서 사회경제 발전을 선도한 조치였지만 친북·용공 혐의를 받아 냉전시대의 희생양이 되었다. 만약 당시 토지개혁이 없었다면 농업 생산성이 바닥에 머무르고 남한은 북한과의 체제경쟁에서도 불리한 위치에 몰리게 되었을 것이다. 결국 토지개혁은 남한사회 내적으로는 공정한 성장, 남북관계 차원에서는 평화적 방식의 체제경쟁을 유도해 분단 이후 한반도가 소극적 평화로 진입하는데 일조하였다.

시간을 더 거슬러 올라가보면 제도개혁이 근대 시대에서만 발견할 수 있는 평화전략이 아님을 알 수 있다. 전봉준은 동학농민운동 이전의 교조신원운동[51] 단계부터 일관되게 폐정개혁을 통한 정도일신(政道一新), 즉 정치 혁명을 주장하였다. 정도일신은 바로 정치적 평화 실현을 위한 전봉준의 일관된 주장이었다. '폐정개혁안 27개조'를 통해 농민군 지도부가 가장

---

50 국회사무처, "제2회 정기회의 속기록 제69호," 「대한민국 국회 제2회 정기회의」, p. 8; 김태우, "조봉암의 평화사상," p. 117에서 재인용.

51 1864년(고종 1년) 동학 교조 최제우가 혹세무민 죄로 처형당하자 동학교도들은 그의 무죄를 주장하며 교조의 원을 풀고 종교의 자유를 얻기 위해 벌인 캠페인을 말한다.

역점을 두고 개혁하고자 했던 내용은 부패한 집권세력의 교체였다. 전봉준은 동학군의 목적이 민씨 정권을 타도하고 간신들을 물리쳐서 폐정을 개혁한 후 민심을 잘 아는 몇 사람의 명망가를 선출하여 임금을 보좌함으로써 안민의 정치를 이룩하고자 했다고 진술하고 있다.[52]

그러나 이런 제도개혁으로 평화를 달성함에 있어서 평화사상가들은 국가권력에 대한 근본적인 비판과 함께 그 과정에서 일관된 비폭력주의를 내세웠다. 특히, 함석헌의 비폭력주의는 무정부주의와 닮아 있다. 그는 국가주의에 반대하고 폭력을 합리화하는 군사화와 정부지상주의에 강하게 반대를 하였기 때문이다.[53] 비폭력주의, 혹은 평화주의자들은 국가를 중심으로 운영되는 한 사회와 국가를 단위로 형성되는 국제관계를 외면하는 이상주의라고 매도당하기도 한다. 그런 비난의 제일 표적이 무정부주의자들이다. 그런데 무정부주의를 인정한 함석헌은 전쟁의 현실성에 주목하면서 전쟁 현상이 발생하는 동기가 바로 식량 문제와 인구 문제인데, 이것을 해결하는 것은 과학과 종교가 서로 연대함으로써 가능하다고 믿는다. 과학이 인류의 식량 문제를 해결하고, 종교는 과학과 대척점에 서 있는 것이 아니라 맹신적인 신앙 태도를 벗어나서 더 넓고 깊은 시야를 가지고 노력할 때 인류를 포용할 수 있다고 보았다.[54]

52 박맹수, "전봉준의 평화사상," p. 90.

53 김대식, "함석헌의 평화사상," p. 60.

54 함석헌, 『함석헌전집11–두려워 말고 외치라』(서울: 한길사, 1984), pp. 378~379.

## 3. 통합과 선순환

세 번째로 언급할 평화전략은 한국인의 평화사상의 특징이라고도 말할 수 있다. 그것이 바로 통합성이다. 평화를 이루어가야 할 영역과 차원이 여럿인데, 그것을 취사선택하지 않고 상호 유기적으로 연계 짓고 선순환하는 관계로 접근하는 것을 말한다. 가령, 수운이 얻은 답은 보다 근본적 차원에서 하늘과 유리되어 황폐해진 마음을 생명의 근원적 샘에 다시 잇고 치유함으로써, 내면의 안정과 포용심을 높이는 것이었다. 자기의 마음에 깃든 하늘을 먼저 발견하라는 것이 수운의 핵심 가르침이었고, 이는 나중에 시천주(侍天主)라는 하나의 철학적 명제로 정립되었다. 그는 인간의 이기심을 하늘의 마음으로 회복시키는 수련이 깊어지면 마음과 기운이 온화해져서 평화가 깊이 깃든 상태에 이른다고 말한다. 이런 수운의 개인적 차원 혹은 정신적 측면의 평화만들기는 '불연기연(不然其然: 아니다, 그렇다)'이라는 인식론을 통해 사회적 차원의 평화만들기로 이어진다. 불연기연은 서로 상반되고 대립된 것을 일치시키는 '반대일치의 논리'이다. 이는 오늘날 평화학에서 말하는 갈등 해결(conflict resolution) 원칙들과 상통한다. 수운은 불연기연의 논리를 통해, 드러난 차원의 이면에는 숨겨진 질서가 있어서 겉으로는 모순되는 현상도 근원에서는 통합되어 있음을 보여줌으로써 분쟁을 줄이고 다양한 생각들이 평화롭게 공존할 수 있는 방법론을 내놓았다.[55] 다만, 수운은 여러 평화들 가운데 마음과 몸, 즉 한 개인의 평화를 중시했다. 그러나 그가 개인의 평화를 고립적인 의미로 파악한

55 김용휘, "해월 최시형의 공경과 살림의 평화사상," pp. 9~10.

것이 아니라 다양한 영역과 차원에서 평화를 만들어갈 주체로서의 개인의 태도와 역량을 말하고 있다.

마음의 평화, 일상의 평화는 정치적 평화 이후에 주어지는 보다 적극적 평화이다. 하지만 역으로 마음의 평화가 세상의 평화를 위한 필요조건이라고 볼 수도 있다. 마음에 평화가 깃들어야 누구를 만나든지 평화적인 말과 행동이 가능할 것이며, 그런 평화의 방법으로만 세상에 참된 평화를 가져오게 할 수 있다. 그는 이러한 몸과 마음의 평화를 '심화기화(心和氣和)'라고 불렀다.[56]

수운을 이어 동학을 발전시킨 해월에 와서는 평화전략의 통합성, 연계성은 더욱 뚜렷해진다. 해월은 "한 사람이 화해짐에 한 집안이 화해지고, 한 집안이 화해짐에 한 나라가 화해지고, 한 나라가 화해짐에 천하가 같이 화하리니, 비내리듯 하는 것을 누가 능히 막으리오."라고 하였다. 해월의 평화사상에서 특징적인 것은 '부화부순'의 강조라고 할 수 있다. "남녀가 화합치 못하면 천지가 막히고, 남녀가 화합하면 천지가 크게 화하리니"[57] 하며 해월은 부화부순을 도의 으뜸이라고 했다. 그리고 그는 가부장제 사회를 감안해 부부화순을 위해서 '마음과 정성을 다해 절을 하라'고 하는 등 남자들의 적극적 역할을 강조하였다. 또한 일상에서 다른 사람과의 관계에 있어서도 평화로운 관계를 유지할 수 있는 방법을 제시하였으니, "사람을 대하고 물건을 접함에 반드시 나쁜 것은 가려주고 잘하는 것

56 위의 글, p 18.

57 "수심정기," 『해월신사법설』, p. 297; 김용휘, "해월 최시형의 공경과 살림의 평화사상," p. 20에서 재인용.

은 칭찬하는 것으로 주를 삼으라."는 가르침도 그 중 하나이다.[58]

평화들 사이의 통합성과 선순환 관계를 추구한 전략은 유영모의 평화사상에서도 확인할 수 있다. 국가폭력을 극복하고 민중의 삶 속에서 평화를 실현하려고 했던 유영모의 평화사상은 민의 평화사상이고 삶의 평화사상이었다. 삶의 평화가 이루어지려면 삶의 주체인 맘의 평화가 먼저 이루어져야 했다. 맘의 평화를 이루려면 맘의 핵심이고 주체인 정신(생각)의 평화가 이루어져야 했다. 또 정신의 평화를 이루려면 정신의 근원과 목적인 하늘(神)의 평화에 이르러야 했다. 결국 그는 민, 삶, 맘, 정신, 하늘의 평화를 추구했다.[59]

김수환 추기경이 말과 행동으로 함께 보여준 평화사상도 마찬가지이다. 그의 평화사상의 특징으로 정의의 실현, 인간에 대한 사랑, 세계에 대한 개방을 꼽을 수 있다.[60] 평화를 구현하는 방법으로 꼽은 사랑에 대해 추기경은 "우리에게 익숙한 가족에 대한 사랑을 이웃에 대한 사랑, 동포에 대한 사랑, 인류에 대한 사랑으로 확대시키고 이것에 익숙해져야 한다는 것을 말씀드리고 싶습니다."[61]고 말한다. 한국인의 평화사상에 담긴 평화전략의 통합성과 선순환 관계를 간명하게 잘 말한 것이다. 자주독립국가를 염원한 백범 김구가 "오직 사랑의 문화, 평화의 문화로 우리 스스로 잘 살

58 최시형, "대인접물," 『해월신사법설』, pp. 282~283; 김용휘, "해월 최시형의 공경과 살림의 평화사상," p. 20에서 재인용.

59 박재순, "다석 유영모의 평화사상," pp. 121~157.

60 박일영, "옹기 김수환 추기경의 평화사상," pp. 174~179.

61 "남북화해를 통한 한반도 평화와 동북아시아(1999. 4. 20)" 『말씀집』 1999, p. 61; 박일영, "옹기 김수환 추기경의 평화사상," p. 177에서 재인용.

고 인류 전체가 의좋게 살도록 하는 일을 하자는 것이다."[62]라고 말한 데서도 통합적인 평화전략을 엿볼 수 있다.

## 4. 평화통일

마지막으로 거론하지 않을 수 없는 평화전략은 불행한 한국 현대사와 관련된 것이다. 식민통치와 분단이란 거대한 맥락이 우리에게 요구하는 특수한 평화전략이다. 그것은 바로 자주독립국가 건설과 평화통일의 달성이다. 이에 대해서는 수많은 논의가 있지만 평화사상의 관점에서 김구와 김대중의 사상을 대표로 언급할 수 있다.

백범은 독립운동 지도자였지만 단순한 민족주의자로 평가할 수 없다. 백범의 평화전략은 해외로부터 민족독립을 위한 지지를 끌어내기 위한 수단이 아니라, 세계평화에 기여한다는 분명한 목표의식에 기반하고 있다. 그는 "세계 인류가 네요 내요 없이 한집이 되어 사는 것"을 이상이라고 말한 뒤, "완전 자주독립의 나라를 세운 뒤에는, 둘째로 이 지구상의 인류가 진정한 평화와 복락을 누릴 수 있는 사상을 낳아 그것을 먼저 우리나라에 실현하는 것이다."[63]라고 말했다. 평화국가를 건설하고 세계평화에 기여하자는 방향성을 갖고 독립운동을 벌였다는 점에서 김구를 독립운동가만이 아니라 평화운동가라 불러도 틀리지 않다. 백범의 자주독립국가

62 김구, 『백범일지』(서울: 돌베개, 2002), p. 426.
63 위의 책, p. 425.

노선은 평화주의에 입각해있다. 한시준에 따르면,[64] 백범의 평화전략은 자주독립국가, 자유국가, 문화국가, 그리고 세계평화 등 체계적이고 거대하게 구성되어 있다. 말 그대로 외세의 간섭을 배제하고 건설하는 자주독립국가는 민주주의가 꽃피는 자유국가, 그리고 민족과 세계를 행복하게 하는 문화국가를 지향한다. 그는 문화국가론에서 평화국가를 지향하고 있음을 이렇게 밝히고 있다.

> 나는 우리나라가 세계에 가장 아름다운 나라가 되기를 원한다. 가장 부강한 나라가 되기를 원하는 것은 아니다. 내가 남의 침략에 가슴이 아팠으니, 내 나라가 남을 침략하는 것을 원치 아니한다. 우리의 부력(富力)은 우리의 생활을 풍족히 할 만하고 우리의 강력(强力)은 남의 침략을 막을 만하면 족하다. 오직 한없이 가지고 싶은 것은 높은 문화의 힘이다. 문화의 힘은 우리 자신을 행복되게 하고, 나아가서 남에게 행복을 주겠기 때문이다.[65]

백범의 평화사상 및 전략에서 하나 더 꼽을 수 있는 점이 자주적 태도이다. 그의 평화전략 중 하나로 자유국가를 언급하면서 미국 민주주의, 특히 언론의 자유를 비롯한 시민정치적 권리의 도입을 주장한다. 그렇지만 백범은 미국의 민주주의 정치제도를 모방하거나 그대로 따르고자 한 것

64 한시준, "백범 김구와 세계 평화상," 서울대학교 통일평화연구원 HK평화인문학연구단 주최 제4차 학술회의 「한국인의 평화사상」 자료집 (서울대학교 호암교수회관, 2018년 4월 25일), pp. 36~43.

65 김구, 『백범일지』, p. 431.

은 아니었다. 반만년의 역사를 가진 우리나라에도 발달된 정치제도가 있다고 하였다. 백범이 들고 있는 것은 조선시대 홍문관, 사헌부, 사간원과 과거제도, 암행어사와 같은 제도였다. 남의 나라의 좋은 것을 취하고, 내 나라의 좋은 것을 골라서 우리나라의 실정에 맞는 제도를 만들자는 것이 백범의 생각이었다.[66]

현대 한국인의 평화사상의 특수성은 통일문제에 있다. 통일이 한반도형 평화라는 인식은 분단정전체제의 폭력성[67]을 극복한다는 문제의식에서 출발한다. 김대중의 통일평화사상이 위대함은 여러 측면에서 찾을 수 있는데, ① 통일 논의가 금기시 되던 때에 통일 논의를 불러일으키고, ② 통일 논의의 정략적 이용을 경계하며 민주주의와 통일의 관련성에 주목하고, ③ 북한을 객관적 실체로 인정한 것은 물론 통일의 동반자로 삼고, ④ 실제 북한과 통일을 목표로 화해협력을 실천한 점 등이다. 이와 함께 언급할 것이 바로 체계적이고 설득력 높은 통일방안을 제시해 국내는 물론 세계로부터 호평을 받은 것이다.

김대중의 통일방안이 평화주의에 입각하고 있다는 것은 그의 통일론이 평화공존, 평화교류, 평화통일라는 방향성 하에서 전개되었기 때문이다. 그의 통일 방안이 최종 정리된 『김대중의 3단계 통일론』[68]에서는 통일의 3대 원칙으로 자주, 평화, 민주를 설정하고 있다. 통일을 3단계로 설정하여 1단계 남북연합, 2단계로 남과 북의 지역자치정부로 구성된 연방제,

---

66 한시준, "백범 김구와 세계 평화상," pp. 38~39.

67 김병로·서보혁, 『분단폭력: 한반도 군사화에 관한 평화학적 성찰』(서울: 아카넷, 2016) 참조.

68 아태평화재단, 『김대중의 3단계 통일론: 남북연합을 중심으로』(서울: 한울, 1995).

3단계로 중앙집권 혹은 여러 개의 지역자치정부를 포함하는 세분화된 연방제로 완전통일을 지향한다. 이렇게 단계론적으로 통일론을 만들게 된 것에는 통일과정이 20년 이상 걸리는 장기적 과정이란 것을 인식하고, 그 과정을 평화롭게 관리할 역량을 최대화하고 피해는 최소화하자는 현실주의적 인식에 기반한 것이었다.[69]

이상 성찰과 비판, 제도 개혁, 통합적 접근, 평화국가 건설 및 평화통일 달성 등 넷을 한국인의 평화사상에 나타난 평화 달성 방법으로 제시하였다. 앞의 둘은 일반적인 평화전략이라고 한다면, 뒤의 둘은 한반도의 특수성이 반영된 것이다.[70]

## V. 맺음말: 평화개념의 진화 혹은 재구성

한국인의 평화사상은 오랜 역사를 배경으로 그 내용이 대단히 풍부하다. 거기에서 반전·비폭력은 물론 평등, 민주주의, 관용 등을 뚜렷하게 발견할 수 있다. 한국인의 평화사상에 봉건사회가 지속해온 사실, 그리고 전쟁 및 분단 현실을 극복하려는 의지가 스며들어있다. 수많은 외침과 사회 억압구조의 맥락에서 한국인의 평화사상에 반전·비폭력이 중심에 자리

69 김학재, "김대중의 통일·평화사상," p. 75.
70 물론 통합적 접근은 겉으로 볼 때 일반적인 평화사상으로 볼 수도 있으나, 수천 년 동안 외침과 사회 불평등을 겪어온 한반도 역사가 반영되었다고 보는 것이다.

하고 있음은 당연하고 이는 세계 보편적인 평화관에 다름 아니다. 한국인의 평화사상은 민(民)이 당하는 고통과 억압을 위안하고 이상적 세계에 대한 믿음을 갖도록 하는 역할을 했으니, 종교적 심성과 정치적 구상을 둘 다 갖고 있는 것이다. 선각자들의 평화사상에는 평화전략도 담겨 있고 통합적인 철학적 사유도 전제되어 있다.

물론 한국인의 평화사상이 고정불변이 아니라 오랜 역사 속에서 형성 발전해왔음을 알 수 있다. 평화사상의 형성에는 한반도 내적으로는 사회통합, 외부의 침략으로부터의 공동체 보호, 그리고 밖으로부터 고등종교의 도입 등의 요소들이 작용하였다. 평화사상의 발전은 사회 변화에 따라 새로 발생하는 사회적 문제들로 고통 받는 민에 대한 위안과 그 문제의 평화로운 해결과 보다 진보된 미래를 창조하려는 뜻과 노력이 함께 작용함을 말한다.

한반도의 지정학적 위치에 따른 약소국으로서의 역사와 사회 억압구조, 이 두 측면이 오랜 역사 속에서 이어져왔다는 점으로 인해 한국인의 평화사상은 처음부터 소극적 평화와 적극적 평화를 아우르고 있다. 본문에서 간략히 살펴보았지만 이점은 원효, 이이의 사상에서부터 유영모, 김대중 등 전근대, 근대 시기를 막론하고 많은 사상가들의 사유와 실천에서 확인할 수 있다. 한국인의 평화사상이 전근대 시기에는 소극적 평화에 관심이 높다가 근대 시기에 이르면 적극적 평화에 대한 관심으로 확대되었다는 식의 발견은 없었다는 말이다. 다른 지역의 평화사상과 비교하기는 어려우나, 한국인의 평화사상에서 시대별 차이가 있다면 그것은 평화사상의 진화라기보다는 재구성에 가깝다고 할 수 있다. 가령, 원효와 최치원의 사상에서 소극적 평화는 어느 시대 누구의 사상에서도 발견할 수 있다. 또 그들의 적극적 평화에 대한 관심은 근대 들어 동학의 지도자들과 정약용, 소태산, 함석헌, 김수환 등 근대 평화사상가들에서도 발견할 수 있다.

오늘날 남북한 모든 사람들의 희망은 전쟁 위험이 완전히 사라진 평화로운 한반도에서 억압과 차별 없이 행복한 삶을 영위하는 것이다. 여기에 소극적, 적극적 평화가 모두 담겨 있다. 그리하여 한국인의 평화사상에 내면과 사회, 개인과 세계, 정신과 물질 등 여러 요소 및 측면들이 상호 보완하고 선순환하는 관계를 띠고 있는 것이다. 이는 한국인의 평화사상이 풍부할 뿐만 아니라, 장래 평화전략을 전개함에 있어서 유용한 자산으로 쓰일 것임을 의미한다. 실제 그럴 가능성을 실천으로 보여준 사상가들–예를 들어 이이, 김구, 안중근, 장일순, 김수환, 김대중 등–을 찾기가 어렵지 않다. 한국인의 평화사상가들이 평화운동가 혹은 평화정치가였다는 점도 자부심을 가질 수 있는 점이고 계승할 바이다. 특히, 한반도의 장기적인 평화번영을 향해 통일문제를 평화주의 시각에서 어떻게 재구성하고 민족문제에 세계사적 보편성을 부여하는 일은 당면한 지적 과제이자 현실적 요구이기도 하다. 이는 결국 한국인의 평화사상을 심화 발전시키는 데 이바지할 것이다. 이런 문제의식에서 김구와 김대중의 평화사상을 묶어 연구하는 것을 제안해본다.

마지막으로 이 글의 모두에서 던진 질문, 곧 한국인의 평화사상이 독특한 것이냐에 대한 답을 하는 것으로 글을 맺고자 한다. 한국인의 평화사상은 오랜 역사와 지정학적 조건을 배경으로 풍부한 지적 자산을 갖고 있다. 그렇지만 한국인의 평화사상이 배타적이거나 고립적인 것은 전혀 아니다. 오히려 한국인의 평화사상은 타 지역이나 민족의 그것과 상통하는 보편적인 내용들로 구성되어 있고, 그 기원에서도 불교, 기독교, 도교, 무정부주의 등 다양한 해외 사조를 반영하거나 토착화한 것을 발견할 수 있다. 평화전략과 관련해서 특수 과제로 꼽은 자주독립, 통일과 관련해서도 평화주의 원칙과 평화국가 비전 등 보편적인 평화사상과 깊은 관련이 있어 그 특수성은 보편성과 통하는 보편-특수성이라 함이 옳을 것이다.

## 참고문헌

### 1. 국문 단행본

김구. 『백범일지』. 서울: 돌베개, 2002.

김대식. 『함석헌의 평화론』. 서울: 모시는사람들, 2018.

김병로·서보혁. 『분단폭력: 한반도 군사화에 관한 평화학적 성찰』. 서울: 아카넷, 2016.

김상봉. 『서로주체성의 이념: 철학의 혁신을 위한 서론』. 서울: 길, 2007.

김학노. 『남과 북의 서로 주체적 통합』. 서울: 사회평론, 2018.

리영희. 『새는 '좌·우'의 날개로 난다』. 파주: 한길사, 2006.

______. 『역설의 변증』. 파주: 한길사, 2006.

______. 『80년대 국제정세와 한반도』. 파주: 2006, 한길사.

서보혁. 『한국 평화학의 탐구』. 서울: 박영사, 2019.

서보혁·나핵집. 『지속가능한 한반도 평화를 향하여』. 서울: 동연, 2016.

서울대학교 통일평화연구원. 『통일의식조사 2018』. 서울: 서울대학교 통일평화연구원, 2018.

아태평화재단. 『김대중의 3단계 통일론: 남북연합을 중심으로』. 서울: 한울, 1995.

함석헌. 『함석헌전집11—두려워 말고 외치라』. 서울: 한길사, 1984.

### 2. 국문 논문

김대식. "함석헌의 평화사상: 비폭력주의와 협화주의(協和主義)를 중심으로." 『통일과평화』 8집 2호 (2016).

김성실. "퇴계 평화사상에 관한 일고찰." 『통일과평화』 10집 1호 (2018).

김용휘. "해월 최시형의 공경과 살림의 평화사상." 『통일과평화』 9집 2호 (2017).

김태우. "조봉암의 평화사상." 『통일과평화』 9집 1호 (2017).

김학재. “김대중의 통일·평화사상.” 『통일과평화』 9집 2호 (2017).
박맹수. “전봉준의 평화사상.” 『통일과평화』 9집 1호 (2017).
박일영. “옹기 김수환 추기경의 평화사상.” 『통일과평화』 10집 1호 (2018).
박재순. “다석 유영모의 평화사상.” 『통일과평화』 10집 1호 (2018).
박재현. “만해 한용운의 평화사상.” 『통일과평화』 9집 2호 (2017).
서보혁. “리영희의 반전반핵 평화사상.” 『통일과평화』 9집 2호 (2017).
원영상. “소태산의 평화사상.” 『통일과평화』 8집 2호 (2016).
이경분. “윤이상의 음악과 평화사상.” 『통일과평화』 9집 2호 (2017).
전호근. “장일순의 평화사상: 한국 전통불교와의 관련성을 중심으로.” 『통일과평화』 8집 2호(2016).
한시준. “백범 김구와 세계 평화상.” 서울대학교 통일평화연구원 HK평화인문학연구단 주최 제4차 학술회의 「한국인의 평화사상」 자료집. 서울대학교 호암교수회관: 2018년 4월 25일.

3. 영문 논문

Kim, Dae Jung. “Is Culture Destiny? The Myth of Asia’s Anti–Democratic Values.” *Foreign Affairs*, 73:6 (Nov/Dec 1994).
Zakaria, Fareed. “A Conversation with Lee Kuan Yew.” *Foreign Affairs*, 73:2 (Mar/Apr 1994).

# 7장 북한 자위(自衛)로서의 평화: 북한의 평화개념*

김병로

## Ⅰ. 서론

2018년 북한 김정은 위원장의 평화전략으로 한반도에 근본적인 변화가 진행되고 있다. 신년사에서 남북대화를 제안하며 평창동계올림픽 참가를 시작으로 평화의 행보를 내디뎠다. 대외적으로 국가를 대표하는 김영남

* 이 글은 『평화학연구』 제20권 3호(2019), pp. 7~31에 게재한 논문을 수정·보완하였음.

상임위원장과 친동생 김여정 부부장을 보내 문재인 대통령에게 친서를 전달하고 대화를 요청하였다. 이에 남한은 정부대표단을 평양에 보내 김정은 위원장이 집무하는 노동당사를 처음으로 방문하고 정상회담으로 이어갔다. 북한이 제의한 대로 4·27판문점 선언과 6·12싱가포르 북미정상회담을 개최하였고, 북중정상회담도 세 차례나 진행하였다.

몇 달 되지 않은 짧은 기간에 이처럼 굵직한 정치회담과 군사적 조치들이 쉴 새 없이 이루어지다 보니 북한의 이러한 행동의 변화가 전략적 변화인지, 아니면 미국과 유엔의 대북제재를 모면하기 위한 전술적 조치에 불과한 것인지 의문이 들기도 한다. 북한은 2018년 4월 20일 당 제7기 3차 전원회의에서 기존의 병진노선을 마감하고 새로운 전략노선을 발표하며 앞으로 경제건설에 총력을 기울일 것을 천명하였다. 동시에 북한이 선언한 대로 핵·미사일 실험을 중단하고 풍계리 핵실험장을 폐쇄(2018.5.24)하는 것을 시작으로 '완전한 비핵화'를 약속하였다. 개성에 연락사무소를 설치하고, 미군 유해 송환을 시작했으며, 서해 동창리 장거리 미사일 발사장을 철거하는 조치를 취하였다.

2017년 말까지만 해도 북한은 평화보다는 핵무력 대결을 공언하며 매우 공격적인 태도를 보였다. 7월 4일 미국의 독립기념일에 화성 14호를 쏘아 올리고, 8월 29일 경술국치일에 일본열도를 넘어가는 화성 13호를 발사하는가 하면, 11월 29일에는 미국 전역을 타격할 수 있는 화성 15호를 쏘아 올리며 위협했다. 그리고는 11월 30일 국가핵무력이 완성되었음을 선언하고, 2018년부터 평화공세를 취하고 있다.

북한이 생각하는 평화는 무엇일까? 북한은 평화라는 말을 즐겨 사용해 왔다. 외교에서도 '자주, 평화, 친선'을 3대 원칙으로 내세우며 평화를 공식적으로 강조하고 있고, 7·4남북공동성명에서도 자주, 평화통일, 민족대단결을 통일의 3대 원칙으로 천명한 바 있다. 이후 평화군축회의 등 여러 회담에서 평화의 필요성을 매우 강조하고 있다. 그러나 국제무대에서나 외무성의 선언에서는 공격적이며 적대적 감정을 드러내는 발언과 행동을 서슴지 않는다. 이처럼 모순되는 북한의 발언과 행동을 어떻게 이해해야 하는가? 이 글은 북한이 말하는 평화가 진짜 의미하는 바가 무엇인지 살펴보고자 한다.

## Ⅱ. 마르크스·공산주의 평화론

### 1. 이상주의 vs. 현실주의－평화를 바라보는 두 시각

마르크스주의와 공산주의에서 말하는 평화를 검토하기 전에 먼저 역사철학에서 평화를 어떻게 이해했는가를 살펴볼 필요가 있다. 평화는 일반적으로 "폭력이나 전쟁이 없는 평온한 상태"로 정의한다. 그러나 이 정의의 의미를 더 파고 들어가면 어디까지를 폭력이나 전쟁이라 할 수 있는지, 왜 그러한 폭력과 전쟁이 벌어지는지, 그것을 막으려면 어떻게 해야 하는지 등의 복잡한 문제에 봉착한다.[1] 역사에서도 정치이념에 따라 평화를 다르게 인식하고 진단과 처방을 다르게 내렸다.

1 이찬수, 『평화와 평화들: 평화다원주의와 평화인문학』(서울: 모시는사람들, 2016),

플라톤과 같은 귀족정치를 주장하는 사람이나 아우구스티누스 같은 신국을 주창한 이상주의자들은 인간사회가 조화롭게 구성되어 있고 그 질서를 깨뜨리지 않는 것이 평화라고 주장했다. 이후 유토피아를 추구하는 사상가들이나 원대한 미래를 꿈꾸는 공상가들이 이러한 주장을 펼쳤다. 이러한 이상적인 평화를 깨뜨리는 원인은 인간 내면에 있는 폭력적 성향, 끝없는 불안과 초조, 혹은 모험주의나 영웅심리가 작동하기 때문이다. 따라서 전쟁과 폭력의 일차적 원인이 되는 인간 내면의 본능적 공격성을 건설적으로 조정해 나가야만 평화가 실현된다고 주장한다.[2]

따라서 이상주의자들에게 평화는 다분히 개인의 정신적 상태를 지칭한다. 즉 집단보다는 개인적 수준에서 평화를 인식한다. 평화를 개인 내면의 정신적 평온함으로 보는 경우에는 인간과 인간, 혹은 인간과 재화의 조화로운 관계를 의미한다. 스토아학파의 주장처럼 객관적인 무질서 상황에서도 정서적으로 최고의 평온을 유지하는 것이 평화임은 분명하다. 이를 조금 확장하면 분쟁과 다툼이 한 국가 안에 국한되고 다른 나라에까지 영향을 미치지 않는 국내적 수준의 평화문제가 있을 수 있고, 국가 간 분쟁과 갈등은 국가와 국가가 해결해야 하는 국제평화 문제로 다룰 수 있다. 세계평화가 성취된 순간에도 개인적 수준의 평화가 느껴지지 않는다면 참평화가 실현되었다고 보기 어려울 것이다.[3]

---

p. 33.

2 Irving Louis Horowitz, *The Idea of War and Peace: The Experience of Western Civilization*. Third Edition (New Brunswick, NJ: Transaction Publishers, 2009), pp. 19~24.

3 ibid., p. 35.

반면, 현실주의자들은 평화를 조화로운 사회질서나 내면적 평온함으로 이해하지 않고 경제사회적 구조로 인식한다. 평화를 깨뜨리는 일차적 원인은 인간 내면에 존재하는 공격적 본능 때문이 아니라, 공격적 행동을 유발하는 사회경제적 조건 때문이라고 본다. 즉 경제적 격차와 물질적 이익 쟁취가 물리적 분쟁의 근본적인 원인이 된다는 것이다. 따라서 평화는 적대적이며 갈등하는 사회경제적 구조를 타파하고 공평한 사회경제적 질서를 수립해야만 실현되는 것이라고 주장한다.

현실주의자에게 평화는 사회의 여러 집단 안에 갈등이 없는 상태를 말한다. 즉 개인의 내면적 평온함을 넘어서 가족이나 공동체, 종교집단, 국가 등의 단위에서 분쟁이나 다툼이 없음을 의미한다. 여기서 평화는 외재화한 형태로 이해된다. 개인의 수준을 넘어서 사회구조로 이동한다. 가족이나 인종, 종교의 수준에서는 매우 다양한 문화양식이 존재하고 조화로움보다는 갈등이 더 발생하는 것이 사실이다. 이 경우 평화는 서로 개별적인 차이를 유지하면서 전체적인 조화로움을 유지하는 이른바 '다양성 속의 통일성'(unity in diversity)으로 표현된다. 서로의 차이를 어떻게 인식하느냐가 현실주의 평화의 핵심이다. 파시스트가 저질렀던 잘못처럼 완전히 동질적인 조화로움을 추구하는 것은 실현 가능하지 않으며 이질적 공존과 그의 조화로움을 추구하는 것이 현실주의가 보는 평화의 개념이다. 호르위츠는 이러한 평화를 사회적 평화(social peace)로 개념화한다.[4]

또 하나의 쟁점은 평화가 역사적으로 진보(progress)한다고 보는가 그렇지 않는가, 평화를 실현하기 위해 무엇을 어떻게 해야 하는가 등의 문제다.

---

4 ibid., pp. 36~37.

산업이 발달하면 평화가 실현될 수 있다고 확고하게 믿었던 꽁트(A. Comte)와 달리 마르크스가 산업의 발달이 보편적 조화를 깨뜨릴 것으로 주장한 경우가 대표적이다. 평화를 절대 선으로, 폭력을 절대 악으로 보는 이상론적 시각에서는 인간이 합리적 수단과 대안을 마련하면 평화가 올 수 있다는 믿음을 갖는다. 경쟁보다는 협력을 장려하고 시기심과 집단적대성을 줄여나간다면 잠정적으로 평화가 가능할 것이다. 반면, 인간이 평화를 위해 자신의 재산과 정치적 자유를 양보하지 않을 것이라는 현실주의 시각에서는 평화의 가치는 경제적, 사회적, 문화적 이익과 불가분의 관계에 놓여 있는 것이어서, 역사의 발전은 제한적이며 평화는 조건적으로 형성된다.

## 2. 마르크스주의 평화–공산주의

북한의 평화개념을 이해하려면 마르크스주의와 공산주의가 견지하는 평화의 개념을 살펴보아야 한다. 북한이 비록 2009년 헌법에서 '공산주의'를 국가목표에서 삭제하기는 하였으나 오랫동안 공산주의 이념을 추구해왔고 여전히 사회주의를 신념화하고 있기 때문이다.

마르크스는 평화에 관해 직접적으로 언급한 내용이 많지는 않지만, 자본주의 사회를 비판하며 노동자 계급에 의한 혁명으로 공산주의가 들어서면 이상사회, 즉 평화가 실현될 것으로 보았다. 마르크스는 인간관계의 기본은 경제관계이며 이 경제관계는 역사적으로 축적되고 진화되어 왔다고 분석한다. 생산양식과 경제관계의 특징은 궁극적으로 심리적, 윤리적,

종교적, 정치적 영역까지도 결정한다. 자본주의 제도 하에서는 계급 간의 억압과 착취만이 존재하며 참 평화는 불가능하다. 참된 평화는 계급 간 억압과 착취가 사라지고 계급투쟁이 없는 공산주의 사회에서만 가능하다. 역사발전 과정에서 공산주의가 추구하는 사회가 도래해야만 평화가 실현된다고 보고 있으므로, 마르크스주의는 공산주의 자체를 평화로 해석한다.

공산주의는 인류역사에 선행하는 어떤 단계와 다른 항구적 평화의 단계이며 구성원 모두에게 평화가 도래하는 인류문명의 새로운 발전단계이다.[5] 즉 마르크스가 바라보는 평화의 최고 상태는 공산주의 도래라 할 수 있다. 공산주의 사회에서는 계급투쟁이 없고 모든 사람이 능력에 따라 일하고 필요에 따라 공급받는 이상사회이며 그 자체가 평화다. 이런 의미에서 평화는 자본주의가 해체되고 사회주의, 공산주의로 발전하는 역사적 유물론의 관점에서 실현되는 것으로, 마르크스 평화는 이상주의나 관념에 그치지 않고 역사 속에서 실현 가능한 현실주의의 관점에서 바라본다.

그러나 이 평화는 저절로 오는 것이 아니며 부르주아와 프롤레타리아의 계급투쟁으로 성취된다. 그 과정에서는 폭력의 사용이 불가피하다. 현대 사회민주주의자는 폭력 사용을 반대하며 입법절차를 통해 변화를 추구해야 한다고 주장하는 반면, 대부분의 마르크스주의자는 기존 자본주의 체제를 타도하기 위해서는 폭력 사용이 불가피하다고 믿는다.[6] 마르크스와 달리 레닌은 폭력적이며 유혈적인 수단을 사용하여 공산주의를 추

5 김승국, 『마르크스의 「전쟁 · 평화」론』(파주: 한국학술정보, 2008), pp. 189~197.

6 Roger Eatwell and Anthony Wright, eds., *Contemporary Political Ideologies*. (Bolder, CO: Westview Presss, 1993), p. 15.

구하는 방법을 선호하지 않았다는 평가가 있기는 하다.[7] 공산주의 자체가 평화이므로 '지고의 평화상태'인 공산주의를 실현하는 과정에서 평화적 수단이 아닌 폭력적 방법으로 추구할 수 없다는 것이다. 그러나 마르크스주의는 "전쟁은 정치의 도구로서 정치행위의 연장"이라는 클라우제비츠의 입장에 서 있으며, 평화실현의 방법으로 정의로운 전쟁 혹은 불의한 전쟁으로 구분하는 기독교적 개념과도 맥이 통하는 관념을 갖고 있어 정의를 위해서는 폭력을 사용할 수 있다는 현실주의 관점을 지지한다.[8]

## Ⅲ. 북한의 평화개념-사전적 의미

북한의 『조선말사전』은 평화를 "① 전쟁이나 무장충돌 같은 것이 없는 상태, ② 분쟁이나 반목이 없이 화목한 상태"로 정의한다.[9] 평화를 전쟁이나 폭력이 없는 상태로 평범하게 정의하고 있다. 전쟁이나 폭력이 없는 상태를 평화로 정의한다면, 전쟁과 폭력에 대해서는 어떤 정의를 내리고 있을까? 전쟁과 폭력의 개념을 살펴보면, '전쟁'은 "일정한 정치적 및 경제적 목적을 실현하기 위하여 나라들 사이에서나 계급들 사이에서 벌리는 폭

7 김승국, 위의 책, pp. 189~197.

8 Horowitz, *The Idea of War and Peace: The Experience of Western Civilization*, p. 145; Karl Von Clausewitz 저, 맹은빈 역, 『戰爭論(Vom Kriege)』(서울: 일신서적출판사, 1990), pp. 22~43.

9 과학백과사전출판사, 『조선말사전』(평양: 과학백사사전출판사, 2004), p. 1271.

력수단에 의한 조직적인 무장투쟁이나 무장충돌"로, '폭력'은 "적대되는 계급이나 세력을 뒤집어엎거나 내리누르기 위하여 행사하는 무력행사를 비롯한 온갖 강제적인 힘"으로 각각 규정한다.[10] 폭력을 "혁명적인 세력이 반동적인 세력에게 가하는 혁명적인 폭력과 반동세력이 인민들의 혁명적인 진출을 억누르거나 다른 나라를 침략하고 략탈하는데 리용하는 반혁명적 폭력이 있다"고 구분하고, 반동세력을 타파하기 위한 폭력투쟁과 폭력혁명은 좋은 의미로 해석한다.[11]

사전적 의미로 보면, 평화와 혁명을 위해 폭력사용을 정당화하는 태도를 엿볼 수 있다. '폭력투쟁'은 "착취계급의 반동정권을 때려부시고 새 정권을 세우기 위하여 일떠선 혁명세력이 진행하는 조직적인 무장투쟁이나 무장폭동과 같은 폭력에 의거하는 투쟁"으로, '폭력혁명'은 "낡은 착취계급과 착취사회를 뒤집어엎고 새 사회, 새 제도를 세우기 위하여 손에 무장을 들고 수행하는 혁명"으로 설명한다. "근로인민대중의 정권전취를 위한 결정적 투쟁 형태이며 착취계급을 청산하기 위한 계급투쟁의 최고 형태"로 폭력혁명을 규정하기 때문에 혁명을 위해서는 폭력수반도 가능함을 시사한다.[12] 워낙 혁명을 "인민대중의 자주성을 옹호하고 실현하기 위한 조직적인 투쟁 또는 그 투쟁을 통한 사회발전에서의 근본적인 변혁"이라는 좋은 뜻으로 해석하고 있는 터라 혁명과 평화를 위한 방법은 모든 가능성을 열어두는 것 같다.[13]

---

10 위의 책, p. 966, p. 1277.

11 위의 책, p. 1277.

12 위의 책, 같은 곳.

13 위의 책, p. 1339.

『철학사전』에도 "착취제도를 뒤집어엎고 근로인민대중의 자주성을 실현하기 위한 혁명투쟁을 벌리는데서 기본으로 되는 것은 폭력투쟁이다....근로인민대중은 오직 폭력투쟁을 통하여서만 반동적인 착취계급을 타도하고 국가주권을 장악할 수 있다....평화적 방법만으로는 혁명투쟁을 성과적으로 진행할 수 없으며 최후승리를 이룩할 수 없다"고 설명한다.[14] 김일성도 "로동계급은 착취계급의 권력기구를 뒤집어엎고 자기의 정치적 지배를 확립하기 위한 투쟁에서 혁명적 폭력이 없이는 승리할 수 없습니다"라고 강조했다.[15]

혁명과 투쟁에 대한 이와 같은 긍정적 인식 때문에 무장투쟁에 대해서도 매우 긍정적인 입장을 취하고 있다. 특히 민족해방투쟁에서 무장투쟁은 가장 결정적인 형태라고 인식한다. 무장투쟁에 대한 이러한 긍정적 인식은 항일무장투쟁이라는 역사적 경험이 중요한 배경이 되었을 가능성이 크다.

> 민족해방투쟁에서 결정적 승리를 이룩하기 위해서는 상비적인 무력에 의한 유격투쟁을 기본형식으로 하면서도 혁명의 결정적 시기에는 전 인민적 폭동을 결합할 줄 알아야 한다. 유격전과 전 인민적 폭동을 결합하는 것은 주체적 혁명력량의 압도적 우세를 보장하며 이르는 곳마다에서 원쑤들에게 섬멸적 타격을 줄뿐 아니라 원쑤들로 하여금 숨 돌릴 틈

14 사회과학출판사 편,『철학사전』(평양: 사회과학출판사, 1985), p. 577.

15 김일성,『김일성저작집 22권』(평양: 조선로동당출판사, 1983), p. 413.

을 얻지 못하게 함으로써 그들을 종국적으로 멸망시킬 수 있게 한다.[16]

그런가 하면, 평화주의에 대해서는 매우 부정적으로 평가한다. 북한의 『철학사전』은 평화주의를 "제국주의에 아부굴종하면서 정의의 전쟁도 포함한 전쟁 일반을 반대하고 무원칙한 평화를 주장하는 반동적인 사상이나 태도"로, 평화주의자는 "평화만을 주장하는 사람, 혁명적 원칙을 저버리고 부정과 투쟁하기를 꺼리며 덮어놓고 사이좋게 지내려는 사람"으로 정의한다.[17] 이 말 속에는 평화에 대한 북한의 생각이 적나라하게 드러난다. 즉 평화를 실현하기 위해 평화적 수단을 사용해야 한다는 주장에 대해 명백히 반대하고 있는 것이다. 정의를 위해서는 폭력을 수반하는 전쟁도 가능하다는 단호한 의지를 엿볼 수 있다. '혁명적 원칙'을 관철하기 위해서는 어느 정도의 마찰과 갈등은 불가피하다, 싸움을 두려워하지 않아야 한다는 의미가 포함되어 있다. 폭력의 사용을 계급투쟁의 최고 형태로 표현하는 이러한 개념과 '정의로운 전쟁', '정의를 위한 전쟁'이 가능하다는 말에서 북한이 평화를 어떻게 이해하고 있는가를 분명히 알 수 있다.

16 사회과학출판사 편, 『철학사전』, p. 235.

17 위의 책, p. 1271.

## Ⅳ. 북한 지도자의 평화인식

북한에서 지도자는 '수령'으로서 절대권력을 행사하고 있으므로 지도자의 평화인식은 대단히 중요하다. 또한 각각의 지도자는 다른 사람과 차별화함으로써 자신만의 독특성을 부각시키려 하는 경향이 있으므로 북한에서도 김일성과 김정일, 김정은 사이에 어떤 차이점이 있는지 살펴보는 것은 북한의 평화개념의 본질과 변화를 이해하는데 도움이 될 것이다.

### 1. 김일성의 평화인식

김일성 주석의 전쟁과 평화에 대한 태도는 여러 곳에서 발견된다. 정권 초기와 한국전쟁, 남조선혁명을 부르짖던 1967년을 비롯하여 평화공세를 폈던 1972년 7·4남북공동선언 시기에 명확하게 드러난다. 김일성은 1973년 10월 28일 불가리아 당 및 정부 대표단을 환영하는 평양시 군중대회에서 행한 연설에서 평화는 제국주의자들을 반대하는 단호한 투쟁을 통하여서만 쟁취된다고 설명한다.

> 우리는 무력증강과 군비경쟁을 중지하고 군대를 축소하며 평화협정을 체결하자고 제의하고 있으나 남조선당국자들은 도리여 그것이 거짓말이라고 하면서 전쟁준비를 다그치고 있습니다....그러므로 우리는 평화를 유지한다고 하여 제국주의와의 투쟁을 회피하고 투항주의로 나가

서는 안되며 제국주의와의 무원칙한 타협을 통하여 안전을 얻어보자고 해서는 안된다고 인정합니다. 평화는 오직 제국주의자들을 반대하는 단호한 투쟁을 통하여 쟁취하여야 합니다. 제국주의자들이 떠벌이는 가짜 평화에 속지 말아야 하며 그들의 침략과 전쟁 책동에 항상 경각성을 높이고 그들에게 압력을 가함으로써 그들이 평화의 길에 나오지 않을 수 없게 하여야 합니다.[18]

1986년 한반도 비핵·평화를 위한 평양국제회의 연설에서 김일성은 평화를 보장하기 위해서는 비핵지대, 평화지대 방안을 제시하며 핵무기와 미군철수를 주장한다. 비핵지대, 평화지대를 창설하고 그것을 넓혀나가는 것은 핵군축을 실현하고 핵전쟁을 방지하며 평화를 수호하기 위한 중요한 방책으로 설명한다.[19] 김일성 주석은 동유럽 공산주의 정권이 붕괴하던 시기인 1991년 1월 1일 신년사에서 평화에 관한 생각을 다음과 같이 표현하였다.

평화는 인류의 가장 보편적인 리념이며 그것은 우리 민족에게 있어서 더없이 귀중합니다. 전쟁의 위험이 항시적으로 무겁게 드리우고 있는 우리나라에서 이제 전쟁이 터진다면 조국의 통일은 고사하고 민족의 존재마저 위태롭게 될 것입니다. 평화는 나라의 통일과 민족의 안녕을 위하

18 김일성, "조국의 통일과 세계평화를 투쟁으로 쟁취하자," 『김일성저작집 28권』(평양: 조선로동당출판사, 1984), p. 585.

19 김일성, "전쟁을 방지하고 평화를 수호하는 것은 인류 앞에 나선 초미의 과제," 『김일성저작집 40권』(평양: 조선로동당출판사, 1994), pp. 170~171.

여 북과 남이 우선적으로 해결하여야 할 가장 긴급한 과제입니다.[20]

위의 신년사에서 김일성은 특히 제국주의자들의 '평화적 이행론' 문제를 제기했다. "제국주의자들이 매달리고 있는 이른바 〈평화적 이행〉 전략은 본질에 있어서 사회주의나라들을 내부로부터 와해시키고 자본주의 길로 되돌려 세워 정치적으로, 경제적으로 저들의 지배권한에 넣으려는데 목적을 두고 있다"라며 경계심을 표시했다. 세계를 제국주의와 사회주의 대결구도로 인식한 김일성은 제국주의가 평화담론을 앞세워 사회주의를 흡수하거나 붕괴하려 한다고 우려하며 평화담론에 대한 경각심을 환기시켰다.

김일성 문헌의 여러 곳에서 평화를 보장하는 것이 당면한 시급한 과제라며 정치군사적 대결해소를 강조하고 있는 대목을 보면 김일성 주석이 생각하던 평화는 군사적 대립관계를 해소하는 것으로 요약할 수 있다. 위에 언급한 신년사에서도 한반도의 평화를 실현하는 방법으로 "북남 사이에 불가침선언을 채택하고 조미사이에 평화협정을 체결하며 북과 남의 무력을 대폭 줄이고 남조선에서 미군과 핵무기를 단계적으로 철수시킬 것"을 제안하는데서 평화의 개념을 군사적 측면에서 이해하고 있음을 알 수 있다.[21]

보다 구체적으로 평화실현의 방법을 여러 곳에서 제안하였는데, 역시 평화의 핵심은 군사적 대립의 해소로 생각한다. 군축 및 대량 살상무기 철

20 김일성, "신년사," 『김일성 저작집 43권』(평양: 조선로동당출판사, 1996), pp. 1~17.
21 위의 글, 같은 곳.

폐를 평화보장의 중요한 절차로 인식하고 있는 것도 그 때문이다.[22] 군사적 대립을 해소하는 것이 평화이므로 평화는 저절로 오지 않으며 반전·반핵 평화옹호운동과 투쟁을 통해서만 온다는 확고한 이념을 피력했다.

> 평화는 저절로 오지 않으며 오직 제국주의를 반대하는 투쟁을 통해서만 쟁취하고 수호할 수 있습니다....세계 5대륙의 학생청년들은 한사람같이 떨쳐나서 광범한 통일전선을 이룩하고 지역적 또는 세계적 범위에서 반전, 반핵평화옹호운동을 더욱 힘차게 벌려야 합니다. 학생청년들은 제국주의자들의 군비확장과 무력증강책동을 저지파탄시키고 전반적이고 군비철폐를 실현하여 세계 여러 지역에 비핵지대, 평화지대를 창설하고 그것을 넓혀나가기 위하여 적극 투쟁하여야 할 것입니다.[23]

김일성 주석의 생각도 북한 사전에 나와 있는 전쟁과 평화개념과 다르지 않다. 북한이 혁명과 사회주의 체제수호를 위해 무장투쟁과 무력사용을 중시하며 긍정적인 관념을 갖고 있는 것은 앞에서도 언급했지만, 항일무장투쟁의 학습효과가 클 것으로 생각된다. 부당하고 폭압적인 권력 앞에서 민족독립을 위해서는 폭력 사용이 남한이나 북한에서 모두 인정되는 것이 사실이기 때문이다. 이뿐만 아니라, 남한이나 북한에서 서로 공산주의나 제국주의의 군사적 침략에 대응하기 위해서는 무력 사용이 불가

22 김일성, "자유롭고 평화로운 새 세계를 위하여," 『김일성저작집 43권』(평양: 조선로동당출판사, 1996), p. 50.

23 김일성, "세계 진보적 학생청년들은 평화와 사회적 진보를 위하여 투쟁하자," 『김일성저작집 39권』(평양: 조선로동당출판사, 1993), pp. 305~306.

피하다는 인식이 깔려 있다. 북한은 한국전쟁을 '조국해방전쟁'으로 호명한다. 미제의 억압으로부터 남조선을 해방하기 위해 무력 사용을 정당화하는 표현인 것이다.

그러나 눈여겨볼 대목은 북한이 자신들의 무력 사용을 정당한 것으로 주장하지만, 자신들이 전쟁을 먼저 시작하지 않았다고 주장하는 것을 보면, 폭력이나 무력을 먼저 사용하는 것은 정당하지 않다는 사실을 인식하고 있고, 무력 사용이 제한적이어야 한다는 점을 충분히 의식하고 있다. 비록 상대를 '제국주의다, 반민족 권력이다'라며 비판하고 그 부당한 제국주의에 맞선 행위로 정당화한다 하더라도 먼저 무력을 사용하는 것이 옳지 않다는 의식을 깔고 있다. 자신들의 행동은 바깥으로부터 오는 침략적 무력에 대해 '정당방위' 차원에서 행사하는 무력으로 정당화하는 모습을 볼 수 있다. 민족독립과 사회주의 체제수호를 위해 무장투쟁과 폭력 사용을 원칙적으로 강조하지만, 공격적이기보다는 자신을 지키고 보호하려는 측면을 강조한다.

## 2. 김정일의 선군정치와 평화

김정일의 평화에 대한 인식은 탈냉전 이후 변화를 바라보는 데서 잘 나타난다. 김정일은 제국주의자들의 '평화적 이행' 전략을 총포소리 없이 사회주의 나라들을 안으로부터 와해 붕괴시키는 전략으로 간주한다. 김정일은 1990년 10월 10일 조선로동당 중앙위원회 책임일군들 앞에서 행한 연설 "주체의 당건설리론은 로동계급의 당건설에서 틀어쥐고 나가야 할 지도적 지침이다"에서 평화적 이행을 여러 차례 언급했다.[24] 즉 '평화적 이행' 실행 전략으로 제국주의자들은 민주주의, 제3의 길 등 여러 말로 호도하며 실제로는 사회주의를 완전히 전복하려고 한다는 우려를 거듭 표명하였다.

> 닉슨의 중국방문을 계기로 하여 국제긴장상태가 일시 완화될 수도 있습니다. 그러나 전쟁의 위험성은 의연히 남아있습니다. 정세가 일시 변한다고 하여도 제국주의의 침략적 본성은 달라질 수 없습니다. 어려운 처지에 빠질 때마다《평화》의 간판을 앞에 내걸고 뒤에서는 전쟁준비를 다그치는 것이 제국주의자들의 상투적수법입니다. 지금 미제국주의자들은 웰남과 라오스, 캄보쟈에서 침략전쟁을 계속하고 있으며 우리나라에서 또다시 전쟁을 일으키려고 군사적 도발행위를 끊임없이 감행하고 있습니다. 그러므로 우리는 경각성을 높여야 하며 미제의《평화전략》에 절대로 환상을 가져서는 안됩니다.[25]

평화를 제국주의, 평화적 기분 등의 단어와 연결시키며 평화에 대해 경계할 것을 요구한다. 평화적 기분에 사로잡혀 있거나 경계를 늦춰서는 안된다고 강조하며 이러한 자세는 안일하고 정신을 해이하게 만드는 잘못된 태도라고 가르친다. 평화적 기분에 사로 잡혀 제대로 대응하지 못하도록

---

24 김정일, "주체의 당건설리론은 로동계급의 당건설에서 틀어쥐고 나가야 할 지도적 지침이다," 『김정일선집 10권』(평양: 조선로동당출판사, 1997), p. 262.

25 김정일, "청년들을 계속혁명의 정신으로 무장시키자," 『김정일선집 2권』(평양: 조선로동당출판사, 1993), p. 313.

만드는 것이 바로 적들이 바라는 것이라고 경계심을 늦추지 않는다. 제국주의자들이 말하는 평화에 대해 환상을 가지는 것은 수정주의라고 비판한다.

> 우리는 당원들과 근로자들을 제국주의와 평화에 대한 환상에 사로잡히지 않도록 잘 교양하여야 합니다. 제국주의와 평화에 대하여 환상을 가지는 것은 수정주의입니다. 위대한 수령님께서 교시하신바와 같이 적들이 검은 칼을 갈고 있는 조건에서 우리는 붉은 칼을 날카롭게 벼려야 하며 적들이 침략전쟁을 일으키면 우리는 단호하게 혁명전쟁을 대답하여야 합니다. 우리는 당원들과 근로자들이 절대로 제국주의에 대한 환상과 평화적기분에 사로잡히지 않도록 하며 수정주의의 사소한 요소도 침습하지 못하도록 하여야 하겠습니다.[26]

김정일은 공식적으로 선군정치를 앞세우며 나라를 지키고 평화를 유지하기 위해서는 무력구축이 필수적이며 군대가 앞장서 혁명과 건설을 이끌어 가야 한다고 주장했다. 평화는 외교적 대화와 선언으로 지켜지는 것이 아니며 군사와 무력에 의해 지켜진다는 사실을 지속적으로 강조한다. 김정일 위원장의 평화에 대한 개념은 다음의 발언에 잘 나타나 있다.

> "평화는 오직 힘에 의해서만 담보된다. 평화를 깨뜨리는 근원이 전쟁

26 김정일, "올해 당사업에서 틀어쥐고 나가야 할 몇 가지 중심적 과업에 대하여," 『김정일선집 5권』(평양: 조선로동당출판사, 1995), p. 241.

에 있기 때문이다. 법으로 확약했다 하여 지켜지는 것이 평화가 아니며 스스로 영구중립을 자처한다고 하여 지켜지는 것이 평화가 아니다."[27]

"우리의 막강한 군사적 억제력이 있기에 지금까지 조선반도에서 평화가 보장되고 남조선 인민들도 그 자위적 보호권 안에서 편안히 지낼 수 있었다고 보아야 할 것이다. 더욱이 미국이 우리 민족에게 핵 참화를 들씌우려고 발광하고 있는 오늘에도 이와 같은 강력한 전쟁 억제력이 있기에 민족의 안전이 지켜지고 자주통일시대가 전진하고 있는 것이다."[28]

김정일은 특히 동유럽 사회주의가 붕괴되는 시점에 불안한 북한체제를 유지하기 위해서는 군대가 혁명과 건설을 담당해야 한다는 확고한 생각을 가졌다. 특히 초강대국으로 떠오른 미국을 상대하기 위해서는 핵무기 개발이 필요하고 그러기 위해서는 선군정치를 구호로 내걸고 체제를 운영하였다. 김정일은 1960년대부터 군사전략적 사고를 철저히 해왔고 북한의 발전략으로 군사적 요소를 고려하는 이른바 '경제–국방병진노선'과 지역별 자력갱생체제를 선호하였다.[29]

선군정치에서 강조하는 총대철학도 북한의 평화관을 이해하는 데 결정적인 단서가 된다. 김일성은 그 부친 김형직으로부터 권총 두 자루를 받았다고 하며 북한에서는 이 권총의 의미를 상징적으로 해석한다. 김형직은

27 김인옥, 『김정일 장군 선군정치리론』(평양: 평양출판사, 2003), pp. 257~258.
28 위의 책, pp. 266~267.
29 김병로, 『북한의 지역자립체제』(서울: 통일연구원, 1999).

"칼 든 놈하고는 칼을 들고 싸워야 이길 수 있다"는 말을 남겼다. 이를 바탕으로 앞의 사전적 개념에서 보았듯이 북한은 무장투쟁을 나라의 독립을 이룩할 수 있는 최고의 투쟁형태로 간주한다. 김일성은 한국전쟁이 한창이던 1952년 여름, 이 권총을 아들 김정일에게 건네준다. 이때 김일성은 총은 혁명의 승리를 담보해주는 수단으로 혁명가는 일생동안 손에서 총을 놓지 않아야 한다고 교훈을 준다.

그러나 여기서 주목할 것은 북한이 선군정치와 총대철학에서 말하는 전쟁과 폭력은 일반적인 폭력과는 구분되는 상대적인 개념으로 이해해야 한다는 점이다.[30] 이들은 전쟁을 혁명적인 정당한 전쟁과 반혁명적인 부당한 전쟁으로 구분하며 북한이 총대철학에서 말하는 혁명적 폭력은 일반적인 폭력수단과는 다르다고 상정한다. 이러한 폭력의 개념은 모택동이 규정한 도덕적 폭력론과 일치하는 것으로 "인민의 손에 의해, 인민을 위하여, 인민의 의지에 의한 것이기 때문에 폭력은 정당화된다"고 주장한다.[31] 북한의 이러한 폭력에 관한 입장을 어떻게 이해해야 하는가는 논쟁적이다. 마르크스도 혁명적 폭력의 사용에 대해 혁명적 정권장악 같이 역사에서 예외적이고 특별한 사건에서만 정당화되는 것으로 주장했지만, 그 특별하고 예외적인 상황을 권위 있게 규정하기란 여간 어려운 일이 아니다.

---

30 권헌익·정병호, 『극장국가 북한: 카리스마 권력은 어떻게 세습되는가』(서울: 창비, 2013), p. 133.

31 위의 책, 같은 곳.

## 3. 김정은의 평화관

2012년 김정은 집권 이후 평화개념은 달라지고 있는가? 김정은의 평화 전략은 김일성, 김정일과 어떻게 다른가 혹은 같은가? 트럼프 대통령이 "힘을 통한 평화"를 강조하며 김정은에 대해 '로켓맨'이라고 부르자 김정은은 이를 맞받아치며 "늙다리 미치광이를 반드시 불로 다스릴 것"이라고 공언하였다. 김정은 역시 "눈에는 눈, 이에는 이"의 원칙을 견지하는 "힘을 통한 평화"를 강조하는 것 같다.

2012년 4·15 태양절 100주년 연설에서 김정은 위원장은 "반만년의 유구한 역사와 찬란한 문화를 자랑하면서도 올바른 영도를 받지 못하고 자기를 지킬 힘이 없었던 탓으로 사대와 망국을 숙명처럼 감수해야만 했던 비참한 식민지 약소민족이 바로 한 세기 전 우리 민족의 모습이었다"라는 발언을 했는데, 이러한 해석은 한국의 여느 정치지도자들과도 다르지 않다고 본다. 김정은 위원장은 여기에서 선군사상을 재천명하였다. 따라서 김정은도 김일성과 김정일이 가졌던 평화에 대한 생각과 크게 다르지 않은 관념을 갖고 있을 것으로 짐작된다.

그럼에도 김정은 위원장은 집권 이후 경제발전과 인민생활 향상에 대한 의지를 여러 곳에서 천명하며 차별화를 시도하고 있다. 선군정치와 국방을 중시하는 북한의 현 상황에서 경제발전에 대한 의지를 강조하는 모습은 평화에 대한 조금 다른 입장을 갖고 있는 것으로 해석해 볼 수 있다. 김정은 위원장은 2012년 4월 15일 태양절 100주년 기념행사에서 발언한 경제발전에 대한 의지를 다음과 같이 표현하였다.

> 세상에서 제일 좋은 우리 인민 만난시련을 이겨내며 당을 충직하게 받들어온 우리 인민이 다시는 허리띠를 조이지 않게 하며 사회주의 부귀영화를 마음껏 누리게 하자는 것이 우리 당의 확고한 결심입니다. 우리는 위대한 김정일 동지께서 경제강국 건설과 인민생활 향상을 위하여 꾸려놓으신 귀중한 씨앗들을 잘 가꾸어 빛나는 현실로 꽃피워 나가야 합니다. 공장과 기업이 충분히 가동되지 않아 인민의 생활에 불편을 주고 있지만 그들은 어려운 생활 중에서도 변함없이 노동당을 따르고 있다. 이런 훌륭한 인민에게 더 우수한 물질·문화생활을 보장해 저 인민이 언제나 '노동당 만세'를 외칠 수 있도록 해야 한다.[32]

평화에 관한 직접적인 발언을 한 것은 아니지만 어떻게 해야 진짜 평화를 실현할 수 있을 것인가 하는 고민이 담겨 있는 대목이다. 김정은의 이러한 경제발전 의지는 평화의 관념과 어떻게 합치되는가? 사상강국, 군사강국이 상당한 수준에 도달했으니 이제 경제발전을 통해 인민들이 풍요롭게 살 수 있도록 하겠다는 의지를 표현한 것이다. 힘을 통한 평화도 중요하지만, 경제를 통한 평화가 필요하다는 실용적 관점이라 할 수 있다. 경제 분야의 일꾼들과 학자들이 경제 관리를 '이런 방법으로 하면 어떻겠느냐'고 제안해도 색안경을 쓴 사람들은 '자본주의적 방법을 도입하려 한다'고 비판하기 때문에, 아무도 건설적인 제안을 하지 않으려 함을 지적한다. 비

32 최은상, "청년 김정은의 통일관," 『킹덤코리아』, 2012년 4월 24일; http://kingdom-korea.tistory.com/151

판만으로 경제 관리 방법을 개선할 수는 없으며 중국의 방법이든, 러시아든 일본이든 쓸 수 있는 방법이 있으면 도입하라고 지시하는 김정은의 의중에는 경제발전에 대한 강한 의지가 내포되어 있다.

그렇지만 위에 설명한 대로 힘을 통한 평화에 대한 관점을 소홀히 하지는 않는다. 2013년 3월 5일 조선인민군 최고사령부 대변인 성명은 "누르면 발사하게 되어 있고 퍼부으면 불바다로 타번지게 되어 있다. 이 땅은 결코 발칸반도가 아니며 이라크나 리비아는 더욱 아니다."라며 결전의 의지를 피력하였다. 정전협정 백지화, 판문점대표부 활동 중단 등으로 위협하며 첨예한 대립각을 세우던 시기여서 과도하게 반응하는 과정에 나온 발언이기는 하나, 북한의 전쟁과 평화에 대한 입장을 잘 보여주는 대목이다.

2014년 9월 2일자 《로동신문》에서 체제에 충성하고 제국주의에는 저항하는 '계급적 원칙'을 이례적으로 강조하며 제국주의와 타협적인 태도를 경계했다.[33] 노동신문은 '혁명가들이 지켜야 할 계급적 원칙'이라는 제목의 글에서 "계급적 원칙을 양보하기 시작하면 원수들이 책동할 수 있는 틈을 주게 된다"며 "혁명가는 비가 오나 눈이 오나 오직 혁명이라는 궤도에서 탈선하지 말아야 하며 계급적 원칙을 좌우명으로 심장에 간직해야 한다"고 밝혔다. 신문은 계급적 원칙에 반하는 대표적인 경향으로 '기회주의'와 '평화주의'를 꼽았다.

또 "계급적으로 예리하지 못하고 제기된 문제를 평화주의적으로 대하는 경향을 경계해야 한다"며 "모든 문제를 그저 좋게만 보는 사고방식을 가진 사람은 원수들의 침해로부터 당의 통일단결을 견결히 수호할 수 없

33 《로동신문》, 2014.9.2.; 《연합뉴스》, 2014.9.2.

으며 준엄한 날 결코 한 모퉁이를 막아 나설 수 없다"고 주장했다. 이전 김정일 국방위원장도 "미 제국주의자들에 대한 자그마한 환상도 가져서는 절대로 안된다"고 말한 것을 상기시키며 반미 대결의식을 고취했었다.

김정은 위원장이 집권한 이후 북한의 노동당 기관지 《로동신문》(2014.9.21.)은 '조선반도는 대국들의 각축전 마당이 아니다'라는 제목의 글에서 갑오농민전쟁 등 역사적 경험은 강력한 군사력만이 나라를 지키고 주변지역과 세계의 평화도 수호할 수 있음을 가르쳐 주고 있다고 언급한다. 강성국가 건설과 인민생활 향상을 위해 평화가 더없이 귀중하지만, 민족의 존엄과 나라의 자주권은 더 귀중하다고 말한다. 따라서 진정한 평화와 나라의 안전을 지키기 위해서는 전투동원태세를 유지하면서 강성국가 건설을 총대로 굳건히 담보해 나가야 한다고 강조한다.

평화에 대한 이러한 분위기는 2016년 5월 노동당 제7차 대회를 계기로 조금 달라진 듯하다. 5년마다 개최하도록 되어 있던 당대회를 36년 만에 재개하는 것이니 북한 역사에 얼마나 큰 의미를 가지는가는 미루어 짐작할 수 있다. 당대회 결정을 바탕으로 6월 '국가경제발전5개년전략'을 발표였고, 7월에는 경제발전을 위해 비핵화를 하겠다며 정부 대변인 성명으로 '비핵화 5대 조건'을 제시했다.[34] 그동안 평화를 지키기 위해 힘이 필요하고 핵무기가 절대적으로 필요하다는 입장을 줄곧 견지해 왔는데, 이러한 노선에서 후퇴하여 경제발전을 위해 핵무기를 포기할 수도 있다는 제안을

34 1) 한반도 내 미국 핵무기 공개, 2) 핵무기와 기지 철폐, 검증, 3) 핵타격수단 끌어들이지 않겠다는 담보, 4) 핵으로, 핵이 동원되는 전쟁행위로 위협공갈 않고 핵을 사용하지 않겠다는 확약, 5) 핵사용권을 갖고 있는 미군 철수 선언.

한 것은 지금까지와는 전혀 다른 태도가 아닐 수 없다. 비록 그것이 외교적 선언이나 정치적 수사에 그치는 것이라 하더라도 북한이 여태껏 유지해 왔던 평화의 관점과는 완전히 다르다는 점에서 주의를 기울여볼 필요가 있다.

이처럼 달라진 전략 속에서 김정은은 2018년 1월 1일 신년사에서 평창동계올림픽에 참가한다고 발표하며 새로운 평화의 발걸음을 내디뎠다. 4월 20일에는 당제7기 3차 전원회의에서 경제–핵개발 병진노선을 마감하고 새로운 전략노선으로 전환할 것을 천명했다. 새로운 전략노선이란 핵무기가 확보되어 있으니 이제는 모든 국력을 경제건설에 총결집한다는 것이다. 그것이 전략적이든, 전술적이든 현재로서는 판단하기 쉽지 않지만 일단 진정성 있는 제안으로 받아들여야 하지 않을까 생각한다. 트럼프 대통령도 김정은의 발언에 진정성이 있다고 보고 2018년 6월 12일 김정은과 분단 73년 만에 첫 정상회담을 개최하였다.

김정은은 평화를 구체적으로 어떻게 구상하고 있을까? 평화가 궁극적으로 핵무기를 바탕으로 한 군사적 힘으로 지켜진다는 생각은 기본적으로 하고 있겠지만, 종전선언과 같은 정치적 조치로부터 평화협정과 같은 법적 조치, 북미관계정상화 같은 외교적 조치를 요구하고 있는 것을 보면, 평화에 관해 복합적이고 실용적인 관점으로 접근하고 있는 것 같다. 종전선언을 하고 상호 침략을 방지하는 약속을 하는 것만으로도 초보적인 평화는 마련된다. 남북기본합의서와 6·15선언, 10·4선언에도 이러한 약속은 합의되어 있다. 여기에 남북미중 간에 평화협정을 체결한다면 평화의 기반은 더 공고해질 것이다. 이러한 정치적, 법적, 외교적 복합네트워크가 작동하는 상황 속에서 평화가 실현될 수 있다는 생각은 힘에 의한 평화라는 단순 논리보다 더 현실적이고 실용적인 관점이다.

평화에 대한 관점의 변화가 어느 정도 북한의 현실과 일치하는가는 현재로서 파악하기 어렵다. 이러한 관점의 변화가 북한이 처한 여러 면에서의 수세적인 입장을 반영하는 것이 아닌가 생각된다. 특히 과거의 공세적인 통일전략에서 수세적인 입장으로 달라진 북한의 상황이 이러한 평화의 관점에 변화를 주었을 가능성이 있다. 김정은 위원장은 남한을 '대한민국'으로 지칭하면서 분단을 기정사실로 하려는 경향을 보인다. 물론 그와는 반대로 '핵'을 개발한 김정은이 더욱 공세적으로 적화통일을 위해 정책을 구사할 것이라고 우려하는 사람들도 있다. 그러나 조선과 한국의 존재를 인정하고 공존하는 것을 일차적 목표로 하고 있다는 점에서 수세적이라 할 수 있다. 이러한 전반적인 한반도 정세변화가 평화의 관점을 약간 변화시키지 않았나 생각된다. 전쟁을 억제하고 미국의 군사적 지배에 대응하기 위해 힘이 필요하며 그러한 힘을 갖출 때 평화가 실현된다는 기본인식을 하고 있으나, 김정은 시대에는 이러한 기본 정세인식을 넘어서 공존과 경제발전을 통한 삶의 질 향상을 평화로 인식하는 흐름도 감지된다.

## V. 북한 평화개념의 분석 및 평가

### 1. 현실주의 관점

이상에서 살펴본 북한의 평화개념을 정리하면 우선, 북한은 철저히 현실주의 입장에서 평화를 인식한다. 이상주의가 말하는 평화는 평화를 절대 가치로 보고 그 실현 가능성과 관계없이 궁극적으로 추구해야 한다고 본다. 평화는 절대선이며 폭력은 절대 악이다. 인간사회에서 폭력과 전쟁은 인간 내면에 있는 폭력적 성향으로부터 생겨나는 것이어서 평화는 인간의 희생정신이나 영웅정신이 발휘될 때 실현된다고 설명한다. 반면, 현실주의는 평화는 상대적인 가치이며 갈등하는 행위자 간 힘의 균형으로 유지된다고 본다. 인간사회의 폭력과 전쟁은 외재적이며 사회적 환경에 그 주된 원인이 있으므로, 평화를 실현하는 방법 또한 정치경제적 환경과 조건을 개선하는 데 초점을 맞춘다.[35]

북한은 현실주의 관점에서 평화를 바라보므로 평화를 실현하기 위해서는 힘을 바탕으로 나라를 지켜야 하며, 내적으로는 억압적이고 차별적인 사회경제제도를 개혁하여 평화를 실현해야 한다고 본다. 또한 평화를 개인적 차원에서 보지 않고 사회와 집단 차원에서 보는 관점을 지지한다. 북한은 집단주의를 헌법에 명시하고 있는 나라여서 평화에 관한 해석도 개인수준이 아닌 집단과 조직, 국가 수준에서 바라본다. 평화의 상태를 유지하기 위해 플라톤이 말하는 것처럼 외부의 신적 존재의 필요성에 대해 거부하며 철저히 사회경제적 조건으로 설명한다. 평화는 윤리적 가치로서도 중요하지만, 더 중요한 것은 현실문제와 유리되어서는 안 된다고 본다. 따라서 현실에서 평화를 구현할 수 있는 힘의 사용, 정의로운 전쟁 등이 필요하다고 본다. 또 평화는 진보(progress)한다는 맥락에서 역사를 보는

35 Horowirz, *The Idea of War and Peace: The Experience of Western Civilization*, pp. 19~48.

관점도 현실주의 입장에서 평화를 인식한다.

## 2. 자위로서 평화

둘째, 자위로서 평화에 대한 관념이 뚜렷하다. 지도자들의 평화에 대한 관념과 생각은 북한이 공식적으로 강조하는 평화개념을 그대로 반영하는 것이라 할 수 있다. 북한 당국이나 학자들이 평화의 개념을 체계적으로 설명하거나 문서화한 것은 없지만, 북한의 평화개념은 북한의 공식이데올로기인 주체사상의 이념을 따르고 있다. 북한 사회주의 체제를 지탱하는 공식 이데올로기인 주체사상은 헌법에 명시되어 있는 국가이념이다. 주체사상을 실질적으로 유지하는 지도적 원칙에 따르면 주체사상을 구현하기 위해 자주적 입장을 견지하고, 창조적 방법을 구현하며, 사상을 기본적으로 틀어쥐어야 한다고 설명한다. 그 가운데서 자주적 입장을 견지하기 위해 사상에서 주체, 정치에서 자주, 경제에서 자립, 국방에서 자위 원칙을 제시하고, 1967년 12월 16일 최고인민회의 제4기 1차 회의에서 북한의 정부정강으로 발표하였다.

4대 정강정책의 하나로 제시된 것이 바로 '국방에서 자위'다. 제국주의 전쟁의 위험성이 해소되지 않은 상황에서 나라를 지킬 수 있는 자위적 무장력을 확보하는 것은 주체를 지킬 수 있는 실질적인 방법임을 강조한다. "민족적 독립과 평화를 고수하고 혁명위업의 승리를 이룩하기 위한 가장 옳은 길은 제국주의자들의 침략전쟁에 해방전쟁으로 맞서고 반동들의 반혁명적 폭력에 혁명적 폭력으로 맞서며 제국주의자들의 침략과 전쟁책동에 언제나 준비 있게 대처해 나가는 것"이라고 설명한다.[36] 국방에서의 자위는 나라의 정치적 독립과 경제적 자립을 지킬 수 있는 군사적 담보인 것이다. 국방에서 자위의 원칙을 관철하지 않으면 제국주의의 침략과 간섭을 물리치고 나라의 정치적 독립과 경제적 자립을 고수할 수 없고 나라를 보위할 수 없다는 점에서 자위국방은 주체사상 그 자체라고 할 수 있다.

국방에서 자위는 자기의 힘으로 자기 나라를 보위한다는 것을 의미한다. 물론 국방부문에서 주변국들과 동맹국으로부터 도움을 받을 수는 있으나 자기 나라의 보위를 남에게 의탁해서는 안된다고 주장한다. 기본은 어디까지나 자체의 힘이며 자체의 힘이 준비되어 있어야 외부원조도 빛을 발휘할 수 있다고 생각한다. 그러기 위해서는 자위적 무장력을 가져야 하며 전 인민적, 전 국가적 방위체계를 세워야할 것을 요구한다. 전군의 간부화, 전군의 현대화, 전국을 요새화할 것을 요구하는 것은 따라서 국가이념인 주체사상을 지키기 위한 필수불가결한 조건이다.

2018년 북한이 취한 행동은 평화를 자위(自衛)로 인식하고 있음을 명백히 보여주었다. 2017년 보여준 장거리미사일 발사(7.4, 8.29, 11.29), 6차 핵실험(9.3)이 공격적인 행동이었는지, 방어적 행동이었는지 확연하게 판단하기는 쉽지 않다. 그러나 미국본토를 타격할 수 있다는 ICBM의 실험을 미국서부 해안 가까운 태평양 근처에 도달하는 방식으로 하지 않고 동해안을 벗어나지 않는 방법을 택했다는 것은 그 의도가 공격적이라기보다는 방어적임을 보여준다.

무력이나 폭력 사용을 불사겠다는 공개적 발언과 실제 행동이 상당히

36 김정일, 『주체철학에 대하여』(평양: 조선로동당출판사, 2000), p. 60.

다르게 표출된 것을 보면 북한이 갖고 있는 평화개념이 공개적으로 선언하고 있는 바와 달리 스스로를 지키는데 우선적 목적이 있는 자위의 개념으로 보아야 하지 않을까 생각한다. 북한이 무력사용이나 폭력사용을 언급할 때에는 언제나 수세적이며 방어적이다. "제국주의자들이 만약 우리를 털끝만큼이라도 건드린다면, 우리는 철저히 보복하겠다"는 식이다. 무력에 대한 현실주의 인식을 하면서도 외부로부터 공격을 당할지 모른다는 큰 두려움이 밑바닥에 깔려 있다. 자신들이 무력을 사용하더라도 그것은 자신들이 먼저 공격을 한 것이 아니라 외부의 침략으로부터 방어적 수단으로 무력을 행사함을 정당화하는 발언이다.

폭력 사용은 언제나 평화의 관점에서 부당한 것인가 라는 질문은 그 대답이 쉽지 않다. 부당한 상황에서 정상적인 방법으로 현실을 타개할 수 없을 때 무장력을 사용하여 악을 제거해야 하지 않느냐는 질문이 나올 수 있기 때문이다. 항일투쟁 시기에 특히 무장과 평화에 대한 논쟁이 치열하였다. 이 시기 안중근을 비롯한 많은 항일운동가들이 무장력을 갖고 있었고 일제를 대항한 무력사용을 폭력으로 보지 않았다. 정당한 무력 사용, 정당방위라 인식한 것이다. 평화와 전쟁에 대한 북한의 인식은 현대적 맥락에서 진화되지 못한 채 일제식민지 혹은 한국전쟁 시기의 프레임이 그대로 보존되어 있는 느낌이 든다. 폭력적 집단을 제압하고 평화와 질서를 유지하려면 폭력 사용이 불가피하며, 부당한 제국주의에 저항하기 위해서는 싸움을 하지 않을 수 없다는 것이 식민지 무장투쟁론의 지배적 논리였다.

공산주의, 사회주의는 태동 당시부터 '피포위의식'을 갖고 있었다. 공산주의가 자본주의를 타도하고 혁명에 성공하여 공산주의가 역사적으로 수립될 당시 제국주의와 강력히 부딪혔다. 이런 상황 속에서 공산주의는 핵무기 개발 등 무력 구축의 필요성을 더 절실히 느꼈다. 이 지점에서 북한이 구상하는 평화는 힘으로 자신을 지키고 군사력으로 나라를 지키는 것을 기본으로 한다. "자기 힘으로 자기를 보위하는 것"을 의미하는 자위(自衛)는 북한 평화개념의 핵심이라 할 수 있다. 주체사상이 강조하는 자주와 자립, 자위는 모두 필요하지만 그 가운데 가장 중요한 것은 스스로 지키는 힘, 즉 자위다. 나라의 방위를 스스로 지켜야만 정치적 주권을 지킬 수 있고 경제적 자립도 가능하기 때문이다. 이런 의미에서 자위는 평화를 구성하는 최소한의 조건이며 북한에서 말하는 평화는 자위 그 자체라고 말할 수 있다.

### 3. 대결적 평화관념

앞에서 설명한 북한의 평화개념은 담론 차원에서만이 아니라 일반주민들의 의식세계에도 큰 영향을 미치고 있다. 북한에서 큰 인기를 얻고 있는 노래 가운데 "우리의 총창 우에 평화가 있다"라는 가요가 있다. 노래 중에 나오는 가사는 힘을 통한 평화, 무력에 의한 평화의 개념을 가장 명확히 드러내 준다.

> 평화가 아무리 귀중해도
> 절대로 구걸은 하지 않으리
> 우리의 총창 우에

우리의 총창 우에

평화가, 평화가 있다.

북한의 입장에서 평화는 목숨과 바꿀 수 있는 절대가치가 아니며 평화보다 더 귀한 국가적 가치가 많다. 위에서 언급한 주체사상의 여러 가치, 자주, 자립, 자위, 영생, 수령보위 등의 가치는 평화보다 훨씬 귀중하다. 평화가 소중한 가치이긴 하나 주체사상의 가치를 지키기 위해서는 평화를 버릴 수도 있다. 즉 무력으로라도 이러한 가치를 지켜야 하고 희생을 각오해야 한다. 이렇게 학습된 의식은 탈북자들에게 쉽게 발견된다. 탈북자들은 북한이 미국과 언젠가는 전쟁을 하지 않을 수 없다는 숙명적 태도를 갖고 있다. 북한 안에서의 교육이 그렇게 생각하도록 만들었다는 점에서 볼 때 북한이 갖고 있는 세계관은 철저히 자본주의(제국주의)와 사회주의의 대립적 구도로 이해한다. '미제국주의'는 끊임없이 북한을 붕괴시키려 기회를 엿보고 있는데 제국주의의 약탈적 속성은 변하지 않는다는 확고한 사고를 갖고 있다.

수령 옹위를 위해 총폭탄이 되자는 말이나 위기 시마다 미제타도를 외치며 군입대를 자원하는 젊은이들을 장려하는 행동 자체를 폭력적인가 아닌가로 따지기 어렵다. 또 인민무력성과 같이 무력을 담당하는 기관이 하는 대외적 발언을 근거로 북한의 평화관을 분석하는 것도 적절치 않다. 무력기관은 그 특성상 무력 사용의 의지를 강하게 표현하는 것이 일반적이기 때문이다. 그러나 정의로운 전쟁이나 정당한 전쟁에 폭력 사용을 정당화하는 철학과 논리가 확산되면 상황규정이 애매할 경우 폭력 사용을 선택할 가능성이 대단히 높다. 북한은 자신들이 말하는 폭력개념은 '혁명적 폭력'으로 일반적인 폭력개념과 다르다고 주장하지만, 더 큰 맥락에서 보면 다른 국가들보다 상대적으로 폭력 사용을 정당화할 개연성이 높아지기 마련이다.

2016년 9월 22일 조선인민군총참모부는 대변인 성명을 통해 "대조선 군사압박의 최종목표는 우리 최고수뇌부 제거를 통한 북 정권 교체"라며 "우리는 어떤 수단을 다 동원해서라도 청와대와 반동 통치기관이 몰려 있는 동족대결의 아성, 서울을 잿더미로 만들어버릴 것"이라고 조선중앙통신이 보도했다. 한민구 국방부 장관이 "김정은 제거 특수부대 운영 계획이 있다"고 밝힌 데 대한 반응으로 나온 것이다. 성명에는 "미제가 B-1B 따위를 우리 상공에 끌어들여 군사적 도발 위험수위를 높인다면 괌을 아예 지구상에서 없애버리겠다"고도 위협했다.

〈그림 7-1〉 만수대창작사가 제작한 미제타도 구호(1998)

자료: Library Digital Collections, https://library.ucsd.edu/d

실제로 북한인들은 미국을 자신들을 가장 위협하는 존재로 인식하고 있다. 서울대학교 통일평화연구원이 연례적으로 조사한 자료에 의하면, 한반도 평화에 가장 위협적인 국가로 미국을 지목한 북한인이 2017년 현재 75.8%에 달한다. 중국을 우호적인 국가로 꼽은 북한인이 71.2%인 점을 감안하면 북한은 여전히 자본주의 대 공산주의라는 이념대결의 구도 안에서 평화를 인식하고 있음을 알 수 있다.[37] 이러한 대결적 세계관 안에서 평화는 자본주의와 공존하거나 자본주의를 받아들이라는 것으로 간주되며, 이러한 대결적 평화관은 북한의 일상에 널리 확산되어 있다.

## 4. 안보평화 vs. 경제평화

마지막으로 북한 안에서 또 다른 현실론으로 경제발전을 통한 평화의 실현을 강조하는 흐름도 있다. 과거 장성택과 개혁지향적 인사들은 안보보다는 경제를 발전시켜 강성국가를 실현해야 한다는 생각을 갖고 있었다. 보수파들은 북한의 생존을 위해서는 핵무기를 가져야 하고 무력을 기반으로 해야 한다고 생각하지만, 개혁파들은 북한의 주류와는 다른 시각에서 평화를 바라본다. 안보중심의 평화관과 경제중심의 평화관 둘 다 현실주의 사고를 하고 있으나, 두 흐름은 결이 약간 다르다.

북한 외무성 부상 리용호는 뉴욕에서 북한의 새로운 리더십(김정은)은

37 정동준 외, 『북한주민 통일의식 2017』(서울: 서울대학교 통일평화연구원, 2018), pp. 210~211.

선대 리더들과 달리 미국과 싸울 의도가 없고 미국에 사절을 보내 평화와 협력의지를 반복적으로 천명하고 확인하였다(2012.03). 힐러리 국무장관은 "20대 후반인 김정은의 의도를 판단하기는 너무 이르다"면서도 "김정은이 해외에서 살았기 때문에 북한의 여건이 변화할 수 있다는 희망을 품었을 수도 있다," "외부 세계에 노출된 김정은이 북한의 오랜 고립을 종식시킴으로써 역사에 이름을 남길 기회를 잡았다"고 기대감을 표시했다(2012.04.18.). 이러한 발언은 리용호 발언에 대한 응답으로 청년 김정은에게 개혁개방과 평화라는 방향을 제시함으로써 김정은이 부응해준다면 협력할 용의가 있음을 시사하는 걸로 보인다.[38]

국가에서 공식적으로 가르치는 것과 구성원들이 생각하고 있는 실제는 다를 수 있다. 한국인들도 평화가 소중한 가치라고 가르치지만 일상에서는 힘이 있어야 질서와 평화가 유지된다는 인식이 강하다. 북한 사람들도 평화를 염원하며 평화적 수단에 의한 평화가 유지되기를 바라는 생각이 한편에 있을 것이고, 외부의 위협을 힘으로 지켜야 한다는 현실적 생각을 동시에 갖고 있을 것이다.

평화통일이나 평화협정을 바라보는 관점에서는 남과 북의 평화에 대한 생각이 크게 다르지 않은 것 같다. 북한에서도 개념적으로 평화통일은 "무력행사에 의거함이 없이 평화적인 방법으로 나라와 민족의 통일을 이룩하는 것"을 의미한다. 평화지대 역시 "온갖 전쟁세력과 위험이 없는, 평화가 보장된 지대"로, 평화운동은 "전쟁을 반대하고 세계의 공고한 평화

38 최은상, "청년 김정은의 통일관," 『킹덤코리아』, 2012년 4월 24일; https://kingdom-korea.tistory.com/151

를 요구하고 지키기 위한 평화옹호인민들의 진보적인 운동"으로 정의한다. 평화협정은 "군사적으로 대치되어 있는 나라들이나 또는 지역들 사이에 군사행동을 중지하고 평화상태를 회복하거나 선린관계와 친선협조관계를 발전시키기 위하여 맺는 협정"[39]으로, '평화조약'은 "평화조약의 체결은 교전국들 사이의 전쟁상태가 끝났다는 것을 법적으로 확인하는 가장 일반적인 법률행위"로 규정한다.[40] 평화에 관한 관념이 남한과 크게 다르지 않다.

북한은 7차 당대회 이후 경제발전에 대한 의지를 표명하며 미국과 협상을 시작했고 경제발전을 통한 인민의 삶의 질 향상을 염원하고 있다. 아직은 힘을 통해 평화가 유지된다는 생각이 지배적이나, 경제발전을 통해 진짜 평화가 실현될 수 있다는 움직임을 보이고 있다.

## VI. 결론

북한의 평화개념은 주체사상에 기초하여 정부의 정강정책으로 확립된 '자위'가 그 핵심으로 자리 잡고 있다. 제국주의 전쟁의 위험성이 해소되지 않은 상황에서 스스로의 힘으로 나라를 지킬 수 있는 무장력을 확보하는 것이 주체를 지킬 수 있는 실질적인 방법이며 그것이 바로 평화를 담

39 위의 글.

40 조선사회과학원 법학연구소 편, 『국제법사전』(평양: 사회과학출판사, 2002), p. 425.

보하는 길인 것이다. 이러한 관념은 모든 공식적 입장과 지도자들의 발언은 물론 구성원 개개인의 의식 속에도 공유되는 관점이다. 나아가 '자위로서의 평화'는 정당방위처럼 폭력의 사용도 허용될 수 있는 개념이다. "평화수호의 강력한 보검"이라 자처하는 핵무기도 북한의 입장에서는 '자위'의 관점에서 정당화된다. 이러한 평화개념은 서방세계가 표방하는 평화나 평화주의와는 다르다. 평화는 최고의 가치가 아니며 "평화가 아무리 귀중해도 절대로 구걸을 하지 않는다"는 북한의 구호에서 보듯 평화보다 자주와 자위가 훨씬 중요한 가치다.

이러한 북한의 평화개념은 현실주의 시각과 맑스주의 이론에 뿌리를 두고 있다. 자본주의 제도 하에서 계급 간의 억압과 착취로 평화 실현이 불가능하기 때문에 평화는 계급투쟁으로 억압과 착취가 사라지는 공산주의 사회에서만 가능하다는 입장이다. 즉 평화는 자본주의가 해체되고 사회주의, 공산주의로 발전하는 역사적 유물론의 관점에서 실현될 수 있으며, 따라서 이상주의나 관념에 그치지 않고 역사 속에서 실현 가능한 현실주의 관점으로 평화를 바라본다. 그러나 이 평화는 저절로 오지 않으며 계급투쟁으로 성취되므로 정의를 위해서는 무력을 사용해서라도 이를 실현해야 한다는 맑스주의 관점과 현실주의 입장에 서 있다.

이러한 현실주의, 맑스주의 평화관은 일반주민들에게 대결적 평화관을 확산시켰다. 제국주의·자본주의를 악으로, 사회주의를 선으로 규정하는 인식틀에서 평화는 자본주의·제국주의에 맞서 목숨으로 사회주의를 지키는 것이어서 어떠한 희생이라도 감수해야 한다고 요구한다. "평화만을 주장하면서 덮어 놓고 사이좋게 지내려는" 태도를 무원칙한 평화 혹은 평화주의로 비판한다. 이러한 대결적 평화관은 사회 전반적으로 폭력 사용을 선택할 가능성이 높다.

평화는 북한이 말하는 것처럼 자위, 즉 스스로 지키는 것으로부터 시작된다. 자신과 나라를 지키기 위해서는 강력한 군사적 힘이 필요하다는 데 적극 공감한다. 자신을 지킬 수 없는 나약한 상황에서 평화를 외치는 것은 공허하다. 평화는 힘으로 자기를 보호하고 지킴으로 시작되는 것이 분명하다. 그러나 평화는 지키는 것만으로는 실현되지 않는다. 평화는 힘으로 지키려고 하면 할수록 그 안의 삶은 더 불안하고 피폐해진다. 지속가능한 평화는 자신을 지키는데 머무르지 않고 관계를 개선하고 협력함으로써 적극적으로 만들고 세워나갈 때 가능해진다. 이런 맥락에서 북한의 평화개념은 출발로서는 의미가 있으나 지나치게 방어적이며 소극적이다.

최근 북한이 경제발전으로 새로운 전략노선을 선언하고 비핵화를 천명하며 미국과 대화를 시작했다. 안보평화를 넘어서 경제평화로 나아가려는 길목에 있다. 조기해외유학 경험이 있는 30대의 젊은 청년 지도자 김정은 위원장은 선대와는 다른, 그리고 북한의 보편관념과도 다른 세계관을 갖고 있을 가능성이 있다. 경제발전과 인민생활 향상을 구호로 내걸고 군수시설을 민수용으로 전환하는 파격적인 정책을 공개적으로 추진하고 있는데서 새로운 평화의 길에 대한 젊은 지도자의 고민을 읽을 수 있다. 종전선언과 평화협정, 북미관계정상화 등 주변국과 다각적 협력으로 북한이 더 나은 평화, 적극적 평화를 만들 수 있는 단계로 발전하기를 기대한다.

## 참고문헌

### 1. 국문 단행본

과학백과사전출판사.『조선말사전』. 평양: 과학백사사전출판사, 2004.

권헌익·정병호.『극장국가 북한: 카리스마 권력은 어떻게 세습되는가』. 서울: 창비, 2013.

김병로.『북한의 지역자립체제』. 서울: 통일연구원, 1999.

김승국.『마르크스의「전쟁·평화」론』. 파주: 한국학술정보, 2008.

김인옥.『김정일 장군 선군정치리론』. 평양: 평양출판사, 2003.

김일성. "세계 진보적 학생청년들은 평화와 사회적 진보를 위하여 투쟁하자."『김일성저작집 39권』. 평양: 조선로동당출판사, 1993.

김일성. "신년사."『김일성 저작집 43권』. 평양: 조선로동당출판사, 1996.

김일성. "자유롭고 평화로운 새 세계를 위하여."『김일성저작집 43권』. 평양: 조선로동당출판사, 1996.

김일성. "전쟁을 방지하고 평화를 수호하는 것은 인류 앞에 나선 초미의 과제."『김일성저작집 40권』. 평양: 조선로동당출판사, 1994.

김일성. "조국의 통일과 세계평화를 투쟁으로 쟁취하자."『김일성저작집 28권』. 평양: 조선로동당출판사, 1984.

김일성.『김일성저작집 22권』. 평양: 조선로동당출판사, 1983.

김정일. "올해 당사업에서 틀어쥐고 나가야 할 몇 가지 중심적 과업에 대하여."『김정일선집 5권』. 평양: 조선로동당출판사, 1995.

김정일. "주체의 당건설리론은 로동계급의 당건설에서 틀어쥐고 나가야 할 지도적 지침이다."『김정일선집 10권』. 평양: 조선로동당출판사, 1997.

김정일. "청년들을 계속혁명의 정신으로 무장시키자."『김정일선집 2권』. 평양: 조선로동당출판사, 1993.

김정일.『주체철학에 대하여』. 평양: 조선로동당출판사, 2000.

사회과학출판사 편.『철학사전』. 평양: 사회과학출판사, 1985.

에리히 프롬 지음. 최혁순 옮김.『사회주의적 평화론』. 서울: 서음출판사, 2009.
이찬수.『평화와 평화들: 평화다원주의와 평화인문학』. 서울: 모시는사람들, 2016.
정동준 외.『북한주민 통일의식 2017』. 서울: 서울대학교 통일평화연구원, 2018.
조선사회과학원 법학연구소 편.『국제법사전』. 평양: 사회과학출판사, 2002.

2. 영문 단행본

Horowitz, Irving Louis. *The Idea of War and Peace: The Experience of Western Civilization*. Third Edition. New Brunswick, NJ: Transaction Publishers, 2007.
Eatwell, Roger and Wright, Anthony, eds.. *Contemporary Political Ideologies*. Bolder, CO: Westview Press, 1993.

3. 기타

최은상, "청년 김정은의 통일관,"『킹덤코리아』, 2012년 4월 24일; https://kingdomkorea.tistory.com/151

# 제3부

# 8장 이슬람 평화가 전쟁으로: 이슬람의 평화관

이원삼

## I. 이슬람의 또 다른 이름 평화

전쟁과 테러로 대변되는 최근 이슬람권의 상황은 극도의 혼란일 것이다. 2010년 12월부터 튀니지에서 시작된 아랍의 봄으로 인해 독재정권들이 붕괴될 때만 해도 이슬람권에서의 평화와 민주화가 순조롭게 진행될 것으로 예상되었으나 아직도 대부분의 나라들에서는 극도의 혼란이 가중되고 있다.

튀니지의 24년 장기독재 정권과 이집트의 30년 군부통치 및 예멘 알리

살리흐 대통령의 32년간의 독재정권, 리비아 카다피의 42년간 철권통치가 역사의 뒤편으로 사라졌으나 아직도 이들 나라들에서는 극도의 혼란이 벌어지고 있으며 그 외 다른 아랍 국가들에서도 반정부 시위를 비롯한 사회불안 사태가 지속되고 있다.

특히 2003년 미국의 이라크 침공으로 후세인 독재정권이 무너진 후 들어선 이라크 시아정권에서는 수니–시아–쿠르드족 간의 갈등이 고조되어 사회불안이 지속됨으로 인해 아직도 내전 상태가 지속되고 있다. 또한 1999년 부자세습에 성공한 시리아 역시 극심한 내전상태에 빠져있어 직접 사망자 약 40만 명 이상이며 총인구 2285만 명 중 절반 이상이 난민의 위치로 전락했다.

그러나 문제는 상황이 여기서 끝나지 않을 것이라는데 그 심각성이 있다. 이러한 혼란의 원인은 민주화 과정에서 폭발적으로 분출되고 있는 국민들의 욕구에 신정부들이 제대로 대처하지 못하고 있기 때문이며 또한 뿌리 깊은 부족주의와 종파 간의 갈등 때문이다. 즉 중동은 아랍인과 유대인의 갈등, 쿠르드민족의 자치권문제와 인종, 종파, 정치체제 등 일상적인 갈등과 테러리즘의 환경에 놓여 있으며 그리고 이러한 혼란에는 이슬람교가 직간접적으로 작용하고 있다고 오해되고 있으며 이와 더불어 이슬람의 평화관 역시 대중이 오해하고 있는 것이 일반적이다.

이슬람 사회는 정교일치 사회이다. 따라서 정치적 사건이 종교적 사건으로 표출되기도 하고 또한 반대로 종교적 사건이 정치적 사건으로 표출되기도 한다. 그러나 이슬람 사회의 정교일치는 우리가 일반적으로 생각하듯이 단순히 종교적 이념을 정치에 대입시키는 것만을 의미하는 것만이 아니라 믿음이 법으로서 규범화되어 있다는 것을 의미한다. 이는 이슬람교가 정교일치로서 믿음과 행동으로 구성되어 있다는 것이다. 즉 이슬람은 단순한 신앙체계(종교)만이 아니라 정치, 경제, 사회, 문화 등 인간생활 전반을 포함하는 생활양식이며 고도의 복합적인 문화로서 종교와 세속 쌍방을 포괄하는 신앙과 실천의 세계이다.

이슬람교가 정교일치로서 믿음과 행동으로 구성되어 있다는 것은 곧 샤리아(Sharī'ah, 이슬람 법)와 믿음으로 구성되어 있다고 할 수 있는데 이 둘의 관계는 그 영역이 서로 확연히 구분되어 있는 것이 아니라 상호 보완적인 형태를 유지하고 있다. 즉 믿음은 이슬람법을 포함하고 있으며 이슬람법은 믿음을 기초로 하고 있다. 따라서 이슬람법의 역할은 다른 문화권의 실정법보다 조금 더 광범위한 것으로 법인 동시에 믿음이며 사상이다. 그러므로 비이슬람권에서 일반적으로 샤리아의 개념을 이슬람법으로 해석하여 실정법의 입법의 의미와 같게 사용하는 경향은 샤리아의 개념을 좁게 해석하거나 아니면 잘못 해석하여 이해한 결과이다. 따라서 이슬람의 평화관 역시 샤리아 측면과 역사적 측면 및 정치적 측면을 고찰하여 살펴볼 필요가 있다.

평화는 아랍어로 salām이다. 이슬람(islām)이란 단어는 이 salām에서 나왔다. 이슬람의 언어적인 뜻에는 논란의 여지가 많으나 일반적으로 세 가지 뜻으로 나눌 수 있는데 겉과 속이 벌거숭이가 되는 것, 평화와 안전, 복종이다. 즉 이슬람이란 인간이 신에게 귀의하는 것을 의미하며 샤리아(이슬람법)란 인간이 신에게 '이슬람(복종, 귀의)' 하는 신앙 표출의 외적 형식이다.

따라서 무슬림들이 말하는 이슬람은 절대자 하나님에 대한 완전한 복종을 통해 평화를 얻는 것이다. 꾸란은 다음과 같이 이슬람의 평화적 성격을 나타내 보이고 있다. “하나님 외에는 신이 없으며 그분은 왕이시자 거룩하신 분 평화로우신 분…”[1] 평화(살람, salām)는 하나님의 99가지 속성 중 하나이다. 또한 무슬림들의 가장 보편적인 인사말은 “앗쌀라무 알레이쿰”인데 이는 ‘당신께 평화가 깃드소서’라는 뜻이다. 따라서 평화는 이슬람의 가장 핵심적인 사상이라 할 수 있다.

이슬람에서의 평화개념은 적극적 평화와 소극적 평화로 나눌 수 있다. 여기서 적극적 평화란 이슬람의 확대를 통하여 이슬람 움마(공동체)가 형성되면 평화는 자동적으로 찾아올 수 있다는 것이다. 이슬람에서 인간은 선하게 태어났고 지구의 모든 것을 다스릴 수 있는 능력을 인간에게 주었다. 그럼에도 불구하고 인간은 권력과 부귀 등 세속적 욕망에 눈이 어두워 하나님과의 절대복종이라는 약속을 어기고 하나님을 거역하는 우를 범했다는 것이다. 그 결과 인간의 도덕적 타락이 시작되었고 전쟁과 폭력이 평화의 기반을 해치게 된다는 것이다. 이와 같은 도덕적 무정부주의를 극복하고 평화를 되찾는 최선의 길은 이슬람으로 귀의하여 알라에게 절대복종하는 것으로 인식한다. 바로 이런 연유에서 이슬람의 영역을 확장시켜 나가는 것이 적극적 평화의 요체라는 것이다.

반면에 소극적 평화란 전쟁의 위협과 공포 압제와 부정 그리고 빈곤과 정의롭지 못함으로부터 인간을 자유롭게 하는 것을 뜻한다. 즉 전쟁의 원인을 제거하고 전쟁에 따른 낭비와 부패를 방지하고 궁극적으로는 전쟁으로부터 인류를 해방하는 것이 이슬람의 또 다른 평화개념이라 할 수 있다.

---

1 꾸란 59:23–24.

이와 관련하여 꾸란의 다음 구절은 시사하는 바가 크다. "압제가 없어지고 종교가 모두 알라께 귀속 될 때까지 싸워라"[2] 이 구절은 소요와 압제가 사라지고 정의와 믿음이 풍만할 때 참된 평화가 찾아든다는 것이다.

이슬람의 평화관을 단적으로 묘사해주는 꾸란의 구절들은 다수 있다. "악에 대한 보복은 악 그 자체와 같으니라. 적을 용서하고 평화를 구하는 자 그들은 하나님과 함께하는 보상을 누릴지니라."[3] 이 구절은 이슬람이 평화주의적 태도를 중시하고 있다는 것을 명시적으로 시사해주고 있다.

"그들이 평화를 원하면 너희는 그들을 평화로 받아들일지어다. 하나님을 신뢰할지어니 그분만이 모든 것을 듣고 아느니라."[4]라고 강조함으로서 호혜주의에 기초한 평화 구축을 표방하고 있다. 그뿐만이 아니라 "오 인간들이여 우리는 한 쌍의 남과 여로부터 너희들을 창조했고 너희들을 다시 여러 인종과 종족으로 만들었나니 이는 그대들을 서로 알도록 하기 위함이다."[5]라는 꾸란 구절은 인류의 다원적 성격을 인정하는 동시에 서로를 경멸하지 않는 평화 공존의 중요성을 일깨워주고 있다.

꾸란 뿐만 아니라 하디스(무함마드의 언행록)에서도 평화를 강조하는 구절들을 많이 찾아볼 수 있다. '오 인간들이여 적과 조우할 경우에는 인내하고 파라다이스가 칼날의 그늘에 있다는 것을 기억할지어다.' 이 구절 역시 가급적 전쟁을 피하고 인내로서 평화를 구할 것을 주문하고 있다.

이렇게 볼 때 이슬람의 평화관은 이상적 현실주의로 규정지을 수 있다.

---

2 꾸란 8:39.

3 꾸란 42:40.

4 꾸란 8:61.

5 꾸란 49:13.

이슬람은 평화주의적 입장을 견지하지만 맹목적 평화주의를 표방하지 않는다. 용서와 인내로서 전쟁의 가능성을 최소화하고 평화의 가능성을 최대화해야 한다는 것이다. 그러나 그것이 불가능해질 때 전쟁이란 선택이 허용된다. 이 때문에 가능하다면 평화로운 방법으로 사태를 해결하고 불가피한 경우에만 폭력적 수단을 쓰도록 권유하고 있다. 이는 바로 세상사가 전쟁과 평화 간의 팽팽한 긴장상태로 이루어지고 있다는 것을 시사한다. 전쟁과 평화의 혼재 그리고 이에 대한 슬기로운 대처가 이슬람 평화사상의 기본 축을 이루고 있다.[6]

## Ⅱ. 평화의 적으로 오인 받고 있는 이슬람원리주의

저자가 아랍 산유국의 한 나라에서 학부공부를 마치고 맞게 된 졸업식은 왕이 참석하는 큰 행사였다. 이 졸업식에서 왕은 졸업장과 함께 왕이 주는 선물을 졸업생 전원에게 주었다. 그런데 그해 왕이 준 선물은 금이 있는 고급 명품시계였다. 그런데 학생 중에는 이 시계를 안 받는 학생이 있었다. 왜냐하면 금을 주는 것은 왕이 잘못하는 것이라는 이유 때문이다.

이슬람 예절관에서는 여느 종교와 마찬가지로 검소하라고 가르치고 있다. 특히 샤리아에서는 인간의 행동을 5가지로 나누고 있는데 그중 한 가지에 기피사항이 있다. 이 기피사항은 해도 상관없으나 되도록 안하는 것

6 이원삼, “이슬람교의 평화관과 전쟁관,” 『말씀과 신학』 제10집(2005), pp. 52~53.

이 좋다고 하는 행동이다. 이 행동 중에는 남성들은 비단 옷이나 금을 착용하지 말라고 하는 것이다. 그러나 한다고 해서 어떤 처벌이 있는 것은 아니다. 단지 예절관의 일종일 뿐이다.

시계를 안 받은 학생의 주장은 금을 주는 것이 샤리아에서 분류한 기피사항인데 왕이 이것을 한다는 것이 잘못된 것이므로 금이 포함된 시계를 받을 수 없다는 것이다. 그래도 나는 아까운 생각이 들어서 그 친구에게 "그 시계를 받아라!", 그리고 그 시계를 시계방에서 고가로 구입하고 있으니 그 시계를 팔아서 네가 생각하고 있는 이슬람을 위해서 사용하면 될 것 아니냐고 했더니, 그것은 "정신 상태가 잘못된 것"이라고 했다. 이것이 바로 원리주의적 생활이다.

즉 인생을 살아가는 중에 느끼게 되는 물질적 유혹이나 내적 갈등으로부터 벗어나 신이 제시한 길을 제대로 지키며 살아가는 것을 원리주의적 생활이라고 하며 이러한 것을 극복해내려고 노력하는 것을 지하드라고 한다. 그러나 우리에게는 이러한 원리주의 사상이 잘못 알려져 있다. 이와 같이 원리주의자라고 해서 모두 평화를 파괴하는 극단적인 행동만을 하는 것은 아니다. 물론 그들 중에는 극단적인 행동인 테러를 자행하여 평화를 파괴하는 사람들도 있다 그러나 그런 극단적인 원리주의자들은 일부에 불과하다.

대 테러 진압 과정에서 서구가 지목한 이슬람권의 무장 세력은 소위 이슬람 원리주의 세력이라고 불리는 단체들이다. 이러한 단체들이 주창하고 있는 "원래의 이슬람으로 돌아가자"고 하는 현대의 이슬람 부흥 운동은 서구 언론과 매스컴을 통하여 이슬람 원리주의(Islamic Fundamentalism), 혹은 이슬람 근본주의라는 이름으로 알려져 있다. 오늘날 무슬림 세계에서는 이 원리주의를 아랍어로 우술리야(usuliyyah)로 번역하고 있으나 이 용어는 어디까지나 서구 세계, 특히 영어권에서 붙여진 것으로 무슬림 세계에서는 정치 분야에서 이 용어를 거의 사용하고 있지 않으며 단지 법의 전문용어로서만 사용하고 있다.

그러나 서구 언론에 의해 폭력성을 동반한 이슬람 보수주의 운동을 원리주의라 칭하는 것이 전 세계적으로 일반화되어 있으므로 지금부터는 그대로 사용하기로 한다. 정치 분야에서 무슬림들은 대체로 원리주의 대신에 이슬람 부흥(Nahdah)주의와 부흥운동이라는 용어를 더 선호하여 쓰고 있다.[7] 그리고 이슬람 원리주의자들과 부흥론자들이 전통 보수적 경향과 이러한 원리주의 색깔을 띠고 일찍부터 사용하여 온 용어로는 살라피야(al−salafiyya)가 있다.

살라피야 운동은 꾸란과 예언자 순나를 원문(an−nuṣūs) 그대로 이해하고 결코 은유적 해석(al−ta'wil)을 하지 않으며 또 이슬람 초기 시대의 살라프(salaf, 선조, 조상)들이 후대의 어떤 뛰어난 법학파, 신학자보다 꾸란과 순나에 정통하였으므로 그들이 남긴 관행들은 이슬람 원리에 가장 알맞은 것들로서 반드시 존경받고 쫓아야 할 것들이라는 것이다. 이 살라피야 사상이 처음 등장한 것은 한발리 법학파의 창시자, 이맘 아흐마드 빈 한발(Ahmad b Hanbal 780−855)이 무으타질라파와 논쟁을 벌인 압바스 조 제7대 칼리파 마아문(al−Ma'mūn, 813−833 재위) 때인 것으로 알려져 있다.

일반적으로 20세기 후반 들어 이슬람이 새로운 부흥기에 들어갔다고 하는 것은 대부분 인정하고 있다. 즉 이슬람 세계 내에서 이슬람이 부흥

---

7 김정위, "이슬람 원리주의," 『한국 이슬람 학회논총』 제3집(1993), p. 102.

기를 맞고 있다는 점에 대해서는 보수주의자이건 혁신주의자이건 간에 다 같이 나름대로의 시각에서 동감하고 동조한다. 그러므로 이슬람세계에서는 오늘의 정치 사상적 흐름을 상황 논리적으로 개괄할 수 있는 용어나 표현으로 이슬람 부흥운동, 이슬람 자각운동, 또는 이슬람 개혁운동이라는 용어를 더 선호하고 있다.

이슬람 원리주의 운동은 전통 이슬람이 부패 무능하여 무슬림 사회가 쇠퇴몰락하자 이를 재생 부흥시켜야 한다는 개혁 차원에서 18세기중엽에 무슬림들이 자발적으로 시작했다. 그러나 곧 서구열강의 중동 진출 이후 외압에 적절히 대응하지 못하고 무슬림 국가 대부분이 서구열강의 식민지 또는 그 영향권에 들어가 사회적 파탄을 가져오게 되자 이 운동은 더욱 강화되었다. 물론 그 구호는 원래의 이슬람 정신으로 돌아가자는 것이다. 즉 이슬람의 원점이며 법원인 꾸란과 하디스(무함마드 언행록), 이즈마(합의), 끼야스(유추) 등에서 해결방안을 찾자는 것이다. 이 법원들에 입각하여 해석상 하자가 없으면 이슬람적인 것이므로 수용해야 한다는 것이다.

따라서 이슬람 원리주의는 이슬람 역사상 유사한 운동과 마찬가지로 원래의 것으로 돌아가는 것과 시대적 상황의 요청을 조화시키고자 하는 노력인 것이다. 또한 그 현상도 시대의 변화에 따라 부흥주의, 개혁주의, 및 급진주의적 특성을 지니고 있으며 시대적으로는 18세기 이후에 등장하여 오늘날에 이르기까지 유지되고 있다.

서구가 지목한 문제의 원리주의는 이스라엘 건국 이후 본격적으로 등장한 급진주의적 원리주의를 가리키며 이 원리주의 집단은 극소수이다. 따라서 이슬람 정신을 강조하는 모든 단체들을 급진주의적 원리주의 단체로 오인하고 비난하는 것은 잘못된 이해이거나 서구식 이해를 바탕으로 바라보았기 때문이다.

또한 사회를 개혁해야 한다는 것은 자연스럽게 반정부적이다. 그 결과 정권을 쥐고 있는 위정자들은 이들을 탄압하게 되며 이 탄압과정은 서구 세력과의 협조 하에서만 가능하였다. 따라서 원리주의자들은 초기에는 무능하고 부패한 자신들 나라의 정권에 대한 반발이었던 것이 점차 이들을 돕고 있는 외세에 대한 반발로 확대되었으며 반발의 강도 역시 시간이 흐름에 따라 점점 극단적으로 변하게 되어 평화의 파괴자로 인식되게 되었다.

중동 테러리즘은 처음에는 크게 팔레스타인 문제와 급진 이슬람원리주의자들의 대 정부 투쟁 양상의 틀 안에서 진행되어 왔다. 그러나 걸프전 이후 외부의 위협으로부터 이슬람 세계를 지키기 위한 지하드 사상이 급진 이슬람원리주의 조직들에 의해 새롭게 해석되어 대두되었다.[8]

## Ⅲ. 평화를 지키기 위한 수단 지하드

이슬람에서 지하드는 평화를 수호하기 위한 방법 중의 하나 즉 하나의 기제이다. 그러나 평화를 지키기 위한 수단인 지하드는 가장 오해받고 있으며 악용되고 있는 것이 오늘날의 현실이다. 폭력적 극단주의자들은 그

8 최재훈, "중동 테러리즘의 특징과 양상," 『한국이슬람학회 2009년도 추계학술대회 발표집』(2009), p. 114.

들의 정치적 목적을 이루기 위해 이 지하드 개념을 악용하여 테러에 이용하고 있어 많은 비무슬림들이 이것을 오해하고 있다. 또한 일부 비무슬림들도 이슬람과 무슬림들의 불신을 촉진하기 위해 이 의미를 의도적으로 악용하기도 한다.

언론에서는 지하드를 전쟁의 의미로만 사용하고 있으나 이 단어는 전쟁만을 의미하지 않는다. 이것의 언어적 의미는 "분투하다 또는 노력하다, 힘쓰다"이다. 꾸란에서 전쟁이란 단어는 ḥarb(하르브) 또는 qitāl(끼탈)이다. 지하드는 개개인의 사회생활에서 진지하고 성실한 분투를 의미하고, 사회에서 선을 행하고 부정과 불법, 압제, 악을 제거하기 위한 노력이다. 이러한 노력과 분투는 사회, 경제, 정치적 분야에서의 정신적인 것이다. 그러므로 지하드는 올바른 일로 정진함을 의미하며 평화를 지향하는 것이다.

꾸란에서는 이 단어가 다양한 형태로 33번 사용되고 있다.[9] 이것은 종종 믿음, 참회, 올바른 행동, 이주 등과 같이 여러 다른 꾸란 개념과 같은 곳에서 사용된다. 그러므로 지하드는 하나님의 대의를 위해 노력하는 것이다. 즉 하나님의 가르침과 명령인 평화를 수행하기 위해 여러 유혹과 갈등을 극복하기 위한 내적 투쟁과 이슬람의 적들에 대해 하나님의 의지에 따라 행하는 전통적인 성전을 의미한다. 그러나 이슬람에서 우선적으로 강조되는 지하드는 정의와 진리를 위한 내적 투쟁이다.

지하드는 평화와 인권 및 믿음을 보호하기 위한 것이다. 지하드는 대부분 전쟁의 형태로 표현되기는 하지만 전쟁만을 의미하지는 않는다. 이슬

9 Muḥammad Fu'ād 'Abdul al-Bāqī. *al-Mu'jam al-mafras li Alfāẓ al-Qur'an al-Karīm* (Beirut: Dar Iḥyā' al-Turāth al-'Arabī, 1945), p. 183.

람은 평화의 종교이며 압제와 폭력을 받아들이지 않으며 인간들의 긴장과 갈등을 제거하기 위한 가르침을 준다. 그러므로 이슬람은 변화와 개혁을 하기 위한 방법으로 비폭력적인 방법을 장려한다. 사실 이슬람은 가능한 한 무력을 사용하지 않고 평화적인 방법을 통해 악을 제거하라고 강조한다. 무함마드 시절부터 현재에 이르는 이슬람 역사는 무슬림들이 비폭력과 평화적 방법으로 압제에 저항하고 자유를 위해 투쟁한 것을 잘 보여주고 있다.

지하드는 타인의 의지와 상관없이 그를 이슬람으로 귀의하도록 강요하는데 사용되어서는 안된다. "종교에는 강제가 없다."[10] 지하드의 목적은 이슬람 제도의 자유로운 시행을 부흥시키는 데 있다. 이슬람 운동의 목표는 창조주의 의지에 평화롭게 복종하도록 인간의 기본 권리를 보장하고 정의를 실현하며 악과 투쟁하는 데 있기 때문에 지속적으로 정치활동에 관여할 수밖에 없다. 즉 이슬람을 통한 평화와 정의실현 및 악의 추방은 곧 정치의 개혁과 밀접한 관계를 가질 수밖에 없음을 의미하는 것으로서 이는 이슬람 국가들이 겪고 있는 정치 현실이 종교와 무관한 것이 아니기 때문이다. 또한 이슬람법인 샤리아는 신이 정한 정의, 책임, 도덕적 가치, 인간적 가치, 인간의 고귀함 등과 관련된 원리원칙을 최우선으로 방어하고 있다. 따라서 이에 대한 도전은 곧 신에 대한 도전으로 간주된다.

현대 지하드의 성격을 논하는데 가장 중요한 것은 지하드가 공격적 개념인가 방어적 개념인가의 문제이다. 초기 이슬람에서는 지하드를 방어적 개념으로 해석하는 것이 주류였으나 현대에는 공격적, 방어적이라는 두

10 꾸란 2:256.

개념이 지하드에는 적용될 수 없다고 하면서 오히려 지하드는 총체적 의미를 지닌다고 주장하고 있다.

마우두디(Maudūdī)는 주장하길, 이슬람에서 지하드는 공격적이면서 동시에 방어적 의미를 지닌다. 무슬림이 압제자의 사상과 이념을 공격하는 것은 공격적인 의미이며 무슬림이 원리원칙을 적용하기 위해 부득이 국가권력을 장악해야 하는 것은 방어적 의미이다. 한 집단으로서 방어해야 한다는 데는 의심의 여지가 없다. 무슬림은 이슬람이 보호해야 할 분명한 원리원칙을 주장한다. 무슬림은 반대집단의 본거지를 무력으로 공격하지는 않는다. 그러나 이들은 압제자의 원리원칙에 대해 공격한다. 이러한 공격의 목적은 압제자가 그의 원리원칙을 포기하도록 강요하는 데 있는 것이 아니라 이러한 원리원칙을 지지하는 정권을 척결하는 데 있다.

사이드 꾸뜹(Aa'īd Quṭb)이 주장하길, 만약 우리가 지하드를 방어적 운동으로 고집한다면 우리는 방어라는 단어의 의미를 바꾸어야 하며 인간의 자유를 제한하는 모든 요인들에 대항한 인간의 방어라는 의미로 해석해야 한다. 이런 요인들은 정치적, 민족적, 계급적 차이를 근거로 신조와 개념 그리고 정치적 제도의 형태를 취하고 있다.[11]

또한 그가 주장하길, 지하드를 단순히 이슬람 고유영토(국가)의 방어를 위한 투쟁으로 생각하는 자들은 이슬람적인 생활방식의 위대함을 간과하고 이를 이슬람의 고유영토보다 덜 중요하다고 간주하는 자들이다. 그러나 이 같은 생각은 이슬람의 관점과는 다르며 이들의 견해는 이슬람의 의식과는 완전히 다른 현대적 개념의 창출일 따름이다. 이슬람의 고유영토

---

11 황병하, 『이슬람 사상의 이해』(광주: 조선대학교 출판국, 1998), p. 61.

는 그 자체로서는 아무런 가치와 무게를 지니지 못한다. 이슬람의 관점에서 고유영토가 가치를 지니는 것은 그 영토에서 알라(하나님)의 권위가 확립되고 알라의 지침이 실행되기 때문이다. 따라서 이슬람에서 고유영토는 믿음의 근거지이며 이슬람적인 생활방식의 본거지이고 인간의 완전한 자유를 위한 운동의 중심지이다.

이상의 무슬림 학자들이 공통적으로 제시한 20세기 지하드의 특성에는 현대문명과의 절충성, 과거와 현대의 지속성과 일관성, 이슬람 논리의 독특성과 우월성, 다양한 환경의 변화에 의한 정치적, 혁명적 성격 그리고 공격과 방어를 모두 포함하는 총체성 등이 포함된다. 이는 지하드가 목표로 삼고 있는 이슬람 국가의 수립과 발전, 평화의 정착, 억압과 압제로부터 인간의 해방 등을 이룩하는 데 필수적인, 진보적이고 적극적인 정신의 표현이었다. 따라서 지금까지 폭력적 원리주의로 대변된 지하드의 특성은 서구에 의한 반이슬람 선전의 결과였으며 의도적 부정의 의미였고 서구에 대해 사회적, 기술적, 경제적 열등감을 가지고 있는 무슬림들의 반발의 소산이었다고 말할 수 있다.[12]

이슬람은 전쟁 상황에서도 고유의 윤리관을 강조하고 있다. 이슬람에서 전쟁은 대화, 협상, 조약 등과 같은 평화적 방법이 실패했을 경우만 허용되고 있다. 전쟁은 마지막 방법이며 가능한 피해야 하는 것이다. 전쟁의 목적은 인간들을 강제로 개종시키거나 식민지배, 또는 영토와 부, 자신의 영광을 얻기 위함이 아니라 생명, 재산, 영토, 명예 그리고 자유를 압제자와 불법으로부터 지키기 위함이다.

12 황병하, 『이슬람 사상의 이해』(광주: 조선대학교 출판국, 1998), p. 62.

## Ⅳ. 지하드의 오용과 악용, 테러의 지하드화

지하드가 악용되고 있는 이유 중의 하나는 권력으로부터의 축출과 점령에 대한 저항 수단으로서의 테러가 지하드로 악용되고 있으며 정치적 창구가 폐쇄된 상태에서 독재정권에 대한 저항의 기제로 사용되고 있기 때문에 일반인들에게 테러가 지하드로 오용되고 있다.

부당한 독재정권에 대한 저항의 수단으로서 테러를 사용한다 해도 테러는 결코 지하드가 될 수 없다 이슬람에서 테러는 정당한 이유 없이 침략 또는 자살 등의 방법으로 무고한 시민을 상대로 하는 것이며 이것은 금지된 방법이다. 이슬람은 억압받는 국민들이 그들의 자유를 위해 투쟁을 장려하고 탄압 받고 고통 받는 사람들을 도와주기 위해 다른 무슬림들에게 명령하지만 어떠한 상황 하에서도 비전투원과 무고한 양민을 대상으로 하는 테러는 허용되지 않는다. 테러는 이슬람법(Sharī'ah)에서 Fasād(해악)에 해당된다.

하나님(알라)이 규범을 제정한 것은 인간들의 복리를 위한 것이다. 이 복리란 인간들을 위해 이익(利益)을 초래하는 것 또는 인간들로부터 해를 제거하는 것의 어느 한쪽이다. 이것에 대해서는 대다수 무슬림 학자들의 의견이 일치한다. 입법, 즉 법의 판단 동기는 인간들에게 이익을 초래하는 것, 아니면 해를 제거하는 것이다. 규범 제정에서는 이 동기야말로 궁극적 목적이다. 그것은 규범의 히크마(ḥikmah, 지혜)이다.[13] 이슬람의 모든 법규

13 이원삼,『이슬람법 사상』(서울: 아카넷, 2001), p. 109.

범 지혜는 복리(maṣlaḥah)의 실현 또는 해악의 제거에 있다. 그러므로 테러는 해악이기 때문에 이슬람의 가르침에 반하는 것이다.

폭력적 극단주의자들은 그들이 사용한 테러를 정당화하기 위해 지하드를 악용하고 있지만 이것은 결코 정당화될 수 없다. 왜냐하면 지하드는 개인이나 어떤 임의의 단체가 선포하는 것이 아니라 오직 국가(공적기관)만이 선포할 수 있으며 지하드 수행과정에서 어느 누구도 무고한 민간인과 무슬림을 살해할 수 없기 때문이다. 그러나 IS와 같은 극단주의자들에 의해서 자행되고 있는 살육전은 무고한 민간인과 무슬림들을 포함하고 있어 그들이 어떤 이유와 정당성을 내세운다 해도 이것은 이슬람법(Sharī'ah) 해석상 지하드로 인정받을 수 없다.

또한 어느 누구도 무슬림들이 자유롭게 그들의 종교생활을 할 수 있는 나라에 대해 지하드를 선포하고 싸울 수 없다. 그런데 IS를 비롯한 폭력적 극단주의자들이 현재 자행하고 있는 테러 대상 국가들은 이러한 것들이 보장되어 있는 나라다. 그러므로 현재 서구에서 벌어지고 있는 테러는 지하드로 인정될 수 없다.

이슬람 법리론에서 세 번째 법원은 이즈마(Ijmā, 합의)이다. 이즈마란 이슬람 사회가 어떤 사건에 직면하여 그 시대에 있는 모든 무즈타히드(Mujtahid, 이슬람법의 독자적 해석 전문가)들이 그 사건에 대한 판결에 동의했을 때 그것을 이즈마에 이르렀다고 부른다. 그들의 이러한 합의는 실제 샤리아 법 판결의 근거로(세 번째 법원으로) 취급된다. 그런데 IS를 비롯한 폭력적 극단주의자들의 반인륜적 행태에 대해 모든 무즈타히드들이 테러에 해당한다고 법적 견해를 밝히고 있어 이들에 의해 자행되고 있는 살육은 지하드가 아닌 테러라는 것이 세 번째 법원인 이즈마에 의해 명백해지고 있다.

또한 이슬람의 모든 법규범 히크마는 복리의 실현 또는 해악의 제거에 있다. 그러므로 이슬람의 모든 규범은 인간의 복리를 담고 있다.[14] 따라서 복리는 이슬람에서 죄를 처벌하게 하는 기본 원칙 중 하나이다. 그런데 IS를 비롯한 폭력적 극단주의자들의 행동 때문에 무슬림 공동체의 복리와 이익이 침해당하고 있으므로 그들의 행동은 죄에 해당하여 지하드로 인정받을 수 없다.

지하드가 악용되는 또 다른 이유는 서구세력과의 정치 군사적 투쟁 때문이다. 서구세력은 군사적 전략적 공격대상으로서 이슬람권을 인식하여 테러와의 전쟁에서 상호 적대세력으로 부상하였다. 이에는 중동국가들의 위협을 확대 해석하려는 유대인 및 이스라엘의 적극적인 지원도 한몫했다. 따라서 미국과 이스라엘은 이슬람이 본질적으로 폭력성을 가진 종교라는 전통적 오리엔탈리즘에 기반을 둔 접근법을 구사하여 원칙 없는 지원이 이루어졌다.

미국은 자신들의 이익을 위해 독재정권과 군사 쿠데타를 지원했다. 대표적으로 1991년 1차 걸프 전쟁 전까지는 이라크의 후세인과 아프간 탈레반 정권을 지원했다. 또 2001년부터 시작된 아프간 전쟁에 협조한 대가로 페르베즈 무샤라프 파키스탄 대통령의 독재 권력을 지지했다

그런데 이라크의 후세인 정권은 미국이 키워놓은 정권이다. 1979년 이란이 호메이니 혁명 이후 반미로 돌아서면서 이슬람 혁명을 수출하기 시

14 Muḥammad Abu Zahrah. al–Jarīmah al–'Uqūbah fi al–Fiqh al–Islāmī. (Cairo: Dar al–Fikr al–'Arabī, 1976). pp. 31~33.

작하자, 위험을 느낀 미국이 후세인 정권에 많은 군사무기와 생화학탄을 만들 수 있는 기술을 제공했다. 이렇게 이란-이라크 전쟁 때에는 후세인을 지원하던 미국이 이라크가 쿠웨이트를 침공하자 반후세인으로 돌아섰다. 이라크는 이란과의 전쟁 때 선제공격을 하여 초반에는 유리했지만 그 후 이란 군이 반격을 시작하자 이란 밖으로 물러날 수밖에 없었다. 이 전쟁기간 중 이라크는 미국이 지원한 기술로 화학탄을 전투에서 사용하여 많은 이란인들이 희생당했으며 쿠르드족이 살고 있는 북부지역에서도 이 화학탄을 사용했다.

탈레반 정권도 마찬가지다. 아프간-구 소련 전쟁 후 내전에 휩싸인 아프간에 러시아가 계속 영향력을 행사하자 미국은 이를 견제하기 위해 남부 파슈툰족 위주의 탈레반을 지원하여 정권을 잡게 만들었다. 하지만 9·11참사 이후 탈레반을 앞세워 쫓아냈던 북부동맹을 지원하여 다시 탈레반을 붕괴시켰다.

이와 같이 원칙 없는 미국의 정책과 아랍-이스라엘에 대한 편향된 시각 때문에 취약한 정권을 유지하기 위해 미국에 협조적이었던 중동 국가들과 국민들 사이에 갈등이 증폭되었으며 중동국가들의 이러한 사회 불안은 결국 이슬람 정신에 기초하여 이슬람식 민주정권을 세우려는 원리주의자들에게 힘을 실어줌으로써 평화에 대한 혼란만 더해졌다. 따라서 이들 원리주의자들이 투쟁의 수단으로 사용하고 있는 테러가 시간이 지날수록 지하드로 일반 무슬림들에게 인식되고 있어 평화를 실행하기 위한 수단인 지하드가 갈수록 오용되고 있다.

## V. 평화가 전쟁으로

이러한 지하드의 오용으로 인한 평화관의 훼손은 근대 이후에 심각해지기 시작하였으며 이슬람 초기 때부터 있었던 현상은 아니다. 이슬람이 발생한 7세기부터 무슬림들은 지난 세기동안 그들의 평화관 원리에 입각하여 충실하게 생활하였다. 그 결과 이슬람교는 발생하자마자 급속히 전파되기 시작하는데 당시 비잔틴과 페르시아의 수탈과 착취에 시달리던 시대적 상황이 이슬람의 진출을 오히려 환영하였고 이슬람 정복과정에서 강제 개종은 실제로 거의 일어나지 않았다. 무슬림들은 피정복민들의 문화나 관습 및 종교 등을 보호해주는 대가로 그들에게 무슬림들보다 많은 세금만을 요구하였다. 따라서 피정복민들의 입장에서도 이슬람 세력의 진출을 막을 아무런 이유가 없었으며 오히려 많은 자유와 평등이 주어지는 이슬람으로의 대량 개종이 시간이 지나면서 점차 일어나기 시작하였다.

그러나 이슬람 정부는 세금 감면을 노리는 대량 개종을 막기 위해 오히려 개종금지백서를 발효하여 국가 수입의 증대를 위해 피정복민의 개종보다 공납을 요구했다. 그런데 이 공납 액수도 비잔틴이나 페르시아의 수탈에 비하면 가벼운 것이었으므로 이슬람제국 하에서 기독교인과 유대교인들은 상당한 종교의 자유와 경제적 기득권을 향유했다.

다시 말해 무력에 의한 이슬람 전파는 없었다. 이슬람 세력이 진출했던 지역은 이슬람 세력의 후퇴 후에도 원래의 신이나 다른 종교로 돌아서지 않았음은 물론 오늘날까지도 이슬람문화권으로 남아 있다. 만일 무력에 의한 종교 전파가 있었다면 이슬람 세력이 후퇴한 후에 그 지역 주민들은 즉시 이슬람교를 버렸을 것이다. 그러나 그 반대로 이 지역들은 아랍인들의 철수 후에 오히려 이슬람이 더 번성하여 그 후 많은 이슬람 학자들을 배출하였다. 만일 이 지역들에서 배출된 학자들이 없었더라면 아마도 지금의 이슬람신학이나 철학 사상 등 이슬람 학문이 지금처럼 발전되는 것이 불가능했을 것이다.

이슬람이라는 이름이 발생한지 100년도 안된 짧은 시간 동안 지금의 중동은 물론 북아프리카로부터 중앙아시아, 동남아시아, 인도, 중국을 비롯하여 스페인을 위시한 유럽까지 점령할 수 있었던 것은 칼이 아닌, 여러 사상과 문화였다. 이슬람 평화관에 입각하여 평화적으로 수용하고자 했던 융화력과 관용성인 것이었다.

이슬람과 경쟁이 치열했던 중세 때 '한 손에 칼 한 손에 꾸란'이라는 말을 했던 서구에서조차 더 이상 이런 말을 하고 있지 않으며 이렇게 이슬람의 빠른 전파 요인으로 유럽학자들 역시 이슬람의 평화적 융화력과 관용성을 들고 있다.

이상과 같이 이슬람세계는 인류역사상 가장 빠르게 전파되어 공간적으로는 주변문화의 수렴뿐만 아니라 역사적으로는 고대문화까지도 재생시켜 이슬람 문화라는 종합문화를 창출하였다. 이렇게 이슬람 문화가 빠르게 전파된 이유 중 가장 현저한 특징은 평화관에 입각한 그 특유의 융화력이다. 아랍인은 정복을 통하여 역사상 최초로 오늘날의 인도와 중국의 경계선 지역에서 그리스, 이태리 및 프랑스의 변경 지역에 이르는 방대한 지역을 통합하였다. 이 방대한 지역을 한동안은 군사적·정치적 권력을 통하여, 그 후 훨씬 오랜 기간 동안은 아랍어와 믿음을 통하여 한 덩이로 묶어 놓았다.

그러므로 아랍인들이 만든 진정한 기적은 군사적인 정복보다 오히려 정복된 지역의 이슬람화에 있다. 이슬람교는 서로 불화 관계에 있었던 두 문화 즉 그리스, 로마 및 고대 중근동의 다양한 지중해 문화와, 인도 및 중국문화와 오랜 접촉을 가진 페르시아 문화를 융합시켰다. 서로 다른 수많은 인종, 신앙 및 문화가 이슬람 영역 내에 공존함으로 하나의 새로운 문명이 생성되었고 아랍적인 이슬람의 독특한 색채를 띠게 된 것이다.

이렇게 이슬람교에 의해서 형성된 무슬림 사회는 지속적으로 발전하였고 역사학, 지리학은 물론 철학, 천문학, 대수학, 물리학, 화학, 의학, 연금술 등이 이슬람 세계에서 독창적으로 발전하였다 그리하여 중세 유럽이 암흑의 상태에 있을 때에도 세계문화의 정체를 막았으며 더욱이 이슬람 학문과 과학은 유럽에 전파되어 르네상스의 기초가 되었음은 잘 알려진 사실이다. 그리고 8세기에서 16세기에 이르는 동안 육, 해상 실크로드의 주역으로 활동한 무슬림들에 의해 이슬람 문화의 제 요소가 동서로 교류되었으며 이것은 결과적으로 세계문화의 다양화와 일체화에 기여했다.

즉 역사·문화적으로 유럽에 그리스 로마 문화를 전수해 준 것은 이슬람 문명이었으며 유럽의 르네상스는 이슬람이 없이는 근본적으로 불가능했다고 할 수 있다. 유럽이 암흑의 중세시대를 맞기 전부터 벌써 이슬람은 고도로 발달된 문명을 통해 그들의 사회를 유지하고 있었다. 7세기 이슬람 대제국이 건설되었을 때만 해도 유럽은 후진지역이었다. 이슬람은 당시에 로마교회에 지극히 중요했던 북아프리카의 주요 교단을 비롯해 중동의 기독교세계를 순식간에 정복했다. 이 눈부신 성공은 유럽에 매우 위협적이었다.

하지만 이 기간 동안 이슬람문명은 고대 그리스 로마가 이룩한 문화적 유산과 자양분을 모두 흡수하여 자신의 것으로 하면서 이것을 유럽으로 전수해주었던 것이다. 이 기간 동안 그리스 로마 고전들은 빠짐없이 아랍어로 번역되었다. 이렇게 외래문명을 받아들여 발전한 이슬람 문명은 13세기를 전후하여 낙후된 유럽에 라틴어로 번역되어 다시 전달되기 시작했고 이슬람의 지리학, 천문학, 의학, 수학 등이 유럽대학에서 교재로 읽히게 되었다.

유럽의 문화에 이러한 과정들이 얼마나 절대적 공헌을 하였는가 하는 것을 상징적으로 보여주는 것이 바로 아라비아 숫자이다. 우리가 아라비아 숫자라고 부르고 있는 것은 원래 인도 숫자이다 이 인도 숫자를 아랍인들이 수입하여 여기에 영의 개념을 정립하여 십진법을 완성하였고 이 숫자가 유럽으로 전파되어 현재까지도 인도 숫자가 아닌 아라비아 숫자라고 불린다.

유럽은 이러한 과정들을 계기로 잃었던 문명의 전통을 되찾기 시작했으며 이를 발판으로 르네상스의 전기를 맞아 급기야 근대의 기선을 잡기에 이르렀다. 그러므로 근대를 열었던 중세 유럽의 근본적인 문화적 원천은 바로 이슬람이 전해준 그리스 로마의 문화적 토양 속에서 꽃피워진 것이라고 할 수 있다.

그러나 유럽이 암흑기를 벗어나 위대한 문명을 건설했을 때조차 막강한 이슬람 제국에 대한 예전의 두려움은 여전히 사라지지 않았다. 유럽은 이 당당하고 역동적인 문화에 아무 영향도 주지 못했던 것이다. 그리하여 그들은 결국 신의 이름을 빌어 자신을 불안하고 열등하게 만드는 존재에 대한 전쟁을 감행한 것이다.

그리하여 십자군이 예루살렘을 정복했을 때 더 이상 이슬람교도들을 자신들과 같은 인간으로 볼 수가 없었다. 그들은 양민을 무차별적으로 살육했으며, 심지어 같은 유럽인들에게조차 충격적인 대학살을 저질렀던 것이다. 그러나 12–13세기 십자군 전쟁은 결국 실패로 끝나고 말았으며, 그 후 오스만 터키는 유럽에 이슬람교를 전파했다. 이런 두려움 때문에 서구 기독교도들은 이슬람에 대해 도저히 이성적이고 객관적인 시각을 가질 수가 없었다. 그들은 이슬람교에 대한 두려운 환상을 만들어내는 동시에 자신들의 불안이 반영된 이슬람교에 대한 왜곡된 이미지를 발전시켰다. 이와 같이 역사적으로 뿌리 깊은 연원을 갖는 무함마드와 이슬람에 대한 유럽인들의 증오와 불신은 자신들의 역사적인 불안감과 문화적 열등감의 표현이었다.

종교와 폭력은 본질적으로 양립될 수 없다. 종교가 종교임을 포기하기 전에는 사랑과 평화를 자기의 이념으로 추구하는 법이다. 종교로서의 이슬람도 예외는 아니다. 이슬람은 그 어느 종교보다도 평화와 형제애를 강조하고 있으며 이슬람의 역사가 이를 입증해주고 있다. 이슬람사상은 극단을 배격하는 동양적인 중용사상이다.

이는 꾸란에서 서술되고 있는 사상이기도 하거니와 오늘날 이슬람세계에서 대표적인 원리주의 집단으로 낙인 찍힌 무슬림 형제단 운동의 사상 이론가인 까라다위도 현대 이슬람 부흥운동 가운데서 가장 강력하고 광범위한 조류는 이슬람적 중용 조류라고 지적하면서 그 내용으로 원리주의와 혁신주의 배합, 불변요소와 가변요소의 균형, 경직성과 외세 추종으로부터의 해방, 이슬람에 대한 포괄적(신앙, 사회, 정치, 입법 등 측면) 이해의 4가지를 꼽고 있다.

평화와 중용에 바탕을 둔 이슬람에서 무모한 폭력이란 있을 수 없다.

그러나 중동을 중심으로 하는 이슬람 세계는 동, 서의 틈바구니에 끼어 역사상 빛나는 기여도 했지만 너무나 많은 핍박을 받아왔다. 특히 18세기 이후 서구제국주의 하에서 그들이 받은 고통은 그들이 인내해낼 수 없을 만큼 너무나 혹독한 것이어서 비운에 떨기도 하였고 악에 받치기도 하였다. 따라서 그들이 독립운동 및 정체성을 회복하기 위한 운동을 하다 보면 다른 곳에서처럼 소수의 급진파나 극단파가 생길 수도 있다. 그러나 그들은 결코 전체일 수도 없고 설사 평화를 가장한 지하드로 치장할지라도 그러한 그들의 행동이 합법화될 수 없다. 서구에서는 이를 원리주의라 부르며 이 원리주의 원인이 한 손에 칼 한 손에 꾸란으로 상징되는 이슬람교의 호전성 때문이라고 오도하고 있으며 급기야는 이러한 호전성이 이슬람 세계에서 일어나는 모든 분쟁과 폭력의 원인이 된다는 식의 연역논리로까지 이어진다.

그러나 우리가 살고 있는 현대사회는 비무슬림들이 무슬림 국가에서 살기도 하고 무슬림들이 비무슬림 국가에서 살기도 한다. 그러므로 민간인들을 상대로 한 모든 테러와 침략 그리고 폭력을 근절시키기 위해 우리 자신들을 좀 더 이해하고 인류를 위한 평화와 정의, 실현 그리고 선과 덕을 실현하기 위해 상호 이해와 협력이 우리의 의무이고 이것이 오늘날의 우리의 지하드이며 평화의 실현이라고 무슬림들은 주장한다.

## VI. 21세기 이슬람 사회에서의 평화관의 변질 원인

21세기 이슬람 사회에서 평화관이 변질된 원인은 아랍 내부적 요인과 외부적 요인 즉 국제적 요인으로 나눌 수 있다. 내부적 요인은 특히 9·11 이후 이라크 내에서의 갈등문제와 2011년 아랍의 봄 이후 시리아를 비롯한 중동 각국의 내전문제에 기인하며 국제적 요인은 과거 서구제국주의 유산에 대항하려는 범아랍 민족주의와 이슬람 이상국가론이 그것이다.

내부적 요인은 9·11 이후 이라크가 2003년 미국의 이라크 침공으로 수니파인 후세인 독재정권이 무너진 후 들어선 이라크 시아정권 하에서 말리키 총리의 독선과 무능으로 인해 수니-시아-쿠르드족 간의 갈등이 고조되어 사회불안이 지속됨으로 인해 하이데르 알아바디 정권으로 교체되었으나 아직도 내전 상태가 지속되고 있다.

이라크는 종파적으로는 다수파인 수니와 소수파인 시아로 나뉘어 있으며 종족적으로는 아랍족과 쿠르드족으로 나뉘어 있다. 이들의 거주 분포는 2003년 미국의 이라크 침공 전까지 집권세력이었던 수니파는 주로 바그다드를 중심으로 하는 중부지역에 분포되어 있으며 현재의 집권세력인 시아파는 남부에 분포되어 있고 쿠르드족은 북부에 분포되어 있다. 후세인 정권붕괴 후 수니파들은 시아파들에게 차별대우를 받음으로써 생활의 기반을 잃게 되어 그들의 생존을 위해 저항과 투쟁을 이어나가게 되었다.

반면 시리아는 이라크와 반대로 국민의 다수가 수니파인 데 반해 소수인 시아파가 장기 독재정권을 이어오다 아랍의 봄 이후 내전상태에 빠져

시아를 중심으로 하는 정부군과 수니를 중심으로 한 반군 간의 교전이 심각한 상태여서 직접 사망자 약 40만 명 이상이며 총인구 2285만 명 중 약 절반 이상이 난민의 위치로 전락하여 생계수단을 잃어버렸다. 이러한 와중에서 개인의 안전을 기대할 수 있는 것은 바로 그가 속해있는 부족인 것이다.

부족주의란 하나의 삶의 방식이 아니라 한 개인의 문화적 정신과 정치적 성향이 뿌리를 두고 있는 정체성이다. 다시 말하면 중동의 부족주의란 문화에 기반을 두고 정치적 영향을 통해 모습을 갖춘다. 국가의 형태, 경제적 발전, 그리고 사회적 변화가 계속해서 일어나는 이유는 바로 이런 부족들 사이의 발전 정도나 영향력 또는 힘이 모두 다르기 때문이다.

어떤 이들은 이들에게 있어 부족 정체성이란 이슬람보다도 더 중요하다고 말한다. 부족들이 엄청난 정치적 영향을 가할 수 있다는 점은 근대화 된 아랍의 정치 체계가 아직도 부족의 현실에 의해 좌지우지되고 부족적 관계가 정치적 관계와 합쳐져 있음을 말한다.

즉 이슬람교가 정교일치로서 무슬림들에게 영향을 미친다고는 하나 내전이나 전쟁과 같은 혼란한 무슬림들의 현실생활에서는 그들의 안위를 책임져줄 부족에게 더 의지하고 있는 것이 현실이며 평화관 역시 이러한 상황에서는 종교적 원리에 입각하기보다는 부족의 정치적 상황에 기인하여 발생하고 전개되는 것이다. 따라서 우리가 21세기 이슬람 평화관의 변화를 이해하기 위해서는 종교적 원리뿐만이 아닌 부족들의 정치상황과 평화관들을 살펴볼 필요가 있다. 이러한 것들을 잘 나타내고 있는 것 중의 하나가 바로 IS의 등장으로 인한 젊은 무슬림들의 평화에 대한 인식일 것이다.

IS는 2003년 미국의 이라크 침공으로 수니파인 후세인 독재정권이 무너진 후 들어선 이라크 시아정권 하에서 시아에 대한 수니 저항감을 이용해 활동하다 2011년 시리아 사태 이후 활동 무대를 시리아로 확대하면서 급성장하였다. IS는 단순히 이슬람 이념을 신봉하는 극단주의세력의 일탈적 행동이 아닌 전쟁으로 권력과 기득권 그리고 가족 잃은 수니파 세력의 종파적 반발과 기득권 세력의 권력독점 및 부패에 환멸을 느낀 젊은이들의 가입과 동조로 급성장했던 것이다.

21세기 IS로 인해 이슬람 사회에서 평화가 변질된 원인에서 국제적 요인은 과거 서구제국주의 유산에 대항하려는 범아랍 민족주의와 이슬람 이상국가론이다. 1916년 영국의 마크 사이크스(Sir Mark Sykes)와 프랑수아 조르주 피코(François Gerges–Picot)는 양국을 대표하여 이른바 사이크스–피코 협정(Psykes–Picot agreement, Asia Minor agreement)을 맺었으며 러시아도 이 협정에 동의했다. 이 협정에 의거 레반트 지역에 소위 국민국가(nations–state)가 수립되고 지금의 이라크, 시리아, 요르단 등의 주요 국경이 확정되었다.

유럽 열강은 자신들이 경험했던 근대 국가시스템을 중동에 심었다. 제국을 인위적으로 분할하기 위해 지도 위에 선을 그었고 그것이 지금의 국경선이 되었다. 지금의 중동지역 전역 국경선 총 연장 중 약 58%가 직선형태의 국경이다. 중동의 여러 나라들이 인위적으로 탄생한 국가라는 점을 방증한다. 현재 중동평화의 불안정성을 초래한 구조적 원인이 바로 제1차 세계대전 후 인위적 국가 수립과 자의적 국경분할 때문이라는 것이 전문가들의 일반적인 견해이다.

아랍부족들은 오랜 기간 동안 종족·종파별 공동체들을 형성하여 각기 다른 정체성을 유지하며 중동 여러 지역에서 거주하고 있었다. 그러나 제1차 세계대전 후 갑자기 영·불에 의해 국경이 그어지며 급조된 국가가 나타나자 주민들은 당황했다. 부족단위였던 이들에게 국민이라는 생소한 새 정체성이 부여되었다.

문제는 오랫동안 갈등관계였던 종파와 종족이 섞여 하나의 나라로 묶였다는 것이다. 공통의 문화와 이해관계 및 정체성보다는 다양한 그룹들이 하나로 강제된 국가에 편입되었다. 그나마 이 인조국가들이 국경 안에서 나름대로 국가를 유지했던 것은 무자비한 폭력 때문이었다. 즉 독재자들의 철권통치 또는 왕정의 전제적 통치의 구심력 때문이었다. 냉전을 거치면서 독재자들은 미국이나 소련 어느 한쪽 편을 들며 편하게 정권을 유지해 왔다. 그러던 차에 9·11 이후 이라크 전쟁이 발발했고, 이라크의 사담 후세인 독재가 종식되었다. 이후 이라크는 극심한 종파 종족분쟁에 휘말렸다. 여기에 2010년 12월 17일 튀니지 발 아랍 정치변동이 일어났고, 권위주의 공화정 독재정권들이 무너지면서 중동 국가들의 공권력과 지배력이 급속도로 약화되기 시작했다.

이러한 불안정성을 배경으로 IS로 대변되는 폭력적 극단주의 현상이 확산되기 시작했다. IS는 특정 지역에 기반을 둔 단순한 테러집단으로 시작했으나, 이라크전쟁과 아랍 정치변동, 특히 시리아 내전과정에서 세력 확장이 일어났다. 이들은 2015년 6월 29일 이라크와 시리아 간 국경을 해체했다고 선언했다. 1916년 사이크스-피코체제 이후 100년이 지난 현재 이 체제를 극복함으로써 중동지역에 만연한 유럽 열강의 식민주의 유산을 타파했다고 주장하고 나선 것이다. 그리고 앞으로 자신들은 이 자의적인 국경체제를 시리아-이라크 뿐 아니라 중동 전 지역에서 해체하여 범

세계적 이슬람 국가를 건설하겠다는 의지를 밝혔다. 이 주장에 중동에서 식민주의 유산에 불만을 가져왔던 적잖은 극단주의 성향의 젊은이들은 열광하기 시작했다. IS가 서구열강 질곡의 역사를 깨겠다고 나선 것이라는 착시현상에 속아 시리아로 들어가 직접 가담하게 된다.[15] 이것은 새로운 지하드의 개념으로 이슬람 평화를 실현한다는 환상에 도취된 것이다. 즉 공격적 지하드를 정당화하여 알-카에다의 방어적 지하드를 구시대의 전략으로 전락시켜 글로벌 지하드 주도권을 장악함으로써 알-카에다의 느슨한 연대에 좌절한 극단세력들을 유인하는 데 성공한 것이다.

한편 이들은 이 전쟁을 십자군 전쟁으로 규정한다. 단순히 한 저항집단의 특정한 영토 확보 싸움이 아니라는 것이다. 이들의 궁극적 목표는 7세기 초대 이슬람 공동체의 지중해권 확산과 연동된다. 즉 새로운 주체가 나서서 21세기 국제정치 혼돈기에 20세기 식민통치의 유산을 극복하고 이슬람에 의해 통치되는 정치체제를 수립하겠다고 밝히며 자신들이 이슬람의 이상과 평화를 구현하고 있다는 착시효과를 범세계적으로 전파하고 있다.

이 과정에서 전 세계 무슬림 젊은이들을 유혹한다. 다수의 무슬림 청년들은 대개 자국의 높은 실업률, 열악한 경제 환경 등으로 상황에 대한 불만족도가 높고 무기력한 일상을 보내던 차에 새로운 시대정신을 발견했다는 착시현상에 사로잡힌다.

다시 말해, 7세기 무함마드가 그 시대의 문명과 평화 담론의 판을 바꾸었듯이 IS는 현대에서 평화에 대한 문명 담론의 판을 바꾸는 시도를 가시

---

15 인남식, "2015 중동 역학관계: 'ISIL' 1년, 현황과 전망,"『외교』 제114호(2015), p. 20.

화한 것이다. 즉 역사적 수사학을 발굴하여 현시대의 맥락에 맞게 새로운 의미를 부여했다. 기존 중동지역 모순의 주요 원인으로 공유되는 서구 식민주의의 잔재, 즉 사이크스-피코 체제에 대한 정면 도전을 선포함으로써 정통성 획득을 시도한 것이다. 여기에 전 세계에 흩어진 무슬림들과 신자유주의 체제에 염증을 느끼는 젊은이들에게 확실하고 선명한 변혁의 메시지를 주는 것처럼 위장했다. 그리고 이러한 상상속의 공동체 구축 노력은 한때 위력을 발휘했다.[16] 그러나 지하드로 위장한 테러는 지속될 수 없다. 왜냐하면 샤리아에서 정의한 테러와 평화관은 분명한 차이를 보이고 있으며 대다수의 무슬림들이 이것을 이해하고 있기 때문이다. 비록 전쟁이라는 특수한 환경에서 자신과 자신의 가족 안위를 돌보기 위해 일시적으로 부족의 정체성과 IS와 같은 극단적 원리주의 사상에 의지했을지라도 이것이 이슬람의 평화적 보편성이라고 생각하지는 않기 때문이다.

## Ⅶ. 평화의 길을 향해

극단적 이슬람 원리주의와 연결되는 일련의 폭력적 사건들을 이슬람과 연결하여 보는 시각들이 많다. 그러나 이슬람은 1400여 년 동안 주변 문명과 교류하며 공존해왔다. 문명의 개념은 법과 규범과 질서를 통해 규정되는 하나의 안정화된 삶의 양식을 의미한다. 즉 문명개념 자체에 이미 법

16 인남식, "2015 중동 역학관계: 'ISIL' 1년, 현황과 전망," 『외교』 제114호(2015), p. 22.

과 규범과 질서의 준수를 담고 있다. 그러므로 문명권으로서의 이슬람은 문명권으로서의 서구와 충돌하지 않는다. 왜냐하면 이슬람은 자체규범과 법을 갖고 있으며 이교도의 생존권을 보장하는 것과 같은 관용성이 있기 때문이다. 따라서 극단적 이슬람 원리주의와 관련된 일련의 폭력적 사건들은 이슬람 내부에서 법과 규범을 지키지 않는 테러리스트들과의 충돌일 뿐이다.

14세기 동안 샤리아의 운영 과정에는 수많은 사상, 종족, 문화 등과의 접촉이 이루어졌고 그 시대에 새롭게 발생하는 문제점을 나름대로 치유해 왔다. 샤리아의 기본이 되는 이들 종교적 구절이 이슬람 공동체를 바르게 이끄는 등불이 되었다. 즉 샤리아는 시대마다 새롭게 발생하는 문제와 여러 종류의 환경에 확장 응용되어 그 시대의 문제들을 치유하고 그 환경에 응용될 수 있는 평화적 유연성을 갖추고 있다.

그러나 지금 세계 곳곳에 이슬람과의 갈등이 존재하고 있다. 서구에서 발생하는 테러와 계속되는 난민 이주로 인한 문화 충돌로 인해 유럽 내부에 반이슬람 정서가 확산되고 있으며 이에 따라 극우주의 계열의 정치세력의 득세가 현실화되고 있다. 그런데 많은 사람들이 그 갈등의 원인이 종교라고 하는 대목에서 우리는 종교와 평화의 관계 및 이 시대에 맞는 평화관에 대해 다시 한 번 생각하게 된다.

현재 벌어지고 있는 이슬람권과 서구와의 종교 문명 간의 갈등 이유는 9·11사건에서도 여실히 나타나듯이 미국의 아프간 보복공격이 단순히 테러에 대한 응징만이 아닌 중앙아시아를 선점하기 위한 정치·경제·군사적인 목적 하에서 이루어졌기 때문이며 이러한 서구 강대국들의 불순한 목적을 숨기기 위해 종교와 문명 및 정의와 평화의 실현이라는 이름으로 포장하고 있기 때문이다. 또한 IS 문제도 마찬가지로 이미 본문에서 기술한 바와 같이 정치·경제적인 원인으로 야기된 문제들의 정당성을 확보하기 위해 종교를 이용하고 있다.

따라서 현재와 같이 계속되는 학살과 핍박으로부터 자신과 가족의 보호를 위해 어쩔 수 없이 IS를 선택하고 위험으로부터의 보호를 위해 다른 종교, 종파, 종족과 마음의 국경선을 그어놓는 현 실태를 제거할 수 있는 새로운 패러다임이 요구된다.

이러한 것을 이루기 위해서는 정치 경제적 자원 확보라는 전략적 측면으로만 중동을 바라보는 서구의 시각에 대한 변화가 요구되며 동시에 무슬림들도 중동을 둘러싼 근세 역사에 대한 분노와 좌절을 극복하고, 새로운 미래에 걸맞은 개혁과 의식의 전환을 서둘러야 한다. 그들은 이미 서구 체제에 대한 무조건적 반대와 대항보다는 전통적인 이슬람 규범 속에서 새로운 발전과 변화를 수용하는 조화와 절충의 묘를 찾아 자기 목소리를 내기 시작했다. 이는 서구식 제도나 체제를 모방함으로써가 아닌 철저히 이슬람적인 자기 틀에 바탕을 둔 내적인 혁신과 적절한 재해석의 방법을 통해 사회의 발전과 현대화를 추구하는 것이다.

따라서 무슬림들도 이제 그들의 한을 털어버리고 지난 세기까지 수많은 사상·종족·문화 등과의 접촉을 이루어왔고 그 시대에 새롭게 발생하는 문제점을 나름대로 치유해 왔듯이 다양한 종교들이 공존하는 오늘날의 세계에서도 그 평화적 유연성을 보여줘야 한다.

이슬람 사회는 정교일치 사회이다. 따라서 정치적 사건이 종교적 사건으로 표출되기도 하고 또한 반대로 종교적 사건이 정치적 사건으로 표출되기도 한다. 그러나 이슬람 사회의 정교일치는 우리가 일반적으로 생각하듯이 단순히 종교적 이념을 정치에 대입시키는 것만을 의미하는 것만이 아니라 믿음이 법으로서 규범화되어 있다는 것을 의미한다. 그러므로 이슬람 사회의 이해는 이슬람교의 이해가 필수적인데, 이 이슬람교의 이해는 샤리아(이슬람법)의 이해로부터 출발해야 한다. 왜냐하면 지금도 이슬람권에서는 샤리아가 사회를 지배하고 있다고 해도 과언이 아니기 때문이다. 설사 이슬람법이 이제는 모든 무슬림 국가들의 실제 생활 모두를 규제하지 않는다고 해도 적어도 이념적으로는 무슬림들의 생활 전반을 규제하는 종교적 규범이다.[17] 그러므로 이러한 이슬람 규범을 분석하여야만 IS의 현재 활동을 이해할 뿐만 아니라 그들의 허구성을 비판할 수 있으며 진정한 이슬람의 평화관을 알 수 있을 것이다.

17 이원삼, "생활규범과 이슬람," 『비교법학』 제18집(2007), pp. 7~16 참조.

## 참고문헌


김정위. "이슬람 원리주의." 『한국 이슬람 학회논총』 제3집(한국 이슬람 학회) (1993).

이원삼. 『이슬람법 사상』. 서울: 아카넷, 2001.

이원삼. "이슬람교의 평화관과 전쟁관." 『말씀과 신학』 제10집(2005).

이원삼. "생활규범과 이슬람." 『비교법학』 제18집(2007).

인남식. "2015 중동 역학관계: 'ISIL' 1년, 현황과 전망." 『외교』 제114호(2015).

최재훈. 2009. "중동 테러리즘의 특징과 양상". 한국이슬람학회 2009년도 추계학술대회 발표집. 한국이슬람학회.

황병하. 『이슬람 사상의 이해』. 광주: 조선대학교 출판국, 1998.

David F. Forte. "Terror and Terrorism: There is difference." *Ohio Northern University Law Review*, Vol. 13, Ohio Northern University, 1986.

Muḥammad Abu Zahrah. *al-Jarīmah al-'Uqūbah fi al-Fiqh al-Islāmī.* Cairo: Dar al–Fikr al–'Arabī, 1976.

Muḥammad Fu'ād 'Abdul al–Bāqī. *al-Mu'jam al-mafras li Alfāẓ al-Qur'an al-Karīm.* Beirut: Dar Iḥyā' al–Turāth al–'Arabī, 1945.

Oakley, Robert B. "Terrorism: Overview and Development." *US Department of State Bulletin,* Vol. 85, No. 2104, November. 1985.

*Qur'an*. Madina munawwarah: King Fahd Complex, 1424 A.H.

U.S. Department of State. *Patterns of Global Terrorism 2003*, 2004. http://me2.do/5YuTJC0U

# 9장 과테말라 과테말라의 평화 협정 이후: 적극적 평화에 이르는 험로

박구병

과테말라는 이제 모든 국민이 공유해야 하는 평화 유지와 강화라는 과제에 직면해 있다. 이 목표에 다가서기 위해 과테말라는 평화 협정을 통해 갈등의 근본 원인을 극복하고 새로운 발전의 토대를 놓는 데 필요한 포괄적인 의제를 마련했다. 이 협정의 준수는 회피할 수 없는 역사적 책무이다. 현재와 미래의 세대들은 평화의 약속이 내포하는 모든 의미와 영향을 인식해야 한다. 그리하여 과테말라 공화국 정부와 과테말라 혁명연합은 다음과 같이 합의한다.[1]

1 "Guatemala: Agreement on a Firm and Lasting Peace"(December 29, 1996);

## Ⅰ. 1990년대 중앙아메리카: 내전에서 평화로

흔히 '제2의 냉전'[2] 시대로 지칭되는 1980년대 내내 코스타리카를 제외한 중앙아메리카 곳곳에서는 무력 충돌과 전쟁이 끊이지 않았다.[3] 엘살바도르, 온두라스, 과테말라, 니카라과는 파괴적인 내전이 남긴 고통에 시달리며 정치 체제가 제대로 작동되지 않는 생생한 사례를 보여주었다. 특히 중앙아메리카에서 원주민의 비율이 가장 높은 과테말라는 1980년대 초 군부정권의 본격적인 반란 진압작전(counterinsurgency)이 펼쳐지기 훨씬 전부터 외세 개입과 군부독재, 그리고 군부와 저항 세력 사이의 장기 내전을 겪었다. 과테말라에서 이런 만성적인 폭력의 성격과 강도는 1979년 이후 뚜렷이 변화했는데, 이때 군부는 '빈민의 게릴라 부대(EGP)'와 '무장민중조직(ORPA)' 같은 게릴라 세력을 농촌의 잠재적인 지지기반으로부터 떼어내기 위해 전면적인 소탕작전을 벌이면서 사실상 비무장 원주민 전체를 표적으로 삼게 되었다. 이런 변화는 1979년 7월 니카라과에서 산디니스타민족해방전선(FSLN)이 아나스타시오 소모사 독재정권을 타도하는 데 성공

---

https://peacemaker.un.org/guatemala–firmlastingpeace96.

2 Fred Halliday, *The Making of the Second Cold War* (London: Verso, 1983).

3 이 시기에 초강대국 사이에는 '긴 평화'로 간주되기까지 하는 부전(不戰) 상태가 뚜렷한 반면, 제3세계 또는 저발전 지역(global South)에서는 탈식민화 과정, 종족 간의 마찰, 불분명한 경계선 탓에 불거진 충돌 등 다양한 원인에서 비롯된 열전(熱戰), 즉 폭력적 양상이 펼쳐졌다. John Lewis Gaddis, *The Long Peace: Inquiries into the History of the Cold War* (Oxford and New York: Oxford University Press, 1989); 권헌익, "냉전의 다양한 모습," 『역사비평』 105호 (2013), p. 228.

한 뒤 이 지역에 대한 미국의 개입이 증대하면서 발생한 것이었다.

1999년 2월 발표된 '역사적진실규명위원회(Comisión para el Esclarecimiento Histórico, CEH)'의 조사 결과에 따르면, 1960년부터 1996년까지 과테말라에서는 약 5만 명의 실종자를 포함해 20만 명 이상이 살해당했고 전쟁고아가 약 25만 명에 이르렀으며 약 150만 명이 삶의 터전을 잃고 난민이 되었다. 3만 7천여 건에 이르는 살인과 실종 사건 가운데 64%가 1981년 6월부터 1982년 12월까지 페르난도 로메오 루카스 가르시아(Fernando Romeo Lucas García) 장군과 호세 에프라인 리오스 몬트(José Efrain Rios Montt) 장군이 권력을 장악하고 있던 시기에 집중적으로 발생했다. 또 위법 행위의 93%가 군부와 준(準)군사 단체인 '암살단'의 책임으로 간주되었다.

1986~1997년에 유엔 사무차장을 역임하고 과테말라 평화 협상 과정에 조정자로 참여한 영국의 머락 굴딩(Marrack Goulding)에 따르면, 1990년대 과테말라의 평화 협정은 이집트와 이스라엘 간의 캠프 데이비드 협정, 나미비아의 평화 합의, 캄보디아 문제에 관한 파리 협정, 소련과 동유럽 공산주의 진영의 붕괴 이후 독일, 체코슬로바키아, 폴란드 등에서 이루어진 평화적 이행과 같은 위상을 지닌 성과로서 주목받을 만하다.[4] 하지만 그것의 이행 과정과 평화 정착에 이르는 길은 순탄하지 않다는 지적이 일었다. 평화 협정의 서명으로 장기 내전을 종식시킬 뿐 아니라 과테말라의 정치 조직과 제도를 개혁함으로써 갈등 유발 원인들을 해소할 수 있으리라는 기대감이 생겼지만, 1999년 5월 헌법 개정안 국민투표에 대한 유권자의

4 Marrack Goulding, "Preface," Susanne Jonas, *Of Centaurs and Doves: Guatemala's Peace Process* (Boulder and Oxford: Westview Press, 2000), p. xiii.

대거 불참과 거부를 비롯해 곳곳에 도사린 협정 이행의 난관 탓에 평화 실현에 대한 의구심과 비관론도 커졌기 때문이다.

이와 같은 평화 협정 이후 20여 년의 흐름을 염두에 두고, 다만 라인하르트 코젤렉의 개념사 사전 방식을 적용한 과테말라(또는 다른 중앙아메리카 국가들)의 평화개념사 정리가 용이하지 않다는 점을 감안해서 이 글은 다음과 같이 구성하고자 한다. 먼저 과테말라 내전의 발발, 특히 1980년대 초 원주민 학살의 배경과 원인이 무엇인지 살펴볼 것이다. 다음으로 고대 아테네의 역사가이자 장군이었던 투키디데스의 통찰대로 "전쟁이라는 난폭한 스승"의 교훈을 현실화하기 위해 1980년대 일부 라틴아메리카 국가들이 주도한 콘타도라(Contadora) 제안과 에스키풀라스(Esquípulas) 평화안 등의 국제적인 공조가 무엇을 지향했는지 정리한 뒤 1996년 12월 평화 협정의 체결 전후 유엔을 비롯한 외부 활동가들과 과테말라 내부의 노력이 어떻게 전개되었는지, 평화 협정 이행 과정에서 어떤 현실적인 어려움이 발생했는지 등을 검토하고 평화 협정의 역사적 성과와 협정 이행의 지체 사이의 간극에 대해 주목할 것이다. 이를 통해 내전 종식 이후 평화 구축 과정이 보여주는 특성, 과테말라에서 평화개념의 구성 범위와 내용, 그리고 과테말라의 사례가 평화 정착에 대한 일반적인 논의에 제시할 수 있는 의미 있는 쟁점이 무엇인지 추출해보고자 한다.

## Ⅱ. 장기 내전의 전개와 1980년대 초의 제노사이드

장기 내전 이전에 과테말라(또는 중앙아메리카)에서 평화 관련 논의가 등장한 계기는 19세기 초 치열한 독립투쟁이 잦아들 무렵과 20세기 초 중앙아메리카 평화 회의였다고 할 수 있다. '남아메리카의 해방자' 시몬 볼리바르는 1824년 파나마 회의를 제안하고 주도하면서 신생 독립 공화국들의 연대 가능성을 타진하려 했고 1907년 11월 14일부터 12월 20일까지 미국의 워싱턴 DC에서 열린 중앙아메리카 평화 회의는 1907년 온두라스와 니카라과 사이에 발생한 무장 충돌을 원만히 해결하고자 노력했다. 중앙아메리카 평화 회의는 에스파냐로부터 1830년대 말 독립한 온두라스가 니카라과, 엘살바도르와 느슨한 정치적 연합을 구성했다가 1863년 연합에서 탈퇴하고 독립 공화국이 된 뒤 오랫동안 잠재해온 니카라과와의 갈등이 1907년 2월에 불거졌을 때, 멕시코의 제안과 미국 국무장관 엘리후 루트(Elihu Root)의 후원으로 중앙아메리카 5개국 사이에 개최되었다. 일련의 협의를 통해 각국에서 내전이 발생했을 경우 상호 개입 금지, 중앙아메리카 사법 재판소(Corte de Justicia Centroamericana) 설립, 각국의 평화로운 발전을 보증하기 위한 과거 논란의 원인 제거, 각국 간의 인위적 장벽 제거, 교육 진흥 기구의 설립 등 몇 가지 중요한 협약 사항이 도출되었다.[5]

뒤이어 이 지역에서 평화를 요구하는 목소리가 뚜렷해진 계기는 1990

5 James Brown Scott, "The Central American Peace Conference of 1907," *The American Journal of International Law*, vol. 2, no. 1 (1908), pp. 133, 135~136 참조.

년대 초중반 과테말라 내전의 종식을 모색하는 시기였다. 과테말라는 이웃한 엘살바도르와 더불어 1980년대에 고조된 반란 진압작전 훨씬 이전부터 군부가 지배하는 '반란 진압작전 국가'였다. 광범위한 사회경제적 불평등, 군부의 정치 개입, 시민적·정치적 자유의 제약 등 어두운 역사적 유산 가운데 36년간 지속된 내전은 라틴아메리카를 반공 동맹의 틀 속에 묶어두려는 미국의 냉전 전략과 긴밀하게 맞물려 있었다. 1950년에 집권한 중도좌파 성향의 하코보 아르벤스 구스만 대통령이 농업개혁 정책을 추진함으로써 미국계 기업 유나이티드 프루트(United Fruit Company)와 갈등을 빚게 되었을 때, 이 기업은 미국 중앙정보국(CIA)과 함께 1954년 군부의 쿠데타를 후원하면서 과테말라의 정국에 깊숙이 개입했다. 이는 미국 정부가 1930년대부터 표방해온 '선린정책'의 폐기를 공식화하는 것이었다. 쿠데타로 집권한 과테말라 군부가 헌법의 효력을 정지시키고 반대파를 탄압하자 이에 반발한 마르코 안토니오 이온 소사(Marco Antonio Yon Sosa), 세사르 몬테스(César Montes), 루이스 투르시오스 리마(Luis Turcios Lima) 등 일부 소장 장교들이 미겔 이디고라스 푸에리테스(Miguel Ydígoras Fuerites) 정권에 저항하는 세력을 이끌게 되었다. 특히 쿠바 혁명의 성공에 고무된 이들이 1960년에 과테말라 최초의 게릴라 단체인 '무장반란군(Fuerzas Armadas Rebeldes)'을 결성하고 산악지대에 거점을 마련하면서 내전이 본격적으로 시작되었다.

1966년 미국의 린든 B. 존슨 행정부는 그린베레를 파견하고 과테말라군의 훈련비용을 지원했으며 도시 테러리스트 진압 부대를 창설하려는 과테말라 정부에 조언했다.[6] 1966년에 '암살단(death squad)'으로 알려진 준군사 단체가 생겨났고 1974년까지 사망자 수는 42,000명에 이르렀다. 농촌 지역에서 패배에 직면한 게릴라 세력의 일부가 도시로 퇴각하면서 1968년 8월 말 과테말라 주재 미국 대사 존 고든 메인(John Gordon Mein)이 '무장 반란군'에 의해 암살당하기도 했다. 1970년 7월 부정 선거의 의혹 속에 카를로스 아라나 오소리오(Carlos Arana Osorio) 장군이 대통령직에 오르면서 저항 세력과 비무장 민간인들을 겨냥한 살해와 납치는 늘어났다. 오소리오는 "만일 평정을 위해 과테말라 전체를 묘지로 만들어야 할 필요가 있다면, 나는 주저하지 않을 것"이라고 공언하기까지 했다. 1970년대 초부터 악화된 인권침해, 부정 선거 등을 문제시하면서 1977년 미국의 지미 카터 행정부가 과테말라에 대한 무기 판매를 금지했지만, 1983년 로널드 레이건 행정부는 금지 조치를 해제하고 1985년에는 과테말라 군부 정권에 대한 경제적·군사적 원조를 공식 재개했다.

1970년대 말까지 미국 정부의 후원을 받은 과테말라 군과 경찰, 그리고 '암살단'이 야당, 노조, 학생운동의 지도자들에게 선별적인 공세를 가했지만, 1978년 5월 말 알타베라파스 주 판소스(Panzós) 학살[7]을 계기로 이 작전은 더 조직적이고 광범위한 양상을 띠게 되었다. 대다수 연구자들에 따르면, 판소스 학살에 대한 관심과 저항이 사실상 부재했기 때문에 과테말

6 Kate Doyle and Carlos Osorio, U.S. POLICY IN GUATEMALA, 1966~1996. https://nsarchive2.gwu.edu/NSAEBB/NSAEBB11/docs/ 참조.

7 Eleanor Dictaan-Bang-oa and Jack G. L. Medrana, "The Guatemala Peace Agreements of 1996: A Case Study," Chandra K. Roy et als., eds., *Beyond the Silencing of the Guns* (Baguio City, Philippines: Tebtebba Foundation, 2004), p. 112. 수백 명의 켁치(Q'eqchii') 부족 농민들이 인근 농장주들에게 불법적으로 빼앗긴 공동체 토지의 반환을 요구하기 위해 판소스의 관청 앞에 집결했으나 군의 발포로 선두에 서 있던 60세 여성 마마 마킨(Mamá Maquín)을 비롯해 적어도 200여 명의 사망자가 발생했다.

라 군부는 더욱 대담한 방식으로 진압작전을 펼쳤고 1980년대 초 원주민 촌락을 초토화하면서 연령과 성별에 관계없이 피난민들을 학살하기까지 했다. 반면 무장반란군, 무장민중조직, 그리고 1972년 엘 키체 주의 익스칸에서 창설된 '빈민의 게릴라 부대' 등 대표적인 게릴라 단체들은 1970년대 말부터 과테말라시뿐 아니라 엘 키체, 남부 해안과 북부 내륙으로 활동 범위를 넓혀 경찰서 습격, 태업과 파업 유도, 도로 봉쇄, 군 장교나 대지주들의 납치 등으로 대응했다.

미국의 강화된 지원에 힘입어 로메오 루카스 가르시아 장군과 그 측근들이 게릴라 세력을 농촌의 잠재적인 지지 기반으로부터 떼어놓기 위해 전면적인 소탕작전을 펼치면서 비무장 원주민까지 표적으로 삼아 납치, 고문, 살해, 성폭행, 마을 파괴 등을 자행했다. 군부는 대내외적으로 공산주의 세력, 특히 쿠바 정부와 니카라과 산디니스타 정부의 간섭에 맞서 전쟁을 수행하고 있다고 주장하면서, 원주민들을 게릴라의 지지 세력, 즉 '내부의 적'으로 간주한 것이다. 네 개의 주요 게릴라 단체들이 1982년 2월 과테말라혁명연합(Unidad Revolucionaria Nacional Guatemalteca, URNG)으로 결집했지만, 군부의 강경한 진압 작전 때문에 크게 약화되었다.

결국 14만 건이 넘는 살인과 실종 사건의 73%, 희생자의 80%가 1981년부터 1983년까지 루카스 가르시아와 리오스 몬트 장군이 집권했을 때 집중적으로 발생했다. 더욱이 '역사적진실규명위원회'의 공식 보고서 『과테말라, 침묵의 기억』(Guatemala, Memoria del Silencio)은 과테말라 군이 산악지대의 원주민들을 대상으로 전개한 대대적인 학살과 강제이주, 특히 1982년 2월부터 9월까지 루카스 가르시아 장군과 리오스 몬트 장군의 정권이 주도한 '승리 작전 계획 82(Plan de Campaña Victoria 82),' 즉 원주민 촌

락에 대한 초토화 작전을 '제노사이드(genocidio)'로 규정했다.[8]

## III. 전쟁 종식을 위한 국제적인 압력과 요청: 콘타도라 제안과 에스키풀라스 평화안

1983년 1월 8~9일 멕시코, 파나마, 콜롬비아, 베네수엘라의 외교부 장관들은 파나마의 콘타도라 섬에 모여 중앙아메리카 전체의 안정을 위협하는 위기, 즉 엘살바도르, 니카라과, 과테말라의 군사적 충돌을 해결하기 위한 방안을 모색한 뒤 콘타도라 해법을 제안했다. 이 콘타도라 그룹은 스웨덴의 올로프 팔메 총리와 1982년 노벨문학상 수상자 가브리엘 가르시아 마르케스, 1982년 노벨평화상의 공동 수상자 알폰소 가르시아 로블레

8 Oficina de Servicios para Proyectos de las Naciones Unidas(UNOPS), *Guatemala, Memoria del Silencio, Conclusiones y Recomendaciones* (Guatemala: UNOPS, 1999), pp. 51~52, 91. 1946년 유엔 총회의 제노사이드 결의안을 바탕으로 폴란드 출신의 법학자 라파엘 렘킨(Raphael Lemkin)의 주도로 1948년 12월 '제노사이드 범죄의 방지와 처벌에 관한 협약'이 체결되고 반세기 이상의 시간이 흐른 지금까지 그 개념의 정의를 둘러싸고 적잖은 논란이 벌어졌다. 어떤 이들은 협약의 법률적 유효성을 인정하고 제노사이드의 범위를 매우 엄격하게 규정하지만, 대다수의 연구자들은 협약의 규정이 인류가 저지른 다양한 형태의 대량학살을 포괄하기에는 지나치게 협소하다는 데 동의하면서, 최소한 협약에서 배제된 사회 집단과 정치 집단을 포함시킬 것을 주장한다. 산발적이거나 계획되지 않은 일련의 학살과 달리 제노사이드는 정부나 그에 준하는 권력 집단이 인종, 민족, 종족, 종교, 성별, 건강, 지역의 차이나 정치적·사회적·경제적 이해관계의 대립을 이유로 특정 집단을 절멸하려는 의도에서 조직적으로 파괴하는 반인륜범죄 행위라고 할 수 있다. 최호근, 『제노사이드: 학살과 은폐의 역사』(책세상, 2005), pp. 25~38 참조.

스(Alfonso García Robles)와 알바 미르달(Alva Myrdal) 등이 4개국 대통령에게 갈등의 조정자 역할을 맡아줄 것을 요청한 뒤 구성된 것으로서 라틴아메리카의 문제에 대한 해법을 모색하려는 시도였다.

이 그룹의 활동 계획은 중앙아메리카의 갈등에 대한 국제적인 관심을 불러 일으켰다. 미국 정부에도 군사 정책 기조의 유연화를 요청한 이들의 제안은 유엔 안전보장이사회와 총회, 그리고 여러 국제기구의 지지를 얻을 수 있었다. 1983년 9월 콘타도라 그룹의 중재에 따라 중앙아메리카 국가들의 외교부 장관들은 파나마시에 모여 공동의 목표를 담은 문서를 채택했다. 각국의 장관들은 지역 내에서 민주화의 증진, 무력 충돌의 종식, 국제법 준수, 경제 발전과 상호협력의 회복을 지향하는 데 합의했다.

1984년 9월에 발표된 중앙아메리카의 평화와 상호협력에 대한 콘타도라 결의안은 평화, 민주화 이행, 지역의 안보와 경제 협력에 대한 자세한 책무와 확약을 포함했고 지역 위원회로 하여금 책무의 준수 여부를 평가하고 검증하는 역할을 맡게 했다. 1985년 7월에는 민주적 절차를 통해 선출된 아르헨티나, 브라질, 페루, 우루과이의 대통령들이 리마에서 콘타도라 지지 그룹을 결성했다. 하지만 중앙아메리카 국가들이 잠정적으로 수용한 콘타도라 행동 계획은 니카라과 정부에 대한 사실상의 승인 때문에 미국의 지지라는 결정적 요소를 확보하지 못했다. 미국은 자국 이해관계의 보호를 명분으로 일방적인 행위를 금지하는 콘타도라 행동 계획에 결코 협조적이지 않았을 뿐 아니라 국제사법재판소와 유엔에 대한 여러 국가들의 호소를 막고자 했다.

1985년 5월 로널드 레이건 행정부가 니카라과 산디니스타 정부에 대한 전면적인 경제 봉쇄 조치의 단행을 선언하고 같은 해 9월에 콘타도라 그룹이 미국의 입김이 강하게 반영된 수정안을 채택했으나 니카라과가 거부하면서 목표를 이루는 데 실패했다.[9] '민주화'라는 표현을 콘타도라 결의안에 포함시키려는 미국의 시도는 향후 지역 내 협상 과정에서 중요한 기준을 대변하게 될 터였다.[10] 결국 미국과 니카라과 간의 견해 차이를 좁히지 못해 1986년 5월 이전에 합의의 도출이 어렵게 되었고 공식적으로 1986년 6월에 코스타리카, 엘살바도르, 온두라스가 수정안을 거부하기에 이르렀다. 콘타도라 그룹의 제안은 지역 내 모든 국가들이 합의하는 평화안을 확립하는 데 성공하지 못했지만 향후 토론을 위한 조건과 한계를 알리는 계기가 되었고 갈등의 원인을 지역 차원의 용어로 규정하는 것이 중요하다는 점을 각인시켰다.[11] 또 긴장을 완화하고 평화와 민주주의의 성취를 위해 노력함으로써[12] 향후에 평화안이 출현하는 데 필요한 주춧돌을 놓았다고 평가할 수 있다.

결국 취임한 지 몇 달이 지나지 않은 오스카르 아리아스 산체스(Oscar Arias Sánchez) 코스타리카 대통령의 주도로 1986년 5월 24~25일 과테말라의 에스키풀라스(Esquípulas)에서 제1차 에스키풀라스 평화안이 마련되었는데, 이는 콘타도라 제안을 기반으로 삼아 중앙아메리카 정치의 근본

---

9 Bruce Michael Bagley, "Contadora: The Failure of Diplomacy," *Journal of Inter-american Studies and World Affairs*, vol. 28, no. 3 (1986), pp. 13~14.

10 Nicola Short, *The International Politics of Post-Conflict Reconstruction in Guatemala* (Basingstoke: Palgrave Macmillan, 2007), p. 66.

11 Ibid., p. 69.

12 Naciones Unidas, Asamblea General Cuadragésimo período de sesiones, Tema 21 de programa, "LA SITUACION EN CENTROAMERICA: AMENZAS A LA PAZ Y LA SEGURIDAD INTERNACIONALES E INICIATIVAS A PAZ" (28 mayo, 1986), p. 2.

적인 재편을 이끌었다. 제1차 에스키풀라스 선언은 코스타리카, 엘살바도르, 과테말라, 온두라스, 니카라과 등 5개국 정상이 평화적인 방식으로 갈등을 해결하도록 공표했다. 5개국 정상은 무엇보다 중앙아메리카의 평화가 다원적이고 참여적인 진정한 민주적 과정을 통해서만 이루어질 수 있다는 데 동의했다. 진정한 민주적 과정은 사회 정의의 옹호, 인권 존중, 각국의 주권과 영토 존중, 어떤 외부 개입 없이 자유롭게 각국이 독자적인 경제적·정치적·사회적 방식을 선택할 수 있는 권리의 존중 등을 수반할 터였다.[13] 나아가 이 선언은 선거 과정을 통해 일종의 중앙아메리카 의회의 설립을 모색하고자 위원회 설치를 요구했다.

1986년 말에 공개된 이른바 이란–콘트라 게이트 추문으로 레이건 행정부의 중앙아메리카 정책이 신뢰를 잃은 가운데 아리아스를 비롯한 중앙아메리카 국가들의 대통령들이 또 다른 평화안 모색의 주도권을 잡을 수 있게 되었다. 그리하여 1987년 8월 7일에는 제2차 에스키풀라스 평화안이 마련되었다. 더욱이 이에 대한 국제적인 지지 속에서 미국이 다소 고립되는 상황마저 펼쳐졌다. 이는 기본적으로 아리아스의 평화안이라 부를 만했기 때문에 1987년 노벨평화상 수상의 영예는 아리아스 코스타리카 대통령에게 돌아갔다. 중앙아메리카의 지도자들은 평화와 발전이 불가분의 관계에 있으며 난민, 귀환자, 추방자들의 문제를 해결하려는 계획 없이 역내의 지속적인 평화가 불가능할 것이라고 확언했다.[14] 제2차 에스

13 Ibid., p. 3.

14 Jenny Pearce, "From Civil War to 'Civil Society': Has the End of the Cold War Brought Peace to Central America?" *International Affairs*, vol. 74, no. 3 (1998), pp. 609~610.

키풀라스 평화안은 원칙적으로 콘타도라 제안과 같은 구상에 토대를 두었으나 그 내용은 한층 더 명확했다. 그 주요 내용은 니카라과, 엘살바도르, 과테말라에서 지속된 내전의 동시 휴전, 반란 세력에 대한 외부 지원의 중단, 모든 게릴라 대원의 사면, 비상조치의 철폐, 정치범 석방과 언론자유의 확립, 내부 민주주의의 확립, 국민적 화해 시도 등이었다.[15] 최종적인 평화 협정의 체결은 니카라과에서는 1990년, 엘살바도르에서는 1992년, 과테말라에서는 1996년에 이루어질 터였지만, 제2차 에스키풀라스 평화안은 각국에서 내전 종식을 위한 정치적 해법의 기반을 다진 셈이었다.

## Ⅳ. 과테말라 평화 협정의 주요 쟁점

### 1. 양자 협상 과정의 난항

과테말라의 군부 정권이 표면적으로 퇴진한 해는 1986년이었다. 앞서 1985년에는 인권 감독 기구인 인권 옴부즈맨과 헌법재판소의 설립을 명시한 새로운 헌법이 승인되었다. 이에 따라 20년 만에 처음으로 민간인 출신 대통령이 선출되었으나 비니시오 세레소(Vinicio Cerezo) 정부는 부패와

15 Tore Frängsmyr and Irwin Abrams, eds., *Nobel Lectures in Peace (1981~1990)* (Singapore and London: World Scientific Publishing Co., 1997), p. 189; Short, *The International Politics of Post-Conflict Reconstruction in Guatemala*, p. 69.

비효율성을 드러낼 뿐이었고 실제 군부가 강력한 실권을 유지했다. 수년간의 비공식 접촉을 통해 1990년 3월부터 과테말라 정부와 과테말라혁명연합은 노르웨이에서 평화 협상 과정을 개시했다. 1980년대 중반부터 게릴라 조직으로서 거의 와해된 과테말라혁명연합은 사실 엘살바도르의 파라분도마르티민족해방전선보다 훨씬 더 취약한 처지에서 협상에 나섰다. 반면 군부는 전쟁의 승리자로 자처하고 있었고 외부 세력에 경제적으로 의존하지 않았다. 게다가 엘살바도르나 아르헨티나의 군부와 달리 과테말라 군부는 국내 민간부문의 신뢰를 잃지 않고 있었다. 1990년대 초에도 정치 엘리트들은 군부에 사실상 종속된 상태였다.

1991년 4월에 선출된 과테말라의 호르헤 세라노(Jorge Serrano) 대통령은 국내외 압력에 대응하면서 자신의 전국화해위원회(Comisión Nacional de Reconciliación)[16] 활동 경험을 바탕으로 과테말라혁명연합과 직접적인 대화를 시도했다. 협상은 선거전에 뛰어든 보수적 성향의 후보자들과 다르게 보이려는 세라노의 차별화 전략이었다. 예비회담에서 과테말라혁명연합이 먼저 무장을 해제해야 한다는 선결조건을 제외하고 완전히 실질적이고 중요한 의제를 받아들인다는 합의가 이루어졌다. 이는 작지만 매우 중대한 진전이었다. 곧이어 민주화에 대한 원칙적 합의(1991년)와 인권에 대한 부분적인 예비 합의(1992년)가 이루어졌다.[17]

하지만 1992년 8월 인권 문제를 둘러싸고 협상 과정이 지체되었고 세

---

16 이는 1987년 8월 아리아스가 주도한 제2차 에스키풀라스 계획에 따라 1988년에 수립된 기구였다. Short, *The International Politics of Post-Conflict Reconstruction in Guatemala*, p. 72.

17 Jonas, *Of Centaurs and Doves*, p. 40.

라노 정부 막바지에는 결렬되었다. 1993년 5월 세라노의 친위쿠데타로 촉발된 정치적 위기 탓에 평화 협상 과정이 중단되었는데 세라노 정부는 실질적인 쟁점들의 해결 방안을 찾기보다 휴전의 최종기한을 강요하는 데 더 큰 관심을 보이는 듯했다. 이는 과테말라혁명연합으로서는 받아들이기 어려운 요구였다. 1993년 초 세라노는 유엔에서 자신을 평화 협상 과정의 위대한 설계자로 과시하면서도 조기 휴전의 대가로 인권 상황의 개선과 검증, 비군사화(무장해제) 등 두 가지 쟁점에만 합의할 것을 제안했다. 과테말라혁명연합은 더 많은 의제를 다루어야 한다는 전략을 고수했고 민간 부문의 협상 과정 참여를 요구했다. 정부 협상단은 이들의 태도를 일종의 전술로 치부했다.

양측은 이 시기에 유엔이 검증하고 확인할 수는 있어도 평화를 조정하지 못하리라고, 즉 엘살바도르와 같은 해결책이 과테말라에 통하지 않을 것으로 생각했다. 어쨌든 양자 협상은 필수적인 단계였다. 군부와 민간 기업가 집단(CACIF)은 과테말라혁명연합과의 어떤 협상에도 강력히 반대했다. 유엔과 국제사회로서는 과테말라 내부의 강력한 저항을 이겨낼 시간과 공간이 필요했다. 과테말라 출신의 조정자 몬시뇰(Monsignor) 로돌포 케사다 토루뇨(Rodolfo Quezada Toruño)는 그 무렵 "과테말라혁명연합의 다섯 번째 사령관"이라는 비난을 사기도 했다. 세라노 정부는 바르셀로나 출신의 외교관이자 유엔의 최초 참관인이었던 프란세스크 벤드렐(Francesc Vendrell)을 과테말라혁명연합에 친화적인 인물로 인식하고 유엔에 교체를 요구했고, 유엔은 프랑스의 외교관 장 아르노(Jean Arnault)를 대체자로 내세웠다.

## 2. 유엔의 조정자 역할

1991~1993년에 유엔은 양자 협상 과정의 참관인 역할에 그쳤으나 1994~1995년에는 협상의 조정자로 나서기 시작했고 1994년 11월부터 과테말라 내에서 유엔인권감시단(MINUGUA)의 활동이 펼쳐졌다. 국제사회가 과테말라 내전의 종식 여부에 좀 더 주목하는 가운데 1994년 1월 의제 설정을 위한 기본 협정(Acuerdo Marco)을 통해 '우호국'의 역할이 공식화되었고,[18] 1994년 3월 인권에 관한 포괄적인 합의안이 체결되었는데 이는 전체 평화 협정 과정의 돌파구였다. 기본 협정의 체결은 국내의 조정자로부터 국제적 차원의 조정자를 두는 협상으로의 이행을 의미하는 동시에 시민사회회의(Asamblea de la Sociedad Civil)의 출범과 그 역할을 공인하는 것이었다.[19] 또 기본 협정은 종족적·문화적으로 다양한 과테말라와 국제사회 사이의 연결고리를 만들어냈다.[20] 인권에 관한 포괄적인 합의는 교전 양측이 즉각적인 조치를 취할 것과 전반적인 인권 상황을 추적하고 관찰하기 위한 유엔 검증기구의 설립을 요구했다. 두 가지 합의가 1994년 6월

---

18 여기에는 멕시코, 노르웨이, 에스파냐, 미국, 그리고 명목상으로 베네수엘라와 콜롬비아가 참여했다. 멕시코는 라틴아메리카 국가들의 대변인격이었고 노르웨이는 '정직한 중개인'으로서 어려운 순간에도 협상의 비공식 외교에 깊이 관여했으며 에스파냐는 유럽공동체의 대표였다. Ibid., p. 63.

19 몬시뇰 케사다 토루뇨은 1994년 5월 17일 시민사회회의가 공식 출범할 때부터 1995년 1월까지 대표로 활동했다. Roman Krznaric, "Civil and Uncivil Actors in the Guatemalan Peace Process," *Bulletin of Latin American Research*, vol. 18, no. 1 (1999), pp. 5~6.

20 이는 과테말라 시민사회의 다양성을 반영한 협정으로서 흔히 덜 중요하게 인식되지만, 엘살바도르에서는 부재했던 요소였다. Jonas, *Of Centaurs and Doves*, p. 57.

오슬로에서 추가적으로 체결되었다. 하나는 6월 17일에 조인된 '무력 충돌로 거주지에서 쫓겨난 주민들의 재정착에 관한 합의'였고 다른 하나는 6월 23일에 확정된 과거 인권침해와 폭력 행위를 규명할 위원회의 설치에 관한 것이었다. 이 위원회는 '역사적진실규명위원회'라는 공식 명칭을 지니게 될 터였다.

본격적인 평화유지 사절단이라기보다 인권 현황의 확인과 검증 임무를 띤 기구라고 할 수 있었던 유엔인권감시단이 1994년 11월 과테말라에 도착할 무렵 과테말라 정부와 군 장교들은 감시단의 임무 범위가 지나치게 방대하며 어떤 경우에라도 인권침해 사례들을 수사하는 권한을 부여받아서는 안 된다고 주장했다. 유엔인권감시단은 국제사회가 과테말라에 대해 갖고 있는 관심의 가장 구체적인 표현으로서 현장에 기반을 둔 기구였다. 유엔인권감시단은 네 차례(1995년 3, 6, 10월, 1996년 3월)의 보고서를 통해 인권상황 개선의 주요 걸림돌이 과테말라 정부가 오랫동안 주장해왔던 요인, 즉 내전의 지속이 아니라 면책(또는 처벌면제, impunidad) 관행임을 역설했다. 유엔인권감시단은 그 자체로 최악의 인권 상황을 교정할 수 없었지만, 과테말라의 여러 지역에서 활동하는 400명 이상의 감시단원들의 존재는 인권 상황의 개선을 이끌어내고 더 자유로운 표현의 공간을 확보하는 데 기여했다.[21] 유엔인권감시단의 또 다른 공헌은 검증과 확인 업무를 전국적인 인권 보호 기구의 수립과 위상 강화와 연결시킨 대목이었다. 그럼에도 과테말라 정부는 유엔인권감시단의 활동을 은밀히 방해하고 '국가주권'을 명분으로 내세워 유엔인권감시단의 활동을 제한하고자 시도하곤

21 Ibid., p. 48.

했다.

### 3. 과테말라 내의 화해 분위기 조성과 평화 협정 체결

과테말라에서는 1995년 11월 총선 전후의 분위기가 평화 협정 과정에 직접 영향을 끼치기 시작했다. 과테말라혁명연합은 전례 없이 과테말라인들에게 투표 참여를 독려하는 성명을 발표했다. 몇 개월 뒤 40년 만에 처음으로 좌파 성향의 대중·원주민 조직 연합이 총선에 참여하고자 '새로운 과테말라민주전선(FDNG)'이라는 정당을 창설했다. 공식적으로 정계에 진출한 이 정당은 명목상으로 과테말라혁명연합과는 독립적이었으나 상당히 영향을 받았다고 알려졌고 그 출범은 과테말라혁명연합이 무장 투쟁에서 정치적 투쟁으로의 변화를 시도한다는 추가적인 조짐으로 읽혔다.

1995년 말 결선 투표에서 공공연히 평화 협상 과정에 반대한 리오스 몬트의 극우 정당 '과테말라공화전선(FRG)' 후보와 맞붙어 2% 내의 근소한 차이로 승리한 국민진보당(PAN) 출신의 알바로 아르수 이리고옌(Álvaro Arzú Irigoyen)은 의회 내에서 그의 정당이 다수당을 차지한 고무적인 분위기 속에서 1996년 1월 임기를 시작했다. 평화 협정 체결을 최우선 정책으로 표방한 기업가 출신의 아르수는 중도좌파 성향의 '평화 내각'을 선보였다. 여기에는 과테말라혁명연합의 투사 출신으로 새로운 '과테말라 정부의 평화위원회(COPAZ)'를 이끈 구스타보 포라스(Gustavo Porras), 평화 협정 체결을 강력하게 지지하는 외무장관 에두아르도 스테인(Eduardo Stein), 국방장관 훌리오 발코니(Julio Balconi) 등이 포함되어 있었다. 새로운 정부는 이전 정부와 달리 과테말라혁명연합을 "패배한 세력," "파괴적이고 전복적인 불온한 테러리스트" 등으로 폄하하는 식의 직접적이고 이념적인 공세를 중단했다. 이전과 달리 아르수의 정부는 과테말라혁명연합을 협상의 상대로 받아들였고 심지어 그들의 "애국적 동기"를 존중했다. 이는 협상의 성공을 이끌어내기 위해 매우 중요한 요소였다.

1996년 3월 무력 공세의 전면적 중지를 요구하는 과테말라혁명연합의 전례 없는 '선의'의 표현에 대해 정부는 공격적인 게릴라 진압 작전의 중단으로 화답했다. 이는 내전 전체의 종식은 아닐지라도 적어도 무력 충돌의 종결을 의미했다.[22] 1996년 5월 6일 멕시코시에서 과테말라 정부의 평화위원회와 과테말라혁명연합 간에 '사회경제적 양상과 농업 현황에 대한 합의'[23]가 조인된 뒤 남은 난제는 탈(脫)군사화, 즉 무장 해제였다. 이는 평화협정 체결에 필수적인 핵심 쟁점이었다. 1996년 9월 19일 멕시코에서 확정된 '민간인 권한의 강화와 민주 사회에서 군의 역할에 관한 합의'는 예전에 막강한 권한을 누렸던 군이 영토와 국경을 온전히 방어하는 역할로 그 기능을 제한해야 하는 과제를 제시했다. 이는 헌법 개정을 전제로 해야 하는 난제였고 민간자위순찰대(Patrulla de Autodefensa Civil, PAC)와 다른 게릴라 진압 보안부대의 폐지, 군 규모와 예산의 1/3 수준으로의 축소, 국민의 안전을 보증할 새로운 민간경찰의 창설, 그리고 만연해 있는 면책(처벌면제) 관행의 폐지와 사법 제도의 획기적인 개혁 등이 요청되었다. 이는 한

22 Ibid., p. 51.

23 이 사회경제적 합의에 대한 과테말라의 민간부문(CACIF)을 비롯한 각계의 환영과 긍정적 반응에 대해서는 Short, *The International Politics of Post-Conflict Reconstruction in Guatemala*, p. 82 참조.

마디로 냉전 시대에 비대해진 게릴라 진압작전 기구의 해체를 포함해 과테말라 사회의 탈군사화를 모색하는 방안이었다.

과테말라의 평화 협정은 주요 의제에 관한 합의 장소에서 드러나듯 그야말로 다면적인 국제 협력의 결과물이었다. 최종적인 휴전 합의는 1996년 12월 4일 노르웨이의 오슬로에서, 헌법 개정과 선거 제도에 관한 합의[24]는 12월 7일 스웨덴의 스톡홀름에서, 과테말라혁명연합의 합법화와 법적인 통합에 관한 합의는 12월 12일 마드리드에서, 마지막으로 구체적 실행 시간표(cronograma)의 이행, 준수, 검증에 관한 합의는 12월 29일 과테말라시에서 체결되었다.[25] 1996년 12월 29일에 과테말라시 대통령 집무실에서 최종 체결된 평화 협정의 정식 명칭은 '확고하고 지속적인 평화에 관한 합의안(el Acuerdo de paz firme y duradera)'[26]이었다. 합의안에 따르면, 평화 협정은 '국민적 합의'를 반영하고 과테말라 공화국은 인권에 대한 완전한 존중의 보증과 수호라는 목표와 원칙에 충실할 것을 재확인할 것이었다. 그 다음으로 무력 충돌에 의해 삶의 터전에서 쫓겨난 이들에게 영토 내에서 자유롭게 살 수 있는 권리를 부여하고 정부는 그들의 귀환과 더불어 존엄하고 안전한 조건 속에서 재정착할 수 있도록 도울 것이었다. 게다가 합의안은 원주민들의 정체성과 권리에 대한 인정이 다종족적, 다문화적, 다언어적 국가의 국민통합을 이루는 데 필수적인 요소라는 점, 그리고 모든 사회

---

24 이는 실체적(실질적) 내용이라기보다 절차에 대한 합의였다. Ibid., p. 86.

25 "Guatemala: Agreement on a Firm and Lasting Peace"(December 29, 1996) https://peacemaker.un.org/guatemala-firmlastingpeace96 참조.

26 "Gobierno y URNG firman la paz en 1996," *Prensalibre* (online), 29 December 2016;https://www.prensalibre.com/hemeroteca/gobierno-y-urng-firman-la-paz-en-1996/ 참조.

부문에서 남성과 여성 시민들의 참여 보장이 사회 정의와 경제 성장의 필수불가결한 조건이라는 점을 적시했다.[27]

이는 평화가 정의의 구현에서 비롯되고 정의를 통해 유지된다는 신념, 즉 평화의 개념과 정의의 개념이 오랫동안 굳게 결합되어 있음을 입증하는[28] 동시에 평화학자 요한 갈퉁이나 전쟁사가 마이클 하워드가 강조한 대로 폭력의 중단이나 부재를 뜻하는 '소극적 평화'에서 공정하고 정당하며 빈곤의 염려가 없는 사회의 건설, 일반적으로 정당하다고 여겨지는 질서의 성취를 의미하는 '적극적 평화'로의 이행을 추진하려는 시도였다.[29] 갈등을 규정하는 원주민들의 독특한 방식에 따르면, 갈등이란 개인과 공동체 간 관계의 불균형과 불일치를 의미했다. 다시 조화를 이루려면 어떤 형태의 경쟁이 있어서는 안 되며 대신 균형을 회복하고 재확립하는 데 초점을 맞추어야 한다. 그리하여 평화 협정 과정에서 마야 원주민 운동을 비롯한 시민사회 단체들은 줄곧 평화가 무력 충돌의 부재를 넘어 그것을 초래한 구조의 변화를 통해 정착된다는 점을 강조했다.[30]

---

27 "Guatemala: Agreement on a Firm and Lasting Peace"(December 29, 1996) https://peacemaker.un.org/guatemala-firmlastingpeace96; Charles A. Reilly, *Peace-Building and Development in Guatemala and Northern Ireland* (London and New York: Palgrave Macmillan, 2009), p. 128.

28 빌헬름 얀센 (한림대학교 한림과학원 기획, 한상희 옮김), 『코젤렉의 개념사 사전 5: 평화(Friede)』(푸른역사, 2010), p. 32, 93.

29 Johan Galtung, *Peace by Peaceful Means: Peace and Conflict, Development and Civilization* (Oslo: International Peace Research Institute, 1996); Pearce, "From Civil War to 'Civil Society'," p. 589; 마이클 하워드 (안두환 옮김), 『평화의 발명: 전쟁과 국제 질서에 대한 성찰』(전통과현대, 2002), pp. 13~14.

30 Dictaan-Bang-oa and Medrana, "The Guatemala Peace Agreements of 1996," p. 117.

## V. 평화 정착의 조건과 평화 협정 이행의 지체

### 1. 내전 이후 평화 정착의 선결조건: 과거사 정리

장기 내전을 겪은 과테말라와 다른 중앙아메리카 국가들에서 평화는 무엇보다 폭력 행위가 중지된 상태를 의미했다. 하지만 과테말라에서 무력 충돌은 인종차별뿐 아니라 사회경제적·정치적 배제의 역사 속에서 출현한 것이었다는 사실을 염두에 둔다면, 과거사에 대한 정리와 반성, 해소를 위한 노력이 평화 정착을 위한 선결과제일 수밖에 없었다. 1996년 1월에 아르수 대통령이 취임 연설에서 요약한 대로 과테말라의 갈등 유발 요인은 면책(처벌면제) 관행뿐 아니라 차별과 빈곤이었다. 또 3년에 걸친 '역사적 기억의 회복 프로젝트(REMHI)'의 조사 결과에 의거해 1998년에 발간된 과테말라대주교구인권국(Oficina de Derechos Humanos del Arzobispado de Guatemala)의 보고서 『과테말라, 눈카마스!』(Guatemala, Nunca Más!)[31]에 따르면, 생존자들은 갈등의 근본 원인들이 제대로 다뤄지지 않고 약속을 완수하겠다는 진정한 의지가 없다면 폭력이 언제든지 재발할 것이라고 우려하면서 가장 중요한 세 가지 사회적 요구 사항을 일상생활의 탈군사

31 가톨릭교회가 발간한 이 보고서는 유엔의 후원으로 설립된 '역사적진실규명위원회'의 보고서 『과테말라, 침묵의 기억』와 달리 일부 가해자들의 실명을 적시했다. Mitchell A. Seligson, "Democracy on Ice: The Multiple Challenges of Guatemala's Peace Process," Frances Hagopian and Scott P. Mainwaring, eds., *The Third Wave of Democracy in Latin America: Advances and Setbacks* (Cambridge: Cambridge University Press, 2005), p. 209.

화, 토지 소유와 생활 조건, 일상생활 재건의 자유로 요약했다.

'역사적진실규명위원회'의 보고서 『과테말라, 침묵의 기억』 역시 상호 연관된 구조적이고 역사적인 국가폭력의 세 가지 원인으로 경제적 배제, 인종차별, 정치적 권위주의 등을 꼽았다. 아울러 원주민 종족 사이의 해묵은 갈등을 활용하는 이이제이(以夷制夷) 전술과 군부의 명령 체계에 종속된 민간자위순찰대의 활동이 사태를 악화시켰다는 점, 그리고 제노사이드를 자행한 과테말라 군의 정책을 뒷받침하는 데 냉전 시대의 '국가안보론*(doctrine of National Security)*'과 미국 정부의 역할이 두드러졌다는 점 등을 적시했다.

『과테말라, 침묵의 기억』의 권고사항에는 몇 가지 특기할 만한 점이 있었다. 첫째, 가장 중요한 사항은 정부에 공식적인 책임의 인정을 요구하고 앞서 언급했듯이 1980년대 초 군부가 자행한 대량학살과 강제 이주를 제노사이드로 명시한 점이었다. '역사적진실규명위원회'는 이런 행위가 1996년 12월에 제정된 '국민화해법'[32]의 사면 대상에서 제외된다고 밝히면서 국제적으로 금지된 위법행위를 저지른 모든 이들이 기소되어 재판에 회부되어야 한다고 첨언했다.

32 의회에서 승인된 이 법은 내전 기간 동안 벌어진 행위 일체를 사면하려는 취지를 지니고 있었다. 그리하여 미국의 소설가 프란시스코 골드먼은 뉴욕타임스의 기고문을 통해 이 법을 "군부 지도자들에게 사실상 전면적인 면책을 보증하려는 것"으로, 아울러 이 합의를 "평화 조약이 아니라 투항"으로 묘사했다. Margaret Popkin, "Guatemala's National Reconciliation Law: Combating Impunity or Continuing It?," *Revista Instituto Interamericano de Derechos Humanos*, vol. 24 (1996), p. 173; Francisco Goldman, "In Guatemala, All is Forgotten," *The New York Times*(online), Dec. 23, 1996; https://www.nytimes.com/1996/12/23/opinion/in-guatemala-all-is-forgotten.html

둘째, 위원회는 평화 협정의 일환으로 체결된 '민간인 권한의 강화와 민주 사회에서 군의 역할에 관한 합의'에 따라 군의 대대적인 재정비를 건의했다. 과테말라에서 지속적이고 의미 있는 민주화 이행은 국가와 시민사회의 효과적인 탈군사화에 달려 있었기 때문이다.[33] 이를 위해 군 정보기관의 개혁, 위법행위에 연루된 장교들의 퇴임 유도를 위한 경력 조사, 군 예산 삭감과 군 병력 감축, 민간자위순찰대의 해체, 민주주의와 인권과 평화의 문화에 관한 교육, 국립민간경찰(Policia Nacional Civil, PNC)의 강화 등이 제시되었다.

셋째, 위원회는 원주민들의 정치 참여를 장려하고 인종차별과 원주민 경시 정책의 폐기를 권고했다. 내전기 폭력의 희생자 가운데 무려 83%가 마야 원주민(나머지 17%는 라디노[ladino, 혼혈인])이었다는 사실은 냉전 시대의 정치적 이념이 얼마나 인종차별적인 면모를 지녔는지, 그리고 냉전 시대의 정치사와 끔찍한 대량학살의 역사를 왜 분리할 수 없는지 입증했다.[34] 『과테말라, 침묵의 기억』은 과테말라의 대량학살이 인종차별과 사회경제적 불평등의 결과였다는 점을 강조했다. 따라서 군부의 억압적인 반공 정치가 '비(非)시민'의 지위로 강등시킨[35] 대다수 원주민들이 예전의 주변적 지위에서 벗어나 어떻게 훼손된 문화적 정체성을 회복하고 그것과

33 Rachel Sieder, "War, Peace, and Memory Politics in Central America," Alexandra Barahana de Brito, Carmen González–Enríquez, and Paloma Aguilar, eds., *The Politics of Memory: Transitional Justice in Democratizing Societies* (New York and Oxford: Oxford University Press, 2001), p. 163.

34 권헌익 지음, 이한중 옮김, 『또 하나의 냉전: 인류학으로 본 냉전의 역사』(민음사, 2013), p. 57.

35 위의 책, p. 188.

더불어 개인적·집단적 권리를 보호받을 수 있을지가 주요 과제로 부각되었다. 이를 위해 원주민의 문화적 상징과 관습법을 존중하고 이를 과테말라의 법률 체계에 통합하는 조치들이 제안되었다.

넷째, 위원회는 미국 정부와 중앙정보국이 과테말라의 억압적 체제를 지원하는 데 관여했다는 점을 명시했다. 이에 대해 미국 정부는 충돌이 기본적으로 과테말라인 사이에 발생한 것이었다는 주장을 고수했지만, 1999년 3월 과테말라를 방문한 빌 클린턴 대통령이 미국의 위법행위 개입에 대해 유감을 표명함으로써 중요한 선례를 남겼다.[36]

평화 협정 체결 전후 과테말라의 과거사 정리 과정이 보여주는 또 하나의 특징은 가톨릭교회의 적극적인 진상 규명 활동이었다. 엘살바도르나 온두라스와 대조적으로 과테말라의 가톨릭교회는 대중 차원의 기억의 정치를 확립하는 데 크게 기여했다. 무력 충돌 기간에 발생한 위법행위에 대한 최초의 광범위한 조사는 '역사적진실규명위원회'에 앞서 과테말라대주교구인권국(ODHAG)이 주도했다. 1990년에 창설된 이 기구는 1995년 조사 활동에 착수해 1998년 4월 24일에 보고서 『과테말라, 눈카마스!』를 발간했다. 이는 '역사적 기억의 회복 프로젝트(REMHI)'의 결과물로서 3년 동안 전국의 교구에서 수집된 증언 6천여 건을 근거로 삼았다. 그 보고서는 5만5천여 명의 희생자들과 2만5천 건 이상의 살인 사건을 기록했는데,

36 클린턴의 방문 이후 미국의 비정부기구 국가안보기록보관소는 미국 정부가 반란 진압작전에 한층 더 직접적으로 개입했다는 것을 보여주는 예전의 비밀문서들을 공개하고 1982년부터 1985년 사이에 실종된 182명에 관한 과테말라 군의 비밀 사건 서류를 공개했다. Sieder, "War, Peace, and Memory Politics in Central America," p. 179.

그중 약 80%는 과테말라 군이 자행했고, 9% 정도는 과테말라혁명연합의 책임으로 간주되었다.[37] 『과테말라, 눈카마스!』에 따르면, 촌락 파괴의 65%(415건)와 3만7천여 건에 이르는 대다수 살인과 실종 사건은 1981년 6월부터 1982년 12월까지 18개월(루카스 가르시아의 집권 말기 9개월과 리오스 몬트의 집권 초기 9개월) 동안 집중적으로 발생했다.[38] 원래 '역사적진실규명위원회'를 지원하기 위해 마련된 '역사적 기억의 회복 프로젝트'는 위법행위의 가해자가 누구인지 적시하고자 했다. 하지만 증언자들의 안전에 대한 우려 때문에 가해자 실명의 거론은 몇 가지 사례에 그쳤다.

## 2. '원주민들의 정체성과 권리에 관한 협정'

『과테말라, 침묵의 기억』은 마야 원주민들이 지속적으로 인종차별과 사회경제적 불평등을 겪어왔고, 사실상의 내부 식민지에 대한 이런 배제의 역사가 장기 내전의 핵심 요인이라는 점을 명시했다. 그러므로 학살의 주요 피해자인 원주민들을 실질적인 과테말라 국민으로 통합해야 하는 과

37 『과테말라, 침묵의 기억』에 따르면, 93%가 군부와 '암살단'의 위법 행위인 반면, 3%는 좌익 게릴라의 책임(4%는 미확인, 특정 정파와 경제 엘리트 분파 등으로 추정)으로 간주되었다. Anita Isaacs, "At War with the Past? The Politics of Truth Seeking in Guatemala," *The International Journal of Transitional Justice*, vol. 4, no. 2 (2010), p. 16.

38 REMHI(Recovery of Historical Memory Project), The Official Report of the Human Rights Office, Archdiocese of Guatemala(ODHAG), *Guatemala, Never Again!* (Maryknoll: Orbis Books, 1999), pp. 290~291, 307.

제의 실현이 시급할 수밖에 없었다. 1994년에 창설된 과테말라마야원주민조직(COPMAGUA) 같은 시민사회 단체들은 학살 현장과 집단 공동묘지를 발굴하고 학살 피해자들을 추모하는 기념비의 건립을 주도했다. 이런 활동은 생존자들이 종족과 언어의 벽을 넘어 새로운 지역 간 공동체를 형성하는 작업에 도움을 주었다. 여러 원주민 공동체에서 망자를 추모하는 지역 차원의 의례가 중요시되었고 동시에 마야의 문화적 상징에 대한 사회적 승인이 이루어지고 1995년 3월 31일에 체결된 '원주민들의 정체성과 권리에 관한 협정'에서 드러나듯 원칙적으로는 원주민의 정치와 사회 활동 참여가 장려되었다. 하지만 원주민 운동의 관점에서 볼 때, 이 협정은 원주민들이 지닌 전망의 완벽한 구현이 아니라 원주민들의 관심사를 더 발전시키는 발판으로 인식될 뿐이었다.[39]

평화 협정이 체결되기 전인 1992년 12월의 노벨평화상 수상 연설에서 리고베르타 멘추 툼이 밝혔듯이 과테말라인들은 1944년 10월부터 라틴아메리카에서 예외적으로 민주주의적 개혁의 시대를 경험했지만 10년 뒤부터 외세의 개입에 따른 치열한 내전에 휩싸이게 되었다. 냉전 대립이 고스란히 과테말라에 투영되어 무력 충돌과 정치적·사회경제적 종속을 심화시켰고 군부독재 체제의 폭력은 원주민들에게 집중적인 피해를 입혔다. 멘추는 노벨평화상 수여를 과테말라에서 인권 회복, 사회적 평등, 정의를 위해 싸우다 숨진 모든 이들에 대한 예우로 받아들이면서 당시 지속되고 있던 원주민에 대한 억압, 특히 원주민 청년들을 민간자위순찰대로 강제

39 Dictaan-Bang-oa and Medrana, "The Guatemala Peace Agreements of 1996," p. 116.

동원하고 다른 부족 원주민들을 탄압하는 데 이용하는 악의적 행위의 즉각적인 중단을 촉구한 바 있었다.[40]

한편 살해 위협 속에서도 과테말라의 법의학자와 인류학자들은 산악과 농촌 지역에서 내전기에 살해된 수백 구의 사체들을 발굴해냈다. 내전의 와중에 실종된 아이들에게 가족을 찾아주는 일도 본격화했다. 종족적 구분이 뚜렷한 과테말라 사회에서 이런 아래로부터의 기억의 재건 작업에 시민사회가 적극 참여한 것은 과테말라의 진실 규명 과정의 두드러진 특징으로 꼽을 수 있었다.[41] 특히 시민사회는 평화 협정 과정의 우선순위를 정하는 데 중요한 역할을 수행했다.[42] 또 국제 감시단원들의 후원에 힘입어 마야 원주민들은 내전기에 심각하게 훼손된 문화적 정체성을 회복하고 자율적으로 유지할 권리를 요구하게 되었다.

### 3. 면책(처벌면제) 관행의 철폐와 법치의 회복

광범위한 평화 협정은 과거사 정리뿐 아니라 탈군사화, 토지개혁을 비

---

40 Irwin Abrams, ed., *Nobel Lectures in Peace (1991~1995)* (Singapore and London: World Scientific Publishing Co., 1999), pp. 44~46 참조.

41 Rachel Sieder, "War, Peace, and the Politics of Memory in Guatemala," Nigel Biggar, ed., *Burying the Past: Making Peace and Doing Justice After Civil Conflict* (Expanded and Updated version) (Washington, D.C.: Georgetown University Press, 2003), p. 217.

42 Alessandro Preti, "Guatemala: Violence in Peacetime—A Critical Analysis of the Armed Conflict and the Peace Process," *Disasters*, vol. 26, no. 2 (2002), p. 116.

롯한 사회경제적 협정, 원주민들의 정체성과 권리에 관한 협정 등을 통해 과테말라의 변화를 이끌 수 있는 다양한 처방을 제시했다. 이런 처방은 불신과 두려움, 분열과 단절감, 양극화 등을 해소하는 데 기여하게 될 터였다. 하지만 아르수 정부는 군 개혁과 인권침해 혐의자들의 인적 청산을 요구한 '역사적진실규명위원회'의 권고를 적극 수용하지 않았다. '역사적진실규명위원회'는 또한 새로운 훈련 원칙과 군 정보기관의 개혁, 장교들의 경력을 조사하고 위법행위에 연루된 이들을 해임시킬 수 있는 공식 위원회의 구성과 권한을 요청했지만 받아들여지지 않았다. 정치·경제 엘리트들의 태도 역시 크게 변하지 않았고 1998년 4월 헤라르디 주교 암살과 같이 국제적인 주목을 끌었던 사례에서조차 위법행위에 대한 면책이 지속되는 듯했다.

사법부 개혁을 위한 여러 조치들이 평화 협정에 포함되어 있었지만 법적·제도적 개혁은 전반적으로 미진했다. 사법부는 협박과 부패, 정치화, 적절한 교육 이수 인재의 부족, 농촌 지역의 준비 부족 같은 만성적인 문제에 시달렸고 높은 범죄율과 사법부에 대한 대중의 신뢰 부족은 어려움을 가중시켰다.[43] 과테말라인들은 정부의 범죄 해결 역량에 대해 신뢰하지 못하면서 사적(私的) 제재에 나서기도 했다. 따라서 과테말라의 평화 수립과 정착을 위해서는 사법 제도의 공정성 확보가 급선무일 것이다.[44] 또 평화

43 *Susanne Jonas, "Democratization Through Peace: The Difficult Case of Guatemala," Journal of Interamerican Studies and World Affairs,* vol. 42, no. 4 (2000), p. 27.

44 Angela S. Godoy, "Lynchings and the Democratization of Terror in Postwar Guatemala: Implications for Human Rights," *Human Rights Quarterly*, vol. 24, no. 3 (2002), pp. 640~661; Christina Steenkamp, "In the Shadows of War and Peace: Making Sense of Violence after Peace Accords," *Conflict, Security and Develop-*

협정에 따라 군 규모와 예산의 감축이 이루어져야 했지만, 강력한 정치적 위상을 유지하는 군부의 권력 축소는 그리 쉽지 않았다. 1997년 1월 긴급하게 설립된 국립민간경찰(PNC)은 신규채용 인력을 적절히 심사하는 데 실패함으로써 그것이 악습과 부패, 금품 강요에 깊이 연루된 이들의 표면적인 재조직에 지나지 않는다는 비난을 샀다. 게다가 무력 충돌의 종식 이후 범죄가 늘자 경찰 업무에 군을 다시 투입하는 상황이 펼쳐진 탓에 군부의 영향력이 줄어들지 않을 것이라는 인식이 팽배해졌다. 다만 1995년 촌락의 치안을 관할하는 군 통제관의 폐지와 1997년 민간자위순찰대의 소집 해제 조치는 탈군사화에서 주목할 만한 진전이었다. 이들은 예전에 농촌 사회에 대한 군의 통제를 보장하는 핵심 기구였기 때문이다.

1998년 4월 26일 과테말라대주교구인권국의 후안 헤라르디(Juan Gerardi Conedera) 주교가 산세바스티안 사제관의 주차장에서 구타당하고 피살된 사건이 발생했다. 코스타리카에서 망명 생활을 하고 대주교구인권국의 창립을 주도한 그가 책임자로서 『과테말라, 눈카마스!』를 발표한 지 이틀 뒤에 벌어진 폭력 사건이었다. 헤라르디 주교가 강조했듯이 총 4권, 1400쪽에 이르는 그 보고서는 가톨릭교회의 사목(司牧) 활동이자 사회 선교의 일환으로서 진실 규명이 어렵지만 의심할 바 없이 건전하고 속박에서 벗어나게 해주는 행위이며 "동생을 죽인 카인에게 네가 무엇을 하였느냐 네 아우의 피가 땅으로부터 내게 울부짖고 있다고 한 야훼의 말씀에 따라 피해자들의 증언에 귀를 기울이는 것이 믿음의 행위"라고 역설했다. 『과테말라, 눈카마스!』는 내전기 폭력 행위의 80%가량이 군부를 비롯한

*ment*, vol. 11, no. 3 (2011), pp. 357~383.

정부 기구들의 책임으로 간주했다.

빗발치는 재조사 요구가 받아들여져 형식적인 조사에 그친 채 미궁에 빠질 뻔한 헤라르디 주교 피살 사건에 대한 특별검사의 수사와 재판이 개시되었고 결국 2001년 6월 8일에 리마 에스트라다 대령, 비론 리마 대위, 옵둘리오 비야누에바 선임 상사 등 전직 장교와 부사관 3명이 각각 징역 30년형을 선고받았다. 이는 과테말라 인권침해 사건과 관련해 고위 장교들에게 내려진 최초의 유죄 판결이었다. 하지만 이런 성과를 거두기 위해 큰 희생을 치러야 했다. 1999년부터 2001년까지 두 명의 헤라르디 사건의 특별검사인 셀빈 갈린도(Celvin Galindo)와 레오폴도 세이식(Leopoldo Zeissig)을 비롯한 관계자들과 적잖은 증인들이 살해 협박 탓에 망명을 떠났고, 남아 있던 3명의 증인들은 살해당했다. 미결인 채로 남아 있던 재판이 재개된 날 밤에 판사의 집에 수류탄이 투척되었고 원고 측 변호인들과 최종심의 검사 모두 살해 협박을 받기도 했다.[45]

난항을 겪었지만 일부 사건들에 대한 법적인 절차는 지속되었다. 2004년 코스타리카에서 열린 미주인권재판소는 1990년 9월 '암살단'에 의해 살해된 과테말라의 인류학자 미르나 막(Myrna Mack) 사건 소송에서 과테말라 정부의 유죄와 피해자에 대한 손해배상을 선고했다. 헤라르디 피살 사건의 가해자들에 대한 판결 역시 2005년 3월과 2006년 1월 각각 항소법원과 대법원에서 유죄가 선고되었다. 2006년 5월부터 진행된 피고인의 최종적인 변호, 즉 헌법 소원(amparo)은 2007년 4월 헌법재판소에 의해 기

45 Francisco Goldman, *The Art of Political Murder: Who Killed the Bishop?* (New York: Grove Press, 2007). pp. 388~389.

각되었다.[46] 이 과정에서 과테말라의 난민, 해외 이주민 단체들은 국제적인 인권 단체들과 협력해 과테말라 정부가 헤라르디 주교 피살 사건의 경위를 밝히지 않거나 잘못 처리하지 않도록 압력을 행사하곤 했다.[47]

시민사회 단체들은 줄곧 과거 위법 행위에 대한 공식 조사를 요청하고 일부는 '면책(처벌면제)반대연합'을 구성해 압력을 행사하는 등 『과테말라, 눈카마스!』가 출판되기 훨씬 전부터 진실 규명과 군부의 면책에 맞서 사법적 정의를 적극적으로 요구했다.[48] 예컨대 1995년 리고베르타 멘추 재단의 사례처럼 여러 경우에 시민사회 단체들은 흔히 정부의 과업으로 여겨지는 법적 보호와 범죄 조사의 업무를 보조했다. 『과테말라, 눈카마스!』가 출판된 뒤 인권단체들은 루카스 가르시아와 리오스 몬트를 포함한 고위군 장교들을 집단학살 혐의로 기소하도록 청원하기도 했다. 결국 2010년대에 접어들어 리오스 몬트 장군의 제노사이드 혐의에 대한 사법적 심판 절차가 뒤늦게 진행되었다.

---

46 Ibid., p. 390.

47 Jonas, *Of Centaurs and Doves*, p. 226.

48 이 주제에 관해서는 Krznaric, "Civil and Uncivil Actors in the Guatemalan Peace Process" 참조. 국제적인 비정부기구들이 이런 노력을 효과적으로 후원하고 미국에 거주하는 과테말라 출신 난민들이 시민사회회의에 대표를 파견하기도 했다. Jonas, *Of Centaurs and Doves*, p. 225, 232.

## VI. 나가며: 평화 정착을 위한 구조적 변화의 과제

20세기 후반 엘살바도르, 니카라과와 마찬가지로 과테말라는 정치적 대립, 폭력 행위, 치안의 불안, 사회경제적 불평등과 양극화의 유산 등의 어려움을 겪었고 이는 21세기 초에도 효과적인 통치와 평화 구축에 큰 걸림돌이 되었다. 평화 구축이 구조적인 불평등과 폭력의 담론에 도전함으로써 폭력적인 갈등의 뿌리에 대해 고민하고 사회 변화를 촉진하려는 장기적인 과정이라면, 그것은 레드러크가 정리하듯이 사회적 관계의 재설정에 주목하고 구조적인 폭력을 줄이기 위해서는 상호의존적인 개인적·상관적(相關的)·구조적·문화적 관점 등 다양한 수준의 변화를 수반해야 할 것이다.[49]

예컨대 엘살바도르의 평화 협상 과정에서 파라분도마르티민족해방전선의 주요 목표는 군부의 권력을 축소하면서 스스로 공식적인 정치 영역에 자리 잡는 것이었다. 파라분도마르티민족해방전선의 지도부는 진실 규명과 정의의 관철을 위한 요구가 평화 정착의 전체 과정을 어렵게 만들지 모른다고 판단해서 사면법을 통해 면책을 승인했고, 정치적 고려 탓에 과거 위법행위에 대한 사법적 처벌은 우선시되지 않았다. 파라분도마르티민

49 John Paul Lederach, *Building Peace: Sustainable Reconciliation in Divided Societies* (Washington, D.C.: US Institute of Peace Press, 1997), pp. 82~83; Cécile Mouly, "Peace Constituencies in Peacebuilding: The Mesas de Concertación in Guatemala," Michael Pugh, Neil Cooper and Mandy Turner, eds., *Whose Peace? Critical Perspectives on the Political Economy of Peacebuilding* (Basingstoke: Palgrave Macmillan, 2008), p. 306.

족해방전선으로부터 상대적으로 독립성이 부족한 시민사회 단체들의 저항은 단명했다. 그동안 엘살바도르 정부는 사법적 정의를 추진하거나 희생자들에게 보상을 제공하는 데 관심을 기울이지 않았다. 게릴라 세력이 평화 협정을 통해 정치적 지분을 확보하고 군부 권력의 축소를 추구한 엘살바도르에서 진실 규명과 이행기의 정의는 정치 엘리트들의 타협에 의해 결정되었고 그 문제들은 평화 협정 체결 이후 정치적 의제에서 사라지기 시작했다.

1996년 12월 과테말라의 평화 협정에서 언급된 평화는 최소한의 규정, 말하자면 "무력 충돌의 부재 상태"를 의미했다. 동시에 과테말라의 평화 협정은 엘살바도르의 평화안과 비교해볼 때, 1996년 5월 초에 체결한 사회경제적 쟁점, 즉 토지분배와 농업 현황에 대한 합의에서 드러나듯 경제 정책의 근본적인 변화를 요구하는 내용을 담고 있었다. 달리 말해 그것은 내전 종식이라는 당면한 목표를 훨씬 넘어서는 요소들을 포함했다. 관련 조항은 예컨대 정부가 2000년까지 8~9%의 기존 세율을 12%로 올려 세입을 늘릴 것과 농촌 발전을 위한 연간 공적 투자 프로그램이나 7~12세의 모든 아동에게 최소한 3년간의 초등교육을 제공할 것 등 오랫동안 유지해온 자유방임적 태도에서 벗어나 국민의 복지에 책임을 지는 방향으로 정부의 역할을 강화할 것을 주문했다. 이 때문에 과테말라 평화 협정의 포괄성과 광범위함이 오히려 민주화 과정의 진전과 협정의 이행, 평화의 실현에 얼마간 족쇄로 작용하지 않았느냐는 견해가 제기되기도 했다.[50]

이에 대해 좀 더 면밀히 생각할 필요가 있지만, 다른 한편에서는 협정

---

50 Seligson, "Democracy on Ice," p. 210.

의 내용 중 구조적인 변화를 모색하는 조항이 부족했으며 내전 종식 이후 신자유주의적 추세가 강화되면서 사회 복지 프로그램의 시행이 부진해지고 농촌에서 초국적인 농산업 기업이 차지하는 부분이 늘어났다는 진단이 내려졌다. 군 정보기관의 장악력에도 뚜렷한 변화가 없었고 2012년 민간인 시위대에 대한 학살에서 보듯이 강압의 위협이 다시 감지되는 등 1996년 12월 평화 협정을 여전히 변화의 기준과 근거로 볼 수 있을지 의구심이 증폭되었다.[51] 그런 의미에서 어떤 이는 과테말라, 나아가 중앙아메리카 평화 협정의 타결을 엘리트층의 승리인 동시에 대중·혁명 운동 세력의 패배로 인식하기도 한다.[52]

지속적인 평화의 정착은 구조적인 갈등의 요인과 성격, 기능에 대한 철저하고 엄격한 분석, 그에 입각한 중장기적 정책의 수립, 그리고 시민사회의 참여 확대를 통한 효과적인 해법 모색과 평화의 문화 확산[53] 등에 달려

51 Simon Granovsky-Larsen, "The Guatemalan Campesino Movement and the Postconflict Neoliberal State," *Latin American Perspectives*, vol. 44, no. 5 (2017), pp. 55~57. 평화 협정 이후 민주적인 국정 운영과 시장 경제로의 이행을 촉진하는 "신자유주의적 평화"가 득세했다는 견해에 대해서는 Ronnie Lipschutz and Susanne Jonas, "Beyond the Neoliberal Peace: From Conflict Resolution to Social Reconciliation," Special Issue of *Social Justice* (Winter, 1998), p. 14 참조.

52 Jonas, *Of Centaurs and Doves*, p. 222. 이와 관련해 1994년 중앙아메리카 난민에 관한 국제회의에서 유럽연합 대표로 활동한 알도 델라리키아의 결론, 즉 구조 조정 프로그램의 틀 내에서, 특히 '국가 현대화'의 과정에서 정부가 적극적인 책무를 감당할 수 없었다는 점, 결국 지역 내 불화와 갈등은 본질적으로 배타적인 경제 모델이 빚어낸 것이었다는 점을 떠올릴 만하다. Pearce, "From Civil War to 'Civil Society'," p. 611.

53 유네스코는 2000~2009년을 '평화의 문화의 해'로 선언하고 과테말라에서도 '평화의 문화 프로젝트'를 진행했다. 이는 평화의 문화, 민주주의와 시민 참여, 상호문화주의(interculturalism), 갈등 해결, 평화 협정, 인권과 법치 등 여러 주제들에 관한 소책자를 제작해 배포하는 사업이었다. 또 유네스코의 '평화의 문화 프로젝트'는

있을 것이다. 국제사회가 민주화, 자유 시장, 법치 등 보편적인 비결과 방안에 의거해 재건의 모델을 제시하고 정치적 참여자들에게 권한을 부여하거나 다양한 방식으로 후원할 수 있을지라도 궁극적인 해결책과 평화의 작동은 해당 사회 내부의 합의를 통해 도출되어야 할 것이다. 그런 점에서 과테말라 군이 애당초 과거 위법 행위에 대한 책임이 전혀 없다고 주장하면서 이를 논의하려는 과테말라혁명연합의 시도를 막았을 때, 가톨릭교회와 지역 인권단체들이 담당한 역할은 일반적으로 참고할 만한 모범 사례라 할 수 있다. 또 평화 협상의 과정에 시민사회 단체를 공식적으로 포함시킨 과테말라의 사례는 다른 경우와 비교해 특기할 만하다. 1994년 초 이래 유엔의 조사 활동과 협상의 조정자 역할에 힘입어 시민사회회의(ASC)에 참여한 과테말라의 시민사회 단체들은 정부 측 협상단과 과테말라혁명연합에게 다양한 쟁점을 토론하도록 제안할 수 있었고 평화의 조건을 정식화하는 데 효과적으로 기여했다. 그러므로 진실 규명 작업은 평화협정 체결과 '역사적진실규명위원회'의 합의로부터 도출된 정치적 성과였지만, 그 주요한 추진력이 다양하고 역동적이며 게릴라 단체로부터 독립적인 시민사회 운동과 지역의 풀뿌리 대중 조직에서 나왔다는 점에 주목해야 할 것이다.[54]

---

과테말라 교육부의 '국가 교육과정과 건전한 시민 양성'이라는 계획을 후원함으로써 과거에 정치적 양극화를 촉발한 상황, 반정부 운동에 대한 탄압, 평화 모색 과정, 다문화주의, 마약과 알코올의 위험성 등을 가르칠 수 있도록 했다. 엘리자베스 오글스비, "역사적 기억과 평화 교육의 한계-과테말라의 『침묵의 기억』과 커리큘럼 설계 정책에 대한 고찰," 엘리자베스 콜 엮음, 김원중 옮김, 『과거사 청산과 역사교육-아픈 과거를 어떻게 가르칠 것인가』(동북아역사재단, 2010), p. 346, 362.

54 *Reilly, Peace-Building and Development in Guatemala and Northern Ireland,*

장기 내전을 겪은 과테말라와 다른 중앙아메리카 국가들에서 평화는 무엇보다 폭력 행위가 중지된 상태를 의미했지만 1996년 12월 과테말라의 평화 협정이 공식 명칭대로 '확고하고 지속적인' 현실로 정착하기 위해서는 오랜 세월 동안 갈등을 초래하고 분열을 지속시킨 민감한 내부적 요인들의 규명이 전제되어야 할 것이다. 과거사의 진실 규명과 평화의 정착을 위해 필수적인 구조적 변화는 과테말라를 비롯한 중앙아메리카 지역의 지속적인 탈군사화와 빈곤의 근절을 보증하는 공공 안전(치안) 전략 수립, 참여 민주주의를 뒷받침할 과정과 제도의 강화, 누진과세와 균등한 토지 재분배를 통한 좀 더 공평한 자원 활용, 원주민 권리에 대한 효과적인 지지와 승인에 바탕을 둔 다문화적 환경의 확립과 교육 수준의 제고 등으로 요약할 수 있을 것이다.[55]

평화 정착의 험로를 웅변하는 과테말라의 사례를 통해 평화 정착의 핵심적 조건에 대해 다시 살펴볼 수 있다. 평화 협정 체결은 위대한 결단의 산물이었지만, 평화 정착과 지속적이고 의미 있는 민주화로 향하는 길에는 국가와 시민사회의 실질적인 탈군사화와 냉전적 사고방식의 탈피, 불평등의 감소를 위한 사회경제적 개혁 등 적잖은 과제가 놓여있다. 익숙한 불신과 두려움에 맞서는 담대한 도전과 필요한 과제의 성실한 이행만이 결국 평화의 실현을 조금씩 앞당길 수 있을 것이다.

p. 118, 120.

55 Preti, "Guatemala: Violence in Peacetime," p. 116.

## 참고문헌


### 1. 국문 단행본

권헌익 지음, 이한중 옮김.『또 하나의 냉전: 인류학으로 본 냉전의 역사』. 민음사, 2013.

마이클 하워드 지음, 안두환 옮김.『평화의 발명: 전쟁과 국제 질서에 대한 성찰』. 전통과현대, 2002.

빌헬름 얀센 지음, 한림대학교 한림과학원 기획, 한상희 옮김.『코젤렉의 개념사 사전 5: 평화 (Friede)』. 푸른역사, 2010.

엘리자베스 콜 엮음, 김원중 옮김.『과거사 청산과 역사교육—아픈 과거를 어떻게 가르칠 것인가』. 동북아역사재단, 2010.

최호근.『제노사이드: 학살과 은폐의 역사』. 책세상, 2005.

### 2. 국문 논문

권헌익. "냉전의 다양한 모습."『역사비평』제105호 (2013), pp. 221~235.

### 3. 영문 단행본

Abrams, Irwin, ed., *Nobel Lectures in Peace (1991-1995)* Singapore and London: World Scientific Publishing Co., 1999.

Dictaan—Bang—oa, Eleanor and Jack G. L. Medrana. "The Guatemala Peace Agreements of 1996: A Case Study," in Chandra K. Roy et als., eds., *Beyond the Silencing of the Guns*, Baguio City, Philippines: Tebtebba Foundation, 2004, pp. 106~126.

Frängsmyr, Tore and Irwin Abrams, eds., *Nobel Lectures in Peace (1981-1990)*. Singapore and London: World Scientific Publishing Co., 1997.

Galtung, Johan. *Peace by Peaceful Means: Peace and Conflict, Development and Civilization*. Oslo: International Peace Research Institute, 1996.

Goldman, Francisco. *The Art of Political Murder: Who Killed the Bishop?* New York: Grove Press, 2007.

Halliday, Fred. The *Making of the Second Cold War*. London: Verso, 1983.

Jonas, Susanne. *Of Centaurs and Doves: Guatemala's Peace Process*. Boulder and Oxford: Westview Press, 2000.

Lederach, John Paul. *Building Peace: Sustainable Reconciliation in Divided Societies*. Washington, D.C.: US Institute of Peace Press, 1997.

Mouly, Cécile. "Peace Constituencies in Peacebuilding: The Mesas de Concertación in Guatemala," in Michael Pugh, Neil Cooper, and Mandy Turner, eds., *Whose Peace? Critical Perspectives on the Political Economy of Peacebuilding*. Basingstoke: Palgrave Macmillan, 2008, pp. 302~317.

Oficina de Servicios para Proyectos de las Naciones Unidas(UNOPS). *Guatemala, Memoria del Silencio, Conclusiones y Recomendaciones*. Guatemala: UNOPS, 1999.

Reilly, Charles A. *Peace-Building and Development in Guatemala and Northern Ireland*. London and New York: Palgrave Macmillan, 2009.

REMHI(Recovery of Historical Memory Project), The Official Report of the Human Rights Office, Archdiocese of Guatemala(ODHAG). *Guatemala, Never Again!* Maryknoll: Orbis Books, 1999.

Seligson, Mitchell A. "Democracy on Ice: The Multiple Challenges of Guatemala's Peace Process," in Frances Hagopian and Scott P. Mainwaring, eds., *The Third Wave of Democracy in Latin America: Advances and Setbacks.* Cambridge: Cambridge University Press, 2005, pp. 202~231.

Short, Nicola. *The International Politics of Post-Conflict Reconstruction in Guatemala*. Basingstoke: Palgrave Macmillan, 2007.

Sieder, Rachel. "War, Peace, and Memory Politics in Central America," in Alexandra Barahana de Brito, Carmen Gonzàlez–Enríquez, and Paloma Aguilar, eds., The Politics of Memory: Transitional Justice in Democratizing Societies. New York and Oxford: Oxford University Press, 2001, pp. 161~189.

________________. "War, Peace, and the Politics of Memory in Guatemala," in Nigel Biggar, ed., Burying the Past: Making Peace and Doing Justice After Civil Conflict. Washington, D.C.: Georgetown University Press, 2003, pp. 209~231.

4. 영문 논문

Bagley, Bruce Michael. "Contadora: The Failure of Diplomacy." *Journal of Interamerican Studies and World Affairs*, vol. 28, no. 3 (1986), pp. 1~32.

Godoy, Angela S. "Lynchings and the Democratization of Terror in Postwar Guatemala: Implications for Human Rights." *Human Rights Quarterly*, vol. 24, no. 3 (2002), pp. 640~661.

Granovsky–Larsen, Simon. "The Guatemalan Campesino Movement and the Postconflict Neoliberal State." *Latin American Perspectives*, vol. 44, no. 5 (2017), pp. 53~73.

Isaacs, Anita. "At War with the Past? The Politics of Truth Seeking in Guatemala." *The International Journal of Transitional Justice*, vol. 4, no. 2 (2010), pp. 1~24.

*Jonas, Susanne, "Democratization Through Peace: The Difficult Case of Guatemala," Journal of Interamerican Studies and World Affairs,* vol. 42, no. 4 (2000), pp. 9~38.

Krznaric, Roman. "Civil and Uncivil Actors in the Guatemalan Peace Process." *Bulletin of Latin American Research*, vol. 18, no. 1 (1999), pp. 1~16.

Pearce, Jenny. "From Civil War to 'Civil Society': Has the End of the Cold War Brought Peace to Central America?" *International Affairs*, vol. 74, no. 3 (1998), pp. 587~615.

Popkin, Margaret. "Guatemala's National Reconciliation Law: Combating Impunity or Continuing It?" *Revista Instituto Interamericano de Derechos Humanos*, vol. 24 (1996), p. 173.

Preti, Alessandro. "Guatemala: Violence in Peacetime—A Critical Analysis of the Armed Conflict and the Peace Process." *Disasters*, vol. 26, no. 2 (2002), pp. 99~119.

Scott, James Brown. "The Central American Peace Conference of 1907." *The American Journal of International Law*, vol. 2, no. 1 (1908), pp. 121~143.

Steenkamp, Christina. "In the Shadows of War and Peace: Making Sense of Violence after Peace Accords." *Conflict, Security and Development*, vol. 11, no. 3 (2011), pp. 357~383.

5. 인터넷 자료

Francisco Goldman, "In Guatemala, All is Forgotten," *The New York Times* (online), Dec. 23, 1996;

https://www.nytimes.com/1996/12/23/opinion/in-guatemala-all-is-forgotten.html

"Guatemala: Agreement on a Firm and Lasting Peace"(December 29, 1996) ; https://peacemaker.un.org/guatemala-firmlastingpeace96

"Gobierno y URNG firman la paz en 1996," *Prensalibre* (online), 29 December 2016; https://www.prensalibre.com/hemeroteca/gobierno-y-urng-firman-la-paz-en-1996/

https://nsarchive2.gwu.edu/NSAEBB/NSAEBB11/docs/

# 10장 남아프리카공화국 차별과 갈등에서 화해와 공존으로: 남아프리카공화국 평화개념의 역사적 맥락화

김광수

## Ⅰ. 들어가는 말

11개 공식어가 사용되고 있는 남아프리카공화국(이하 남아공)에서 '평화'라는 단어는 여러 가지로 표현되고 있지만, 그 의미는 우리가 알고 있는 것과 크게 다르지 않다. 남아프리카공화국(이하 남아공)은 11개의 공식어가 사용되고 있고 이에 따라 '평화'라는 단어도 각각 다르다. 아프리칸스어로는 '페르더(vrede)', 북부 소토어(페디어)로는 '쿠초(khutšo)', 소토어로는

'크고초(kgotso)', 츠와나어로는 '카기소(kagiso)', 코사어로는 '우콜로(uxolo)', 줄루어로는 '우쿠툴라(ukuthula)'라고 한다.[1] 그러나 남아공의 평화개념은 역사적 상황에 따라 다르게 이해되었다. 평화개념은 백인의 이주와 정착 그리고 백인 소수의 아파르트헤이트(Apartheid: '차별', '분리'의 의미) 인종차별정책을 통해 인종 간 우열의식으로 표출되었고 아파르트헤이트의 철폐 이후에는 공존과 화해의 개념으로 변해왔다. 남아공 역사에서 인종의 우열이라는 악마적인 개념은 남아공뿐만 아니라 남부 아프리카 역사에서 평화에 대한 많은 문제를 초래하는 결과를 가져왔다. 3번에 걸친 남아공의 노벨 평화상 수상[2]은 인종갈등과 차별에 대한 남아공의 독특한 평화개념에 대한 역사적 사실을 잘 보여주고 있다고 할 수 있다.

역사적으로 남아공 백인 정부는 인종적 자본주의 체제에서 백인 지배세력이 흑인을 비롯한 유색인종의 피지배 세력들을 착취하거나 고통을 지속해서 일으키는 법과 제도, 그리고 이데올로기 등 구조적 틀을 구축하였

---

1 Reader's Digest, 1996. *South African Multi-Language Dictionary and Phrase Book* (Cape Town: The Reader's Digest Association South African (Pty) Limited, 1996), p. 106.

2 앨버트 루툴리(Albert Lutuli)는 아프리카민족회의(ANC) 의장으로 반아파르트헤이트(anti-Apartheid) 운동을 주도하며 비폭력·불복종 운동으로 인종 차별에 맞서 싸운 공로로 1960년 노벨 평화상을 수상했다. 그는 노벨 평화상을 받은 아프리카 최초의 흑인이 되었다. 데스몬드 투투(Desmond Mpilo Tutu)는 케이프타운 성공회 대주교이며 진실과화해위원회(Truth and Reconciliation Commission: TRC) 의장으로 반아파르트헤이트 및 인권운동을 한 공로로 1984년 노벨 평화상을 수상했다. 그는 특히 인종 차별의 상처를 화해와 공존으로 치유했다는 평가를 받고 있다. 1993년에는 넬슨 만델라(Nelson Rolihlahla Mandela)와 드 클레르크(Frederik Willem de Klerk)가 인종차별정책인 아파르트헤이트를 철폐한 공로로 노벨 평화상을 공동으로 수상했다.

다. 이는 인간의 존엄성이나 천부적인 인권보다 인종적 욕망을 달성하기 위한 폭력이었다. 당연히 이러한 폭력에 저항하는 흑인의 폭력이 발생하였으며 전자가 착취적 폭력이라면, 후자는 저항적 폭력이었다고 말할 수 있다.

'역사적으로 남아공만이 갖는 독특한 평화의 개념은 무엇인가?'라는 질문에 대해 남아공의 평화개념은 역사적 상황에 따라 변화하며 맥락화하였다고 말할 수 있다. 남아공에서 '평화'는 백인에 의한 인종 간 우열을 바탕으로 한 인종차별정책, 흑인과 유색인에 의한 인종집단의 동등한 권리와 인종차별정책의 폐지를 향한 투쟁, 그리고 흑인과 백인의 화해와 공존을 향한 노력으로 설명할 수 있다.

남아공 평화개념에 대한 맥락화는 크게 세 개의 시기로 나누어 고찰할 수 있다. 첫 번째 시기는 백인의 이주가 시작된 1652년부터 1948년 사이로 백인에 의해 인종 간 우열과 차별이 평화의 개념으로 인식된 시기였다. 네덜란드계와 영국계로 나누어진 백인 이주민은 1902년 앵글로-보어 전쟁(Anglo-Boer War: 1899~1902)[3] 이후 원주민인 흑인의 권리를 완전히 배제하고 이주민인 백인이 지배하고 통치하는 체제를 구축하였다. 두 번째 시기

3 앵글로-보어 전쟁은 남아프리카전쟁(South African War)으로도 알려져 있으며 아프리카너 민족주의자들은 트란스발 전쟁(Transvaal War: 1880~1881)에 이어 제2의 독립전쟁으로 생각한다. 이 전쟁의 원인은 남부 아프리카에 대한 영국의 팍스브리타니카(Pax Britannica) 식민정책 때문이었다. 1902년 5월 전후 처리를 위해 페르이어너헝(Vereeniging) 조약을 맺었다. 표면적으로 영국의 승리로 제국주의 식민정책은 성공했지만, 지속해서 영국의 이익을 보장하는 것은 어려웠다. 더 중요한 것은 흑인은 정치적 권리 및 경제적 기회에 대한 그 어떠한 보장도 받지 못했고 주인에서 노예로 전락했다는 것이다.

는 1948년부터 1990년까지로 인종차별정책의 법제화를 통한 평화개념의 고착화와 인종 간 동등한 권리를 향한 저항이 평화개념으로 표출되었다고 할 수 있다. 1948년 백인 아프리카너(Afrikaner)가 주도하는 국민당(National Party: NP) 정부가 들어선 이후 아프리카너 민족주의에 바탕을 둔 아파르트헤이트를 실시하여 법으로 인종 간 우열과 차별을 고착화하였다. 백인이 주장하는 인종 차별에 관한 평화개념에 대해 흑인들은 강하게 저항하였고 아파르트헤이트 정책이 무너지는 과정에서 인종 간 동등한 권리에 바탕을 둔 새로운 평화개념이 제시되었다. 세 번째 시기는 1990년대 이후 아파르트헤이트가 철폐되면서 평화의 개념이 인종 간 화해와 공존으로 모색하며 맥락화된 시기였다. 이 시기에 남아공은 국민·국가통합을 통한 국가건설이라는 측면에서 우분투(Ubuntu) 정신을 바탕으로 진실과 화해위원회(Truth and Reconciliation Commission: TRC, 이하 TRC)를 발족시켜 남아공이 추구해야 할 평화개념을 제시하였다.

## Ⅱ. 첫 번째 시기(1652~1948)의 평화개념: 백인에 의한 인종 간 우열의식과 흑인의 배제

남아공이 인종갈등을 겪게 된 것은 인종 우월주의를 주장한 백인의 이주와 정착의 역사에서 시작되었으며 영국계와 네덜란드계로 나누어진 백인 간의 경쟁 때문에 더 심화하였다. 이로 인해 이 시기의 평화개념은 백인과 흑인 및 비백인으로 나누어진 인종 간 우열과 힘에 의한 지배 및 피지배 관계를 합리화하고 정당화하는 방향으로 점철되었다.

남아공에 정착한 최초의 백인은 1652년에 들어온 네덜란드인들이었다. 이후 1688년에 프랑스의 위그노 교도들이, 1820년에는 영국인들이, 마지막으로 독일인들이 이주하였다. 그 외에 소수의 백인 인종집단으로 유대인, 포르투갈인 그리스인, 이탈리아인, 그리고 '로디지아 백인(Rhodesian Whites)'으로 불리는 짐바브웨 출신의 영국계 백인들이 유입되었다. 이렇게 유입된 유럽계 백인들은 인종적으로, 문화적으로 다양한 배경을 갖고 있었는데 아프리칸스어를 사용하는 백인(Afrikaner speakers: 주로 네덜란드, 독일, 그리고 프랑스 출신)과 영어를 사용하는 영국계 백인(English speakers)으로 나뉘게 되었다. 영국계 이외의 대다수 백인을 '아프리카너(Afrikaner)' 또는 '아프리칸더(Afrikander)'라고 불렀는데 '아프리카너'라는 호칭이 더 광범위하게 사용되었다. '아프리카너'라는 단어는 '농부'를 뜻하는 '보어(Boer)인', '케이프(The Cape)인' 또는 '케이프 네덜란드(Cape Dutch)인'으로도 불렸다. '아프리카너'라는 용어는 20세기 전에는 '남아공에서 태어난 원주민(native of South Africa) 백인'이라는 의미로 사용되었고, 20세기에는 '아프리칸스어를 사용하는 사람'을 지칭하였다.[4]

아프리카너의 민족 정체성은 17세기부터 시작된 네덜란드계 백인들의 이주 이후 여러 세기 동안 역사적 사건을 통해 형성되었다. 영국의 식민지배를 벗어나 아프리카너의 생존을 도모했던 대이주(Great Trek : 1835~1840

4 C. Saunders, C. and N. Southey, *A Dictionary of South African History* (Cape Town: David Philip, 1988), p. 9.

년대 초)[5], 트란스발 전쟁(Transvaal War: 1880~1881)[6] 그리고 앵글로–보어전쟁 같은 사건들은 아프리카너 민족주의를 강화하고 정체성을 확고히 하는 사건들이었다. 1948년 강력한 아프리카너 민족주의자인 말란(D. F. Malan)이 이끄는 국민당이 정권을 잡음으로써 그동안 점진적으로 실시되었던 인종차별정책이 아파르트헤이트라는 법으로 완성되어 출현하게 된다. 또한, 아프리카너는 1830년대에 영국의 통치를 벗어나 대이주를 하는 과정에서 네덜란드 개혁교회(Dutch Reformed Church)와 아프리칸스어(Afrikaans language) 확립을 통해 자신들의 정체성을 확고히 했다.[7]

---

5 1830년대 후반 아프리카너 농부들이 케이프에서 남부 아프리카 내륙지역으로 이주하여 정착한 사건을 말한다. 1836년 첫 번째의 대규모로 조직된 '대이주' 집단이 동부 케이프를 출발했다. 피트 레티프(Piet Retief), 안드레스 프레토리우스(Andres Pretorius), 루이스 트리차트(Louis Trichardt)와 같은 대이주 지도자들과 그들을 따르는 약 14000여 명이 케이프를 떠났는데, 이 인원은 케이프 아프리카너 인구의 1/10에 해당했다. 이들은 케이프를 점령한 영국에 대해 큰 반감을 갖고 있었으며 영국의 통제로부터 벗어나, 자유로운 정부와 국가를 건설하고 그들의 이상을 실현할 수 있는 새로운 삶의 터전을 원했다. 대이주는 아프리카너 역사에서 핵심적인 사건으로 아프리카너 민족주의와 정체성을 형성했다고 볼 수 있다. 김윤진·김광수, 『남아프리카사』(서울: 다해, 2013), pp. 111−115.

6 1880~1881년 사이에 벌어진 앵글로−트란스발 전쟁(Anglo−Transvaal War)은 영국과 아프리카너 사이에 처음으로 벌어진 전쟁이기 때문에, 제1차 앵글로−보어 전쟁 또는 제1차 남아프리카전쟁이라고 하며 트란스발공화국의 독립전쟁으로도 잘 알려져 있다. 영국이 트란스발을 합병하겠다는 발표에 반발하여 전쟁이 발발하였으며 아프리카너는 1881년 2월 마주바(Majuba) 언덕에서 대승을 거두었다. 1881년 프레토리아 회담(The Convention of Pretoria)에서 영국의 합병이 철회되고 '완전한 자치'가 주어졌을 때 아프리카너 민족주의는 최고조에 이르렀다. C. N. Van der Merwe, *Breaking Barriers: Stereotypes and the Changing of Values in Afrikaans Writing 1875-1990* (Amsterdam: Rodopi B.V., 1994), pp. 3~5.

7 P. Kruger, "The Rise of Afrikanerdom," in L. Louw and F. Kendall, eds., *South Africa: The Solution* (Ciskei: AMAGIPUBLICATIONS(PVT)LTD, 1987), pp. 23~24.

백인 이주민들은 선교사들이 주장하는 '평등, 박애, 자유'의 원칙을 지지하였으나, 이러한 원칙들은 백인 아프리카너와 유럽 이주민에게만 적용된다고 보았다. 그들은 이러한 원칙이 흑인 원주민들이나 칼라드까지 적용할 수 없다고 보았다. 천하고 힘든 일은 신에게 선택받은 민족인 백인이 아니라 흑인이 해야 한다고 생각했다. 백인 이주자들은 '흑인은 나무를 자르고 물을 긷는 사람으로서만 가치가 있다.'라고 주장했는데 이 말은 백인들의 선민의식과 원주민인 흑인을 멸시하는 태도를 잘 보여주는 것이다. 백인 이주자들은 이러한 백인과 흑인의 관계가 유지되는 것이 바로 '평화'라고 생각했다.

아프리카너는 백인은 우월하므로 원주민인 흑인을 지배할 수 있으며 이러한 관계를 유지하는 것이 곧 '평화'라고 생각했다. 백인들은 우월하고 선택받았다는 선민의식을 갖고 있었고 이러한 인종차별의식 위에 평화개념을 정립했기 때문에 결국 아파르트헤이트 인종차별정책이 법으로 정해지게 되었다.

남아공 역사에서 네덜란드계와 영국계 백인의 분열은 피할 수 없는 운명이었다. 영국은 먼저 이주하여 정착한 네덜란드계 이주민들을 정복하고 영국의 언어와 문화를 강요했다. 그 결과 대이주가 일어나게 되었으며 백인의 분열과 대립은 결과적으로 원주민에 대한 인종적 차별과 분리를 합리화하고 용인하는 결과를 가져왔다.[8]

8 J. H. Coetzee, "Formative Factors in the Origins and Growth of Afrikaner Ethnicity," in B.M. Du Toit, ed., *Ethnicity in Modern Africa* (Boulder: Westview Press, 1978), p. 240.

1834년부터 영국의 식민지배에 반발하여 케이프에서부터 아프리카너의 대이주가 일어났는데 이 사건으로 아프리카너 민족주의는 더욱 강력하게 결속되는 계기가 되었다. 개척자(*Voortrekkers*, 아프리칸스어로 '앞서간 여행자', '개척자'라는 뜻임.)들은 자유와 독립을 원했으며 자신들의 믿음과 신념을 실천하려는 의지를 갖고 있었다. 아프리카너는 대이주 결과 1852년 트란스발(Transvaal)과 1854년 오렌지자유국(Orange Free State)을 건설했다. 남아공의 대표적인 역사학자인 판 야르스펠트(Van Jaarsveld)는 대이주를 통해 진정한 아프리카너 국가가 탄생했으며 아프리카너 정체성과 민족주의를 형성한 시기라고 주장한다. 영국의 지배와 간섭으로부터 벗어나 자신들의 언어와 종교, 도덕, 그리고 역사와 전통을 고수하고 발전시키기 위해 대이주를 하였으며 이러한 아프리카너 국가관은 지금까지 이어지고 있다는 것이다.[9]

아프리카너 민족주의와 영국 제국주의 갈등은 1902년 5월 아프리카너의 패배로 끝나게 된 앵글로–보어전쟁으로 그 정점에 다다랐다. 영국의 침략에 저항한 앵글로–보어전쟁은 아프리카너 민족주의를 더욱 강화하였으며 아파르트헤이트 인종차별정책을 통한 미래의 '아프리카너 공화국'을 건설하는 원동력이 되었다. 아프리카너들은 기독교 정신과 선민사상으로 굳게 무장되어 있었는데, 아프리카너는 자신들의 언어인 아프리칸스어와 삶의 철학, 고유의 역사와 전통, 그리고 운명을 지닌 선택된 민족으로서 신이

9 Floris Albertus and Van Jaarsveld, *The Awakening of Afrikaner Nationalism: 1868~1881* (Cape Town: Human & Rousseau, 1961), pp. 110~111.

창조하였다고 생각하였다.[10]

그러나 앵글로-보어전쟁이 끝난 후 열린 페르이어너힝(Vereeniging) 평화 회의는 원주민인 흑인에게는 돌이킬 수 없는 영향을 주었다. 영국은 앵글로-보어전쟁 이전까지 원주민인 흑인의 자유와 권리를 명목상으로나마 보호하려는 의지가 있었으나 전후 처리 과정에서 아프리카너의 주장에 따라 흑인에 대한 보호를 완전히 포기하였다. 이후 남아공의 평화개념은 아프리카너의 지배와 통치를 정당화하고 인종 간 차별을 고착화하는 방향으로 나아가게 되었다. 이로 인해 원래 주인이었던 흑인은 모든 권리를 잃어버리고 노예로 전락했으며 오히려 이주하여 정착한 백인이 정치적 주도권과 함께 주인으로서 지배하게 되었다.

## III. 두 번째 시기(1948~1990)의 평화개념: 백인의 인종차별 정책 시행과 인종 간 동등한 권리를 향한 흑인의 저항

두 번째 시기의 평화를 보면 백인의 입장은 인종적 이데올로기에 근거한 인종 간 우열과 이에 따른 법적, 제도적 장치의 유지였으며, 흑인의 입장은 인종 간 동등한 평등과 권리를 위한 인종차별정책의 폐지를 향한 저항으로 귀결되었다.

10 H. Giliomee, "The Beginnings of Afrikaner Nationalism, 1870~1915," *South African Historical Journal,* vol. 19 (1987), pp. 139~140.

## 1. 백인의 아파르트헤이트 인종차별정책에 나타난 평화개념

국민당은 1948년 선거 당시 인종 문제에 대해 아파르트헤이트 정책을 미래의 확고한 정치 노선으로 채택하였다. 아파르트헤이트 개념은 1930년대 아프리카너 지식인들에 의해 제시된 것으로 제2차 세계대전 기간에 아프리카너 학자들이 더욱 구체화했다. 아파르트헤이트의 이론은 아프리카너 브루더본트(Afrikaner Broederbond)[11]와 아프리카너 민족주의 이념에 공헌한 네덜란드 개혁교회의 영향을 받았다. 아프리카너가 중심이 된 이 교회는 구약을 신봉하였고 자신들은 '신에게 선택받은 자들'로 보았고 신의 예정설을 믿었다. 자신들은 태어날 때부터 우월한 인종이었고 자신들의 임무는 백인 문명을 유지하는 것이라고 굳게 믿고 있었다.

또한, 아프리카너가 추진한 아파르트헤이트 인종차별정책은 제2차 세계대전 당시 독일의 나치즘이 주장한 사이비 인종주의의 영향도 받았다. 아파르트헤이트 정책이 나오게 된 배경은 모든 민족은 자신의 고유한 문화적 정체성을 가지고 신이 부여한 운명에 따라 살아가야 한다는 것이다. 개개의 인종집단은 자신의 잠재력을 발휘하기 위해 혈통적으로 순수하게 유지되어야 하며 자신의 정체성에 따라 자유롭게 발전해야 한다고 주장했다. 따라서 모든 인종 간의 결합을 포함해 인종 사이의 과도한 접촉은

11 아프리카너 형제동맹(League of Afrikaner Brothers)으로 해석된다. 이 조직은 오랫동안 아프리카너 민족주의를 추구하던 매우 영향력 있는 비밀 단체로서, 아프리카너 공화국 운동이 퍼지던 1919년에 설립되었다. 이 단체는 정치, 경제, 문화 등 여러 분야에서 우월적인 아프리카너의 통치와 지배를 유지하고 국민당의 정책 노선을 지지하였다.

각 인종의 내부 잠재력을 파괴하고 부정하게 만들 수 있다는 것이다. 인종적 혼합에 대한 두려움과 인종의 순수성을 지키려는 백인들의 사고는 아파르트헤이트의 핵심적인 내용이 되었다. 1929년 아프리카너 브루더본트가 설립한 아프리칸스 문화조직연맹(Federasie van Afrikaanse Kultuurverenigings: FAK)이 주도한 1944년 '국민회의(*Volkskongres*)'에서 크론예(Geoffrey Cronje) 교수는 인종적 혼합이 인종의 퇴화를 가져온다고 주장했다. 대표적인 아프리카너 시인 뒤 투아(J. D. du Toit)은 인종의 분리는 신의 의지이며 인종적 혼합은 신의 의지에 전적으로 반대하는 것이라고 주장했다. 이러한 주장에 따라 이루어진 육체적, 사회적 분리는 백인들의 순수성을 지켜줄 뿐 아니라 흑인들을 자유롭게 할 수 있다고 주장했다. 흑인은 백인의 문화적 독점에서 벗어날 수 있고 자신의 의지에 따라 문화적, 정치적 발전을 이룩할 수 있다고 주장했다. 그러나 이러한 주장은 결국 토지와 자원의 약탈과 차별적인 분배 그리고 인종 간 차별을 가져오게 한 결정적인 요인이 되었다.[12]

1948년 국민당은 선거에서 승리하였고 아파르트헤이트 정책을 본격적으로 실시하였다. 아파르트헤이트 정책은 남아공의 인구가 다양한 인종적 '집단(volke: 아프리칸스어 'volk'의 복수형. 'volk'는 '국민', '사람'이라는 뜻임)'으로 구성되어 있고, 따라서 가능한 한 영토적으로, 정치적으로 그리고 사회적으로 분리되어야 한다는 이론에 근거를 두고 있다. 모든 '*volk*'는 그들 자신만의 모든 것을 유지, 발전시킬 수 있는 권리가 있다는 논리였는데 결과적으로 아파르트헤이트는 다른 인종집단에 대한 차별을 의미하는 것이

12 김윤진·김광수,『남아프리카사』(서울: 다해, 2013), p. 293.

었다.[13] 아프리카너 민족주의자가 중심이 된 국민당 정부는 세 가지 중요한 정책을 추진했다. (1) 아파르트헤이트 인종차별정책의 시행, (2) 아프리카너의 우월적 지배, (3) 아프리카너 공화국의 건설이었다. 이에 따라 아파르트헤이트 법은 백인들의 우월적 지위와 백인 사회의 정체성을 유지하도록 고안되었다.[14] 아프리카너가 생각한 평화개념은 인종 간 우열에 따른 배타적인 아프리카너 민족주의를 유지하는 것이었다.

아파르트헤이트 정책이 시행된 시기에 인종과 계급 차이는 일치했다. 상류층의 계급은 주로 백인들로, 노동자 계급은 흑인들과 칼라드로 구성되었다. 급진적 남아공 역사학파인 네오-마르크스주의자 학파는 계급을 분석하는 데 초점을 두었다. 슐라 마르크스(Shula Marks), 스텐리 트레피도(Stanely Trapido), 마틴 래가식(Martin Legassick) 등의 대표적인 학자들은 식민지 지배를 받았던 남아공의 역사를 토착민들에 대한 정복, 박탈, 무산계급화로 간주했다. 특히 그들은 19세기 말 금과 다이아몬드의 발견 이후부터 남아프리카 경제의 상업적 농업, 광업, 그리고 산업부문에서의 자본주의자들의 발전을 연구했고, 남아공에서 인종과 계급 차이가 일치한다는 결론을 내놓았다. 20세기에 남아공 백인 자본주의자와 흑인 노동자는 서로 경제적, 정치적 권력을 차지하기 위한 치열한 경쟁자였다. 백인은 주로 상공업에 종사했고 백인 중에는 부르주아 계급이 출현하였다. 백인 노동자는 흑인 노동자보다 특권을 누렸고 그들의 직업 안정도와 삶의 질은

---

13 J. Degenaar, *Afrikaner Nationalism* (Rondebosch: University of Cape Town, 1978), p. 33.

14 C. J. Jooste, "Partition as a Constitutional Option" in D.J. Van Vuuren et al. eds., *South Africa in the Nineties* (Pretoria: HSRC Publishers, 1991), p. 232.

차별적인 노동법으로 보호되었다.[15]

〈표 10-1〉 아파르트헤이트 법안

| 년도 | 법안 | 구분 | 내용 |
|---|---|---|---|
| 1913 | 원주민토지법<br>(Natives Land Act) | 토지 및 지리적 차별 | 흑인의 토지 소유를 남아공 토지의 8%로 제한. |
| 1936 | 원주민신뢰와 토지법<br>(Native Trust and Land Act) | 토지 및 지리적 차별 | 남아공의 전체 토지 중 불모지나 다름없는 13%로 소유 제한. |
| 1927<br>1950<br>1957 | 부도덕법<br>(Immorality Act) | 인종 분리 및 차별 | 백인과 흑인 간의 성적접촉 금지. |
| 1949 | 혼합결혼 금지법<br>(Mixed Marriages Act) | 인종 분리 및 차별 | 백인과 다른 인종 간 결혼 금지. |
| 1950 | 인구등록법<br>(The Population Registration Act) | 인종 분리 및 차별 | 전 국민을 인종별로 분류하여 인종차별정책의 기초를 마련. |
| 1950 | 개정 부도덕법<br>(Immorality Amendment Act) | 인종 분리 및 차별 | 백인과 다른 인종 간의 성적접촉 금지. |
| 1950 | 집단지역법<br>(The Group Areas Act) | 토지 및 지리적 차별 | 모든 도시의 인종별 주거지역을 정함. 흑인 주거지역 이외의 장소에 사는 흑인의 재산 몰수 및 강제이주 등의 조치 취함. |
| 1953 | 분리시설법<br>(Reservation of Separate Amenities Act) | 인종 분리 및 차별 | 백인과 유색인은 같은 공공시설(화장실, 극장, 식당, 병원, 학교 등)을 이용하지 못하게 함. |
| 1953 | 반투교육법<br>(Bantu Education Act) | 교육차별 | 인종에 따라 다른 방식으로 교육이 이루어져야 한다고 규정. 차별적 교육을 법적으로 규정. |
| 1959 | 반투자치촉진법<br>(Promotion of Bantu Self-Government Act) | 정치적 차별 | 흑인 보호지를 독립시켜 '국가 속의 국가'로 독립시키는 법안. 흑인의 민족별 단위에 기초한 개별국가의 건설은 백인 사회와 흑인사회의 완전 분리를 전제로 하여 '분리발전(separate development)'을 지향하는 것으로서 그 궁극적인 목적은 남아공의 흑인을 민족에 따라 개별적인 홈랜드에 속하게 하고 독립시키겠다는 목적. |
| 1961 | 칼라드인 공동보호지법<br>(Coloured Persons Communal Reserves Act) | 토지 및 지리적 차별 | 지방의 칼라드 보호지를 설정. |

15 D. Du Toit, *Capital and Labour in South Africa: Class Struggle in the 1970s* (London: Kegan Paul International Ltd., 1981), p. 63.

| 1961 | 칼라드지역보호법<br>(Preservation of Coloured Areas Act) | 토지 및 지리적 차별 | 칼라드지역법을 강화한 것으로 백인 주인을 위해 토지를 장악하도록 법적으로 정비. |
|---|---|---|---|
| 1963 | 지방칼라드지역법<br>(Rural Coloured Areas Act) | 토지 및 지리적 차별 | 지방의 칼라드 보호지를 설정. |
| 1971 | 반투 홈랜드법<br>(Bantu Homelands Constitution Act) | 정치적 차별 | 반투자치촉진법을 개정 1976년 트란스케이 공화국이 독립한 이후 모두 4개의 홈랜드가 독립하였으며 이를 포함하여 모두 10개의 홈랜드 자치지역이 출현. |

급진적 역사학자들은 아파르트헤이트 정치·경제를 흑인 노동자 계급을 착취했던 국민당 정부와 자본주의자 계급의 담합으로 보았다. 값싼 흑인 노동력을 공급하기 위해 흑인들의 보호지역이 불모지나 오지에 만들어졌는데, 이 반투 홈랜드(Bantu homeland)는 '국가 속의 또 하나의 국가'라고 할 수 있었다. 시골과 도시의 흑인, 칼라드, 인도인들의 사회적 이동은 아파르트헤이트 법에 따라 제한되거나 금지되었다. 국민당은 흑인 노동자 계급의 지위를 법으로 명백히 규정했다. 다시 말해서 도시지역에서 흑인들은 이주민으로 간주하였고, 백인들에게 단지 값싼 노동력을 공급하는 수단이었으며 정치적, 사회적 권리가 없었다. 결국, 인종과 계급에 대한 불평등과 억압은 법에 따라 확장된 것으로 보아야만 한다. 급진적 역사학자들의 관점에서 볼 때 1990년 이전 백인과 흑인의 관계는 인종 간 차별을 규정한 아파르트헤이트 철폐를 위한 투쟁과 자본주의 체제에 대한 계급 투쟁이라고 할 수 있다. 즉 그들은 인종 차별은 자본주의의 산물이며 자본주의의 뿌리를 공격하지 않고서는 치유될 수 없는 것으로 이해하고 있었다.[16]

16 ibid., pp. 31~32, 131, 452.

1948년 이후에 백인 정부는 흑인 저항운동과 주체들을 국가기관을 이용하여 말살하고 억압하였다. 남아공은 인종적 자본주의 체제를 기반으로 하고 있었기 때문에, 흑인들에 대한 억압과 착취는 곧 백인 자본을 축적할 수 있는 좋은 수단이었다. 따라서 아파르트헤이트 인종 간 차별은 물리적 폭력, 법과 제도적 폭력, 구조적 폭력, 개별적 폭력의 총체적 성격을 띨 수밖에 없었다.[17]

아파르트헤이트 인종차별정책의 결정판은 흑인들을 강제이주 시킨 반투스탄을 독립시키는 '분리발전(separate development)' 정책으로 표출되었다. 1959년 발표된 반투자치촉진법은 백인과 흑인의 완전 분리를 전제로 하여 분리발전을 지향하는 것으로서 그 궁극적인 목적은 남아공의 흑인을 민족 집단에 따라 개별적인 홈랜드에 속하게 하고 독립시키겠다는 목적이었다. 이 말의 의미는 남아공이 하나의 백인 정부와 많은 흑인 정부로 분리되는 것을 의미하는 것이었다. 반투스탄이 독립 국가가 되고 유엔 회원국으로도 편입될 수 있다고 주장했다. 그러나 홈랜드 독립은 원주민인 흑인이 자동으로 남아공의 국적을 잃게 만들어 외국인이 될 수밖에 없는 운명이었다.

반투스탄을 국가로 독립시킨다는 것은 백인 정부가 그동안 표방했던 각각의 민족 집단은 본래 불평등하다는 주장을 포기한다는 것을 의미하는 것처럼 보였으나 사실은 계속해서 안정적으로 아파르트헤이트 정책을 이어가려는 의도였다.

---

17 김영수, 『화해는 용서보다 기억을 요구한다: 남아프리카공화국 민주주의의 역사 현실·미래』(서울: 동인, 2001), p. 182.

이러한 백인 정부의 정책변화는 식민지배를 종식하고 흑인들의 독립을 보장하는 세계적인 추세를 거스르지 않고 있다는 인식을 주려는 왜곡된 의도가 강했다. 예를 들어 남아공 백인 정부는 국제사회에 대해 다음과 같은 용어의 선택을 통해 평화를 유지하고 싶어 했다. 아파르트헤이트는 '분리발전'으로, '보호지'는 흑인들의 국가 또는 고향을 의미하는 '홈랜드(homelands)'로, '원주민'이라는 말은 '반투'라는 말로 대체하여 인종 차별이라는 의미를 희석하려는 의도였다.

〈지도 10-1〉 분리발전정책에 따른 아프리카 홈랜드 상황

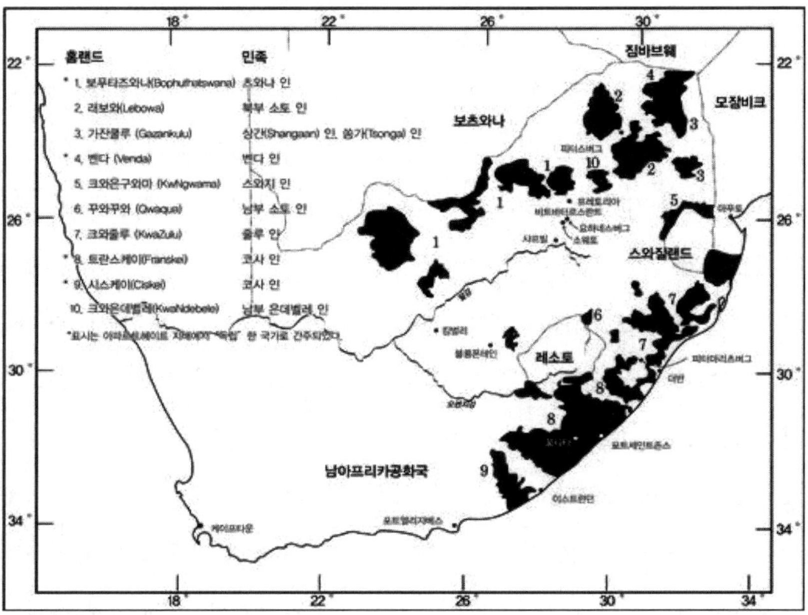


출처: 김윤진 김광수.『남아프리카사』. 서울: 다해, 2013. p. 331

이 정책은 백인의 인종적 우위를 계속해서 유지하고 자본주의 발전을

하려는 의도로 시행된 또 다른 고도의 아파르트헤이트 정책이었다. 먼저 정치적으로는 두 가지 주요 목표를 제시하였는데 '분할 통치(Divide-Rule Mechanism)'와 아프리카 흑인들에 대한 통치를 원활하게 하여 남아공의 자본주의 발전에 이용할 수 있도록 하는 것이었다. 경제적으로 흑인 노동력을 이민 노동력으로 간주하여 노동 비용을 상대적으로 낮추어 착취할 수 있었다.

이 법의 실행은 1971년 반투 홈랜드법이 제정되면서 더욱 촉진된다. 전 인구의 70% 이상을 차지하는 흑인이 홈랜드로 배정받은 지역은 전 국토의 13%였으며 그것도 생산성이 현저히 떨어지는 버려진 지역이나 다름없었기 때문에 너무나 비정상적인 지역 배분이었다.

〈지도 10-1〉에서 볼 수 있는 것처럼 1976년 트란스케이 공화국이 독립한 이후 모두 4개의 홈랜드가 독립하였으며 이를 포함하여 모두 10개의 자치지역이 생겨났다. 1959년의 법 제정 당시 8개 반투 홈랜드를 만들었고 뒤에 2개 지역이 더 추가되어 모두 10개의 홈랜드가 만들어졌다. 1976년 10월 26일의 코사(Xhosa)인의 트란스케이(Transkei)가, 1977년 12월 6일의 츠와나(Tswana)인의 보푸타츠와나(Bophuthatswana)가, 1979년 12월 13일의 벤다(Venda)인의 벤다가, 그리고 코사인의 시스케이(Ciskei)가 1981년 12월 4일에 독립하였다.

반투 홈랜드 계획은 명목상 독립을 허용하지만 실제로는 백인 정부의 도움 없이는 존립 자체가 불가능했다. 흑인의 관점에서 볼 때 반투 홈랜드 정책은 두 가지 큰 모순을 갖고 있었다. 첫 번째는 자기들의 조국에서 남아공 국적이 소멸하여 국제적으로 무국적자가 되어버린 것이다. 두 번째 문제점은 흑인 홈랜드는 백인 정부에 경제적으로 의존할 수밖에 없는 상황이었다. 이들은 세입의 60% 이상을 백인 정부의 지원금에 의존하고 있으며 백인 정부에 비하여 지역의 경제적 효용 가치도 낮아 자체적으로 경제적 자립이 지극히 어려운 실정이었다. 백인 정부는 표면적으로 독립을 부여함으로써 외국인들에게 발전 가능성을 그럴듯하게 보여주었으나 실제적으로는 필요한 만큼의 경제 지원은 하지 않았다.

이러한 남아공 반투 홈랜드법의 분리발전 정책은 백인 우위의 유지와 자본주의 발전을 유지하려는 정치·경제적 기능을 목표로 하였다. 남아공의 소수 백인이 생각하는 평화개념은 이러한 아파르트헤이트 인종차별정책이 지속해서 유지되는 것이며 이에 대한 흑인들의 저항은 평화가 흔들리는 것으로 이해하였다.

## 2. 반아파르트헤트 운동에서 나타난 흑인의 평화개념

원주민인 흑인은 1912년 최초의 전국적인 민족주의 운동조직으로서 남아프리카공화국 전국원주민회의(South Africa Native National Congress: SANNC)를 발족시켰으며 1923년에 아프리카민족회의(African National Congress: ANC. 이하 ANC)로 명칭을 바꾸었다. ANC는 인종차별정책에 대항해 흑인들의 저항을 이끌었고 1960년에 정치 활동이 금지되었다. 이후 ANC는 약 30년 동안 해외로 망명하여 활동하거나 지하에서 활동하였다. 이 시기에 자유를 위한 무장 투쟁을 시작했고 회원자격을 백인과 비아프리카인들에게까지 확대하였다. 1990년에 정치적 민주화 조치 이후 ANC는 백인 정부와 협상을 시작하였고 1994년 4월 선거로써 권력을 잡게 되었다.

ANC와 남아프리카 인도인회의(South African Indian Congress: SAIC)는 1952년 6월에 대중운동을 주도하여 불복종 운동(Defiance Campaign)을 일으켰다. 통행법, 목축업 규제, 반투인의 권리향상, 집단지역법, 선거인에 대한 분리 대표제도, 공산주의 운동에 대한 탄압 등에 대한 백인 정부의 변화를 요구하였다. 이 저항은 소극적 저항운동으로 참가자들이 법을 스스로 위반하여 체포당해 행정에 불편을 주려는 목적이었다. 불복종 운동을 통해 ANC에 대한 지지가 전폭적으로 늘어나게 되었는데 당시 회원이 약 10만 명으로 증가하였다.

ANC는 1955년 요하네스버그 근처 클립타운(Kliptown)에서 남아공 사회의 여러 영역의 대표자들이 참여하는 민중회의(The Congress of People)를 열고 자유헌장(Freedom Chart)을 선포하였다. 남아공은 모든 사람에게 속한 것으로 인종이나 민족을 구별하지 않는 민주주의를 요구하며, 모든 인종차별법을 폐지하고, 모든 사람에게 교육과 직업에서 균등한 기회를 주어야 한다는 것을 결의하였다. 그리고 은행, 광산업, 중공업, 토지의 재분배를 요구하였다. 이 자유헌장은 남아공이 지향하는 평화개념을 명확하게 담고 있는데 인종 차별을 반대하고 모든 사람의 권익을 존중하고 보장하는 국가를 만들고자 하는 열망을 구체적으로 제시하였다. 이후 자유헌장은 ANC 정책의 기초가 되었을 뿐만 아니라 남아공이 지향하는 평화개념의 큰 흐름을 유지하였다.

> 우리 남아공 국민은, 우리나라 전체와 전 세계에 다음의 사실을 선포한다. 남아공은 흑인이든, 백인이든 남아공에 사는 모든 사람에게 속하며, 어떠한 정부도 국민의 의지에 기초하지 않는 한 어떠한 권위도 정당

하게 주장할 수 없다. 우리 국민은 불의(不義)와 불평등에 근거한 정부 형태에 의해 땅과 자유, 평화에 대한 천부의 권리를 박탈당해 왔다. 우리나라는 우리 모두가 형제애 안에서, 동등한 권리와 기회를 누리게 될 때까지는 번영할 수도 없고 자유로울 수도 없을 것이다. 오로지 민주국가에서만, 그리고 국민의 의지에 기초해서만 피부색, 인종, 남녀, 또는 신념의 구별 없이 국민 모두의 천부의 권리를 보장받을 수 있다.

그러므로 우리 남아공 사람들은 다 함께 흑인이든 백인이든 동등한 권리를 가진 사람들이자 동포이며 형제로서 이 자유헌장을 채택한다. 그리고 우리는 지금 시작된 민주적 변화가 승리하는 날까지 우리의 힘과 용기를 한 점 남김없이 투신하여 함께 투쟁할 것을 맹세한다.

(중략)

모든 민족 집단은 동등한 권리를 가질 것이다. 모든 국민은 나라의 부(富)를 나누어 가질 것이다. 모든 민족 집단과 인종은 국가기구, 법정, 학교에서 동등한 지위를 가질 것이다(중략).

모든 사람은 법 앞에서 평등할 것이다. 그 누구도 정당한 재판을 받지 않고서는 투옥되거나, 유형을 가거나, 통행 금지를 당하지 않을 것이다(중략).

누구나 동등한 인간의 권리를 누릴 것이다. 법은 국민이 말하고 조직하고 함께 모이고 출판하고 설교하고 예배할 수 있는 권리, 그들의 자손을 교육할 수 있는 권리를 보장한다.

(중략)

노동과 안전은 보장될 것이다. 모든 근로자는 자유롭게 조합을 만들고 간부를 선출하며 그들의 고용주와 임금협상을 체결하게 될 것이다

(중략).

교육과 문화의 문은 개방될 것이다(중략).

모든 사람은 그들이 선택한 곳에서 살 권리, 품위 있는 집을 가질 권리, 그들의 가족을 안락하고 안전하게 부양할 권리를 누릴 것이다.

(중략).

남아공은 모든 국가의 권리와 주권을 존중하는 완전한 독립국가가 될 것이다.

(중략).

"우리는 우리의 자유(Liberty)를 쟁취할 때까지 우리 생애 내내 다 함께 이 자유(Freedoms)를 위해 싸울 것이다."[18]

ANC와 범아프리카회의(Pan-Africanist Congress: PAC)[19]는 1960년 3월 21일 샤프빌(Sharpeville)에서 반통행법 운동을 벌였는데 이것이 바로 '샤프빌 학살사건'이었다. 시위대를 향해 경찰의 발포로 69명이 살해되었고 180명이 부상을 입었는데 대부분은 배후에서 쏜 총탄에 의한 것이었다. 이 사건은 아파르트헤이트 정책이 시행된 이후 일어난 직접적인 유혈 사태로 세계적인 비난을 받았다. 흑인은 이 날을 '샤프빌의 날'로 제정하여 기념하고 있는데 아프리카너의 대이주와 같이 흑인 민족주의를 고취하는 날이

18 Freedom Charter, https://www.sahistory.org.za/archive/freedom-charter.

19 로버트 소부크웨(Robert Sobukwe)를 중심으로 한 강경파들은 1958년 범아프리카 회의(Pan-Africanist Congress: PAC)라는 새로운 조직을 결성하였다. 이들은 순수한 아프리카인들의 아프리카 건설을 주장하며 보다 급진적인 투쟁을 선호했다.

되었다. 이 사건 이후 PAC와 ANC는 모두 불법화되었으며, 남아공의 인권 문제가 본격적으로 세계의 관심을 끌기 시작했다. 이후 흑인 저항운동은 폭력화되었다. ANC와 PAC의 지도부는 각각 '민족의 창(Umkhonto We Sizwe: MK)'과 '포코(Poqo)'라는 무장 투쟁 조직을 결성하고 테러 활동을 전개하기 시작했다.

ANC와 PAC가 불법화된 이후 흑인 저항운동은 또 한편으로 학생과 노동자를 중심으로 진행되었다. 국민당은 1953년 반투교육법(The Bantu Education Act), 1956년 산업중재법(The Industrial Conciliation Act) 등을 통해 흑인에 대한 교육과 취업을 제한하였는데, 학생과 노동단체는 이에 대해 차별 철폐를 요구하였다. 1969년 스티브 비코(Steve Biko)는 흑인의식(Black Consciousness) 운동을 주창했는데 그의 주장은 '검은 것은 아름답다(Black is beautiful)'라는 말로 대표된다. 그가 주장한 흑인들의 자각 운동은 주로 흑인 학생들과 도시지역 흑인에게 많은 영향을 주었다. 비코는 다인종으로 구성된 전국남아프리카학생연합(National Union of South African Students: NUSAS)에서 남아프리카학생조직(South African Students' Organisation: SASO)이라는 흑인 학생 조직을 설립하여 줄기차게 저항했으나 결국 그는 1977년 체포되어 고문으로 사망했다.[20] 흑인의식에 대한 각성은 '심리적 해방'과 '물리적 해방'의 두 단계로 설명할 수 있는데 마하트마 간디와 마틴 루터 킹의 비폭력주의를 수용한 것이었다. 비코의 비폭력주의는 흑인들의 정

20 스티브 비코는 1987년 "자유의 절규(Cry Freedom)"라는 제목으로 영화화되었으며 덴젤 워싱턴과 케빈 클라인이 주연을 맡았다. 책으로는 "Biko"라는 제목으로 도날드 우즈(Donald Woods)가 출판한 책은 우리나라에서 『반투 스티브 비코』(최호정 옮김, 2003, 그린비)라는 제목으로 번역되었다.

치 활동과 흑인의식 운동의 주요 수단으로 흑인들에게 많은 변화를 일으키는 계기를 만들었다. 비폭력주의는 심리적 해방을 반영하고 있는데, 비코는 흑인들이 자신의 가치를 소중하게 생각하고 자신들의 권리를 획득하기 위해 스스로 노력해야 한다고 주장하였다. 그는 흑인들의 심리적 해방이 없다면 진정한 의미의 해방은 이루어질 수 없다고 보았다.

1974년 4월 포르투갈에서 일어난 쿠데타로 마르셀로 카에타노(Marcello Caetano)의 독재 정부가 물러나고 새로운 군사 정권이 들어서면서 포르투갈 식민지였던 남부 아프리카의 모잠비크와 앙골라의 독립이 이루어졌다. 모잠비크와 앙골라의 독립과 급진적인 정부의 설립은 이 지역의 전략적 상황을 변화시켰다. 이 당시 로디지아의 이안 스미스(Ian Smith) 정권은 치명적으로 세력이 약화되고 있었고, 남아공의 지지와 영향력은 더 지속할 수 없는 상황이었다. 나미비아에서 남아공은 남서아프리카인민조직(South West African People's Organization: SWAPO)의 무장 투쟁으로 불리한 상황을 맞고 있었다. 남아공과 이웃하고 있던 백인 소수가 통치하는 국가들이 붕괴하고 있었고 뒤이어 독립한 흑인 국가들과 직접 국경을 맞닥뜨리게 되었다. 이러한 상황은 남아공 주변 국가를 통해 흑인게릴라들이 직접 남아공에 침투할 수 있는 상황이 되었고 빈번하게 발생하는 게릴라전은 아파르트헤이트 정책을 지속하는데 큰 위협이 되었다. 더구나 1988년 앙골라 내전에 참여한 남아공이 쿠바군의 지원을 받은 앙골라에게 쿠이토 쿠아나발레(Cuito Cuanavale)[21]에서 패배함으로써 남부 아프리카에 대한 남아공

21 미국의 지원을 받은 남아공과 앙골라완전독립민족동맹(National Union for the Total Independence of Angola : UNITA)은 1988년 1월 13일부터 3월 23일까지

의 영향력은 더는 힘을 발휘하지 못하게 되었고 결국 아파르트헤이트 정책이 붕괴하는 계기가 되었다.

남아공 백인 정부는 외부상황의 극적인 변화에 따라 내부적으로 본격적인 변화를 맞이하게 되었고 백인 정부는 아파르트헤이트 정책을 강화하며 흑인들을 압박하였다. 1976년 백인 정부는 영어 대신에 아프리칸스어를 흑인들의 학교에서 교육 수단으로 사용하도록 공포하였다. 영어와 아프리칸스어 모두 공식어였지만 아프리칸스어는 압제자들의 언어라고 생각하고 있었기 때문에 학생들의 강한 저항에 직면했다. 1976년 6월 16일 소웨토(Soweto)[22] 학생들은 교육 매개체로 아프리칸스어를 사용하는 정

---

쿠이토 쿠아나발레를 포위하여 공격하였으나 수많은 사상자를 냈음에도 불구하고 쿠바군이 지원하는 MPLA에 대해 결정적 승리를 얻지 못하였다. 이 전투는 우리에게 잘 알려지지 않았지만 엘알라메인(El Alamein) 전투 다음으로 아프리카 역사상 두 번째로 큰 전투로 기록되었다. 소련과 미국의 동의하에 쿠바, 남아공, 앙골라는 교착상태에 빠진 상황을 타개하기 위해 1988년 브라자빌 의정서(Brazzaville Protocol)를 채택하고 앙골라에서 군 병력을 철수하게 된다. 1989년 4월 1일부터 쿠바군이 철수를 시작했으며 1991년 6월까지 철수를 완료했다. 쿠이토 쿠아나발레 전투는 결과적으로 어느 한쪽이 군사적으로 완벽한 승리를 거둔 것은 아니었으나 미국과 남아공의 남부 아프리카의 전략이 더 이상 효과적으로 실행될 수 없다는 것을 의미했으며 이는 미국과 남아공에 심각한 충격을 주었다. 이 전투는 결과적으로 남부 아프리카 역사에서 중요한 전환점이 되었다. 나미비아가 독립하고 남아공이 인종차별정책을 폐지하도록 영향을 주었다. 2018년 8월 17일부터 18일까지 나미비아 빈투후크(Windhoek)에서 제38차 남부아프리카개발공동체(Southern African Development Community: SADC) 정상회의가 개최되었는데 매년 3월 23일을 남부아프리카 자유의 날(Southern Africa Liberation Day)로 규정하고 기념하기로 했다.

22 소웨토(Soweto)라는 명칭은 남서흑인거주지(South Western Township)의 머리글자를 따온 것으로 요하네스버그 남서쪽에 있는 가장 큰 흑인거주지다. 소웨토는 흑인 민족주의운동의 산실이라고 할 수 있다. 1976년 소웨토 항쟁이 일어난 곳이며 넬슨 만델라, 위니 만델라, 데스몬드 투투 등이 살았거나 살고 있다. Township은 남아프리카공화국 흑인거주지로 모든 백인 도시 주변에 나타난다. 백인 도시에

책에 반대하는 시위운동을 주도하였다. 소웨토의 올란도(Orlanddo)에서 약 2만 명이 넘는 학생들의 시위가 시작되었는데 경찰은 시위운동을 해산시키기 위해 무력을 사용했다. 최초의 희생자는 13세의 헥터 피터슨(Hector Pieterson)으로 올란도 서부 고등학교(Orlando West High School)에서 경찰이 쏜 총에 맞아 사망했다. 이후 이 시위는 점점 심각한 폭동으로 발전했다. 1977년 10월에 막을 내린 이 사건은 전국적으로 퍼져나갔고, 약 700명이 사망하고 수많은 부상자가 발생하였다. 역사가들은 '샤프빌 사건은 부모들의 저항이었고, 소웨토는 자식들의 저항'이라고 평가하기도 한다. 이 사건은 많은 흑인 청년들이 무장투쟁조직에 가담하게 했고 결국 아파르트헤이트 정책의 붕괴로 이어지는 계기가 되었다.

## Ⅳ. 세 번째 시기(1990년 이후)의 평화개념: 인종 간 화해와 공존을 통한 국가건설

세 번째 시기는 백인 정부에서 흑인 정부로 바뀐 이후 인종 간 화해와 공존을 향해 평화개념이 변화하고 발전하는 시기였다. 남아공은 내전과 분쟁을 피하고 다인종·다문화 사회를 향해 새로운 국가건설을 향해 나아

서 5~10km 떨어진 지역에 만들어진 슬럼화된 지역으로 주로 백인 도시에 노동자로 일을 하며 살았다. 전기와 물이 공급되지 않았으나 1994년 이후 공동 상수도와 전기가 공급되고 있으며 국민주택 사업으로 주택이 공급되고 있다.

가고 있다.

드 클레르크 대통령은 1990년 2월 2일 의회에서 아프리카민족회의(ANC)를 비롯한 정치조직에 대한 활동 금지를 해제하고 분리시설법을 철폐하며 넬슨 만델라의 무조건적 석방을 발표하고 남아공이 나아가야 할 평화개념을 제시하였다.

> 의장님, 의원 여러분. 1989년 9월 6일 총선은 우리나라를 돌이킬 수 없이, 철저한 개혁의 도상에 올려놓았습니다. 이에 나날이 더 많은 남아공인이 점점 더 전체 인구를 대표하는 지도자들 사이에서 협상을 통해 이해가 이루어져야만 지속적인 평화가 보장된다는 것을 깨닫고 있습니다……. 협상의 목적은 모든 국민이 헌법적, 사회적, 경제적인 모든 면의 노력에서 동등한 권리와 처우, 그리고 기회를 누리는 전적으로 새롭고 정의로운 헌법 제도를 마련하는 것입니다.[23]

넬슨 만델라는 1990년 2월 11일 감옥에서 석방된 이후 케이프타운에서 행한 연설에서 남아공의 평화개념은 흑백 간의 협력과 조화 속에서 발전할 수 있다는 것을 표명했다.

> 아파르트헤이트의 해체에 관한 협상은 민주적이고 비인종적이고 단일한 남아공에 대한 우리 국민의 압도적인 요구를 다루어야 할 것입니

23 F. W. de Klerk's speech at the opening of Parliament 2 February 1990, https://omalley.nelsonmandela.org/omalley/index.php/site/q/03lv02039/04lv02103/05lv02104/06lv02105.htm.

다. 아파르트헤이트의 불평등을 다루고 우리 사회가 철저하게 민주화되는 것을 보장하기 위해서는 정치 권력에 대한 백인의 독점이 종식되고 우리의 정치·경제 체제의 근본적인 재구조화가 있어야 합니다(중략).

단합되고 민주적이고 비인종적인 남아공에서 일반 유권자 명부에 바탕을 둔 보통선거권은 평화와 인종 간의 조화를 달성하기 위한 유일한 방법입니다.

결론적으로, 저는 1964년의 재판 때 제가 한 말을 상기하고자 합니다. 그 말들은 지금도 그때나 다름없이 진실입니다. 인용하겠습니다.

"저는 백인의 지배에 저항해 싸워왔으며, 저는 흑인의 지배에 저항해 싸워왔습니다. 저는 모든 사람이 조화롭게 평등한 기회를 지니고 살아가는 민주적이고 자유로운 사회의 이상을 소중히 해왔습니다. 그것은 제가 목숨을 바쳐 이루고자 하는 이상입니다. 그러나 필요하다면 저는 그 이상을 위해 죽을 준비가 되어있습니다."[24]

남아공은 1994년 4월 26일부터 29일까지 최초의 흑백 다인종 선거를 시행하였고 ANC가 63%의 지지를 얻어 320년간의 백인 정권이 종식되었다. 1994년 백인 정부에서 넬슨 만델라가 이끄는 흑인 정부로의 정권교체는 황제와 종이 그 신분을 뒤바꾼 역사적 사건으로 남아공은 '위로부터의

24 Remarks by Nelson Mandela in Cape Town on 11 February 11, 1990 after his release from Victor, https://omalley.nelsonmandela.org/omalley/index.php/site/q/03lv03445/04lv04015/05lv04154/06lv04191.htm

민주화'를 이룩한 세계 역사상 유일한 국가가 되었다.

## 1. 새로운 평화개념과 우분투 정신

흑인 정부가 출범한 이후 남아공은 새로운 평화개념으로 우분투 정신을 제시했다. 우분투는 '한 개인은 다른 사람들로 인해 인간이 된다.'라는 의미를 뜻한다. 우분투의 핵심적 가치는 비록 차이를 인정하고 수용하지만, 개인주의가 아니라 공동체 의식에서 비롯된 상호의존과 공존에 뿌리를 두고 있다. 탈아파르트헤이트 시기 우분투는 서로 다른 인종, 민족, 종교를 포함한 서로 다른 신념과 문화를 가진 남아공인에게 서로 다른 점을 인정하고 수용하도록 호소했다. 이는 오랜 기간 억압, 차별, 폭력적 갈등과 저항으로 점철된 남아공의 깊은 상처를 치유하고, 더 나아가 남아공의 다양성을 인정하고 공존을 향해 가기 위한 것이었다.

우분투는 인간성을 상실하게 만드는 모든 상황에도 불구하고 여전히 인간으로 남게 하여 주는 것이라고 설명할 수 있다.[25] 우분투는 개인과 집단의 돌봄, 조화와 환대, 존중 등의 정신을 말한다. 다른 사람들과의 관계를 중시하며 사리사욕의 억제와 공존의 미덕을 강조한다.

서구의 문명은 인간을 개인주의화하고 경쟁적으로 몰아가고 있지만, 아프리카의 철학인 우분투는 공동체주의로 남아공 TRC의 본질이라고 할

---

25 "Ubuntu," 30 July 2010; http://semesterincapetown.blogspot.com/2010/07/umuntu-ngumuntu-ngabantu.html.

수 있다.

> 우분투를 서구의 언어로 표현하기는 매우 어렵다. 이것은 사람됨의 본질을 뜻한다. "유 우 노분투(Yu, u nobuntu!: 이봐, 당신은 우분투가 있어!"라는 말은 최고의 찬사다. 관대하고 호의를 베풀며 친절하고 다정하고 남을 보살필 줄 알고 자비롭다는 뜻이다. 가진 것을 나누는 사람이라는 뜻이다. "내 인간성은 당신의 인간성과 분리될 수 없으며 연관되어 있다.", "우리의 삶은 여러 사람과 함께 묶여 있다.", "사람은 다른 사람들을 통해 사람이 된다."라는 말도 같은 뜻이다. "나는 생각한다, 고로 나는 존재한다."가 아니다. "나는 속하고 참여하고 나누기 때문에 인간이다."라고 해야 마땅하다. 우분투가 있는 사람은 열려 있고, 다른 사람을 위해 시간을 내고, 다른 사람을 인정하고, 인격과 능력이 탁월한 사람 앞에서도 위협을 느끼지 않는다. 자신이 더 큰 전체에 속한 존재임을 아는 그에게는 온당한 자기 확신이 있기 때문이다. 다른 사람이 모욕을 받거나 위축되거나, 고문이나 압제를 당하거나, 실제보다 못한 취급을 당할 때 자기 확신은 줄어들 수밖에 없다.[26]

남아공의 전통 사상인 우분투는 개인의 중요성을 역설하는 유럽의 사상과는 달리 인간관계의 중요성을 강조하며 인간 존재 가치가 공동체 속에서 실현될 수 있다고 주장한다. 우분투는 우리 모두에게 공통의 유대감

---

26 Desmond Mpilo. Tutu, *No Future Without Forgiveness* (New York: Doubleday, 2000), p. 31.

이 있으며 다른 사람과의 상호작용을 통해 우리 스스로 인간의 본질을 발견할 수 있다는 것으로 1994년 이후 새로운 남아공이 지향해야 할 인종·민족 간 화해와 공존을 위한 평화개념으로써 중요한 역할을 할 수 있는 이념 또는 철학이었다.

아프리카 전통가치에 대한 권위자인 음비티(John S. Mbiti)는 우분투 정신은 아프리카인들에 의해 공유되고 있는 정신이라고 설명하였다.[27] 이런 정신은 모든 집단에서 개인에게 어떤 일이 일어나든지, 개인에게 모든 집단에서 어떤 일이 발생하든지 적용되는 것이다. 공동체가 개인을 생산한다는 것을 이해할 필요가 있다. 개인은 '우리가 있기 때문에 내가 있고 우리가 있기 때문에 그러므로 내가 있다(I am because we are, and since we are, therefore I am)'라고 말한다.[28] 남아공인은 우분투 정신이 용서와 화해를 위한 위대한 능력을 담고 있다고 보았다.

우분투는 아프리카의 사회·정치적 환경으로 특징 지워지는 폭력에 대한 토착적이며 효과적인 대안으로 주장되었다. 평화를 얻기 위한 우분투의 유용성은 그 역할에 관한 관심이 증가하고 있으며 문화가 인간관계를 만드는데, 특히 평화를 건설하는 데 중요한 역할을 한다는 것이다. 인간성, 공정함, 정의, 그리고 아프리카인의 가치체계를 보호하는 우분투는 식민지 이전 시기에 많은 아프리카 사회의 중요한 가치였으며 아파르트헤이트 이후 남아공에 필요한 것으로 설명하고 있다.

27 John S. Mbiti, *African Religions and Philosophy* (London: Hainemann, 1969).
28 L. Graybill, "Pardon, Punishment, and Amnesia: Three African Post–Conflict Methods," *Third World Quarterly*, vol. 25 (2004), p. 1119.

무리티(T. Murithi)는 우분투가 과거의 상처, 증오, 의혹을 초월할 수 있도록 할 수 있는 이념이라고 주장했다. 아파르트헤이트 시기 이후 여전히 존재하고 있는 인종 간 갈등을 극복하고 안정적인 상황으로 변화시킬 수 있는 힘을 갖고 있다고 보았다. 아프리카의 지속 가능한 평화에 대한 탐색은 화해의 건설과 인권, 사회적, 경제적, 정치적 정의에 기반한 공존이라고 할 수 있으며 이는 우분투의 핵심사상이라고 할 수 있다.[29]

## 2. 진실과화해위원회(TRC)에 나타난 평화개념

1994년 이후 남아공에 '상대적 평화'가 도래할 수 있었던 것은 TRC를 통해 다양성과 타자성을 적극적으로 수용하고자 한 우분투의 정신이 작동했기 때문에 가능했다고 볼 수 있다.

남아공의 인종, 언어, 종교, 계급 등에 따른 분열과 차별은 20세기에 들어와 아파르트헤이트 인종차별정책의 시행으로 정점에 다다랐다. 특히 인종집단 간의 깊은 분열은 1994년 아파르트헤이트 정책이 폐지된 이후에도 올바른 역사의식과 국가의식이나 국민의식의 형성을 어렵게 하였다.

아파르트헤이트의 가장 큰 폐해 중 하나가 다른 인종과 문화에 대한 이해 없이 남아공의 다양한 인종집단을 획일화시켜 구별하고 차별했다는 것이다. 아파르트헤이트는 인종집단 사이에 존재하는 차이점만을 강조함

---

29 T. Murithi, "Practical Peacemaking Wisdom from Africa: Reflections on Ubuntu," *The Journal of Pan African Studies,* vol. 1 (2006), p. 14, 26.

으로써 차별의식과 박탈감이 자리 잡게 했다. 증오와 갈등으로 가득 찬 남아공의 과거는 의심과 공포를 남겨놓았으며, 결과적으로 흑백 간 갈등의 역사는 공통의 정체성을 갖지 못하도록 작동하였다. 이런 상황에서 1994년 아파르트헤이트를 철폐하고 새롭게 출범한 남아공 정부가 당면한 가장 큰 문제는 다인종(multi−racial)·다문화(multi−cultural) 사회인 남아공에서 모든 인종과 민족 집단이 서로 존중하는 국가를 건설하는 것이었다.[30]

이에 따라 1994년 이후 무엇보다 중요한 남아공 흑인 정부의 과제는 과거를 청산하고 인종갈등을 화해와 공존으로 이끄는 것이었다. 남아공은 이를 위해 TRC를 마련하였으며 우분투 정신을 기본 이념으로 적용하였다. 이는 남아공의 평화개념이 인종 간 평등에서 화해와 공존으로 전환한 것이었다고 평가할 수 있다.

TRC의 목표는 인간의 존엄성을 회복하는 데 그 목적이 있다. 과거에 국가에 의해 행해졌던 법질서와 사회경제적 체제에서 인간의 영혼에 엄청난 충격을 주고 기본적인 인간성을 짓밟은 사실을 밝히는 것이 주요한 업무였다. 우분투는 피해자와 가해자의 입장을 모두 고려하여 범죄 행동에 의한 피해를 바로잡는 것에 중점을 둔 회복적 사법(restorative justice)을 지향하도록 했다.[31]

---

30 T. Madondo, "Harmonising Cultural Diversity in South Africa: The Role of Museums," *Southern African Museums Association Bulletin,* vol. 22, no. 2 (1996), p. 18.

31 TRC(Truth and Reconciliation Commission of South Africa). *Truth and Reconciliation Commission of South Africa Report. vol. 1* (London: Macmillan Reference Limited, 1998), pp. 125~126. https://www.justice.gov.za/trc/report/finalreport/

수많은 어려움에도 불구하고, TRC는 화해를 위해 노력했다. 오랜 시간 동안 뿌리 깊은 인종적 갈등이 하나의 위원회를 통해 완전한 화해와 치유를 가져다줄 것이라고 믿는 사람은 없을 것이다. 화해는 단순한 하나의 행사로 얻어질 수 있는 것이 아니며 과정으로 인식하고 접근하는 것이 필요하다. TRC는 최악의 사태로 갈 수 있는 인종 간의 갈등을 화해와 공존으로 이끌었다는 점에서 상당히 성공적이었다고 평가할 수 있으며 남아공의 변화된 상황 속에서 평화개념을 정립했다고 평가할 수 있다.[32]

남아공 정부는 1996년 우분투로 묘사되는 복지에 대해 백서를 발간했는데 다음과 같이 설명하고 있다.

> 다른 사람의 행복에 대한 돌봄의 원리…. 그리고 상호 지원의 정신. 각 개인의 인간성은 이념적으로 다른 사람과의 관계를 통해, 인간성의 인식을 통해 표현된다. 우분투는 사람들은 다른 사람들을 통해서 존재한다는 것을 의미한다. 이것은 또한 개인과 사회의 복지를 증진하기 위한 각 시민의 권리와 책임을 인정하는 것이다.[33]

---

Volume%201.pdf; TRC(Truth and Reconciliation Commission of South Africa). *Truth and Reconciliation Commission of South Africa Report. vol. 5* (London: Macmillan Reference Limited, 1998), p. 444. https://www.justice.gov.za/trc/report/finalreport/Volume5.pdf.

32 김광수. "남아프리카공화국의 국가건설: 진실과 화해위원회(Truth and Reconciliation Commission: TRC)가 역사청산, 국민화합, 그리고 민주화 과정에 기여한 역할을 중심으로,"『아프리카 硏究』 제15호 (2002), p. 61.

33 J. Hailey, "Ubuntu: A Literature Review." Paper Prepared for the Tutu Foundation, November 1, 2008, London, England.

우분투 정신에 바탕을 둔 TRC를 통해 구축하려고 한 평화건설은 상호관계, 포용성/비배타성, 그리고 개인과 집단의 공유된 공동운명체 의식이라고 할 수 있다. 이것은 용서를 주고받으며 복수의 감정을 버리는 근본적인 이성의 가치체계를 제공한다. 아파르트헤이트 시기 이후에 남아공 정부는 TRC에서 우분투를 불공정, 불관용, 증오, 인권남용, 그리고 아파르트헤이트 정권이 저지른 비인도적 행위를 바로잡는데 적용하였다. 과거의 분쟁과 분열을 넘어서는 국가통합과 화해를 추구하는 것이 중요했기 때문이었다.

투투는 TRC에서 주장하는 용서와 사면은 우분투 정신으로 아프리카인의 세계관 또는 가치체계와 일맥상통하는 개념이라고 주장했다.

> 조화, 친절함, 공동체는 모두 가치 있는 선이지만, 사회적 조화는 우리에게 숨뭄 보눔(*summum bonum*), 즉 최고선이다. 우리는 지금까지 추구해 온 이 선을 파괴하거나 훼손하는 모든 것을 역병처럼 피해야 한다. 분노, 적개심, 복수심, 심지어 치열한 경쟁을 통한 성공은 이 선을 좀먹는다. 용서는 그저 이타심만 발휘하는 것이 아니다. 그것은 자신에게 가장 큰 유익이 된다. 상대방을 비인간화하려는 것은 틀림없이 나도 비인간화한다. 용서함으로써 우리는 회복할 힘을 얻고, 사람들을 비인간화하려는 모든 것을 이겨 내며 여전히 인간답게 살 수 있다.[34]

투투는 더 나아가 우분투의 중요성을 발전시키고 있는데 특히 남아공

34 Tutu, *No Future Without Forgiveness*, p. 31.

과 같은 분쟁 이후 사회에서 아파르트헤이트의 지지자들 역시 잔인한 체제의 희생자였다고 주장했다. TRC의 경험은 우분투가 사회를 결속시키는 하나의 방법이었으며, 공동체의 단절과 불화를 치유하고 구조적인 폭력을 바로잡고 깨진 관계를 복원하는 역할을 하였다는 것이다. 우분투는 남아공 사람들이 아파르트헤이트 시기에 흑인 대다수를 나락에 빠뜨렸던 압제자에 대한 복수나 처벌 없이 불공정을 바로잡을 수 있도록 도왔다.[35]

TRC는 과거 역사에 대한 '진실'과 '화해'의 맥락에서 평가되어야 하며 새로운 평화개념의 제시였다고 볼 수 있다. TRC는 억압된 역사를 회복하고자 했으며 새로 출범한 남아공의 안정과 미래의 번영을 위해서 과거의 역사를 넘어 새로운 민주주의 질서의 정착과 '무지개 국가'의 건설에 기여했다는 데 있다. 즉 TRC는 과거의 역사의 '진실' 규명과 새로운 국가의 건설을 의미하는 '화해'를 위해 작동하였다.

TRC 보고서는 인종적 적대감에 의해 '깊게 양분된' 과거에서 벗어나 인권과 민주주의 및 화해 위에 건설된 새로운 미래로 국가를 이끄는 데 도움을 줄 수 있는, 즉 다리를 놓는 과정의 '일부'로 작동했다.[36]

TRC의 용서와 치유 및 화해에 대한 주요한 도덕적 담론은 국가건설이라는 시급한 문제를 해결하기 위해 비판적인 충돌을 막았다. TRC는 집단 사이의 적대감보다 화해가 국가건설에 필요하다는 공감대를 형성하고, 국

---

35 Adeoye O. Akinola and Ufo O. Uzodike, "*Ubuntu* and the Quest for Conflict Resolution in Africa," *Journal of Black Studies,* vol. 49, no. 2 (2018), p. 104.

36 K. Mooney, et. al. "The TRC: Commissioning the Past," *African Studies,* vol. 58, no. 2 (1999), p. 211.

가에 대해 모든 국민이 공통의 정체성을 갖도록 하는 데 기여했다.

TRC 최종보고서에서 남아공 최초의 노벨 평화상 수상자인 앨버트 루툴리가 남아공의 비전은 '모든 아들과 딸의 집'이어야 한다고 주장한 점을 강조했다. 최종보고서는 화해의 길은 물질적 재건과 존엄성의 회복 둘 다 의미한다고 밝히고 있다. 불평등과 공통의 인간성에 대한 존경의 회복을 담아야 한다고 주장했다. 이는 우분투 정신의 지속 가능한 성장과 발전을 수반해야 한다는 것을 의미한다. 그것은 광범위한 구조적, 제도적 변화를 포함하며 부서지고 깨진 인간관계를 치유하는 것을 담아야 한다고 설명하고 있다. 반드시 과거는 반복되지 말아야 한다는 보장을 요구하고 있다. 개인, 공동체, 국가 등 모든 분야에서 우리 인간성의 배상/보상과 회복을 요구해야 한다는 것을 밝히고 있다.[37]

남아공 헌법재판소가 사형을 금지한 역사적인 판결을 하면서 인권과 생명의 존엄성에 대해 다음과 같이 밝혔다.

> 아파르트헤이트는 공통의 인간성에 대한 부정이었다. 흑인은 존경과 존엄을 받지 못했고 그것으로 인해 모든 남아공인의 존엄은 손상되었다. 새로운 헌법은 이러한 과거를 부정하고 모든 남아공인의 동등한 가치를 확인하고 있다. 따라서 인간의 존엄성에 대한 인식과 보호는 새로운 정치질서의 시금석이며 새로운 헌법의 기초다.[38]

---

37 TRC(Truth and Reconciliation Commission of South Africa). *Truth and Reconciliation Commission of South Africa, Report. vol. 1,* p. 109.

38 S v. Makwanyane and another 1995 (3) SA 391, at para 310. 〈http://www.saflii.org/za/cases/ZACC/1995/3.html〉.

최종보고서는 극악무도한 폭력과 범죄는 우분투 정신을 망각한 것이며 우분투로 돌아가야 한다고 보았다. 1978년 ANC 무장조직인 "민족의 창(MK)"에 의해 남편이 납치된 후 살해당한 일을 겪은 판더르 메르버(Susan van der Merwe)는 1996년 9월 23일 클레르크스도르프(Klerksdorp)에서 열린 TRC 청문회에서 다음과 같이 자신의 의견을 피력했다.

> 나의 남편으로부터 '사람은 다른 사람에 의해 사람이 된다.', '사람은 단지 다른 사람과 함께 있을 때 사람이다.'라는 츠와나인의 속담을 배운 적이 있습니다. 우리는 각자에 대해 이러한 의무를 갖고 있습니다. 이 나라에서 우리들의 생존은 각자에 대한 우리의 협력에 달려 있습니다. 나의 바람은 각자 가진 무기를 버리도록 사람들을 돕는 것입니다. 그 어떤 삶도 하찮은 것은 없습니다. 모든 사람의 삶은 역시 귀중합니다.[39]

## V. 나가는 글

평화를 향한 노력이 이루어지고 평화연구에 대한 결과물들이 아무리 제도적으로 전파되고 대량 출판되어도 평화라는 개념이 우리에게 확신을 주지 못하는 이유는 평화가 어떻게 파악되고 이해되어야 하는지에 대한

---

39 TRC(Truth and Reconciliation Commission of South Africa). *Truth and Reconciliation Commission of South Africa, Report. vol. 1,* pp. 127~128.

의견들이 분분하기 때문일 것이다. '평화'라는 용어는 누구나 다 알고 있지만, 일반화시켜서 적용할 수 없으므로 정치적, 사회적 맥락에 따라 이해할 필요가 있다.[40]

남아공의 평화개념은 역사적으로 인종 간 우열을 법으로 명시한 아파르트헤이트의 실시와 이에 대한 저항으로 인종 간 동등한 권리를 향한 투쟁, 그리고 화해와 공존을 향해 맥락화되었다고 결론지을 수 있다. 아파르트헤이트 이전에는 이주민인 백인이 흑인과 비백인의 권리를 침해하였고 아파르트헤이트 시기에는 법을 통해 인종 간 깊은 분열이 자리 잡게 하였다. 1994년 이후 남아공은 인종차별정책 철폐와 정치적 민주화를 달성하였으며 사회적, 경제적 민주화를 향해 나아가고 있다. 그러나 아파르트헤이트 시기에 발생한 인종 간 갈등과 분열을 치유하고 화해와 공존을 향한 새로운 평화개념이 요구되었다. 남아공의 미래는 미국식 다인종·다민족·다문화 사회로 나아가야 하며 이를 위해 인종·종족 간 화합이 가장 중요한 관건이 될 것이 당연하기 때문이다. 남아공은 문화적·인종적 다양성을 존중하고 국민적 합의를 바탕으로 공통의 문화적 정체성과 국가의식을 갖도록 하는 것이 무엇보다도 중요한 과제가 되었다.

남아공의 우분투 정신에 대한 이해와 접근은 인종 간 갈등과 이질적인 다문화 사회 속에서 평화와 공존을 이룩하기 위한 열망과 희망으로 투영되었다. 우분투의 가치는 화해를 이루어 내는 수단으로써 남아공 사회의 구전 전통에 이미 내재하여 있었다. 남아공의 흑인 공동체는 젊은이들에

40 빌헬름 얀센 지음, 한상희 옮김, 『코젤렉의 개념사 사전 5 평화』(서울: 푸른역사, 2018), pp. 106~108.

게 전통적 가치체계를 계승시키는 방편으로 우화, 수수께끼, 이야기 및 속담 등을 활용한다. 이러한 구전 전통은 개인과 집단의 상호연관성과 상호의존의 가치를 강조한다.

남아공의 우분투 정신은 분명히 그 가치와 유용함이 있음에도 불구하고 분쟁이 있는 곳에서 실제로 적용하거나 채택하는 데는 어려움이 있다. 그러나 만약 국가 또는 기구나 조직 등이 우분투 정신을 효과적으로 적용할 수 있다면 아프리카의 평화와 안전에 대한 위협을 과감하게 줄일 수 있을 것으로 보인다.

우분투 정신은 진실화해위원회(TRC)를 통해 잘 구현되었다고 평가할 수 있다. 1994년 이후 남아공은 국가폭력과 인권침해로 얼룩진 과거사의 진상규명 그리고 이를 통한 민주주의 이행 및 공고화를 위해 인종 간의 화해와 통합이 절실히 필요한 상황이었다. 탈아파르트헤이트 시기 남아공의 흑인들은 과거 백인 정부에서 발생한 인권유린과 국가폭력 등 과거사를 밝히고 청산할 것을 요구하였다. 남아공의 TRC는 이러한 역사적 요구를 바탕으로 설립되었으며 1995년 11월부터 3년 동안 성공적으로 과업을 마무리하고 1998년 최종보고서를 발행하였다. 역사적으로는 과거의 진실을 객관적 입장에서 규명하였고, 사회적으로는 흑인과 백인 간의 화해를 바탕으로 공존을 위한 사회적 통합을 이루어 냈다. 즉 남아공의 TRC는 인종차별적 사회체제의 모순들을 응축하고 있는 국가폭력과 인권유린을 국가적 차원에서 해결하고, 이를 토대로 인종차별체제의 구조적 모순을 극복하고 더 나아가 화해와 공존을 도모하였다. 이러한 TRC의 긍정적 성과는 남아공 사회에서 오랜 기간 열망 되어왔던 다수의 국민이 지속 가능한 화해와 용서를 통한 공동체적 그리고 국가적 치유를 추구한 결과라고 할 수 있다. TRC는 우분투 정신의 적용 및 발현이었으며 상호의존성, 공존, 포괄성 그리고 공동체적 운명의식을 통한 평화 구축을 시도한 중요한 역사적 사례로 평가할 수 있다.

세계사와 지역사는 유기적으로 연결되어 있고 아프리카사는 세계사의 일부로 재인식되고 평가되어야 한다고 본다. 아울러 아프리카 역사는 아프리카중심주의(Afrocentrism)의 연구방법론에 따라 외부의 시각이 아니라 아프리카인의 시각에서 재인식되고 재평가되어야 한다. 평화개념의 역사적 맥락화라는 측면에서 남아공은 세계화의 물결 속에 자신들의 지역사를 바탕으로 역사적 발전을 이끌어가는 아프리카인들의 능동성과 주체성을 보여 준 것으로 평가할 수 있다.

## 참고문헌


### 1. 국문 단행본

김영수.『화해는 용서보다 기억을 요구한다: 남아프리카공화국 민주주의의 역사 현실 미래』. 서울: 동인, 2001.

김윤진·김광수.『남아프리카사』. 서울: 다해, 2013.

빌헬름 얀센 지음, 한상희 옮김.『코젤렉의 개념사 사전 5 평화』. 서울: 푸른역사, 2018.

### 2. 국문 논문

김광수. "남아프리카공화국의 국가건설: 진실과 화해위원회(Truth and Reconciliation Commission: TRC)가 역사청산, 국민화합, 그리고 민주화 과정에 기여한 역할을 중심으로."『아프리카 硏究』제15호 (2002), pp. 29~80.

### 3. 영문 단행본

Coetzee, J.H. "Formative Factors in the Origins and Growth of Afrikaner Ethnicity." in Du Toit, B.M. ed. 1978. *Ethnicity in Modern Africa*, pp. 111~112. Boulder: Westview Press, 1978.

Degenaar, J. *Afrikaner Nationalism*. Rondebosch: University of Cape Town, 1978.

Du Toit, D. *Capital and Labour in South Africa: Class Struggle in the 1970s*. London: Kegan Paul International Ltd., 1981.

Jooste, C.J. "Partition as a Constitutional Option" In Van Vuuren, D.J. et al.(eds.), *South Africa in the Nineties*, pp. 227~257. Pretoria: HSRC Publishers, 1991.

Kruger, P. "The Rise of Afrikanerdom." In Louw, L. and Kendall, F. *South Af-*

*rica: The Solution*, pp. 18~29. Ciskei: AMAGIPUBLICATIONS(PVT) LTD, 1987.

Mbiti, John S. *African Religions and Philosophy.* London: Hainemann, 1969.

Reader's Digest. *South African Multi-Language Dictionary and Phrase Book.* Cape Town: The Reader's Digest Association South African (Pty) Limited, 1996.

Saunders, C. and Southey, N. *A Dictionary of South African History.* Cape Town: David Philip, 1988.

TRC(Truth and Reconciliation Commission of South Africa). *Truth and Reconciliation Commission of South Africa, Report. Vol. 1.* London: Macmillan Reference Limited, 1998.

https://www.justice.gov.za/trc/report/finalreport/Volume%201.pdf.

TRC(Truth and Reconciliation Commission of South Africa). *Truth and Reconciliation Commission of South Africa, Report. Vol. 5.* London: Macmillan Reference Limited, 1998.

https://www.justice.gov.za/trc/report/finalreport/Volume5.pdf.

Tutu, Desmond Mpilo. *No Future Without Forgiveness*. New York: Doubleday, 2000.

Van der Merwe, C.N. *Breaking Barriers: Stereotypes and the Changing of Values in Afrikaans Writing 1875-1990.* Amsterdam: Rodopi B.V., 1994.

Van Jaarsveld, Floris Albertus. *The Awakening of Afrikaner Nationalism: 1868-1881*. Cape Town: Human & Rousseau, 1961.

### 4. 영문 논문

Akinola, Adeoye O. and Uzodike, Ufo O. "*Ubuntu* and the Quest for Conflict Resolution in Africa." *Journal of Black Studies,* vol. 49, no. 2 (2018), pp. 91~113.

Giliomee, H. "The Beginnings of Afrikaner Nationalism, 1870–1915." *South African Historical Journal,* vol. 19 (1987), pp. 115~142.

Graybill, L. "Pardon, Punishment, and Amnesia: Three African Post–Conflict Methods." *Third World Quarterly,* vol. 25 (2004), pp. 1117~1130.

Hailey, J. "Ubuntu: A Literature Review." Paper Prepared for the Tutu Foundation, November 1, 2008, London, England.

Madondo, T. "Harmonising Cultural Diversity in South Africa: The Role of Museums." *Southern African Museums Association Bulletin,* vol. 22, no. 2 (1996), pp. 17~18.

Mooney, K. et. al. "The TRC: Commissioning the Past." *African Studies,* vol. 58, no. 2 (1999), pp. 209~218.

Murithi, T. "Practical Peacemaking Wisdom from Africa: Reflections on Ubuntu." *The Journal of Pan African Studies,* vol 1 (2006), pp. 25~34.

5. 인터넷 자료

"Ubuntu," 30 July 2010;

http://semesterincapetown.blogspot.com/2010/07/umuntu–ngumuntu–ngabantu.html.

F. W. de Klerk's speech at the opening of Parliament 2 February 1990.

https://omalley.nelsonmandela.org/omalley/index.php/site/q/03lv02039/04lv02103/05lv02104/06lv02105.htm.

Remarks by Nelson Mandela in Cape Town on 11 February 11, 1990 after his release from Victor Verster.

https://omalley.nelsonmandela.org/omalley/index.php/site/q/03lv03445/04lv04015/05lv04154/06lv04191.htm

S v. Makwanyane and another 1995 (3) SA 391, at para 310. 〈http://www.saflii.org/za/cases/ZACC/1995/3.html〉.

# 초록

# 1장 이탈리아 팍스(Pax), 정의(Giustizia), 아르테(Arte): 이탈리아 평화개념의 역사

## 국문

이탈리아의 평화개념을 고대 로마제국에서부터 근–현대에 이르기까지의 과정을 살펴본다. 힘으로 거대한 제국을 형성하던 시기에 언급된 평화개념과 이웃과 싸우던 중세 봉건주의 시대와 내부의 적(敵)과 싸우던 근–현대에 이르기까지 다양한 이름으로 거론되던 평화개념의 발전과정에 대한 연구다.

로마제국에서 말하는 '팍스 로마나(pax romana)', 뒤이은 시대에 나온 '조용한 평화전쟁'으로 규정된 '정의(Giustizia)', 20~21세기에 들어와 범지구적인 문제에 직면하여 인문학적인 삶의 방식과 연계하여 '평화의 기술'로서 '아르테'(l'Arte della Pace)가 그것이다. 이제 평화는 단순히 힘과 전쟁의 대척점에서 논의되는 것이 아니라, 정치와 경제, 사회 문화적인 불평등의 구조를 극복하고, 범지구적이고 인류공영의 문제에 대한 해결 방식으로 논의되고 있는 것이다. 단순히 전쟁과 불화가 없는 상태에 머물지 않고, 서민들의 일상이 훼손되지 않아야 하며, 주변에 절대 빈곤이 존재하지 않는 나눔이 실천되어야 한다. 약자가 말하는 평화야말로 진정한 평화인 것이다.

그런 점에서 이탈리아의 평화개념은 제2차 세계대전 시 로마를 '무방비 도시(Città Aperta)'로 선포하여 인명 피해를 최소화하고 인류의 방대한 문화유산을 지켜낸 것처럼, 세계화된 사회와 문화 속에서 현대적 의미의 평화를 어떻게 실현할지에 대해 여전히 고민하는 과정 속에 있다고 하겠다.

영문

# History of Italian concept of peace deriving from Pax, Giustizia and Arte

We will look at the process of development of the concept of peace in Italy from the ancient Roman Empire to modern times. It is a study on the concept of peace mentioned at the time of forming a huge empire by force and that was called by various names during medieval feudalism, the age of battles with neighbors, and during the modern period, the age of the inner–enemy.

It was the "pax romana" during the Roman Empire, "Giustizia", also defined as the "quiet peace war", in the following era and "Arte della Pace" while entering the $20^{th}$ and the $21^{st}$ centuries, as a technique of peace in the face of global problems and in connection with humanistic ways of life. Now peace is not only discussed in matters of power and war but also in terms of politics, economics and socio–cultural inequalities and is also being discussed as a solution to global issues of humanity. We must not thrive for just a state without war and disagreement, but never lose the daily lives of ordinary people and practice sharing in order to abolish poverty. This is true peace.

In that sense, the concept of peace in Italy was to preserve the vast heritage of humanity by declaring Rome as "città aperta"(open city) during World War II, we are still in the process of thinking about the modern meaning of peace in a globalized society and culture.

# 2장 영국 평화, 끝없는 전쟁 속에서 피어나다: 영국 평화개념의 탄생과 진화


## 국문

본고는 영국에서 평화논의를 통시적(通時的)으로 그 기원에서부터 제2차 세계대전까지 고찰하고, 그 흐름을 전체로서 조망한 것이다. 영국은 초기에 브리튼 섬에 정착한 다양한 민족들이 서로 전쟁을 통해 자신의 세력을 확장해 나갔고, 국가성립과정에서 기독교를 수용하면서 국가의 정체성을 형성했다. 이는 영국 평화논의에서 중요한 바탕이 되었고 영국 역사에서 평화주의를 계속적으로 주장한 이들은 퀘이커와 합리적인 기독교인들이었다. 또한 17세기부터는 강력한 해상력을 바탕으로 해외로 확장하면서 세계의 질서의 패권을 가진 팍스 브리타니카(Pax Britanica)로 성장했다. 영국은 제국을 확장하는 과정에서 혹은 제국의 일부에서 이루어지는 전쟁에 대해서는 정의를 위한 혹은 질서를 위한 것이라는 논리를 내세웠고, 제국을 확장하는 과정에서 계속적인 전쟁을 경험하게 된다. 영국에서 전쟁과 평화의 논의는 끝이 보이지 않는 전쟁 속에서 평화 운동과 평화개념이 발전했고, 전쟁이 평화를 위한 도구가 될 수 있고 평화를 위해서는 전쟁을 정당화하는 역설 속에서 탄생했다고 할 수 있다. 하지만 영국의 평화논의는 기독교적인 배경에서 전쟁과 평화를 동전의 양면처럼 동일선상에서 논의하는 것이 특징이고, 다른 유럽 강대국들과의 관계 속에서 파악하는 유럽중심(Euro-centric)주의에 매몰되어 있다고 할 수 있다. 영국의 평화논의에서 제3세계는 정복의 대상이거나 계도 혹은 제국의 일부라는 오리엔탈리즘적인 제한된 사고에 머물렀고, 전(全) 인류보편의 평화논의에는 한계를 가졌다.



〈주제어〉 영국, 평화개념, 팍스 브리타니카, 기독교, 정의로운 전쟁

영문

# Tracing the "Peace discourses" in Britain: A Short Historical Sketch

This paper investigates the development of the peace discourses in Britain from its origin to the WWII in 1900s. In Britain, diverse ethnic groups expanded their spheres of influence through wars, and the state identity of Britain was gradually formed as Christianity was introduced into the land. The introduction of Christianity was a decisive factor in the peace discourses, as evinced by the fact that it was the Quakers and rational Christians who continually argued for pacificism in Britain. Moreover, as Britain pursued its imperialistic aspirations from 17th century onwards through its naval power, the age of *Pax Britanica* came. As Britain expanded its empire around the world, it put forth a rationale that war is a necessary evil to keep justice and order, and successive wars were justified upon this rationale. Thus, the peace discourses and movements in Britain developed during the endless outbreaks of wars, and wars became perceived as tools to promote peace: in this way, ironically war was justified for peace. As such, the peace discourses in Britain dominantly had two sides: the Christian discourses on pacificism and just war discussions. Also, the British peace discourses were Euro-centric, mainly developed under its relations *vis-a-vis* other European nations. Therefore, the British peace discourses had limitations to become a world-wide peace discourse in that they perceived the third world countries as people to be conquered or enlightened, rather than embraced them as equal partners to promote peace.

〈Key Words〉 Britain, peace discourse, *Pax Britanica*, Christianity, just war theory

# 3장 인 도 '최상의 집단질서유지와 복지'를 추구하다: 인도의 집단적 차원의 평화개념

## 국문

이 글은 먼저 인도인들이 오랜 시대에 걸쳐 추구해온 평화를 크게 개인적 차원의 해탈로서의 평화와 집단적 차원의 다르마로서의 평화로 나눈다. 그리고 집단적 차원의 평화개념에 초점을 맞추어 인도에서 평화개념이 전개된 과정을 특히 근, 현대를 중심으로 살펴보고 이를 토대로 인도 평화개념의 특성을 다음과 같이 정리한다.

집단적 차원에서 인도인들이 시대를 관통해 추구해온 평화는 '다르마' 즉 '자연과 사회질서체계'를 유지보전하는 것이었다. 집단적 차원에서 볼 때 평화는 인류가 추구해온 최상의 복지나 질서유지와 관련되는 도덕적 가치라 할 수 있다. 다르마로서의 평화개념 역시 모든 공동체구성원들이 잘 정비된 질서체계 아래에서 최상의 복지를 누리는 것, 즉 전 공동체의 최상의 안전과 복지를 최고의 가치로 추구해 왔다. 이러한 평화개념은 고대 인도의 라자다르마에서 현대 간디의 비폭력과 사르보다야 개념 그리고 네루의 비동맹 정책에 이르기까지 발견된다. 하지만 집단의 실제 범위와 평화를 달성하는 방법에서는 차이가 나타난다.

집단의 범위규정 문제는 평화영역 설정과 관련된다. 다르마는 넓게는 우주와 자연, 좁게는 특정 사회의 질서체계를 의미해서 광의로서의 다르마가 세계평화나 모든 생명체와의 공존을 추구하는 보편적 평화를 지향하는데 비해 협의의 다르마는 실질적으로는 카스트제도가 지배해온 인도사회, 그중에서도 상층카스트의 권익을 보호하는 질서체계의 보존을 중시한다. 따라서 보편적 평화가 관용적 성격을 갖는데 반해 협의의 평화는 배타적 성격을 띠기도 한다. 보편적 평화추구는 고대 아쇼카왕의 평화정책과 현대 간디의 평화사상과 운동에서 두드러지게 나타나고 이 유산을 네루의 비동맹정책에서도 발견할 수 있다. 협의의 평화는 고대 베다시기와 근 현대의 종교–사회 개혁운동, 힌두 민족주의나 근본주의운동에서 나타난다.

다르마 중시전통은 집단의 질서유지와 복지를 정의로 규정하는데, 이 정의를 실현하고 수호하는 방법 다시 말해 평화를 달성하는 방법에서도 두 가지 흐름이 나타난다. 하나는 '정의로운 전쟁' 개념에서 알 수 있듯이 정의수호와 실현을 위해 제한적이긴 하나 폭력을 정당화시키는 흐름이다. 고대 베다시기 집단적 차원의 평화는 다르마가 보존 유지되는 상태를 의미했고 이같은 평화를 유지하거나 확보하기 위한 물리력의 사용을 불가피한 것으로 인식하고 정당화시켰다. 이 관념은 띨락에게서 알 수 있듯이 힌두 민족주의노선의 핵심원리 중 하나이기도 했고 오늘날, 평화는 힘(군사력)의 확보를 통해서만이 가능하다는 논리와도 맥을 같이 한다. 다른 하나는 아쇼카나 간디와 같이 목표와 수단 모두의 정당성을 강조하며 철저한 비폭력을 강조하는 흐름이다. 평화와 관련하여 모두 다르마를 중시했던 아쇼카와 간디의 공통점은 도덕적 이상주의에 기반한 보편적 평화의 추구다. 아쇼카는 불교의 다르마(비살생교리)를 강조했고 간디는 힌두 전통의 다르마 사상에 근거하여 자연과 삶을 지배하는 보편 도덕법칙으로서의 정의로움인 다르마를 강조했다. 아쇼카가 불교의 가르침을 전파하는 방법을 통해 세계평화의 이상을 추구했다면 간디는 정의실현의 구체적 방법인 비폭력의 실천을 삶의 전 영역과 일반 대중들에게까지 확대함으로써 보편적 평화를 실현하려 했다. 안타깝게도 이 두 이상주의자의 비전이 온전히 현실화되지는 못했다. 하지만 그 영향력은 적지 않아서 독립 후 네루의 비동맹노선에도 그 영향이 반영되어 있다. 이 두 흐름이 보여주는 또 다른 특징은 전자가 질서유지에 방점을 두며 경우에 따라 자기집단 중심적 평화를 추구한다면 후자는 복지에 방점을 두며 보편주의적 평화를 지향한다는 점이다.

영문

## 'Seek the preserving order and wellbeing of a community at the highest level' – The concept of peace at a communal dimension in India

This article starts with dividing the concept of peace which Indian people have tried to realize for long times into two types. Those are the concepts of peace as a state of moksha(liberation) at a individual dimension and as a state of preserving dharma(natural and social order) at a communal dimension. Then it deals with the history of the concept of peace at a community dimension in India especially with regarding to modern period. And as a result, it draws the distinctive features of Indian concept of peace like below. The peace which Indian people has sought through ages at a community dimension is to uphold the order system governs nature and society, that is dharma. This concept of peace has sought that the whole community members lives under the well ordered nature and social system and higher leveled wellbeing. In another words, they have sought the highest security and wellbeing of whole community as the highest value. We can find this concept from ancient Raja dharma to Gandhi's ahinsa and sarvodhaya concepts and Nehru's non alignment policy in modern period. But there are some differences in the scope of community and the method of attaining the peace. The problem to define the scope of community is related to define the sphere of peace. We can find two streams in this because dharma has two meanings. It means the order system of nature and cosmos in a broad sense, so it seeks the general peace which goals world peace or coexisting with whole beings in this world. But in a narrow sense, it means that of Indian society which has caste system, so it seeks to preserve caste system of Indian society, especially the interest of upper castes. So the concept of peace in a narrow sense has shown some exclusive tendency comparing with the concept of general peace which has a tolerant tendency. We can find examples of the concept of general peace in the peace policy of Ashoka, the Gandhi's peace thought and movement and the Nehru's non alignment policy. And the concept of peace in a narrow sense in the concept of war for justice in Veda period and the concept of peace in socio-religio reform movements and Hindu nationalism in modern times. We can also find two streams in the method to realize peace in communal dimension. One is a stream which justifies some violences for upholding and realizing of justice. We saw this in the concept of war for justice. The other is a stream which tries to realize peace through complete nonviolence. This type insists on using a justified way both an end and a method to earn it. We can find this stream in Ashoka and Gandhi. The another characteristics which these two streams show is that the former emphasizes on preserving the order and has a tendency to seek a self community-centric peace. The latter emphasizes on the wellbeing of all and tries to realize the general peace.

## 4장 중국 대일통(大一通), 대동(大同) 그리고 화평(和平): 중국 근대 평화사상의 전개

### 국문

이 논고는 먼저 중국 근대 평화 사상의 전개 과정에 관하여 당시 중국 지식인들의 언설에 근거하여 개괄적으로 검토하였다. 근대 중국인에게 평화란 수단이면서 과정이었고 목적이었다. 또한 정의와 도덕, 질서와 조화라는 의미를 내포하고 있었다. 중국인들에게 있어서 평화란 결국 개인의 영혼의 자유와 평온함으로의 귀의(歸依)를 의미한다. 그 다음 필자는 이와 같은 평화사상이 중국의 전통적 大一統(Dayitong) 관념과 大同(Datong) 사상과 밀접한 관계가 있음을 논증하였다.

〈주제어〉 평화, 중국, 왕도, 대일통, 대동사상

### 영문

## The development of "Peace" thoughts in modern China

This paper outlined the process of modern Chinese peace thought based on the words of Chinese intellectuals at that time. For modern Chinese, peace was both a means and a process and a purpose. It also implies the meaning of justice, morality, order and harmony. For the Chinese, peace means the freedom of the individual's soul and the return to tranquility. I then argued that this idea of peace is closely related to the traditional Dayitong(大一統) concept of China and the idea of Datong(大同).

〈Keywords〉 peace, China, kingcraft, big unification, cosmopolitism

# 5장 일본 비전(非戰), 반군국주의, 비핵화로서의 평화: 일본 평화개념사의 핵심

## 국문

메이지 시대부터 전후에 이르는 일본의 주요 사상가들에게 평화는 '비전(非戰)', '반군국주의(反軍國主義)', '비핵(非核)'으로 대변되는 이상적 가치였다. 전쟁을 통한 군국주의적 팽창과 그로 인한 무력적 살상을 반대하면서, 각종 물리적 폭력의 가능성을 줄이거나 없애기 위한 메시지가 일본적 평화 담론의 요지였다. 20세기 후반에는 일본의 전쟁 책임을 반성적으로 의식하고, 핵무기와 같은 전쟁 병기를 거부하면서, 전쟁포기를 선언한 '헌법9조 수호 운동' 및 반핵으로 확장되어가는 중이라고 요약할 수 있다.

평화를 비전, 반군국주의, 비핵 등으로 이해하고 있다는 것은 현실에서는 전쟁, 군국주의, 핵발전 등 그 반대의 흐름이 더 컸다는 뜻이다. 실제로 일본에서는 메이지 시대부터 패전 때까지 78년 동안 각종 전쟁이 끊이지 않았다. 전쟁은 정당화되었고, 정의로운 것으로까지 치부되었다. 현실에서는 '힘에 의한 평화론'이 늘 득세해왔다.

그럼에도 불구하고 비록 '비'전(非戰), '반'군국주의(反軍國主義), '비'핵(非核)에 담긴 부정[非], 반대[反] 등의 언어가 주류였던 적은 없지만, 일본에서 평화와 관련된 목소리는 물리적, 특히 군사적 힘의 확대를 경계하고 비판하면서 오늘도 지속되고 있는 중이다.

이 글에서는 이러한 사정과 상황을 염두에 두고서 일본 내 평화개념의 역사(the history of the concept of peace)를 정리해보고자 한다. 일본에서는 평화 혹은 그에 해당하는 가치를 누가 제기하고 어떻게 계승해 왔는지, 일본인은 지난 수세기에 걸쳐 평화의 의미를 어떻게 상상해왔는지, 일본적 평화의 원류에 해당하는 개념이 있다면 무엇이었는지 등을 역사적 흐름을 따라 정리해보려는 것이다. 특히 일본 평화론의 기념비적 역작인『日本平和論大系』에 등장하는 안도 쇼에키, 요코이 쇼난, 나카에 초민, 우에키 에모리, 고토쿠 슈스이,

우치무라 간조 등은 물론, 요시노 사쿠조, 야나이하라 타다오, 가가와 도요히코, 일본국헌법(평화헌법), 마루야마 마사오 등의 사상가가 평화를 어떻게 상상했는지도 살펴보겠다. 이를 통해 일본 평화주의자들은 대체로 제국주의, 군국주의, 자본주의, 독재정치 등을 비판하고, 자유, 민권, 사회주의, 기독교 등에 입각한 비전/반전, 징병거부 등의 목소리를 높였다는 사실을 확인할 수 있다. 이와 함께 헌법 9조 수호 운동 및 반핵 혹은 탈핵 등으로 세분화해온 일본 평화론의 현주소도 짚어보도록 하겠다.

〈주제어〉 비전, 반군국주의, 비핵,「헌법9조」,『일본평화론대계』

영문

## Peace as 'no-war'(非戰) 'anti-militarism'(反軍國主義), and 'non-nuclear'(非核): The Core of the history of the concept of peace in Japan

For major Japanese thinkers from the Meiji period to the postwar period, peace was a ideal value that is represented by "no-war"(非戰) "anti-militarism(反軍國主義)," and "non-nuclear(非核)". The messages to reduce or eliminate the possibility of physical violence was a key to the Japanese peace discourse, while opposing the expansion of militarism through war and its violent killing. The concept of peace of Japan in the second half of the 20th century can be summarized that are being extended to the anti-nuclear movement and a campaign to defend Article 9 of the Constitution which proclaimed the renunciation of war, including the reflective thought to the war responsibility of Japan, the renunciation of nuclear weapons.

Understanding peace as no-war, anti-militarism, and denuclearization means that in reality, the opposite trends such as war, militarism, nuclear power were greater. Practically Japan continued to wage wars for 78 years from the Meiji period to the defeat in the Pacific War. The war was justified and regarded as even just. In reality, 'peace by power' has always prevailed.

Although the negative languages such as 'no', 'non', 'anti' in no−war, non−nuclear, anti−militarism have never been mainstream, nevertheless, peace−related voices in Japan continues with the warning and criticizing the expansion of physical and military power.

With these circumstances in mind, this paper would like to summarize the history of the concept of peace in Japan. In this paper will be followed historical streams to see who raised and inherited the peace or its value, how Japanese have imagined the meaning of peace over the past centuries, and what was the concepts that correspond to the origin of Japanese peace. Especially this paper will look at how Japanese thinkers(Yoshino Sakuzo, Yanaihara Tadao, Kagawa Toyohiko, Article 9 of the Japanese Constitution(日本國憲法第9條), Maruyama Masao as well as Ando Shoeki, Yokoi Shonan, Nakae Chomin, Ueki Emori, Kotoku Shusui, Uchimura Kanzo and so on) in 『A Compendium of Japan Peace Theory』(日本平和論大系), a monument to Japan's pacifism, imagined peace. This shows that Japanese pacifists have generally criticized imperialism, militarism, capitalism, dictatorship, and raised voices such as no/anti−war, rejection of conscription based freedom, civil rights, socialism, Christianity. This paper will also take the present state of Japanese pacifism, which has been subdivided into the movement for the defense of Article 9 of the Constitution, denuclearization or anti−nuclear movements and so on.

〈Key Words〉 No−War, Anti−Militarism, Non−Nuclear, 「Article 9 of the Constitution」, 『A Compendium of Japan Peace Theory』

## 6장 한 국 한국인의 평화사상, 그 궤적과 특징

### 국문

한국인의 평화사상은 독특한 것인가, 아니면 보편적인 것의 한 사례인가? 이 질문에 답하기 위해 이 글은 먼저, 한국인의 평화사상의 근간을 존재론과 인식론 두 측면에서 살펴본다. 한국인의 평화사상의 존재론적 근거는 인내천(人乃天) 사상이고, 인식론적 측면은 모든 존재에 대한 인정을 기반으로 하는 서로주체성이다. 한국인의 평화사상은 오랜 역사를 배경으로 하고 있어 그 내용이 대단히 풍부하다. 거기에는 반전·비폭력은 물론 평등, 민주주의, 관용, 그리고 통일이 포함된다. 이는 한국인의 평화사상이 한반도 역사를 배경으로 한 보편성을 띠고 있고 소극적 평화와 적극적 평화를 아우르고 있음을 말해준다. 다만, 평화사상에서 시대별 차이가 있다면 그것은 평화사상의 진화라기보다는 재구성에 가깝다. 독특한 평화사상으로 비칠 수 있는 통일도 민족 재결합보다는 보편가치를 한반도 차원에서 구현하는 의미로 해석할 수 있다. 결국 한국인의 평화사상에 내면과 사회, 개인과 세계, 정신과 물질 등 여러 요소 및 측면들이 상호 보완관계를 형성하고 있다. 이는 한국인의 평화사상이 평화전략을 전개함에 있어서 유용한 자산으로 쓰일 수 있음을 의미한다.

### 영문

## Korean Peace Thoughts: It's Trajectory and Characteristics

Is the Korean peace thought unique or an example of universal thoughts? In order to answer this question, this article first examines the basis of the Korean peace thought in both aspects of the ontology and epistemology. The ontological basis of the Korean peace thought is the idea of *In-nae-cheon* (人乃天, People means heaven), and the epistemic basis is the mutual independence following the recognition of all existence of all beings. The Korean peace thought has been set in a long history and its substances are enormously abundant. These include equality, democracy, tolerance, reunification, as well as anti–war and non–violence. This shows us that the Korean peace thought has a universality with the background of ideas set in the history of the Korean Peninsula and encompasses both negative peace and positive peace. However, if there is a chronological difference between times about the peace thought, it is more likely of a reconstruction of thought than an evolution of the peace thought. Reunification, which can be seen as a unique peace thought, can also be seen as meaning to realize the universal values of the Korean Peninsula rather than just a national reunion. In the end, various factors and aspects of the Korean peace thought, including society, individuals, the whole world, minds, and materials are forming complementary relationships. This means that the Korean peace thought can be used as a useful asset in developing strategies for building sustainable peace not only on the Korean peninsula, but also around the world.

〈Key words〉 Korean Peace Thoughts, Equality, Democracy, Tolerance, Reunification, Division System, In–nae–cheon(人乃天).

## 7장 북한 자위(自衛)로서의 평화: 북한의 평화개념

### 국문

이 글의 목적은 북한이 말하는 평화가 무엇을 의미하는지 살펴보는 것이다. 북한도 다른 나라와 마찬가지로 평화를 전쟁이나 폭력이 없는 상태, 분쟁이나 반목이 없이 화목한 상태로 평범하게 정의하고 있다. 그러나 이 평화는 저절로 오는 것이 아니라 오직 힘에 의해서만 담보되며 특히 스스로 지켜야 한다는 주체사상의 자위(自衛)에 근거한 소극적 평화개념이 정착되어 있다. 이러한 현실주의 평화관, 소극적 평화개념은 일반주민들에게 제국주의·자본주의와 대결적 평화관을 확산시켰다. 이러한 전형적인 평화관념이 최근 관계개선과 경제발전을 통한 적극적 평화에 대한 관심으로 이어지고 있다.

### 영문

## Peace as a self-defense-The Concept of peace in North Korea.

The purpose of this article is to examine what North Korea means by peace. North Korea, like any other country, has defined peace as a state without war or violence, a state of reconciliation without conflict or antagonism. However, this peace does not come on its own but is secured only by the power, especially the self-defense power based on the Juche idea. This realistic but passive notion of peace spreads confrontational view of peace over imperialism and capitalism among ordinary people. This typical concept of peace has recently led to interest in positive notion of peace that peace can be achieved through improving political relations and economic cooperation.

# 8장 이슬람 평화가 전쟁으로: 이슬람의 평화관

## 국문

전쟁과 테러로 대변되는 최근 이슬람권의 상황은 극도의 혼란일 것이다. 즉 중동은 아랍인과 유대인의 갈등, 쿠르드민족의 자치권문제와 인종, 종파, 정치체제 등 일상적인 갈등과 테러리즘의 환경에 놓여 있으며 이러한 환경 조성에 이슬람교가 연결되어 있는가를 설명하기 위해 이슬람 평화관의 정의와 현재 원리주의자들이 지하드라고 주장하고 있는 것을 이슬람 법리론으로 분석하였으며 그들이 개발한 역사적 수사학을 비판하였다.

이슬람 사회는 정교일치 사회이다. 따라서 정치적 사건이 종교적 사건으로 표출되기도 하고 또한 반대로 종교적 사건이 정치적 사건으로 표출되기도 한다. 그러나 이슬람 사회의 정교일치는 우리가 일반적으로 생각하듯이 단순히 종교적 이념을 정치에 대입시키는 것만을 의미하는 것이 아니라 믿음이 법으로서 규범화되어 있다는 것을 의미한다. 이는 이슬람교가 정교일치로서 믿음과 행동으로 구성되어 있다는 것이다.

이슬람교가 정교일치로서 믿음과 행동으로 구성되어 있다는 것은 곧 샤리아(Shari'ah, 이슬람 법)와 믿음으로 구성되어 있다고 할 수 있는데, 이 둘의 관계는 그 영역이 서로 확연히 구분되어 있는 것이 아니라 상호 보완적인 형태를 유지하고 있다. 즉 믿음은 이슬람법을 포함하고 있으며 이슬람법은 믿음을 기초로 하고 있다. 따라서 이슬람의 평화관 역시 샤리아 측면과 역사적 측면 및 정치적 측면을 고찰하여 살펴볼 필요가 있다.

따라서 본 논문에서는 이슬람의 또 다른 이름인 평화의 정의, 평화를 지키기 위한 수단 지하드의 정의, 지하드의 오용과 악용, 테러의 지하드화, 그리고 평화가 전쟁으로 어떻게 변질되고 있으며 또한 21세기 이슬람 사회에서의 평화관의 변질 원인과 평화의 길을 향한 방법 등을 서술하였다.

영문

# Peace Turns into War: Peace in Islam

The recent Islamic world that has long known war and terror that faces extreme chaos. It sits at the nexus of several conflicts between race, denomination, political system, and Arabs and Jews, and the issue of autonomy for the Kurds alongside terrorism. In order to explain the link between Islam and the above environments, this study analyses the Islamic view of peace and the concept underpinning modern fundamentalist claims to *jihad* through use of Islamic jurisprudence, *fiqh*, and lastly, this study criticises the historic rhetoric that the fundamentalist groups have developed and deployed.

An Islamic society is one where church and state are united; a theocracy. Political events can thus give rise to religious events, and vice versa. However, the unity of church and state not only means the injection of religious ideology into politics but also the standardisation of religious principles as the law of the land.

In other words, Islam consists of *Sharī'ah*(Islamic law) and belief, and those two concepts are not obviously divided. Instead, it maintains complementary relation. Namely, belief contains Islamic law, and Islamic law is based on the belief. Therefore, it is necessary to examine the Islamic view of peace from the perspective of the *Sharī'ah,* as well as from a historical and political point of view.

This study examines the religion's definition of peace; indeed, the religion itself is sometimes referred to as the religion of peace. It further looks at *jihad* and its relationship with peace, the misuse and abuse of *jihad*, terrorism in the name of *jihad*, and the steady degeneration of peace into war. Lastly, this study sheds light on the causes of the degeneration and the way to peace in the Islamic world in the 21st centuries.

# 9장 과테말라 과테말라의 평화 협정 이후: 적극적 평화에 이르는 험로

## 국문

중앙아메리카에서 원주민 비율이 가장 높은 과테말라는 1980년대 초에 한층 고조된 반란 진압작전이 펼쳐지기 훨씬 전부터 군부가 지배하는 '반란 진압작전 국가'였다. 외세 개입과 군부독재, 군부와 저항 세력 사이의 장기 내전을 겪은 과테말라에서는 1960년부터 1996년까지 약 5만 명의 실종자를 포함해 20만 명 이상이 살해당했고 전쟁고아가 약 25만 명에 이르렀으며 약 150만 명이 삶의 터전을 잃고 난민이 되었다. 그리하여 1996년 12월에 체결된 과테말라의 평화 협정은 획기적인 성과로서 주목받았지만, 그것의 이행과 평화 정착의 과정은 결코 순탄하지 않았다. 이 글에서는 과테말라 내전의 발발, 특히 1980년대 초 원주민 학살의 배경과 원인이 무엇인지, 1996년 12월 평화 협정의 체결 전후 유엔을 비롯한 외부 활동가들과 과테말라인들의 노력이 어떻게 전개되었는지, 그리고 평화 협정의 역사적 성과와 협정 이행의 지체 사이의 간극에 대해 살펴보고자 한다.

평화 협상의 과정에 시민사회 단체를 공식적으로 포함시킨 과테말라의 사례는 다른 경우와 비교해 특기할 만하다. 또 과테말라의 평화 협정은 정부와 과테말라혁명연합 간에 조인된 일련의 합의, 즉 '사회경제적 양상과 농업 현황에 대한 합의,' 탈군사화(무장 해제)를 위한 군의 역할과 규모 축소, 민간자위순찰대 폐지와 새로운 민간경찰의 창설, 면책(처벌면제) 관행의 폐지와 사법제도의 획기적인 개혁 등을 포함했는데 이런 포괄성이 협정 이행의 지체에 영향을 미쳤는지에 대해 견해가 갈리기도 한다.

지속적인 평화의 정착은 구조적인 갈등의 요인과 성격에 대한 엄격한 분석, 그에 입각한 중장기적 정책의 수립, 시민사회의 참여 확대를 통한 효과적인 해법 모색과 평화의 문화 확산 등에 달려 있을 것이다. 과테말라의 평화가 1996년 12월 협정의 공식 명칭대로 '확고하고 지속적인' 현실로 정착하기 위해서는 지속적인 탈군사화와 빈곤의 해소를 보증하는 공공 안전 전략 수립, 참여 민주주의를 뒷받침할 방법과 제도의 강화, 누진과세와 균등한 토지 재분배를 통한 좀 더 공평한 자원 분배, 원주민 권리에 대한 효과적인 지지와 승인에 바탕을 둔 다문화적 환경의 확립 등의 구조적 변화가 필수적이다.

### 영문

## Peace Agreements in Post-Conflict Guatemala: A Steep Path to Positive Peace

Guatemala in Central America had indicated a prominent example of counterinsurgency state culminated in terrible genocide against indigenous villages by the military dictatorial regime in the early 1980s. Although the signing of peace accords in December 1996 marked a dramatic transition from war to peace in the region, it turned out to be only a step for negative peace, in other words, absence of armed violence. Guatemala seemed to have a long way to go to positive peace that is required for a fairer society, free from want, and achievement of valid and appropriate public order.

It should be noted that civil society organizations in Guatemala represented by Assembly of Civil Society played a crucial role in defining the priorities of peace process and mediating between Guatemalan government and guerrilla groups. After the signing of peace accords, Guatemalan truth commission tried to clarify root causes of and function of prolonged civil war, and presented recommendations for building a firm and lasting peace such as reducing poverty, socioeconomic inequality, discrimination against the indigenous population, and eradicating impunity.

Furthermore, there are decisive structural changes needed for establishing a lasting peace in Guatemala including an integral strategy of public safety based on the progressive demilitarization of the society, strengthened processes and institutions for participatory democracy, a more equitable redistribution of land and resources, and the building of a multiethnic and intercultural society through adequate recognition of the indigenous rights.

# 10장 남아프리카공화국 차별과 갈등에서 화해와 공존으로: 남아프리카 공화국 평화개념의 역사적 맥락화


**국문**

남아공의 평화개념은 역사적으로 인종 차별과 갈등 속에서 인종집단의 동등한 권리와 화해 그리고 공존을 향해 맥락화되었다고 할 수 있다. 남아공은 인종적 자본주의 체제 하에서 소수의 백인 지배 세력이 다수의 흑인을 비롯한 유색인종인 피지배 세력들을 착취하거나 고통을 지속적으로 만들어내는 구조적 틀을 구축하였다. 백인은 지배와 착취에 필요한 이데올로기를 만들고 법과 제도를 통한 국가권력을 이용하였다. 아파르트헤이트 이전 시기에는 이주민인 백인이 원주민인 흑인과 비백인의 권리를 침해하였고 1948년부터 1994년 사이에는 아파르트헤이트 인종차별정책을 실시하여 인종집단 간 깊은 분열이 자리 잡았다. 그러나 1994년 이후에는 인종·민족집단 간의 화합과 공존이 가장 중요한 관건이 되었으며 평화개념은 문화적·인종적 다양성을 존중하면서 하나의 국가 및 국민의식을 만들기 위한 공존이 핵심적인 목표가 되고 있다.

세계 자본주의 체제 하에서 남아공의 폭력적인 아파르트헤이트 인종차별 정책은 인종우월주의에 기반한 소수 백인의 욕망을 실현하도록 사회체제를 만들었다. 이러한 모순된 가치체계는 반아파르트헤이트 운동과 함께 개인보다는 공동체의 이익을 위한 가치체계를 필요로 했다. 이러한 상황 속에서 우분투는 (탈)아파르트헤이트 시기에 지속적으로 남아공의 인종차별과 그에 따른 갈등을 치유하는 독특한 평화 추구의 대안으로 이해되었고 진실과화해위원회(TRC)를 통해 구현되었다고 볼 수 있다.



〈주제어〉 평화, 인종차별, 아파르트헤이트, 우분투, 진실과화해위원회(TRC), 남아공

영문

# Historical Contextualization of South Arica's Peace Concept towards Racial Discrimination, Conflict, Reconciliation and Coexistence

The concept of peace in South Africa has historically been contextualized in terms of racial discrimination and conflict, towards equal rights, reconciliation, and coexistence of racial groups. In South Africa, under the racial capitalist system, a small number of white rulers have constructed a structural framework that exploits or continues to create suffering to the black majority and other colored people. The whites made ideologies necessary for domination and exploitation, and used state power through laws and institutions. In the pre–apartheid era, the migrant white people violated the rights of indigenous Africans and non–white people, and between 1948 and 1994, apartheid racial discrimination policies were implemented to deepen divisions among ethnic groups. Since 1994, harmony and coexistence among racial and ethnic groups have become the most important issue. The concept of peace has become a key goal of coexistence to create a nation and people 's consciousness while respecting cultural and ethnic diversity.

Under World Capitalism, South Africa's violent apartheid racism has created a social system to realize the desires of a few white people based on racial supremacy. This contradictory value system required a value system for the benefit of the community rather than the individual with the anti–apartheid movement. Under these circumstances, Ubuntu was understood as an alternative to the unique pursuit of peace that heavily rescues South Africa's racial discrimination and conflicts in the (apart) apartheid era, and the Truth and Reconciliation Commission (TRC) It can be said that it is implemented through.

〈Keywords〉 Peace, racial discrimination, Ubuntu, Truth and Reconciliation Committee(TRC), South Africa.

## 필자 소개

### 이찬수

서울대학교 통일평화연구원 HK연구교수. 서강대학교 화학과를 거쳐 종교학과에서 박사학위를 받은 뒤, 강남대 교수, (일본)코세이가쿠린 객원교수, (일본)난잔종교문화연구소 객원연구원 등을 지냈다. 종교철학에 기반한 평화인문학의 정립을 연구과제로 삼고 있으며, 『평화와 평화들』, 『다르지만 조화한다』, 『일본정신』, 『근대 한국과 일본의 공공성 구상 I·II』(공저), 『녹색평화란 무엇인가』(공저), 『탈사회주의 체제전환과 발트3국의 길』(공저), 『통일연구자의 눈에 비친 사회주의 베트남의 역사와 정치』(공저), 『세계의 분쟁』(공저), 『아시아평화공동체』(편저) 외 다수의 책과 논문을 썼다.

### 김혜경

전 대구가톨릭대학교 강의전담교수. 로마 우르바노 대학교에서 가톨릭신학으로 박사학위를 받은 뒤, 가톨릭대학교, 서강대학교, 성심여대, 한국학중앙연구원 등에서 강사, 대우교수, 연구교수를 지냈다. 현재 신학을 토대로 미술사학으로 두 번째 박사학위를 받기 위해 이탈리아 피렌체에 머물고 있다. 『일곱 언덕으로 떠나는 로마 이야기』, 『예수회의 적응주의 선교: 역사와 의미』, 『인류의 꽃이 된 도시 피렌체』, 『한류로 신학하기』(공저), 『종교와 돈 I—II』(공저), 『평화의 신학』(공저) 외 다수의 저서와 역서 및 논문이 있다.

### 강성우

고려대학교 국제학부 연구교수. 캐나다 요크대학 동아시아학과를 거쳐 영국 옥스퍼드대학에서 동아시아학으로 석사와 박사학위를 받았다. 이후 독일 하이델베르크 대학 박사후 과정, 옥스퍼드대학교 방문연구원, 중앙대 외국학연구소와 한림대학교 일본학연구소 HK연구교수 등을 지냈다. 한일관계를 주요 연구주제로 삼고 있고, 이를 바탕으로 평화인문학으로 관심을 확장하고 있다. 대표 저서로는 『개항기 인천의 문화접변과 시각적 모더니티』가 있고, 대표 논문으로는 「The Commodification of Water and Power Relations between Japanese Settlers and Koreans in Late Nineteenth—Century Pusan」과 「Embracing Hygienic Modernity in Late Nineteenth—century Korea」가 있고 이외에도 다수의 책과 논문을 썼다.

**김선**

전 한국교육개발원 부연구위원. 영국 옥스퍼드대학에서 학사, 동대학원에서 석사와 박사학위를 받았다. 이후 서울대 통일평화연구원 HK연구교수, 한국교육개발원 부연구위원 등을 지냈다. 평화와 통일교육을 주요 연구주제로 삼고 있고, 시민교육과 교양교육을 비교교육학적으로 연구하기도 했다. 대표 저서로는 『교육의 차이』가 있고, 대표 논문으로는 「Culture matters in educational policy transfer: the case of curricular reforms in the two Koreas during the Soviet and US military occupation」과 「Actors and ideology for educational policy transfer: the case of education reforms in the two Koreas during the Soviet and US military occupation」이 있고 이외에도 다수의 책과 논문을 썼다.

**류경희**

전 서울대 외래교수. 한국외국어대학교 인도어과를 졸업하고 서울대학교 종교학과에서 인도종교(힌두교) 관련 주제로 석사와 박사학위를 받았다. 인도 베나레스 힌두대학교(BHU) 철학 종교학과에서 방문학자로 2년간 힌두교 관련 주제를 연구했고 이후 인도 현지조사연구와 문헌연구를 접목한 연구를 토대로 힌두 사상과 문화와 관련된 다수의 논문과 저서를 발표해 왔다. 한국외국어대학교 남아시아연구소(현 인도연구소) 연구교수, HK연구원을 역임했고 서울대학교, 한신대학교, 서강대학교 등에서 인도 종교 및 신화관련 강의를 오랜 동안 해왔다. 현재는 저술 작업과 대학을 포함한 여러 곳에서 다양한 형태의 강연과 특강을 하고 있다. 주요 저서로 『인도 힌두신화와 문화』, 『인도의 종교와 종교문화』, 『인도신화의 계보』, 『요가, 초월을 향한 지향』, 『나를 찾아 인도로 떠나다』, 공저로 『인생교과서, 간디』, 『인도여성: 신화와 현실』 외 다수, 역서로 W. D. 오플래허티의 『다른 사람들의 신화』, J. G. 아라푸라의 『불안과 평정으로서의 종교』 등이 있다.

**김준**

고려대학교 초빙교수. 중국 남개(南開)대학 사학과 중국사 전공, 연변(延邊)대학 사학과 중일관계사 전공, 일본 히로시마대학 대학원 국제협력연구과에서 학술박사(Ph.D) 학위를 취득한 뒤, 히로

시마대학 외국인특별연구원, 중국 청화(淸華)대학 사학과 부연구원, 연변대학 사학과 부교수, 절강공상(浙江工商)대학 한국학연구소장 등을 지냈다. 동아시아 사상사를 연구과제로 삼고 있으며 『東亞視野中的東亞』(편저), 『儒學的現代意義與漢字文化圈的復興』(공저), 『國外高校人文社會科學發展報告』(공저) 외 다수의 논문을 썼다.

**서보혁**

통일연구원 연구위원. 성균관대 신문방송학과를 졸업하고 한국외국어대에서 정치학 석·박사 학위를 취득했다. 이후 국가인권위원회 전문위원, 이화여대와 서울대에서 연구교수를 지냈다. 현재 비교평화연구회 회장, 북한연구학회 부회장이다. 근래 저서로 『한국 평화학의 탐구』, 『배반당한 평화』, 『한국인의 평화사상』(공편), 『평화운동』(공저), 『대북 제재 현황과 완화 전망』(공저), 『화해협력 이론과 사례, 그리고 한반도』(공저, 근간), 『한반도 평화체제 관련 쟁점과 이행 방안』(공저, 근간) 등이 있다.

**김병로**

서울대학교 통일평화연구원 HK교수. 성균관대학교 사회학과를 졸업하고 미국 인디애나주립대학교에서 석사학위를, 뉴저지주립대학교(럿거스)에서 사회학 박사학위를 받았다. 통일연구원 북한연구실장, 아세아연합신학대학교 교수를 지냈다. 저서로 『다시 통일을 꿈꾸다: 한반도 미래전략과 평화연합 구상』, 『북한, 조선으로 다시 읽다』, 『북한 김정은 후계체제: 구축과정·엘리트·정책·안정성』(공저), 『탈사회주의 체제전환과 북한의 미래』(공저), 『북한-중국 간 사회·경제적 연결망의 형성과 구조』(공저), 『통일연구자의 눈에 비친 사회주의 베트남의 역사와 정치』(공저) 등이 있다.

이원삼

선문대학교 국제관계학과 교수. 카타르 국립대학교 샤리아(이슬람법)대 학사학위 취득. 모로코 Mohammed V 대학에서 이슬람법과 사상으로 석, 박사학위 취득. 한국인 최초 중동국가 학사-석사-박사학위 취득자로서 국내 유일 이슬람법과 사상 전공자. 민·관기관 등에서 한-이슬람권 교류 협력에 기여하였으며 9·11사건과 이라크 전쟁 이후 주요 언론매체에 출연. 특히 EBS 기획시리즈 '이원삼의 이슬람 바로 알기' 프로그램을 진행하였고 선문 이슬람센터장과 한국이슬람학회

회장 역임. 『이슬람세계: 석유와 좌절뿐인가 I·II, 『사우디아라비아』, 『Sharī'ah 해석의 현대이론』, 『모로코 가족법 인식에 관한 조사 연구』, 『이슬람 윤리관—계시와 이성의 관계를 중심으로』 외 다수의 책과 논문을 썼다.

**박구병**

아주대 사학과 교수. 서울대학교 서양사학과를 졸업하고 동 대학원에서 석사학위를 취득한 뒤 미국 로스앤젤레스 소재 캘리포니아 주립대학교(UCLA) 사학과에서 박사학위를 받았다. 20세기 라틴아메리카 정치사, 미국과 라틴아메리카의 관계에 관심을 갖고 연구하고 있다. 저서로는 『글로벌 냉전의 지역적 특성』(공저), 『제3세계의 역사와 문화』(공저) 등이 있고, 역서로는 『근대세계체제 IV: 중도적 자유주의의 승리, 1789—1914년』, 『변화하는 라틴아메리카: 세계화와 근대성』, 논문으로는 「1970년대 말—1980년대 초 미국의 '기독교 우파'와 과테말라 오순절파의 동반 성장」, 「라틴아메리카 포퓰리즘의 세 가지 유형과 민주주의의 연관성」 등이 있다.

**김광수**

한국외국어대학교 아프리카연구소 HK교수. 한국외국어대학교 아프리카어과를 거쳐 남아프리카공화국 노스웨스트대학교(North West Univ.) 역사학과에서 박사학위를 받은 후 서울대학교, 고려대학교, 방송통신대학교에서 강의를 하였거나 하고 있다. 아프리카 역사와 문화에 관해 연구하고 있으며 특히 문명사, 구전 역사, 정체성을 주요 주제로 연구하고 있다. 『아프리칸스어 연구』, 『스와힐리어 연구』, 『서아프리카 역사이해』(공저), 『남아프리카사』(공저), 『에티오피아 악숨 문명』, 『현대 아프리카의 이해』(역서) 등의 책과 다수의 논문을 썼다.

# 세계평화개념사

**발행일** 1쇄 2020년 1월 20일
**지은이** 이찬수 · 김혜경 · 강성우 · 김선 · 류경희 · 김준 · 서보혁 · 김병로 · 이원삼 · 박구병 · 김광수
**펴낸이** 여국동

**펴낸곳** 도서출판 인간사랑
**출판등록** 1983. 1. 26. 제일-3호
**주소** 경기도 고양시 일산동구 백석로 108번길 60-5 2층
**물류센타** 경기도 고양시 일산동구 문원길 13-34(문봉동)
**전화** 031)901-8144(대표) | 031)907-2003(영업부)
**팩스** 031)905-5815
**전자우편** igsr@naver.com
**페이스북** http://www.facebook.com/igsrpub
**블로그** http://blog.naver.com/igsr
**인쇄** 인성인쇄 **출력** 현대미디어 **종이** 세원지업사

**ISBN** 978-89-7418-397-4 93300



이 도서의 국립중앙도서관 출판시도서목록(CIP)은 서지정보유통지원시스템 홈페이지(http://seoji.nl.go.kr)와 국가자료공동목록시스템(http://www.nl.go.kr/kolisnet)에서 이용하실 수 있습니다.(CIP제어번호: CIP2020001980)

이 저서는 2010년 정부(교육과학기술부)의 재원으로 한국연구재단의 지원을 받아 수행된 연구임(NRF-2010-361-A00017).